머 리 말

용선은 해운이 자가운송에서 공중운송과 사적운송으로 분화되면서 발전하여 왔다. 우리나라의 경우 1970년대 중반부터 국적선대가 부족한 현실을 바탕으로 용선이 해운의 주요 활동으로 자리하였다. 이제는 세계 7, 8위의 해운력을 바탕으로 전세계를 무대로 다양한 용선활동을 하고 있지만 제대로 된 용선 관련 교재가 없어 학교는 물론 기업에서도 많은 애로를 겪어 온 것이 현실이다. 용선의 특성상 이론과 실무의 겸비가 기본인데 마침 정부의 동북아 물류중심 경쟁력강화의 방안으로 중앙대에서 기회를 주어 저자들의 현업에서의 경험과 학교에서 강의 경험을 토대로 본 교재를 이론과 실무에서 부족함이 없는 교재로 만들어 보았다.

용선계약은 경기변동이 극심한 자유경쟁시장에서 전문지식을 갖춘 선주와 용선자가 계약자유의 원칙에 따라 체결한다. 따라서 용선계약을 효과적으로 체결 및 수행하기 위해서는 용선의 경영·경제적 측면뿐만 아니라 용선계약의 성립부터 종료에 이르는 절차적·법률적 측면에 대한 이해가 필수적이다. 즉 용선시장, 용선계약의 체결절차, 표준용선계약서의 내용, 용선운항실무, 분쟁해결방안 등에 대하여 체계적이고 전문적인 지식이 요구된다. 따라서, 본서는 용선계약실무에 요구되는 제반지식을 체계화하고, 관련 분쟁사례를 소개함으로써 대학 및 대학원 교재뿐만 아니라 해운 및 무역업계 종사자를 위한 실무 지침서로서 활용될 수 있을 것이다.

본서는 총 3개편으로 구성되어 있다. 제 1 편에는 용선의 개념과 기능, 부정기선과 용선의 상호관계, 용선계약의 유형과 내용 등을 중심으로 한 용선의 기초개념이 포함되어 있다. 제 2 편에는 항해용선계약과 정기용선계약을 중심으로 용선계약의 성립 및 운항실무, 그리고 용선계약부 선하증권에 대한 내용이 기술되어 있다. 제 3 편에는 용선계약의 성립 및 이행과정에서 빈번하게 발생하는 법원판결 및 중재판정 사례가 소개되어 있다.

용선계약실무에 대한 학문적 접근방법과 그 체계가 아직까지 명확히 확립되어 있지 않은 상황에서 본서에 대한 독자의 많은 비판이 있으리라 판단된다. 또한 저자들 나름대로 본서를 집필함에 있어 충실을 기하려고 노력하였으나, 뜻하지 않는 오류가 있을 것이라 생각된다. 앞으로 부족한 내용은 독자의 비판을 받아 계속해서 보완해 나갈 것이다.

본서의 집필과정에서 자료를 지원해 준 이양해운 이대준 사장, 조강해운 최기순 차장, 그리고 원고정리와 교정을 보아 준 두양리미티드 최부성 대리와 김현직 대리에게 감사를 드린다.

2009년 2월

공 저 자

차 례

제 6 장 용선운항실무

제 7 장 용선계약부 선하증권

제 3 편 용선계약 분쟁사례

부 록

제 1 편

용선의 기초 · 용선의 기초 · 용선의 기초 · 용선의 기초

용 · 선 · 의 · 기 · 초

용선의 기초

제 1 장 용선의 개념과 기능

제 2 장 부정기선과 용선

제 3 장 용선계약의 유형과 내용

CHAPTER

1

용선의 개념과 기능

제 1 절 용선의 개념

1-1 용선의 정의

1) 용선의 정의

국제간에 물품매매계약이 체결되면, 무역거래조건에 따라 운송의무를 부담하는 자, 예를 들어 FOB조건인 경우에는 수입자(매수인), CIF조건인 경우에는 수출자(매도인)가 물품운송에 적합한 능력을 가진 선주와 해상에 의한 화물운송계약을 체결해야 한다. 그런데 물품매매계약의 목적물이 곡물・광석과 같은 다량의 원료물자인 경우, 선박의 전부를 빌리는 용선(chartering)을 통해 선박을 확보하게 된다.

한편 해상화물운송계약을 체결한 선주는 운송계약을 수행(performance)하기 위해 필요한 선박을 확보해야 하는데, 이때 자신이 직접 소유권을 가지고 운항하는 선박이 있으면 문제가 없지만, 그렇지 않은 경우에는 다른 선주로부터 적정한 선박을 용선을 통해 빌려야 한다.

따라서 용선이라 함은 선주와 화주 사이에 체결되는 화물운송계약과 선주와 선주 사이에 체결되는 선박사용계약을 모두 포함하는 개념이다.[1] 즉 적정 선복을 보유한 선주가 운송수요가 있는 화주와 화물운송계약을 체결하는 것뿐 아니라 적정한 선박이 없어 다른 선주로부터 선박을 일정기간 빌리기 위해 선박사용계약을 체결하는 것 모두가 용선의 범주에 포함된다. 이러한 용선은 해운서비스의 생산과정에서 국제 분업적 특성을 잘 나타내는 제도이며 아주 오래된 해운거래 관습이라 할 수 있다.[2]

2) 용선의 당사자

(1) 기본당사자

용선의 기본 당사자는 선주(owner; ship owner)와 용선자(charterer)를 말한다.

선주는 선박소유자(vessel owners)뿐만 아니라 선박에 대한 소유권은 없을지라도 선박 점유권이나 사용수익권을 확보하여 제 3 자에게 선복을 임의로 제공하는 관리선주(disponent owners)를 말한다.[3] 동일 선박에 대하여 둘 이상의 용선계약이 존재하는 경우 선행계약의 용선자도 다음 계약의 선주가 된다.[4]

용선자는 선주로부터 일정 기간 선박을 빌린 자 또는 선적항에서 양륙항까지 일정 항해에 걸쳐 물품운송을 위한 전체 선복을 확보한 자(person or company who hires a ship from a shipowner for a period a time or who reserves the entire cargo space of a ship for the carriage of goods from a port or ports of loading to a port or ports

---

1) 국내 해운법은 배를 빌리는 것(charter-in)과 빌려주는 것(charter-out)을 각각 傭船과 貸船이란 용어로 구분하여 기술하고 있으나, 통상 용선은 양자를 모두 포함하는 의미로 쓰인다.

2) 이광희, "한국해운 성장동인으로서의 용선에 관한 연구", 한국해양대학교 박사학위논문, 1999, p.5.

3) Disponent owner에 대한 개념에 대해 보다 정확히 정리해 보면 아래와 같다.
"The term, Disponent owner, refers to a person or company which "displaces"or takes the place of the legal, registered owner. In chartering many examples can occur. For instance, if a vessel is bareboat-chartered by its owner to a demise charterer, the latter can take over complete control of the vessel and its commercial operation, as if he is the actual owner. Also, both voyage charters and time charters usually contain a clause allowing the charterer to "relet", "sub-let" or "sub-charter" the ship to another user, a "subcharterer". The first charterer, who is commonly called a "head charterer", is acting as if he was the actual owner; he can be referred to as the "disponent owner". The phrase can also refer to "control", that is, the vessel is placed at the disposition or disposal of the charterer."

4) 특정 선박을 owner 또는 disponent owner로부터 용선(charter-in)한 용선자(charterer)가 획득한 선박 사용권의 전부 또는 일부를 다시 제3자에게 용선(charter-out)하는 것을 재용선(sub-charter)이라 하며 이러한 행위를 "re-let 한다" 고 한다. 이때 원래의 용선계약(선행계약)상 용선자는 재용선계약상 선주가 되며, 선박의 전체 용선계약 사슬을 고려할 때에 disponent owner가 된다.

of discharge)를 말한다. 따라서 용선자는 선주에게 화물운송을 의뢰한 화주(무역업자)가 될 수도 있고, 선주로부터 선박을 빌린 선주가 될 수도 있다. 한편 용선자로부터 선복을 다시 빌리는 자를 재용선자(sub-charterer)라 한다.

(2) 기타 당사자

용선의 기타 당사자에는 용선중개인(chartering broker 또는 cable broker), 용선자중개인(chartering agent), 선주중개인(owner's broker) 등이 있다.

용선중개인은 선박을 일정 항해 또는 일정 기간에 걸쳐 빌려 주려는 선주와 선박을 빌리려는 용선자 사이에서 용선계약의 성약을 위해 필요한 정보를 제공하고, 성약을 완결지으며, 성약 후 원활한 이행을 촉구하고, 사후관리하는 기능을 수행한다. 용선중개인은 상업적 윤리(commercial ethic)를 갖고 불편부당하게 행동해야 할 의무를 부담한다.

용선자중개인은 대형 화주를 위하여 용선활동 전반에 걸친 업무를 독점적으로 대행하는 자를 말한다. 즉 용선계약의 성립, 이행, 종료에 이르는 제반 업무를 대행한다. 반면 선주의 용선활동을 대행하는 자를 선주중개인 또는 선박대리인(shipbroker)이라 하는데, 이들은 용선자중개인의 상대자(counterparty)가 된다.

한편 용선중개 수수료는 특약이 없는 한, 선주측 부담으로 운임 또는 용선료의 1.25%를 한 단위로 계산하는데, 예를 들어 하나의 용선계약에 선주측 중개인, 용선자측 중개인, 그리고 제 3 의 중간중개인(cable broker) 등 3자가 관여된 경우 총 3.75%가 된다.

용선자대리점은 일정 항해간 화물운송을 위해 선박을 용선한 화주를 위해 특정 항만에서 선적 및 양륙업무를 대행하는 자를 말한다. 반면 선주의 항만 입출항 수속 및 하역업무를 대행하는 자를 선주대리점이라고 한다.

1-2 용선의 분류

용선은 관점에 따라 다음과 같이 4가지로 분류할 수 있다.

첫째, 화물적재공간이라는 선복(ship's space)을 기준으로 전부용선과 일부용선으로 구분된다. 전부용선은 전체의 선복을 빌리는 것이고, 일부용선은 선복의 일부만을 빌리는 것을 말한다.

둘째, 용선기간의 존속기간에 따라 항해용선(voyage charter)과 기간용선(period charter)으로 구분된다. 항해용선은 어느 지점(선적항)에서 어느 지점(양륙항)까지의 일정한 항해를 기준으로 용선기간을 약정하는 것을 말하고, 기간용선은 어느 시점에서 어느 시점까지의 일정한 기간을 기준으로 용선기간을 약정하는 것을 말한다. 한편 항해용선의 경우 운임은 실제 선박에 적재한 수량으로 기준으로 하여 톤당으로 계산되는 것이 보통이지만, 경우에 따라 그 변형으로서 총괄운임용선(lump-sum charter)이 이용되기도 한다. 총괄운임용선은 하나의 항해당 운임총액 얼마라고 하여 일괄해서 운임을 정하여 용선하는 것이다.

또한 최근 공업발전과 교역증대에 따른 운송수요의 대형화로 인하여, 1회의 항해용선에서 특정화주와 동일 항로를 장기간에 걸쳐 수차례 반복하여 운항하는 방식의 장기운송계약(long term contract of affreightment) 또는 연속항해용선(consecututve voyage charter)도 등장하고 있다.

셋째, 용선의 주체가 화주인가 아니면 운송인(carrier)인가에 따라 화주용선과 운송인용선으로 구분된다. 화주용선은 무역업자인 화주가 용선자로서 특정화물의 물품운송을 선주에게 의뢰하는 것을 말하고, 운송인용선은 화주로부터 물품운송을 의뢰받은 운송인이 자선(owned vessel)이 부족하여 다른 선주로부터 선복의 전부를 일정 기간 또는 일정 항해에 한정하여 선박을 빌릴 때 이용된다.

넷째, 용선이 운송계약의 성질을 갖는가 그 여부에 따라 항해용선(voyage charter), 정기용선(time charter), 나용선 또는 선박임대차(bareboat charter 또는 demise charter)등으로 구분된다. 항해용선은 선적항에서 양륙항까지 물품운송을 위한 것이므로 운송계약의 성질을 갖는다. 반면 정기용선과 나용선은 일정 기간 동안 선주가 용선자에게 선박의 사용권을 빌려 주는 것이므로 운송계약의 성질을 갖지 않는다.

정기용선과 나용선의 차이점은 다음과 같다. 정기용선은 선주가 일체의 선박용구와 선원을 승선시키는 등 안전하게 항해의 목적을 달성할 수 있는 감항능력(seaworthiness)을 갖춘 선박을 빌려 주는 것으로, 따라서 선주는 당연히 선박을 유지하기 위해 필요한 고정비(선원비, 수리비, 선용품비, 선박보험료, 원리금 등)를 부담하게 된다. 반면 나용선은 선주가 용선자에게 선박 자체만 빌려주는 것으로, 용선자가 선박의 유지를 위한 고정비를 부담하여야 한다.

그런데 영국법은 정기용선도 항해용선과 같이 운송계약의 성질을 갖는 것으로 본다. 즉 정기용선에서 선주는 선박을 직접 관리 및 통제하면서 용선자에게 선박의 전체운송능력(entire carrying capacity of the vessel)이라는 서비스를 제공한다는 관점에서 정기용선을 운송계약의 일종으로 본다. 그러나 정기용선은 선주가 선박확보에 대한 자금부담 없이 일정 기간 동안 선박의 이용권을 확보하여 화주에 대해 운송인으로서 활동하기 위해 이용된다는 점에서 운송계약의 성질을 갖지 않는 것으로 본다.

결론적으로, 운송계약의 성질을 갖는 항해용선은 화주용선이며, 전부용선이 될 수도 있고 일부용선이 될 수도 있다. 반면 운송계약의 성질을 갖지 않는 정기용선과 나용선은 운송인용선이자 기간용선이며, 통상 전부용선이 된다.

1-3 용선의 역사

"바다야말로 자신이 갈라놓은 육지를 연결시킨다"는 Alexander Pope(1688~1744)의 말대로 바다는 해운을 통해 육대주를 연결시켜 왔고, "운송은 문명이다"라는 Rudyard Kipling(1865~1936)의 지적대로 문명은 운송을 통하여 발전되어 왔다.

서양에서 용선의 역사는 거의 해운의 역사와 그 시작을 같이 한다. B.C.25세기경 지금의 레바논지역에서 시작된 페니키아인들의 지중해중심 해상무역은 그리스와 로마제정을 거쳐, 기원 후 10세기경 베니스시대를 끝으로 쇠락하였다. 이후 대서양중심의 해운은 15세기 한자동맹을 시작으로 발달하여 17세기 중에는 네덜란드가, 18세기 중에는 영국이 대서양해운의 주역으로 활동하였다.

용선(charter)이란 용어는 이미 그리스 로마시대에 나타나고, 체선료(demurrage)라고 하는 용선 전문용어도 사용되었음을 고려할 때, 해운에서 용선의 역사는 최소한 2천년 이상일 것으로 추정된다.

그러나 근대적인 용선의 계약형태는 대서양 시대부터 시작된 것으로 보인다. 16~17세기에 개척된 유럽제국의 식민지들이 성장함에 따라 해상무역의 중요성이 증대되고, 이를 계기로 종래 무역업과 해운업을 같이 영위했던 상인선주, 즉 자가운송인(merchant carrier)들이 무역업에서 손을 떼고, 운임이나 용선료를 통해서 이익을 추구하는 해운업자로 등장하기 시작하였다. 다시 말해 화주와 선주를 겸하던 상인선주들이 스스로 화물을 구득하고 도착지에서 처분하여 이익을 도모하던 형태에서 진일보하여, 타인의 화물을 실어주는 대가로 운임을 취득하는 순수한 해운서비스 공급자로 등장하게 된 것이다.

이들은 다시 정기선(Liner) 선주와 부정기선(Tramper) 선주로 분화되었다. 전자는 일정한 구간을 정기적으로 운항하며 정해진 운임률표에 의해 불특정 다수의 화주에게 운송서비스를 제공하는 공공운송인 또는 공중운송인(common carrier, 또는 public carrier)을 말한다. 반면 후자는 선복을 장기간 필요로 하거나, 단기간의 대량화물 운송서비스를 요구하는 운송인 또는 화주에게 선박을 제공하는 계약운송인 또는 사적운송인(contract carrier 또는 private carrier)을 말한다. 특히 용선은 부정기선 선주들의 주요 영업형태로 유럽과 미주를 중심으로 발전하여 왔다.

우리나라의 경우, 최초의 근대적 용선선박은 1885년(고종 21년) 조선정부가 청국의 추천으로 당시 조세징수, 수송 및 관세에 관한 사항을 관장하던 독일인 묄렌도르프(Mollendorf) 통리교류통상사무아문 고문의 주선으로, 독일 선사인 상해소재 세창양행으로부터 빌린 450dwt급 기선이었다. 이 선박은 6개월간 연속항해용선의 성격으로 호남지방의 세곡을 인천항까지 운송하는 목적이었으나, 여러 가지 사정으로 중간에 위약금을 지불하고 해약되었다.

광복 후 이렇다 할 용선에 관한 기록이 없다가 1963년 3,800톤급 유니온스타호, 1964년 서울호가 당시 서울해운에 의해 국적취득조건부 나용선으로 도입되면서 용선이 새롭게 시작되었다. 여기서 국적취득조건부 나용선이란 용선자가 직접 선박을 관리 및 운항하면서, 선주에게 용선료를 지급하고, 용선기간 종료 후 선박의 소유권을 취득하는 것을 말한다.

1970년대 초 포항종합제철의 원료가 일항차 정기용선을 이용하여 수송되기 시작하면서 우리나라의 용선활동은 폭발적으로 증가하였고, 현재 세계용선시장의 주역으로 자리매김하고 있다.

용선활동은 한국해운의 성장 동인으로 다음과 같이 크게 기여하였다. 첫째, 금융·세제·선원비 등 원가요소의 국제경쟁력이 미흡한 초기 국적선대의 대체적 공급개념으로 성장하였다. 둘째, 한국수출입물량수송은 물론이고 삼국간 운송에 능동적으로 참여함으로써 독자적 용역수출의 총아로 성장하였다.

제 2 절 용선의 유인과 역할

2-1 용선의 유인[5)]

해운기업에 있어서 용선은 운송용역을 제공하기 위한 본원적 용선수요와 해운 운송용역의 제공과는 무관하게 시장에서의 이익을 취하기 위한 목적으로 수행하는 투기적(speculative) 용선수요가 있다. 여기서 본원적 용선의 필요성은 구조적 요인, 기술적 요인, 원가적 요인, 전략적 요인, 파생적 유인 등으로 다시 분류할 수 있다.

그러나 해운기업의 용선행위는 근본적으로 수익성에 의해서 유인(誘因)되기 때문에 아래에 기술한 요인에 의해 용선이 이루어진다고 하더라도 언제나 시황의 영향 하에 있게 된다. 즉 용선의 수요가 시황에 의해서 억제되거나 필요 이상으로 증폭되게 되어 시장의 교란과 왜곡이 늘 존재하게 되는 것이다.

1) 구조적 유인

장기운송계약 관계에 있는 대형 화주에게서 발생하는 단기적이고, 갑작스러운 선박의 수요에 선박수급이 비탄력적인 해운기업이 대처할 수 있는 가장 손쉬운 방법은 용선이다. 특히 용선은 선박의 선형, 크기, 인수시점, 인수지, 인도시점, 인도지, 용선기간 등에 있어서 선택의 폭이 크기 때문에 해운기업의 선복 공급을 늘리는 데 일차적 대안이 된다.

보유 선박의 갑작스러운 고장이나 입거, 기타의 예측하지 못한 사태로 인하여 선박의 가동과 장기적인 운항계획에 차질이 발생하여 긴급하게 선박을 확보하여야 하는 경우에는 용선을 통하여 대체선을 투입할 수 있게 된다. 역으로 운영하고 있는 선박이 운항노선에서의 철수와 같은 이유로 선복 잉여가 되었을 때에도 대선에 의한 선박의 처리가 필요하다.

5) 이광희 · 이태우, "우리나라 해운업에 있어서 용선의 의의 및 유인에 관한 연구", 한국항해학회지 제23권, 한국항해학회, 1993.

2) 기술적 유인

단기적으로 특정 화물 또는 특정 항로의 운항시 본선의 선창을 오손 시키거나 본선 선창 개폐구의 변형이 요구되기도 한다. 이러한 항로, 화물에의 투입이 일시적이거나 본선이 신조 선박이라면 선주는 본선의 가치보존 차원에서 용선 선박을 대체 투입하게 된다.

장기적으로 조선기술의 발달과 항만설비의 발전에 따라 선박의 형태나 운항, 운영방식에도 변화가 진행되고 있다. 조선기술의 발달에 따라 좀 더 수익성을 확보할 수 있도록 선박이 전용선화, 대형화, 고속화, 연료 및 인력 절감형으로 전환되었기 때문에 선박의 경제적 수명이 짧아져가는 경향이 나타나고 있다.

유조선 부문의 이중 선체나 여객선이나 컨테이너선 부문의 초고속선 등의 출현과 같은 조선 기술상의 진보뿐만이 아니라 새로운 하역장비의 개발이나 창고 및 보관시설의 개선, 더 나아가 전자, 통신 기술의 발달도 선박을 진부화시키는 요인이 된다. 이런 선박조선 및 운영기술의 진부화는 원가 경쟁력을 확보하고자 하는 선주에게 새로운 선박이나 운항, 운영 시스템을 요구하며 이는 선주에게는 큰 경제적 부담으로 작용하게 된다. 선주는 수명이 20년이나 되는 선박에 짧은 경제 수명을 가진 새로운 시스템을 장착하여 고정투자하는 것보다는 장기용선을 선택하기도 한다.

3) 원가적 유인

신조선의 취득에는 막대한 직접적 조선비용이 소요될 뿐만이 아니라 매우 복잡한 자금운용능력이 요구된다. 대부분의 중소 해운기업은 한 두 척의 선박 건조능력만을 보유하고 있어서 영업의 일시적인 확충 등의 요인으로 인하여 선박을 신조해야 하는 경우에는 적극적으로 대처하기가 어렵다. 해운기업은 용선을 통하여 막대한 자금의 투하를 회피하면서도 선박의 운영권을 쉽게 확보할 수 있게 된다.

단일 항차의 경우를 보더라도 자사선을 투입하는 경우보다 용선 선박을 투입하는 것이 원가에 있어서 유리하다고 판단이 되면 해운기업은 용선을 선택하게 된다. 자사선의 운항에서 발생할 수 있는 높은 원가부담, 선원과의 마찰이나 자사선에 요구되는 수준 높은 운항 품질을 유지하기 위하여 수행되어야 하는 선원에 대한 각종 복리혜택, 정비 등에 수반되는 비용을 기피할 수 있기 때문에 자사선보다는 용선을 투입하는 경우가 많다.

용선영업을 수행하게 되면 이런 비용구조에서 단순하게 용선료와 운항비(변동비)만을 부담하게 되기 때문에 해운기업의 입장에서는 자사선을 대체하는 용이한 선택이 된다.

기업운용의 측면에 있어서도 해운기업이 자사선으로만 이루어진 선대를 유지하기 위해서는 매우 다양하고 광범위한 운영조직이 수반된다. 기획이나 영업은 물론 인사, 노무, 해무, 운항, 정비, 법무, 보험 등의 방대한 조직이 구축되어야 하며 이러한 조직을 유지하고 상호 유기적으로 운영하기 위해서는 막대한 비용이 추가된다. 그러나 용선 선박으로만 이루어진 선대를 운용하기 위해서는 상대적으로 경량화된 조직으로도 운영이 가능하다. 또한 자사선 영업과 용선영업을 병행한다고 하더라도 기존의 조직에 새로운 인력 등을 추가로 투하하지 않고도 소수의 영업인력을 전환 배치함으로써 용선영업을 수행하는 것이 가능하다.

해운기업에 있어서 조직을 슬림(slim)화한다는 것은 주력 업무 또는 인력 집약적인 업무에 인력 및 경영자원을 집중하고 기업의 핵심 역량을 강화하는 데 유리한 조직을 운용할 수 있다는 것을 의미한다.

4) 전략적 유인

해운 영업의 특성중의 하나는 국제성이 높다는 것이다. 물론 이 국제성이 높다는 것은 기항하는 항구가 다양하다는 것과 국제 해운시장에서 외국상선과 공통의 시장에서 경쟁하고 있다는 것을 포괄적으로 의미한다. 국제간의 거래에서는 중국의 양안 간의 교류문제나 중동제국의 해운 거래의 경우에도 볼 수 있듯이 필연적으로 관습과 문화의 차이, 법률의 상이 등을 이유로 정치적 종교적 또는 문화 관습적 분쟁이 발생하게 된다. 용선은 해운기업이 이런 분쟁을 회피하는 수단이 되기도 한다. 또한 해상안전이나 환경에 대한 범세계적인 관심과 국제간의 이해가 첨예해져 가고 있는 가운데 점차 강화되고 있는 SOLAS,[6] OPA90,[7] MARPOL,[8] IMO,[9] IACS[10] 등의 국제적 규제와 기준 미달 선박에 대한

6) SOLAS 해상인명안전 협약 International Convention for the Safety of Life At Sea 1974.
7) MARPOL 해상오염방지 국제협약 1973.

항만국통제(PSC; Port State Control)에서 발생하는 비용의 회피를 위해서도 용선은 대안이 된다.

해운경영의 또 다른 특성은 국제 협업적이고 규모의 경제를 잘 보여 준다는 것이다. 그러한 특징은 용선에서 제일 잘 나타나고 있다. 선단 규모가 커지면 자금조달 능력이 커지고 신용이 높아지며 선원고용에 유리해지는 장점이 있다. 용선의 운항면에 있어서 규모가 크면 클수록 공선운항이 적어지고, 선박과 화물 수배의 정보망이 확대되고 해운 중개업자들과 긴밀한 협업 관계 형성에 유리한 면이 있으며 이러한 장점들은 해운기업의 운임경쟁력을 높여 영업력을 강화할 수 있게 하고 시장 지배력의 확장은 영업력의 강화에 직결된다고 볼 수 있다.

해운기업이 기업의 매출을 확대하기 위해서는 영업영역을 확대하여야 한다. 그러나 자본 집약적인 해운영업에 있어서 매출을 확대하기 위하여 선박을 신조 발주하고 또는 중고선을 대량 매입하여 시장의 참여를 늘리는 것은 한계가 있기 때문에 고정비의 투하를 줄이면서 영업력을 확대 할 수 있고 시장에의 진입과 퇴출이 용이한 용선영업을 통하여 매출과 시장지배력을 확대하게 된다.

시장에 참여하고자 하는 모든 당사자에게 용선시장이 개방되어 있는 것은 아니지만, 일정 정도의 신뢰도를 가진 참여자는 용선시장에서 자기가 가진 묵시적인 신용만큼의 거래는 가능하다. 또한 운용하고 있는 선박을 계약내용에 따라 합법적으로 반선하고 쌍방 간의 잔여 채권, 채무금액만 정산하면 쉽게 시장에서의 탈퇴도 가능하다. 물론 이러한 시장의 개방성 때문에 불량 채권이 발생하고 용선료의 지급불이행에 따른 위험이 상존하고 있기도 하다.

5) 파생적 유인

용선은 미래의 일정 시점으로부터 기산하여 일정 기간 동안 원가를 고정시킬 수 있다는 점에서 리스크 회피를 위한 좋은 수단이다. 이미 보유하고 있는 선박의 원가 압력이 큰 경우나 이미 확보하고 있는 화물의 운임률을 고려하여 이익을 확정시켜 확보된 이익이 미래시장의 위험에 노출되는 것을 피하고자 할 때 또는 손실의 경우는 손실을 확정시켜 예상되는 불리한 시장 환경에서 추가

---

8) MARPOL 해상오염방지 국제협약 1973.

9) IMO 국제해사기구 International Maritime Organization.

10) IACS 국제선급협회 International Association & Classification Societies.

의 손실을 방어할 때 등이 용선을 선택하는 경우일 수 있다.

따라서 용선은 선도거래(forwards transaction)의 일종으로 볼 수 있다. 일반적으로 선물 또는 선도거래가 되기 위해서는 첫째 거래조건의 표준화가 되어 있어 객관적 시장가치가 존재해야 하며, 둘째 시장 유동성이 확보되어야 하며, 셋째 시장가격이 자유 경쟁적으로 결정되어야 하며, 넷째 역사적으로 가격 변동성이 높아 장래 가격변동의 위험이 존재해야 하며, 마지막으로 시장에서의 제반 정보를 큰 경제적 지출이 없이 자유롭고 공개적으로 얻을 수 있어야 한다. 그런데 용선은 이러한 5가지 요건을 대부분 충족하고 있어 리스크 회피수단으로서의 역할을 기대할 수 있는 것이다.

6) 투기적 유인

경기의 상승세가 예측되면 해운기업은 선박을 기간용선으로 확보하고자 노력한다. 시장의 상승이 예상되는 국면에서 선박을 기간용선으로 확보하여 용선원가를 고정시켜 놓고 시장의 상승기에 저원가선으로 운영하거나, 용선료의 차익만을 향유하고 선박을 또 다른 선박수요자에게 대선하기도 한다. 이러한 투기 목적의 용선 행위는 화물운송용역을 제공하는 해운기업의 본원적 영업행위와는 거리가 있지만 이윤을 추구하는 기업의 속성상 피할 수 없다.

용선 시장참여자는 오랜 경험을 통하여 시장 변화의 추이와 변동 폭에 대한 나름대로의 식견을 가지고 있으면서 헤징(hedging) 목적의 시장 참여자들이 전가하는 가격 위험을 수용함으로써 이익을 기대한다. 이러한 활발한 투기적 용선거래는 용선시장의 유동성을 증대시켜 시장 참여자가 이윤획득을 추구하건 또는 본원적 필요성에 의해서 용선 영업을 하건 용선영업이 활발하게 이루어지게 하는 순기능을 하기도 하지만, 2008년 하반기 시황 대폭락시 경험한 바와 같이 정기용선선박의 조기반선 사태 등 역기능 또한 적지 않다.

2-2 용선의 역할

여기서는 해운기업의 재정적 및 구조적 특수성을 바탕으로 용선이 해운기업경영에서 어떠한 역할을 하는가에 대하여 한국해운시장을 중심으로 정리하고자 한다.

1) 국적선대의 보완 역할

한국해운은 정부수립 이후 현 한진해운의 전신인 국영 대한해운공사를 중심으로 발전하였다. 그러나 초기에는 선대 규모가 미미하였고 6.25 전쟁으로 그나마 있던 선대들도 대부분 멸실되었다. 전후 복구과정에서 미군의 전시표준선 등을 인수받아 재건에 나섰으나 선대규모는 미미했다. 1960년대 이후 수출입국의 기치하에 대외 수송량이 늘고 포항종합제철 등의 원료 수송수요로 선대확장이 필요했으나 중화학공업 육성 등과 맞물려 여의치 않았다.

이러한 수송수요를 충족하기 위하여 1970년대 중반부터 용선량이 점증하기 시작하면서 1980년대 이후, 한국은 세계용선시장에서 5위권 내에 드는 성약량을 보여 왔다. 그러나 한국 해운기업의 용선활동이 전 세계의 전체 용선시장 규모에 얼마 정도의 영향을 미치는가를 구체적으로 파악해 보는 것은 사실상 불가능하다. 용선의 재용선이 허다하고, 즉 다양한 용선체인(charter chain)과 소위, private & confidential 기준 성약으로 시장에 노출되지 않는 것 또한 적지 않기 때문이다.

2) 해운경영의 다양성 확보

자사 보유선대를 투입하여 단순한 화물 운송서비스만 하던 형태에서 시황차익, 목적선대 조기 구축 등 다양한 경영으로 해운기업의 수지 개선과 선대의 탄력적 운영이 가능케 되었다.

용선과 대선을 겸하면서 선주의 입장과 용선자의 입장을 동시에 가짐으로 시장에서의 인지도 제고와 신용구축이 용이해지고, 나아가 신조 발주나 중고선 도입 등의 경영기획에도 다양한 선택을 하게 된다.

3) 수지의 건전성 유도

용선의 주요시장인 부정기선 영업은 완전경쟁 내지는 경쟁가능시장으로서 시황변동에 따라 경영성과가 크게 좌우된다. 해운시장에 영향을 주는 내생・외생 변수의 다양성으로 인하여 누구도 예측이 용이하지 않다. 즉 선사의 보유

선박, 확보된 화물의 양, 확보된 운임 또는 용선료 수준에 따라 막대한 손실을 입을 가능성이 있고, 반대로 시장의 변동에 따라 엄청난 수익을 안겨줄 수도 있다는 것이다. 따라서 건실하게 내실을 다져 가며 성장해야 할 기업이 영업수지를 전혀 예측하지 못한다는 것은 결코 바람직하다고 할 수 없다.

통상 해운기업은 고가의 선박을 통상 10% 내지 20%의 자기자금 부담으로 선박을 건조하고 10~12년 동안 원리금을 상환해 나가는 구조를 택하기 때문에 이 같은 특성상 자기자본 비율이 지나치게 낮고, 부채비율이 높은 경향이 있다. 선박자산에 대한 장부가액이 클수록 감가상각비는 많아지고 결과적으로 손익계산서상 비용이 증가함으로써 이익이 감소하게 된다. 반면 장부가격이 높으면 대차대조표(현 재무변동표)상 자산이 늘어나 재무상태가 개선되므로 금융의 편의를 도모하게 되는 이점도 있다. 우리나라 외항선대의 자산가액이 높은 데에는 이와 같은 금융 편의를 도모하기 위해 자산을 재평가하여 그 가액을 부풀린 데에도 원인이 있다.

과거 한국 해운기업의 높은 부채비율은 개별 기업의 경영철학에서 비롯되었다고 볼 수 있으나, 그보다는 성장위주 해운정책에 의한 선복량 경쟁, 국내자본 축적미비로 차관도입 의존, 만성적인 물가상승에 의한 선가 상승기대, 해운에 대한 저금리 정책에 의한 과도한 정부자금확보 경쟁, 이자비용의 부채인정에 따른 부채증가, 자산재평가에 의한 담보능력 과대평가 등에서 기인되었다고 할 수 있다.

우리나라 해운기업이 과거 높은 부채비율을 보여 주고 있는 데에는 축적된 자본능력에 따라 선박을 확보하는 것이 아니라, 선점효과에 집착하여 공격적으로 외부로부터 자금차입을 통해 선대를 확보하였던 결과로 볼 수 있다. 물론 성장위주의 해운정책에 대한 기대심리, 정부의 해운정책, 담보위주 대출 등의 금융정책 등도 이유가 될 수 있으나 본질적으로는 해운기업의 무분별한 선박확보가 그 이유라 할 수 있다.

이러한 관점에서 용선의 운용은 해운기업의 재무구조를 일정 부분 안정화시키는 데 일조하였다. 즉 부채비율에 대한 부담으로 자사선대를 보유하지 않고 용선에만 의존하다가, 최근에는 전세계 금융시장의 발달과 풍부한 유동자금, 그리고 해운산업의 위상 고조로 저금리의 자본을 확보하여 선박 건조 또는 중고선 매입이 활성화되고 있는 것이다.

CHAPTER

2

부정기선과 용선

제 1 절 부정기선의 개념

1-1 부정기선과 용선의 관계

해운시장은 선박의 운항형태에 따라 다음과 같이 정기선시장(Liner Market)과 부정기선시장(Tramper Market)으로 구분된다.

정기선이란 두 개 이상의 항만 사이를 사전에 확정된 운항일정(schedule)에 따라 규칙적으로 반복하여 항행하는 선박을 가리킨다. 따라서 정기선은 불특정 다수화주에게 서비스를 제공하고, 만선이 되지 않더라도 예정된 일정에 따라 운항하여야 하는데, 이와 같은 규칙적인 운항은 정기선운항의 생명이고, 화주에 대한 신용의 기준이 된다. 보통 정기선은 다품종 소량의 완제품 운송을 위한 개품운송계약의 형식을 취하고, 또한 정기선이 취항하는 항로, 즉 정기항로에는 해운동맹(shipping conference; shipping ring)이 결성되어 운임 및 기타 운항조건이 협정된다.

부정기선이란 특정소수의 화주의 요청에 따라 수시로 어디에나 취항하는 선박을 말한다. 부정기선운항은 항해의 신속성이나 정확성보다는 저렴한 운임을 특징으로 하고 있다. 따라서 운송대상은 주로 중량 또는 용적에 비하여 값이 싸고, 출회시기가 불규칙한 화물이거나, 운송단위가 큰 대량의 원유, 석탄, 곡물, 철광석, 원목 등과 같은 산화물(bulk cargo)이 된다. 그리고 부정기선은 선주와 용선자(화주)가 1:1로 체결하는 항해용선계약의 형식을 취하고, 운임도 선복의 수급에 따라 항상 변동되는 점에서 정기선의 경우와 차이가 있다.

원래 해운업의 초기형태는 부정기선 형태였으나, 무역이 크게 증가하고 조선기술과 항해기술이 발달하면서 정기선으로 확대 발전하였고, 오늘날은 컨테이너선의 출현으로 정기선 운항이 더욱 활성화되고 있다. 그러나 정기선과 부정기선은 그 운용면에서 각각 고유의 영역을 갖고 있고, 상호보완성이 강해 현대해운의 기본형태로서 병존하고 있다.

한편 용선이라 함은 선주가 대량 산화물의 운송이 필요한 화주에게 또는 선복이 일시적으로 부족한 다른 선주에게 선복의 전부 또는 일부를 빌려 주어 이용 가능하게 하는 것을 말한다. 따라서 용선은 선복의 확보 내지 공여행위를 의미하므로 정기선시장과 부정기선시장에 모두 이용될 수 있으나, 주로 부정기선시장에서 이용된다.

[표 2-1] 주요 화물해상물동량 추이

(단위: 백만톤)

연도	석유(Oil)			건화물(Dry Bulk)							합계	증가율
	원유	석유제품	소계	철광석	석탄	곡물	보크사이트/알루미나	인광석	기타	소계		
1980	1,320	276	1,596	314	188	198	48	48	1,214	2,010	3,606	-2.9
1981	1,170	267	1,437	303	210	206	45	42	1,218	2,024	3,461	-4.0
1982	993	285	1,278	273	208	200	38	40	1,162	1,921	3,199	-7.6
1983	930	282	1,212	257	197	199	36	43	1,146	1,878	3,090	-3.4
1984	930	297	1,227	306	232	207	44	44	1,232	2,065	3,292	6.5
1985	871	288	1,159	321	272	181	40	43	1,277	2,134	3,293	0.0
1986	958	305	1,263	311	276	165	41	41	1,278	2,112	3,375	2.5

1987	970	313	1,283	319	283	186	45	42	1,283	2,158	3,441	2.0
1988	1,042	325	1,367	348	304	196	48	44	1,298	2,238	3,605	4.8
1989	1,120	340	1,460	362	321	192	49	41	1,370	2,335	3,795	5.3
1990	1,190	336	1,526	347	342	192	52	35	1,438	2,406	3,932	3.6
1991	1,247	326	1,573	358	369	200	53	31	1,486	2,497	4,070	3.5
1992	1,313	335	1,648	334	371	208	48	29	1,533	2,523	4,171	2.5
1993	1,356	358	1,714	354	367	194	51	27	1,582	2,575	4,289	2.8
1994	1,403	368	1,771	383	383	184	49	29	1,632	2,660	4,431	3.3
1995	1,415	381	1,796	402	423	196	50	30	1,815	2,916	4,712	6.3
1996	1,466	404	1,870	391	435	193	51	31	1,935	3,036	4,906	4.1
1997	1,519	410	1,929	430	460	203	54	32	2,060	3,239	5,168	5.3
1998	1,535	402	1,937	417	473	196	53	31	2,065	3,235	5,172	0.1
1999	1,550	415	1,965	411	482	220	53	30	2,135	3,331	5,296	2.4
2000	1,608	419	2,027	454	523	230	53	28	2,280	3,568	5,595	5.6
2001	1,592	425	2,017	452	565	234	51	29	2,305	3,636	5,653	1.0
2002	1,588	414	2,002	484	570	245	54	30	2,435	3,818	5,820	3.0
2003	1,673	440	2,113	524	619	240	63	29	2,545	4,020	6,133	5.4
2004	1,754	461	2,215	589	664	236	68	31	2,690	4,278	6,493	5.9
2005	1,784	495	2,279	652	710	310	73	30	2,666	4,441	6,720	3.5
2006	1,851	517	2,368	734	754	325	78	30	2,906	4,827	7,195	7.1
2007	1,888	535	2,423	799	798	332	80	31	3,109	5,149	7,572	5.2
2008	1,930	560	2,490	858	830	344	82	31	3,296	5,441	7,931	4.7
2009	2,007	595	2,602	890	870	357	86	32	3,150	5,385	7,987	0.7

자료: Fearnleys, Review.

그런데 특별히 부정기선시장이 왜 용선에 대한 의존도가 큰 것인가라는 의문이 생긴다. 정기선의 경우에도 컨테이너전용선 등 선박을 확보하기 위해서 나용선계약과 정기용선계약이 가끔 이루어진다. 그러나 나용선은 일종의 금융리스와 유사하여 영업데스크 업무와는 거리가 멀고 정기용선의 경우는 부정기선과 달리 정기선분야에서는 매우 단순한 양상을 보인다.

정기선의 경우 일정 항로에 대한 운항일정과 운임률표(tariff)를 공표하고 불특정 다수에게 공공적 서비스를 하는 만큼 선박의 크기나 속력 등이 일정해야 규칙적이고 동질적인 서비스가 가능하다. 그러므로 대부분의 정기선사는 용선 대신 스스로 표준선형을 신조 투입하는 방법을 선택하며 정기용선의 기회도 흔치 않다. 반면 부정기선의 경우 수많은 산화물의 운송수요를 항해용선으로 처리하고, 항해용선을 이행하기 위한 선박도 정기용선으로 확보하게 된다. 결국 부정기선과 용선은 불가분의 관계에 있다고 할 수 있다.

1-2 부정기선시장의 구성

부정기선시장은 대상화물의 종류에 따라 건화물선시장과 탱커시장으로 구분된다. 또한 지역에 따라 크게 대서양시장, 태평양시장,[1] US Gulf시장, 호주시장, 인도양시장 등으로도 구분된다. 여기서 대상화물의 종류에 따른 분류로서 건화물시장과 탱커시장으로 구분하여 살펴보기로 한다.

1) 건화물선시장

건화물선(dry bulker)은 철광석, 석탄, 곡물, 인광석, 시멘트, 목재 등과 같은 대량의 원료화물(dry bulk cargo)를 전용으로 수송하는 선박을 말한다.

따라서 건화물선시장은 건화물선이라는 운송수단을 용선으로 확보하여 건화물을 운송하는 시장을 말한다.

건화물선은 재화중량톤수(dead weight ton; dwt)에 의한 선박의 크기에 따라 케이프사이즈(Capesize), 파나막스(Panamax), 수프라맥스(Supramax), 핸디맥스(Handymax) 핸디사이즈(Handysize)로 구분된다.

케이프사이즈는 통상 120,000dwt 이상 되는 선박을 지칭하며 수에즈운하를 통과할 수 없어 아프리카대륙 남단의 희망봉(the Cape of Good Hope)을 돌아 대서양과 인도양을 항해하는 대형 드라이벌커로 주로 철광석과 석탄을 운송한다. 현재 가장 보편적으로 운항되는 케이프 사이즈는 170,000dwt 이상이며, 한 항차당 운송단위가 크기 때문에 주요 화주는 대형 철강회사 또는 전력회사이다. 우리나라의 경우는 주로 포스코와 한국전력이 주요 화주가 되고 있다.

파나막스 사이즈는 60,000∼80,000dwt 선박을 말하며, 파나마 운하(Panama canal)를 통과할 수 있는 최대 선형으로 석탄, 곡물, 철광석, 보크사이트 등을 운

---

1) 이 외에 fronthaul인 대서양-태평양 항로, backhaul인 태평양-대서양 항로를 따로 구분하기도 한다.

송하고 있다. 최근 파나막스 선박의 한 종류로서 82,000dwt의 Kamsarmax라는 선박이 건조되고 있는데, 이는 서아프리카 Guinea의 Kamsar에서 일본향 보크사이트 운송에 적합하도록 건조된 선박이다. 또한 파나막스 사이즈에서도 끊임없이 새로운 선형이 개발되어 실제 파나마 운하를 통과할 수 없는 선박조차도 포스트 파나막스 선형으로 분류되고 있는데, 80,000dwt에서 100,000dwt에 이른다.

핸디맥스는 40,000~60,000dwt 선박으로 주요 운송화물은 곡물, 석탄, 철광석, 시멘트, 소금, 원목, 규사, 원당, 비료, 철강 등 다양한 종류의 화물을 운송한다. 핸디맥스 선박 중 50,000dwt 이상 되는 선박을 수프라맥스(Supramax)라 하기도 하는데, 이들 선박은 과거의 파나막스 사이즈에 크레인을 장착한 핸디맥스 기능을 보유하고 있어 효율적으로 시장에서 이용되고 있으며, 최근에는 미국 곡물 운송시장에 투입되어 파나막스 시장지분을 잠식하고 있다.

[표 2-2] 건화물선 공급량 추이 및 전망

(단위: 백만 DWT, %)

구 분	2001	2002	2003	2004	2005	2006	2007	2008	2009
수주잔량(A)	8.9	31.6	55.8	68.5	75.5	102.4	238.9	297.8	-
신조선발주량	8.9	22.2	35.8	32.6	30.4	52.9	161.1	77.1	-
완공인도량	20.5	14.3	11.6	19.6	23.4	26.0	24.7	27.0	66.6
해체 및 상실량	8.1	6	4.2	0.5	1	2.5	0.6	1.5	2.8
송선박량(B)	286.6	294.6	302	322.7	234.1	368.5	392.6	424.5	493.0
수주잔량비율 (A/B)	8.3%	10.7%	18.5%	21.2%	21.9%	27.3%	60.1%	70.1	-

주: 2008년은 추정치, 2009년은 전망치.
자료: Clarkson, World Shipyard Monitor, 2008. 11.

핸디사이즈는 10,000~40,000dwt 선박을 지칭하며 현재 주로 운항되고 있는 선박 사이즈는 25,000~33,000dwt이다. 주요 선적 화물과 본선에 크레인(crane)을 장착하고 있다는 점에서 핸디맥스와 같으나, 핸디맥스보다 선박 사이즈가 작기 때문에 수출입 또는 재고 단위가 작은 화물의 운송이나, 개발 정도가 낮은 항만까지 입항할 수 있어 활용도가 높다. 특이 20,000dwt 이하의 작은 핸디사이즈 선박의 경우에는 컨테이너 화물로 선적하기에는 다소 사이즈가 크거나 운임이 높게 나타나는 화물들까지 선적하기도 하는데, 선주의 운항 방식에 따라서 break bulk, 즉 bulk-liner 또는 multi-purpose라 하여 정기선화물 운송방식과 동일한 영업형태를 보이고 있다.

2) 탱커시장

탱커시장은 탱커(tanker)라는 운송수단을 용선으로 확보하여 원유, 석유제품, 액화천연가스(LNG), 액화석유가스(LPG) 등과 같은 대량의 액체화물(liquid/wet bulk cargo)을 운송하는 시장을 말한다.

탱커선은 최대 선형으로 원유를 운송하고 있는 VLCC(Very Large Crude Carriers), 수에즈 운하를 통과할 수 있는 최대 선형인 수에즈맥스(Suezmax)를 비롯하여, AFRAMAX(Average Freight Rate Assessment Maximum, LR II), Panamax(LR I), Handymax/Handy(MR)로 분류하고 있다.

VLCC는 200,000dwt 이상의 탱커를 지칭하고 있으며, 최근의 가장 선호되는 선형은 300,000dwt의 이중선체구조(double hull) tanker로서 주로 중동(Middle East Gulf), 아프리카 서부(West Africa)로부터 극동지역(Far East; Korea, China, Japan), 미국 동부해안(US East Coast)으로 향하는 항로에 투입되어 원유를 운송하고 있다.

수에즈맥스는 120,000~200,000dwt의 선형으로 원유를 운송하고 있다는 점은 VLCC와 동일하나, VLCC보다 사이즈가 작아 VLCC가 입항하지 못하는 항구나, 거래량이 상대적으로 작은 원유 운송거래에 투입된다.

AFRAMAX는 80,000~120,000dwt로 원유를 운송하거나 선형에 따라서 석유제품(petroleum product)을 운송하기도 하는데, 석유제품을 운송할 수 있는 AFRAMAX를 일반 원유 운송선과 구분하여 LR II(Large Range II)라고 부르기도 한다.[2)]

Panamax는 60,000~80,000dwt의 탱커로서 원유 또는 석유제품을 운송하며 제품운송선을 구분하여 LR I(Large Range I)이라 한다.

Handymax/Handy는 10,000~60,000dwt의 탱커로 선형 분류는 벌크선과 동일하다. 전술한 선형들과 마찬가지로 원유 및 석유제품을 주로 운송하고 제품을 운송할 수 있는 선형을 MR(Medium Range)이라 하여 원유만 운송할 수 있는 보다 단순한 선박과 구분하고 있다.

이밖에도 LNG(액화천연가스; Liquid Natural Gas)시장이 따로 있으나, 선가가 워

---

2) 제품(product) 운송을 위한 선박은 원유운송선에 비하여 추가적인 기능이 필요하기 때문에 두 종류의 선박을 구분하기 위한 것이다.

낙 고가이고, 항로가 제한적이어서 석유나 석유부산물 시장에 비하여 미미한 수준이다.

[표 2-3] 유조선 선박량 추이 및 전망

(단위: 백만 DWT, %)

구 분	2005년	2006년	2007년	2008년	2009년
VLCC	137.7	142.3	148.3	147.5	161.7
수에즈막스	48.9	52.3	54.7	55.1	62.9
아프라막스	67.5	71.3	76.5	81.9	91.4
파나막스	18.7	21.3	24.0	26.2	28.9
핸디사이즈	70.5	76.0	82.5	90.8	99.8
합 계	343.4	363.3	386.0	401.5	444.6
증 감 률	7.2	5.8	6.2	4.0	10.7

자료: KMI, 2009년 세계해운 전망과 대응방안, 2008.

제 2 절 건화물선시장의 특성과 운임변동위험의 관리

2-1 건화물선시장의 특성

1) 구조적 특성

특정항로를 정해진 운항일정표에 따라 규칙적으로 반복운항하는 정기선과 달리, 부정기선 중 하나인 건화물선은 불규칙적으로 발생하는 선복의 수요에 대응해서 불특정항로에 취항하는 선박을 말한다. 이러한 건화물선의 운항상 특성으로 인하여 건화물선시장은 다음과 같은 특징을 갖는다.

첫째, 다수 화주의 화물에 대해 다수 선주들이 경쟁한다. 부정기선의 공급측면을 보면 통상 다수의 선주가 존재하지만, 규모는 그리 크지 않다. 반면 수요측면에서는 다수의 화주가 존재하며, 규모는 소규모 화주에서부터 대규모의 화주까지 일정하지 않다. 즉 선주나 화주 어느 쪽도 시장을 통제할 수 없다.

둘째, 시장진입이 비교적 용이하다. 건화물선시장에 진입하기 위해서는 기본조건으로 신조선 또는 중고선을 취득하여 선원을 배선시키고 의장만 갖추면

되고, 용선을 통한 선박운항도 가능하기 때문에 시장진입을 위한 경제적 부담이 정기선시장과 비교하여 상대적으로 낮다. 그러나, 부정기선시장의 하나인 대형 탱커시장과 자동차전용선시장은 선주들이 강력한 폐쇄시장을 형성하고 있어 신규진입이 쉽지가 않다.

셋째, 운송서비스의 질적 차이가 크지 않다. 즉 운송서비스의 질적 차이는 신속성, 안전성, 저렴성 등 3가지 요인에 의하여 결정되는데, 건화물선의 경우는 저렴성이 다른 요인보다 우선적으로 고려되는 경향이 있다. 그 이유는 기본적인 원자재의 가격에서 운임이 차지하는 비중이 비교적 커서 경쟁력 있는 운임이 화주에게 커다란 유인이 되기 때문이다.

넷째, 경쟁을 제한하는 제도적 장벽이 낮다. 즉 특정항로만을 운항하는 정기선의 경우 해운동맹이 결성되어 있어서 선복의 제한과 운임의 안정을 도모하고 있다. 한편 부정기선시장에서도 국제 탱커풀(tanker pool)과 최저운임제가 시도되었으나, 그 영향력은 미약하였다.[3)]

다섯째, 글로벌 경쟁이 이루어진다. 건화물선시장은 전 세계를 영업대상으로 하며, 24시간 전문 중개인을 통해 용선에 대한 협상과 성약이 이루어지기 때문에 범세계적 단일 시장(uni-globe market)이다.

따라서 건화물선시장은 위 다섯 가지의 특징을 고려할 때 완전경쟁시장에 가깝다고 말할 수 있다.

2) 건화물선시장의 수급과 운임

(1) 수요와 공급

건화물선의 수요는 주로 상품수요의 변화에 따라 결정되고, 다시 상품수요는 경제성장이 창출하다. [그림 2-1]과 같이 경제성장은 설비투자와 산업생산의 증감을 가져오고, 이는 건화물선의 주요 대상화물인 기초원자재, 즉 철광석, 석탄 등의 해상물동량을 자극한다.

또한 건화물선의 수요는 국제무역의 파생수요(derived demand)라는 점을 고

3) 1934년의 '국제 탱커풀' 과 1935년의 '최저운임제' 가 국제적인 것이라고는 하나, 전자는 당시 세계 탱커선복의 대부분을 소유하는 유럽선주에 한정되고, 후자는 4대 소맥 수출국인 미국, 캐나다, 호주, 아르헨티나의 수출 곡물에만 적용된 것이었다. 신흥해운국과 편의치적선의 증가 및 기국 차별의 강화 등 이해관계가 복잡하고 해운수요의 공급자인 동시에 수요자인 indusutial carrier가 큰 비중을 차지하는 현재의 해운시장에서 국제적인 공동협약의 체결 가능성은 극히 낮다고 할 수 있다.

〈그림 2-1〉 건화물선 수요 발생구조

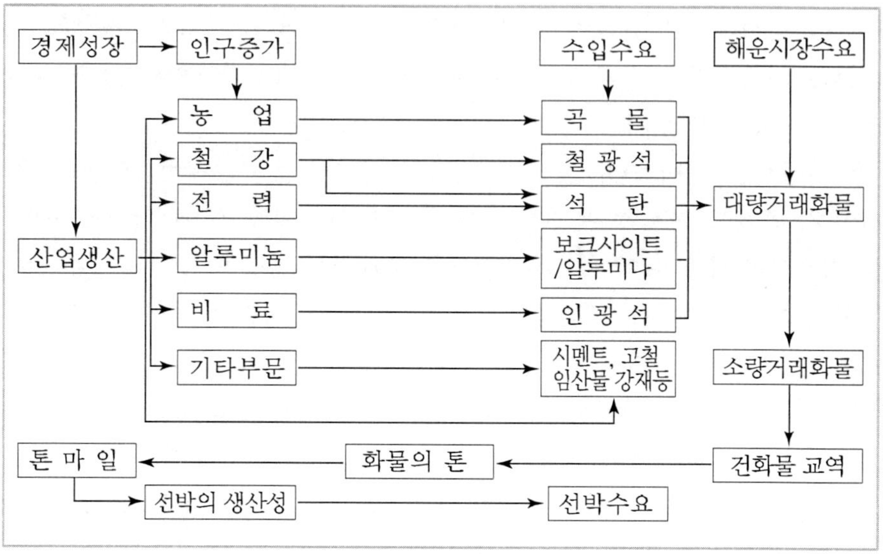

자료: Drewry, Dry Bulk Quarterly, 1995.

려할 때 다음과 같은 세 가지 요소에 영향을 받는다.

첫째, 수입국의 완제품에 대한 수요의 탄력성이다. 즉 완제품에 대한 수요의 탄력성이 클수록 원료가 되는 건화물에 대한 운송수요도 탄력적이며, 반대로 완제품에 대한 수요가 비탄력적일수록 건화물에 대한 운송수요도 비탄력적이다.

둘째, 완제품의 시장가격에서 운임의 상대적 비중이다. 완제품의 총비용 중 운송비가 차지하는 비중이 클수록 완제품 생산에 필요한 건화물의 운송수요는 탄력적이다. 건화물선에 의해 운송되는 화물은 대부분 원자재이고, 저가이다. 즉 도착지 가격에서 비해 운임의 비중이 큰 운임부담력이 낮은 화물이기 때문에 운임의 변화에 따라 수요가 탄력적으로 변화한다.

셋째, 다른 대체운송수단의 유용성이다. 다른 운송수단에 의한 대체가 용이할수록 특정운송 형태로 제공되는 서비스의 수요는 탄력적이다. 특히 건화물 중 곡물의 경우 운송서비스는 정기선이나 탱커선에 의한 대체가 가능하여 화주는 선택의 여지가 많다.

따라서 건화물선시장의 범세계적 경쟁시장으로 개별선사에 대한 운송수요는 탄력적이다. 또한 다수의 선사와 화주들이 존재하여 소규모 개별수요로는 전반적인 시장에 영향을 주지 못한다. 결국 각 개별선사의 수요는 탄력적일 수밖에 없고, 선사는 가격수용자(price taker)라 된다.

건화물선시장의 총공급량(total supply)은 운항 중에 있는 건화물선과 대체선으로 구성되는 운항선박량(active supply), 운항의 중지상태에 있지만 바로 투입이 가능한 계선·수리·압류 중에 있는 가용선박량(available suppy) 등으로 구성된다.

건화물선의 공급량은 현재 운임수준과 미래시황에 대한 기대에 따라 조절된다. 그러나 단기적으로 운항선박량만 변화할 뿐이지 총선박량 자체는 변화하지 않는다. 즉 부정기선의 단기 공급은 운임의 변화에 대해 비탄력적이다. 다만, 장기적으로는 공급량이 확대(신조선 발주, 겸용선 투입, 노후선 개조) 또는 축소(노후선 해체, 겸용선 이탈)될 수 있기 때문에 운임의 변화에 대해 탄력적이라 할 수 있다.

(2) 운　임

살펴 본 바와 같이 건화물선시장의 수요는 운임변동에 대하여 상당히 탄력적인 움직임을 보이는 반면, 공급은 단기적으로 운임변동에 대하여 비탄력적이다. 또한 건화물선시장은 다양한 외생변수들, 즉 전쟁, 동맹파업, 기상이변, 주요국의 외환 및 관세 정책, 항만 및 운하의 상황, 유가, 국제환율, 선박보험료 등에 영향을 받는다.

따라서 건화물선시장은 [표 2-4]에서 보는 바와 같이 현저한 수급불균형이 발생할 수 있기 때문에 운임 또는 용선료가 극심하게 변동한다는 특성을 갖는

[표 2-4] 건화물선시장 수급추이 및 전망

(단위: 백만 DWT)

연 도		2001	2002	2003	2004	2005	2006	2007	2008	2009
수요	mt	2,108	2,185	2,303	2,496	2,626	2,804	2,959	3,077	3,159
	증가율	2.3%	3.7%	5.4%	8.4%	5.2%	6.8%	5.5%	4.0%	2.7%
	dwt	269.3	275.6	291.4	316.6	337.4	358.6	384.5	404.0	414.8
공급(dwt)		286.6	294.6	302.0	322.3	345.1	368.5	392.6	424.5	481.6
		4.2%	2.8%	2.5%	6.7%	7.1%	6.8%	6.5%	8.1%	13.5%
과잉공급률		6.1%	6.4%	3.5%	1.8%	2.2%	2.7%	2.1%	4.8%	13.9%
과잉선박량		17.3	19.0	10.6	5.7	7.7	9.9	8.1	20.5	66.8

자료: KMI, 2009년 세계해운 전망과 대응방안, 2008.

다. 특히, 2008년에는 대규모 신조선의 인도와 세계경기 침체로 인한 화물수요의 급감으로 과잉선박량은 2,050만DWT에 달하고, 선박과잉율은 4.8.%로 심화되었다. 그 결과, 건화물선시장의 경기지표인 발틱건화물운임지수(BDI: Baltic Dry Index)는 2008년 중반 이후 급락세를 보였다([그림 2-2] 참조).

한편 [그림 2-3]은 BDI의 연도별 평균과 변동계수를 보여 주고 있는데, 이를

〈그림 2-2〉 BDI변화추이

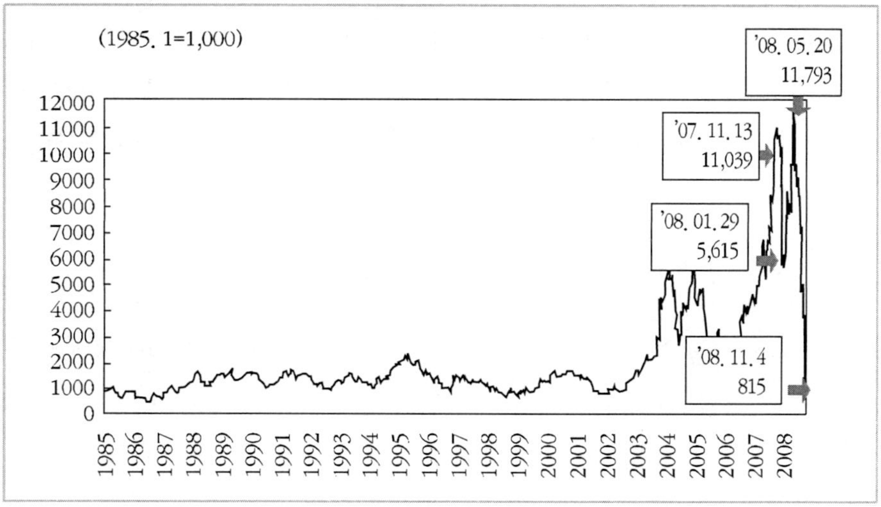

자료: KMI, 2009년 세계해운 전망과 대응방안, 2008.

〈그림 2-3〉 BDI 연평균 및 변동계수

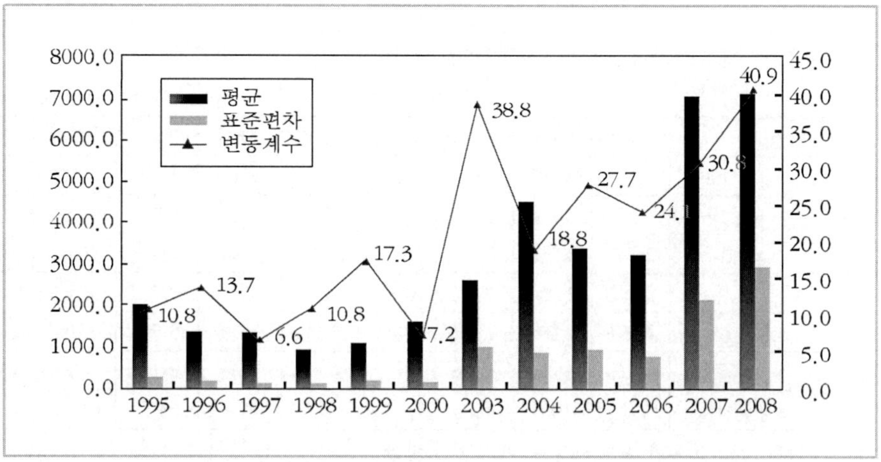

자료: KMI, 2009년 세계해운 전망과 대응방안, 2008.

통하여 연도별 건화물선시장의 등락폭을 알 수 있다. 특히, 2005년 이후 변동계수가 과거와 비교하여 높은 수준을 기록하고 있어 시황의 등락폭이 점차 확대되고 있음을 시사하고 있다.

2-2 운임변동위험의 관리

규칙적인 항로를 운항하지 않고 화물의 수요에 따라 항로를 이동하는 건화물선시장의 운임변동은 극심한 현상을 보이고 있다. 따라서 건화물선시장에 관계되는 선주와 용선자는 운임변동위험에 항상 노출되어 있다. 즉 선주는 건화물선시장의 불황시 저운임 또는 저용선료로 운항원가를 보전하지 못할 위험을 부담하며, 반대로 화주는 수요과잉으로 인한 호황시 운임 또는 용선료의 상승위험에 노출될 뿐만 아니라 화물을 적기에 운송하지 못할 위험을 부담하게 된다.

이러한 건화물선시장의 운임변동위험을 통제 및 관리하는 방법에는 다음과 같이 용선에 의한 관리와 파생상품거래에 의한 관리가 있다.

1) 용선에 의한 관리

용선에 의한 관리란 정기용선, 나용선, 선도항해용선, 장기운송계약 등을 활용하여 건화물선시장 내 운임시장의 불확실성을 헤징해 나가는 것으로, 전통적인 운임변동위험 관리방법이다.

(1) 정기용선

정기용선이란 선주가 즉시 가동할 수 있는 상태의 선박을 일정기간 용선자에게 빌려주고, 용선자는 그 대가로 용선료를 지급할 것을 약속하는 것이다. 따라서 정기용선의 경우 선주는 제한적 위험, 즉 자본비와 선박운영비만을 부담하고, 운임변동위험과는 무관하게 일정한 용선료를 지급받는다는 장점이 있다. 즉 계약기간 중 일정 수입이 보장되어 회계상 수지가 분명하고, 천재지변, 노사분규, 전쟁, 체선 등의 위험이 선주에게서 용선자로 이전된다.

그러나 정기용선계약이 체결된 이후, 건화물선경기가 불황국면에 직면하여 계약용선료와 시장용선료의 차이가 상당히 커서 용선자의 손해가 클 경우, 용선자가 계약을 일방적으로 파기하거나, 파산으로 인해 계약이행이 불가능할 수도 있다.

(2) 나 용 선

나용선이란 용선자가 선주로부터 선박 자체만을 일정기간 임대하는 것이다. 따라서 선주는 선박의 자본비만을 부담하고 선박관리와 선원고용에 무관하므로, 연료비, 선원비, 수리비 등 비용증가위험의 회피는 물론이고, 운임변동과는 무관하게 안정적인 용선료를 수취할 수 있다.

그러나 나용선도 정기용선과 동일하게 경기호전에 따른 초과이윤이 존재하지 않는다는 단점이 존재한다. 따라서 나용선은 운임변동위험의 관리수단이라기 보다는 선박이라는 고가의 자산을 매매하는 수단으로 활용되는 경우가 일반적이다.

(3) 선도항해용선

항해용선이란 선주가 일정 항구에서 일정 항구까지 화물운송을 약정하는 것이다. 따라서 선도항해용선(Forward Voyage Charter)은 선주와 용선자(화주)간에 일정기간 이후에 이루어질 항해용선에 대한 운임을 사전에 결정하는 것을 말한다. 선도항해용선을 통하여 선주는 운임하락위험을, 반대로 용선자는 운임상승위험을 회피할 수 있다.

(4) 장기운송계약

장기운송계약 또는 장기물량계약(Contract of Affreightment: C.O.A)이란 사전에 확정된 운임을 조건으로 하는 장기간 해상운송계약을 말한다. 즉 장기운송계약상 운임은 일반 운임과는 달리 계약기간 중 시황의 변동을 반영하지 않기 때문에 화황기에 화주의 과중한 운임부담을 방지하고, 반대로 불황기에 선주의 운임하락으로 인한 손실부담을 경감시켜 준다.

2) 파생상품거래에 의한 관리

용선에 의한 운임변동위험 관리는 특정기간 동안 운임수입 또는 비용을 고정시키는 장점이 있으나, 특정기간 동안 선박의 사용이 제한되고 시장변화에 탄력적인 대응을 할 수 없다는 것이 단점이다.

이러한 단점을 보완하기 위해 등장한 것이 바로 파생상품거래이다. 파생상품거래에 의한 관리란 해상운임지수를 기초상품으로 하는 선물·선도거래를 활용하여 운임시장의 불확실성을 헤징해 나가는 것을 말한다. 여기에는 발틱운임선물거래(Baltic Internation Freight Future Exchange: 이하 BIFFEX라 함)와 선도운임계약(Forward Freight Agreement: 이하 FFA라 함)이 있다.

(1) BIFFEX

BIIFFX는 영국 런던에 소재한 발틱해운거래소(The Baltice Exchage)의 주관 하에서, 세계 주요 건화물선 항로의 운임수준을 지수화한 발틱운임지수(Baltic Freight Index: 이하 BFI)를 대상으로 1985년에 출범한 선물거래를 말한다. 그러나 BIFFX는 거래대상인 BFI가 건화물선 경기를 제대로 반영하지 못함으로써 헤징효과에 한계가 있다는 문제점이 지적되어, 거래량 급감으로 결국, 2002년에 거래가 페지되었다.

이후 해상운임선물거래는 오슬로 소재 IMAREX(International Maritime Exchange)와 뉴욕 소재 NYMEX(New York Mercatile Exchange)에서 거래되고 있으며, 2006년에는 싱가포르 소재 SGX(Singapore Exchange)에서 해상운임선물거래를 상장시킬 계획을 발표한 바 있다.

BFI는 1985년 1월 4일자 곡물(5개), 석탄(3개), 철광석, 석탄, 인광석 등 항해용선항로 13개 항로별 실제운임에 가중치를 부여하여 1,000으로 산정되었다. 이후, BFI에 포함되는 대상화물 및 대상항로는 수차례 바뀌었고, 1990년 8월부터는 곡물(3개), 석탄(3개), 철광석(1개), 정기용선(4개) 등의 11개 항로가 포함되는 것으로 변경되었다.

그러나 BFI가 건화물선시장의 경기를 제대로 반영하지 못한다는 지적이 있어 1999년부터 새로운 지수로 대체되었다. 즉 발틱해운거래소는 BCI(Baltic Capesize Index), BPI(Baltic Panamax Index), BHI(Baltic Handysize Index) 등 3가지 선형별 지수를 발표하였다. 그리고 파나막스선형이 건화물선시장의 경기를 가장 잘 대표하는 것으로 간주하여 기존 BFI를 BPI로 대체하였다. 그리고 3가지 선형별 지수를 평균하여 BDI(Baltic Dry Index)를 산정하기 시작하였다

2001년 1월, 발틱해운거래소는 BHI가 다양한 핸디사이즈시장을 반영하기에 무리가 있다고 판단하여 BHI를 BHMI(Baltic Handymax Index)를 대체하였고, BFI를 제외시켰다.

2006년 이후, BHMI는 다시 BSI(Baltic Supramax Index)와 BHSI(Baltic Handysize Index)로 분리되었다. 따라서 현재는 선형별 지수인 BCI, BPI, BSI, BHSI 등 4가지 지수와 이들을 평균한 BDI를 포함하여 총 5가지 지수가 발표되고 있다([표 2-5] 주요 운임지수의 구성항로).

[표 2-5] 주요 운임지수의 구성항로와 가중치

Baltic Exchange Capesize Index

Route No.	Description	Size mt	Weighting
C2	160000lt Tubarao -Rotterdam	160,000	10%
C3	150000mt Tubarao - Beilun/Baoshan	150,000	15%
C4	150000mt Richards Bay - Rotterdam	150,000	5%
C5	150000mt W Australia - Beilun/Baoshan	150,000	15%
C7	150000mt Bolivar - Rotterdam	150,000	5%
C8_03	172000mt Gibraltar/Hamburg trans Atlantic RV	172000	10%
C9_03	172000mt Continent/Mediterranean trip Far East	172000	5%
C10_03	172000mt Pacific RV	172000	20%
C11_03	172000mt China/Japan trip Mediterranean/Cont	172000	5%
C12	150000mt Gladstone - Rotterdam	150000	10%
C1	120000mt Hamp Roads - Rotterdam	120,000	0%
C6	120000mt Newcastle - Rotterdam	120,000	0%
C8	Del. Gib - Hbg T/a r/v	161,000	0%
C9	Del. Cont - Med Trip F/E	161,000	0%
C10	Del. China - Japan F/E r/v	161,000	0%
C11	Del. China - Japan trip Cont - Med	161,000	0%

Baltic Exchange Panamax Index

Route No.	Description	Size mt	Weighting
P1A_03	74000mt Transatlantic RV	74,000	25%
P2A_03	74000mt SKAW-GIB/FAR EAST	74,000	25%
P3A_03	74000mt Japan-SK/Pacific/RV	74,000	25%
P4_03	74000mt FAR EAST/NOPAC/SK-PASS	74,000	25%
P1	55,000lt Lights US Gulf/ARA	55,000	0%
P1A	70,000 DWT Transatlantic RV	70,000	0%
P2	54,000lt HSS US Gulf / Japan	54,000	0%
P2A	70,000 DWT SKAW-GIB/FE	70,000	0%

P3	54,000lt HSS NOPAC/Japan	54,000	0%
P3A	70,000 DWT Japan-SK/NOPAC/RV	70,000	0%
P4	70,000 DWT FE/NOPAC/SKAW-p	70,000	0%

Baltic Exchange Supramax Index

Route No.	Description	Weighting
S1A	Antwerp - Skaw Trip Far East	12.50%
S1B	Canakkale Trip Far East	12.50%
S2	Japan - SK / NOPAC or Australia rv	25%
S3	Japan - SK Trip Gib - Skaw range	25%
S4A	US Gulf - Skaw-Passero	12.50%
S4B	Skaw-Passero - US Gulf	12.50%
S5	W.Africa via ECSA to FarEast	0%
S6	Jpn-SK trip via Aus/India	0%
S7	EC India - China	0%
S4	Transatlantic rv	0%

Baltic Exchange Handysize Index

Route No	Description	Weighting
HS1	Skaw - Passero trip Recalada - Rio de Janeiro	12.50%
HS2	Skaw - Passero trip Boston -Galveston	12.50%
HS3	Recalada - Rio de Janeiro trip Skaw -Passero.	12.50%
HS4	US Gulf trip via US Gulf or NCSA to Skaw-Passero	12.50%
HS5	SE Asia trip via Australia to Singapore-Japan	25%
HS6	S Korea/Japan via NOPAC to Singapore-Japan	25%

(2) FFA

FFA는 BIFFEX가 도입된 이후, 새롭게 발틱해운거래소에 의해 1992년에 도입된 것으로 일종의 차액정산계약(Contract For Differences: CfDs)이다. BIFFEX는 운임선물계약으로서 조직화된 선물거래소에서 표준화된 계약을 거래하는 반면, FFA는 운임선도계약으로서 특정위험에 노출된 선주와 용선자간 직접계약에 의해 거래가 이루어진다.

FFA의 헤징사례를 살펴보면 다음과 같다. 예를 들어 2001년 7월초, 선주는 파나막스선형으로 호주/아틀란틱간 일항차용선계약을 체결하였고, 8월말경 유럽에서 선박이 오픈될 예정이다. 8주 후 경기가 하락할 것을 염려하여 선주는 용선료의 상승을 걱정하는 특정 용선자와 FFA를 체결하기로 결정하였다. 일항차용선계약의 체결시점에서 BPI(Baltic Panamax Index)상 해당항로(Route 2A)의 시장용선료는 일당 $11,158이고, 8월 FFA 용선료는 일당 $10,050이다.

2001년 8월 말 선주의 예상과 같이 용선료는 하락하였다. 선주는 현물시장에서는 $154,020의 손실을 보았으나, FFA시장에서는 $150,300이익을 보아, 결국 FFA를 통하여 $3,900의 순손실만 기록하게 되었다([표 2-6] 참조).

[표 2-6] FFA 헤징사례

<table>
<tr><th colspan="2">2개월 헤징(2001. 7. 2. ~ 2001. 8. 31.)</th></tr>
<tr><th>현물시장</th><th>FFA시장</th></tr>
<tr><td colspan="2">2001. 7. 2.</td></tr>
<tr><td>Route 2A 시장용선료: $11,158/day
용선수익 $669,480(=11,158×60days)</td><td>8월 FFA 약정용선료: $10,050/day
예상용선수익 $603,000(=10,050×60days)</td></tr>
<tr><td colspan="2">선주 2001년 8월 FFA 매도(Sell)</td></tr>
<tr><td colspan="2">2001. 8. 31.</td></tr>
<tr><td>Route 2A 시장용선료: $7,483/day
용선수익 $448,980(= 7,483×60days)
현물시장 손실
$448,980 - $603,000 = $154,020</td><td>8월 FFA 정산용선료 $7,545/day(8월평균)

FFA거래 이익
($10,050 - $7,545)×60days = $150,300</td></tr>
<tr><td colspan="2">헤징으로 인한 순손실 : $3,900</td></tr>
</table>

FFA는 최근 수년간 해운경기의 불확실성 증가에 따라 거래규모가 급속히 증가하고 있다. 한편 국내 선주나 화주는 국내 또는 해외 선물회사의 중개를 통하여 FFA 거래에 참여할 수 있다. 통상 중개회사는 거래금액의 0.25%의 중개수수료를 요구한다.

CHAPTER

3

용선계약의 유형과 내용

해상물품운송계약은 개품운송계약과 용선계약으로 구분된다. 개품운송계약(carriage in general ship)이란 운송인(carrier)이 개개의 물건의 운송을 인수하고, 그 상대방인 송하인(shipper, consignor)이 이에 대하여 보수(운임)를 지급할 것을 약정하는 계약이다. 반면 용선계약이란 선주(owner)가 선박의 전부 또는 일부의 선복을 제공하고, 그 상대방인 용선자(charterer)가 보수(용선료)를 지급할 것을 약정하는 계약이다.

개품운송계약과 용선계약의 차이는 다음과 같다. 전자는 정기적으로 운항하는 선박을 이용할 때 주로 이용되나, 후자는 불특정 항로에서 임시적으로 운항하는 선박을 이용할 때 이용된다. 또한 전자는 선하증권(Bill of Lading)에 의하여 계약내용이 정해지므로 부합계약성을 띠지만, 후자는 계약내용이 계약당사자간의 개별 협상을 통해 작성되는 용선계약서(Charter Party)[1)]에 의해 정해진다.

용선계약은 화물운송계약과 선박사용계약으로 구분된다. 화물운송계약에는 항해용선계약(Voyage Charter Party)과 동 계약이 변형된 형태인 유사운송계약이 있

1) 용선계약의 성립을 증명하는 용선계약서를 말하는 Charter Party는 라틴어의 Charta Partita(서류를 분할한다)라는 뜻이다. 즉 적절한 통신수단이 없던 과거에는 계약 당사자가 계약서를 불규칙하게 둘로 나누어 나중에 서로 맞춰 봄으로서 진위를 확인하였다는 사실에서 유래되었다고 한다.

다. 선박사용계약에는 정기용선계약(Time Charter Party), 나용선계약(裸傭船: Bareboat Charter Party)이 있다. 이하에서 용선계약의 세부내용을 살펴보기로 한다.

제 1 절 화물운송계약

1-1 항해용선계약

1) 정의와 법적 성질

항해용선계약이란 선주(owner)가 용선자(항해용선자: voyage charterer)의 특정 화물을 특정 1개의 항 또는 수개의 항으로부터 다른 1개의 항 또는 수개의 항까지 해상운송하여 주고, 그 반대급부로서의 해상운임(ocean freight)을 수취하기로 약정하는 일종의 용역계약으로, 통상 용선자는 화주가 된다. 한편 우리 상법에서 항해용선계약은 "특정한 항해를 할 목적으로 선박소유자가 용선자에게 선원이 승무하고 항해장비를 갖춘 선박의 전부 또는 일부를 물건의 운송에 제공하기로 약정하고 용선자가 이에 대하여 운임을 지급하기로 약정함으로써 그 효력이 생기는 계약을 말한다"라고 정의하고 있다(상법 제827조 1항). 따라서 항해용선계약은 실질적으로 운송계약으로 볼 수 있다.

개품운송계약은 개별적인 물품의 운송을 운송인이 인수하고 그 대가로 화주가 운임을 지급하는 계약으로, 전형적인 도급계약이다. 그러나 항해용선계약은 화물의 운송을 위하여 선박을 빌려주는 형식의 운송계약으로, 정박기간(laytime: 선적과 양륙을 위하여 용선자에게 허용된 시간)과 하역비의 조정을 통하여 항만 내 시간위험과 비용을 부담하지 않기 때문에 도급계약의 성질이 약화된 계약이라고 할 수 있다.

2) 항해용선계약의 성립

항해용선계약의 당사자는 선주와 용선자이다. 선주에는 정기용선자, 재용선자, 나용선자가 포함되며, 용선자는 화주 또는 운항업자로서의 용선자를 말한다.

항해용선계약은 낙성계약이므로 청약과 승낙의 합치로써 성립하며, 그 내용과 방식은 원칙적으로 자유이다. 즉 선주와 용선자 사이에 권리·의무관계는 당사자 사이의 약정에 따르며, 다만 약정이 없는 경우에만 강행법인 우리 상법의 규정이 적용된다.

항해용선계약의 당사자는 상대방의 청구에 따라 용선계약서를 교부하여야 하지만(상법 제828조), 항해용선계약은 불요식계약이므로 그 작성·교부가 계약 성립요건은 아니며, 이것은 하나의 증거증서에 불과하다. 또 운송인은 운송물을 수령한 후 용선자 또는 송하인의 청구에 따라 1통 또는 수통의 선하증권을 교부하여야 한다(상법 제852조 1항).

3) 항해용선계약의 효력

항해용선계약이 성립하면, 우리 상법은 선주와 용선자에게 다음과 같은 의무와 권리가 발생한다고 규정하고 있다. 그러나 항해용선계약은 계약자유의 원칙이 허용되므로 특별한 경우를 제외하고, 당사자가 계약내용을 자유롭게 약정할 수 있다는 점에 주의해야 한다.

(1) 선주의 의무와 권리

선주의 항해용선자에게 약정된 기간 동안 선박을 사용할 수 있게 해 줄 의무가 있다. 따라서 ① 선적과 관련하여 선박회항의무, 선적준비완료 통지의무, 정박의무, 적하의 수령·적부의무, 선하증권 교부의무 등의 의무를 부담하고, ② 항해와 관련하여 감항능력주의의무, 발항의무, 직항의무, 운송물의 보관의무 등의 의무를 부담하며, ③ 양륙과 관련하여 양륙항 입항의무, 정박의무, 양륙의무, 운송물 인도의무, 공탁의무 등을 부담한다.

한편 선주는 운임청구권, 초과정박기간에 대한 체선료청구권, 화물에 대한 유치권 등의 권리를 갖는다. 반대로 정박기간 내에 화물의 하역이 종료된 경우 선주는 항해용선자에게 조출료를 지급해야 할 의무가 있다.

(2) 항해용선자의 의무와 권리

항해용선자는 발항청구권과 용선해제권을 갖는다. 여기서 발항청구권이란 화물의 전부를 선적하지 아니한 경우에도 항해용선자는 선장에게 발항을 청구할 수 있다. 그러나 항해용선자는 운임의 전액과 화물의 전부를 선적하지 아니함으로 인하여 생긴 비용을 지급해야 한다. 용선해제권이란 발항 전에 용선자는 운임의 반액을 지급하고 계약을 해제할 수 있는 권리를 말한다.

한편 항해용선자는 안전항지정의무와 하역작업의무를 부담한다. 여기서 안전항지정의무란 우리 상법에서 정하고 있지 않지만, 용선자는 안전한 선적항과 양륙항을 지정해야 하는 것을 말한다. 따라서 용선자가 통보한 수심보다 얕은 항구 또는 약간의 강풍에도 견디지 못하는 항구이기 때문에 선박에 손상이 발생하였다면 용선자는 손해배상책임을 진다. 하역작업의무란 용선계약에서 선적비 및 양륙비 선주무관조건(F.I.O: Free In and Out) 등으로 약정한 경우에만 적용된다.

정기선의 개품운송계약과 달리 항해용선계약의 경우, 화주인 용선자가 자체 전용부두시설을 확보하고 있는 경우가 많기 때문에 선적비와 양륙비는 통상 항해용선자가 부담한다. 하역비부담에 관한 세부 약정은 제 4 장에서 후술하기로 한다.

1-2 유사운송계약

1) 연속항해용선계약

(1) 정 의

연속항해용선계약(CVC: Consecutive Voyage Charter)이란 문자 그대로 항해용선계약을 연속으로 수행하는 계약이므로 항해용선계약과 크게 다른 점은 없으나, 약정된 선박이 중단되지 않고 수 개의 항차를 연속적으로 수행해야 한다는 점에 특징이 있다.

즉 연속항해용선계약은 계약된 선적항으로부터 양륙항까지 운송해야 할 화물이 대량인 경우, 하나의 운송계약서로 하나의 선박이 연속적으로 화물운송을 수행하는 계약이다. 주로 탱커(Tanker)에 많이 이용되며, 중동 산유국에서 한국까지 운송해야 하는 원유 5,000,000ton을 연속 항해용선계약으로 수행한다면, 250,000ton씩 20번을 동일 선박이 반복 운송하는 것이다. 이 경우 한국에서 화물을 양륙한 후, 다시 선적을 위해 공선으로 선적항까지 항해해야 하므로 운임은 이 공선항해(ballast voyage)를 보상하는 수준이 되며, 용선자의 입장에서는 이 계약이 종료될 때까지 본선을 시황에 무관하게 이용해야 한다는 부담이 있다.

(2) 운항상 특성

운임과 조출료·체선료 정산은 매 항차마다 개별적으로 산출되어 정산되어진다. 통상 항해용선계약과 마찬가지로 매 항차 선적 완료 후, 계약에 따라 운임을 지급하며, 조출료·체선료는 발생 시마다 혹은 해당 항차 완료시마다 정산된다.

연속항해용선계약은 1항차용 항해용선계약과 비교할 때 용선자에게는 안정적인 선복확보, 그리고 선주측에게는 일정 기간 동안의 화물확보라는 이점이 있다. 용선기간이 대체로 장기간이여서 나중에 언급될 장기물량계약 또는 수량계약과 같이 유류할증료(BAF: Bunker Adjustment Factor)를 용선계약서에 삽입시킴으로서 선주는 연료유가 상승으로 인한 운항원가 상승부담을 용선자에게 전가시킬 수 있다. 나아가 정기선영업과 같이 통화할증료(CAF: Currency Adjustment Factor)를 삽입하여 자국화폐로 계약했을 때 발생하는 환차손에 대한 리스크를 회피할 수 있다. 따라서 일반적으로 연속항해용선계약은 정기용선의 특징을 가미한 항해용선계약의 연장이라고 볼 수 있다.

2) 장기물량계약

(1) 정　　의

장기물량계약(COA: contract of affreightment)은 대체로 6개월 이상의 계약 기간 동안 대량화물을 일정 선적량을 기준으로 투입선박이 다르더라도 무관하게 일정 간격을 두고(evenly spread) 운송하기로 약정하는 계약으로, 항해용선계약을 장기로 계약한 경우와 동일하다고 보면 된다.

장기물량계약 하에서 선주는 특정 선박을 지정함 없이 일정 크기의 선박으로 화주의 화물을 운송할 것을 보장하고, 화주는 시황에 무관하게 화물운송을 보장받게 됨으로써 양 당사자 간에 안정적인 운송과 수익성을 얻을 수 있다는 장점이 있다. 예컨대 브라질에서 한국 광양항까지 연간 1,000,000톤씩 항차당 170,000톤으로 3년 동안 운송하는 철광석 장기물량계약을 체결하는 경우, 용선자는 선주에게 필요 시점(2 -3개월에 한 항차)에 운송서비스를 요구하고, 선주는 용선자가 요구하는 시점에 맞추어 소유선박이든 용선선박이든 화주의 화물을 운송할 수 있는 적정 선박을 배선하여 운송 서비스를 제공하면 된다. 따라서 연속항해용선과 달리, 선주는 배선의 융통성을 가지게 되고 화주는 특정 선박의 원가를 의식하지 않은 자유로운 운임률을 입찰로 확보할 수 있어 상호간에 안정적인 계약이 된다.

장기물량계약도 운항과 정산은 일반 항해용선계약과 다를 바 없다. 즉 운임, 정박기간에 의한 조출료·체선료의 정산은 매 항차마다 이루어지며, 유류할증료(BAF)와 통화할증료(CAF)도 규정된다. 다만, COA는 특정선박이 지명계약되는 여타 운송계약과 구별된다. 동 계약의 목적은 대량 화물의 장기 안정적 수송에 있으므로 가령 계약 수행 중에 선박이 멸실되더라도 다른 계약처럼 계약이 자동적으로 이행불능(Frustration)되지 아니하고, 장기물량계약은 계속 유효하고 대체선박의 투입으로 계약이 계속된다.

장기물량계약은 우리나라의 경우 초기 포스코의 철광석과 원료탄 운송에, 그리고 한전의 발전용 연료탄 수송에 절대적인 기여를 한 계약 형태로서 뒤에 언급할 전용선계약(dedicated vessel contract)과 더불어 한국의 기간산업발전의 한 축을 이뤘다고 할 수 있다.

한편 장기물량계약에서 문제가 되는 것은 배선간격과 시황급변시의 당사자간 태도이다. 계약서에 배선간격을 evenly spread, 월 1회, 격월 1회, 분기 1회 등으로 되어 있다고 하더라도 화주는 호황 또는 불황시 배선간격의 조정을 요구할 때가 많고, 시황 등락에 따라 선주도 조정의 필요를 느끼게 된다. 이 경우 계약서의 본 바탕을 훼손하지 않는 범위 내에서 상호 협조가 필요하며, 이러한 협조정신을 "COA Spirit"라고 부른다.

(2) 운항상 특성

장기물량계약의 운임은 수의계약 또는 입찰에 의하며 일정 수준으로 확정하는 것이 주종을 이루나, 일부 곡물의 장기물량계약에서는 발틱건화물지수(Baltic Dry Index)를 기본으로 변동운임방식(floating rate)으로 체결하기도 한다. 후자는 분기별 또는 연도별로 시황을 반영하여 운임 수준을 적절하게 재조정하거나, 선적완료시점 전후 1개월의 평균지수를 연동하여 정산한다. 이 방법은 시장의 등락을 정확하게 반영하여 운임률이 결정되므로, 시장 등락에 따른 손익변동 리스크가 없어 기회이익도 기회손실도 없게 된다.

3) 전용선계약

(1) 정 의

전용선계약(dedicated/specialized bulk carriers contract)은 특정한 화물이 규칙적인 항로상에서 대량으로 운송되는 경우에 당해 화물과 항로에 특별히 적합하게 설계된 전용선박을 이용하여 운송하기로 약정하는 계약을 말한다. 따라서 전용선계약은 하역시간의 단축, 선박의 대형화에 따른 화물의 단위당 비용절감, 그리고 반복적 동질 서비스(homogeneous service) 등을 기대할 수 있는 장점이 있다.

따라서 전용선계약은 대규모 물동량의 지속적인 수송수요를 가진 제철사(Steel Mills), 전력회사(Power Plant), 가스 및 정유업체(Gas/Oil Refinery) 등이 시황등락과 무관하게 안정적인 수송을 보장받기 위한 목적으로 도입의 필요성을 느꼈고, 선사 또한 급변하는 시황 속에서 선가상환 등 금융비용을 안정적이고 합리적 기대가 가능한 수준에서 확보하고자 이에 응하게 된 것이다.

전용선계약이란 특정 화주의 대량·동일 화종을 가장 효율적이고 안정적으로 수송할 수 있도록 설계, 건조된 선박을 활용하는 것으로, 선박의 소유권 및 점유권은 선주가 가지되, 당해 선박의 내용연수까지의 배선권은 화주가 행사한다. 즉 화주는 선주에게 선박의 내용연수 만료 시까지 연속 만선운항을 보장하고, 선박의 확보 및 운항에 필요한 제반 비용을 원가보상의 원칙에 의거하여 적정 운임률로 보상하는 장기해상운송계약의 일종이라고 할 수 있다.

(2) 화주의 이익

장기간에 걸쳐 안정적인 운송수단을 확보할 수 있다는 점이다. 즉 해운경기의 호황 시에는 필요한 선박을 적기에 확보하기가 곤란하기 때문에 조업의 안정에 치명적인 지장을 초래할 수 있다. 따라서 대량화물 화주들은 전용선계약을 통해 제품의 재고관리를 합리적으로 할 수 있다.

이밖에도 화주는 선박 건조나 중고선 매입 단계부터 관여하기 때문에 선적항 및 양륙항의 조건에 부합되는 최대·최적의 선형을 채택할 수 있어 규모의 경제을 실현하고, 또한 선박건조기술의 혁신 및 해운기업의 관리 합리화에 의한 비용절감의 간접효과로 화주의 물류비용 감소에도 도움이 된다.

(3) 선주의 이익

전용선계약은 선박의 확보와 그에 따른 자금조달이 용이하다. 즉 전용선계약과 같이 장기적하보증이 된 경우 신조선 건조 또는 중고선의 도입시 유리한 조건으로 금융조달이 가능하다. 또한 장기적으로 안정적인 수입원을 확보하여 이를 바탕으로 안정적으로 선박확대계획을 꾀할 수 있다.

따라서 전용선계약은 철광석이나 석탄과 같은 대량화물(major bulk cargo)을 원료로 사용하는 대규모 기업과 적정 전용선을 보유하고 있는 선사 사이에 이루어지는 장기해상운송계약의 일종이다. 한편 대형 화주기업이 운송수단인 선박을 완전히 지배할 수 있는 방법 중 하나로, 선박회사를 자회사로 설립하여 선박을 소유하고 자체 화물을 운송하는 소위 자가운송(industrial carriers)이 있다. 그러나 자가운송은 산업의 균형발전, 문어발식 확장 등의 이유로 비판받을 수 있고, 내부적으로도 자본 조달의 비효율성이 문제된다. 결국, 화주는 자가운송과 동일한 효과를 낼 수 있는 전용선계약을 선호하게 되는 것이다.

전용선계약은 해운을 주요 기간산업으로 활성화시키고자 하는 한국, 일본, 중국 등에서 활성화된 계약이다. 특히 전용선계약은 우리나라 해운산업발전에 지대한 공헌을 하였는데, 1975년에 당시포항종합제철과 대한해운공사 간에 전용선계약에 의거 최초로 투입한 55,000톤급 광석선 김해호와 50.000톤급 벌크선 김포호를 필두로, 한국전력공사와 한국가스공사 등과 전용선계약이 활발히 이용되고 있다.

제 2 절 선박사용계약

2-1 정기용선계약

1) 정 의

정기용선계약은 용선자(정기용선자; time charterer)가 선박의 전부를 용선기간 및 기타 조건을 정하여 빌리고, 그 대가로서 용선료(hire 또는 charterage)를 지불하는 선박사용계약으로, 통상 선박을 필요로 하는 다른 선주 또는 빌린 선박을 이용해 항해용선으로 운임을 획득하거나, 재용선을 주어 시세 차익을 얻으려는 운항업자(operators) 등이 용선자가 된다.

한편 우리 상법상 정기용선계약이라 함은 선주가 용선자에게 선원이 승무하고 항해장비를 갖춘 선박을 일정 기간 동안 항해에 사용하게 할 것을 약정하고, 용선자가 이에 대하여 기간을 정한 용선료를 지급하기로 약정함으로써 그 효력이 생기는 계약이라고 정의된다(상법 제842조).

정기용선계약은 후술하는 나용선계약과 비교된다. 나용선자는 여러 가지 해상기업의 위험(선원의 임명, 급여, 항해상의 위험 등)을 부담하지만, 정기용선자는 선주가 임명한 선장·선원을 선박과 더불어 이용할 수 있으므로 그 노동조직과 경영를 확대하지 않고 선박수요의 정도에 따라 자유로이 경영할 수 있다. 뿐만 아니라 정기용선계약상 선주로서도 자기가 임명한 선장·선원이 있는 그대로 선박을 정기용선자에게 이용하게 하는 점에서 선박의 관리·보존에 안심할 수 있고, 동시에 종래의 기업경영이나 노동조직을 해체하지 않고 후일 자기의 경영에 대비할 수 있으면서 용선료를 얻을 수 있다.

따라서 정기용선계약은 선주와 정기용선자의 쌍방을 위하여 유리한 것이 된다. 즉 정기용선계약은 나용선계약과 항해용선계약 양자의 단점을 보완하고 있으며, 양자의 중간적 위치에 있다고 할 것이다.

2) 법적 성질

정기용선계약은 선박의 운송능력을 용선자에게 제공한다는 점에서 항해용선계약의 일종으로 보는 견해가 있는데, 이를 용선계약설이라 한다.

그런데 정기용선자는 선장·선원에 대한 지휘감독권을 가지며, 선박의 사용수익권을 가지므로 항해용선자와 다르며, 자신이 직접 해상기업을 경영하는 것이다. 따라서 정기용선자는 타선의장자라는 점에서 임대차계약과 유사하며, 정기용선계약은 이것과 선원 등의 노무공급계약과의 혼합계약이 되고, 이 경우에는 임대차에 관한 규정이 유추적용된다고 보는 견해도 있는데, 이를 혼합계약설이라 한다. 우리나라와 일본 등 소수의 국가에서는 판례상 혼합계약설이 인정되지만, 영국법상으로는 용선계약설이 인정되고 있다.

3) 정기용선계약의 효력

정기용선계약이 성립하면, 우리 상법은 선주와 용선자에게 다음과 같은 의무와 권리가 발생한다고 규정하고 있다. 그러나 정기용선계약도 항해용선계약과 마찬가지로 계약자유의 원칙이 허용된다. 따라서 특별한 경우를 제외하고, 정기용선계약상 전형약관에 따라 계약내용을 자유롭게 약정할 수 있다.

(1) 정기용선자의 권리·의무

정기용선자는 선주의 선박을 선원과 함께 일정 기간 항해에 사용하는데 대한 대가로 용선료지급의무를 부담한다. 또한 용선기간이 만료하면 인수시점의 상태와 동일하게 선반반환의무를 부담한다. 한편 정기용선자는 정기용선계약의 약정한 범위 안에서 선박의 사용을 위하여 선장을 지휘할 권리가 있다.

(2) 선주의 권리·의무

선주는 유치권·경매권을 갖는다. 즉 정기용선자가 약정한 용선료를 지급하지 않은 경우, 선주는 그 지급이 있을 때까지 화물의 인도를 거부할 수 있으며, 용선료의 지급을 받기 위하여 법원의 허가를 얻어 화물을 경매하여 우선변제를 받을 수 있다.

또한 정기용선자가 용선료를 약정기일에 지급하지 않을 경우 선주는 정기용선계약을 해제 또는 해지할 수 있고, 계약을 해제 또는 해지한 경우에도 손해가 있으면 정기용선자에게 배상청구를 할 수 있다. 즉 정기용선자가 제 3 자와 운송계약을 체결하여 화물을 선적한 후, 선박의 항해 중에 선주가 계약을 해제 또는 해지한 경우에 선주는 적하이해관계인에 대하여 정기용선자와 동일한 운송의무를 부담한다.

한편 선장, 선원 기타의 선박사용인이 정기용선자의 정당한 지시에 위반하여 정기용선자에게 손해를 입힌 경우, 선주는 정기용선자에게 그 손해를 배상할 의무가 있다.

참고로 정기용선계약상 선주와 정기용선자의 일반적인 비용 분담을 열거하면 다음과 같다. 선주부담 항목에는 ① 직접선비, 즉 선원임금과 복리후생비용(crew wages, welfare cost), 선원주부식비(provision), 선원의료비(medical expenses), 선장 · 선원의 영사사증비(consular fee), 조리실 연료비(oil for cooking), 선박수리/보수비(maintenance & repairing), 선체도장비용(paint), 윤활유비(lubricating oil), 선용품비(stores), 선박보험료(hull & machinery insurance), 선박공과금(tax) 등과 ② 간접선비, 즉 선박 건조 및 중고 도입이자, 감가상각비, 일반관리비, 용선중개수수료 등이다. 반면 용선자부담 항목에는 항비(port charge) 및 제세 공과금, 연료비(fuel cost), 운하통과료(canal toll), 용선자 대리점비(agency fee), 선원 overt time, 선창청소비(hold cleaning charge) 등이다.

한편 선주와 용선자는 용선개시 및 종료 선박검사비(joint on-off hire survey fee)와 경비료(watchman charge)에 대해서는 공동분담하는 것이 일반적이다.

2-2 나용선계약

1) 정　　의

나용선계약은 용선자(나용선자; Bareboat charterer)가 선원을 배승하지 않은 선박만을 용선하여 선원을 배승하고, 선박운영비 일체를 부담하여 선박을 운용하며, 선주에게는 반대급부로 선박건조비 또는 구입비에 해당하는 자본비 성격의 용선료를 지불하는 선박사용계약을 말한다.

우리 상법상 나용선계약은 선체용선계약이라 하며, 나용선자의 관리 · 지배하에 선박을 운항할 목적으로 선주가 용선자에게 선박을 제공할 것을 약정하고 용선자가 이에 따른 용선료를 지급하기로 약정함으로써 그 효력이 생기는 계약이라고 정의하고 있다(상법 제847조 1항). 뿐만 아니라 선주가 선장 그 밖의 해원을 공급할 의무를 지는 경우에도 용선자의 관리 · 지배하에서 선원이 선박을 운항하는 것을 목적으로 한다면 이를 선체용선계약이라고 규정하고 있다(상법 제 847조 2항).

나용선계약은 통상적으로 여타 용선계약보다 상대적으로 계약기간이 장기인데, 통상 10년에서 15년, 경우에 따라서는 그 이상인 경우도 있다 계약기간이 장기이므로 용선료는 계약체결시점의 운임시황보다는 원가에 충실하게 산정된다. 통상 나용선 계약은 선박을 임차하여 점유권과 용익권을 용선자가 가지는 단순 나용선계약(bareboat charter)과 선박건조 또는 중고매입 후 연불방식(lease)으로 선가를 상환하고 상환종료와 동시에 국적을 취득할 수 있는 국적취득조건부 나용선계약(BBCHP: Bareboat Charter with Hire Purchase)으로 구분할 수 있다.[2)]

2) 법적 성질

우리 상법상 나용선계약은 민법상 임대차에 관한 규정을 준용한다. 또한 용선기간이 종료된 이후에 용선자가 선박을 매수할 권리를 가지는 나용선계약(국적취득조건부 나용선)도 단순 나용선계약으로 처리된다. 그 이유는 나용선계약상 선주는 장기간 선박을 나용선자에게 제공하고, 나용선자는 그 대가로 용선료를 지급할 것을 약정하는 임대차계약의 일종이기 때문이다. 즉 나용선자는 선주로부터 선박이라는 물적 설비만을 빌리므로 원칙적으로 항해에 필요한 보급품이나 선원 등을 스스로 갖추어야 한다.

3) 나용선계약의 효력

(1) 내부관계(선주와 나용선자의 관계)

선주와 나용선자의 관계는 당사자 사이의 나용선계약에 의하고, 특약이 없

2) 국적취득조건부 나용선은 우리나라 해운 발전에 지대한 공헌을 한 제도이다. 1970년대 초반 포스코의 원료수입물량의 수송을 위하여 전용선계약을 계획한 당시 대한해운공사를 효시로 우리나라는 영세한 자본력으로는 도저히 신조선을 적기에 건조하기가 어려워 10년 적하보증이 끝난 중고 벌크선을 주로 일본으로부터 매입하여 국적취득조건부 나용선계약을 산업은행 등과 체결하였다. 정부는 1976년 해운항만청을 설립하여 이를 제도적으로 뒷받침하였는데, 즉 국적취득조건부 나용선계약으로 도입된 선박들의 내용연수를 세법개정을 통하여 선령의 40% 만큼 연장해 줌으로써 감가상각기간을 늘려주었다. 이어 한국전력의 유연탄 등이 적하보증부 전용선계약을 통해 수송되어 궤도에 오르고, 1980년대 이후에는 신조선의 건조계약시부터 국적취득조건부 나용선을 도입하기 시작하여 오늘에 이르렀다. 아마도 우리나라 선복량의 절반 이상이 국적취득조건부 나용선에 의한 도입이고, 주요 기간산업의 수송수요는 거의 모두 이 시스템으로 이루어졌다고 봐도 과언이 아니다.

으면 해사관습 또는 민법의 임대차에 관한 규정(민법 제654조, 제610조 1항, 제623조 등)에 의하여 정한다.

한편 나용선계약서 양식은 1970년대 전까지 일반적으로 쉽게 이루어지던 계약이 아니었으므로 표준화된 양식이 존재하지 않아 몇몇 정유회사를 중심으로 그들 나름대로 양식을 만들어 사용했다. 이후 1974년 BIMCO는 두 종류의 표준화된 양식을 만들었는데 즉, standard form인 BARECON “A”와 담보로 자금을 받아 선박을 건조한 경우에 이용되는 BARECON “B”가 그것이다. 그 후 새로운 형태의 계약서로서, 신건조 선박에만 적용시킬 수 있는 BARECON “A”와 BARECON “B”의 변형인 BARECON 89가 제정되었다.

(2) 외부관계(나용선자와 제3자의 관계)

나용선자가 상행위 그 밖에 영리를 목적으로 선박을 항해에 사용하는 경우에는 그 이용에 관한 사항에는 제 3 자(적하이해관계자, 충돌상대선, 해난구조자 등)에 대하여 선주와 동일한 권리 · 의무가 있다. 그러나 이것은 선박의 이용에 관한 사항에 한하는 것이므로, 선박의 양도나 저당권의 설정 등 그 이외의 사항에 있어서는 선주로서의 취급을 받지 않는다.

4) 주요 계약내용

나용선 계약의 용선자는 대외적으로는 본선의 선주와 같은 역할을 한다. 선주는 선박의 운항과 관계된 모든 책임과 권한을 용선자에게 부여하고, 반대급부인 나용선료만 취득한다. 따라서 계약조항도 유사한 선박사용계약인 정기용선계약과 비교하여 용선자에게 많은 권한을 부여하고 있다. 이하 계약내용을 BIMCO의 BARECON A를 기준으로 살펴보기로 한다.

나용선계약은 본선의 명세와 상태, 특히 감항성에 대하여 정기용선계약보다 자세히 규정하고 있다. 즉 선박의 인도시 on-hire survey에서 용선자는 선저(vessel bottom)상태를 확인하기 위해 선박의 입거를 요구할 수도 있고, 선주는 용선기간 중이라도 선박의 상태를 확인하기 위해 정기적인 선박검사를 실시할 수도 있다. 그러나 선주는 선박의 인도와 동시에 선박의 감항성에 대한 책임이 끝나므로, 선박의 인도 후 18개월 내에 발생하는 잠재적 하자를 제외하고는 책임을 부담하지 않는다.

또한 나용선계약상 용선자는 선박 운항에 있어서 선주와 동일한 점유권와 지배권을 갖는다. 즉 나용선계약상 "to be in full possession of and at the absolute disposal for all purposes of the charterers and under their complete control in every respect" 등과 같이 용선자에게 선주와 유사한 자율적인 운항권한을 제공하고, 동시에 선박의 유지보수에 대한 책임도 지게 한다.

따라서 선주는 정기 선급 검사를 실시할 수 없는 경우에, 선박의 입거검사를 할 수 있도록 요구할 수 있으며, 이때 발생하는 관련 비용은 선주가 부담한다. 이때 용선자는 불가동 기간 동안의 기대수익을 보상 받을 수 없고, 용선료도 계속 지급해야 하며, 만약 입거검사에서 수리해야 하는 부분이 발견되면 선주가 만족할 수준으로 용선자 부담으로 즉각 수리해야 한다.

용선자는 또한 용선선박의 물적 손해에 대비하여 선박보험에 부보해야 하고, 보험료도 지불해야 한다. 그런데 선박이 전손처리되었을 경우 보험금은 선주에게 지급되므로 선박의 부보가액과 보험조건에 대하여 당사자간 충분히 협의한 후 부보해야 하며, 용선자는 부보하는 즉시 선주에게 보험증권 사본을 송부해야 한다.

지금까지 설명한 항해용선계약, 정기용선계약, 나용선계약의 특성을 비교하면 [표 3-1], [표 3-2], [표 3-3] 등과 같다.

[표 3-1] 용선계약별 특성 비교(1)

구 분	항해용선계약	정기용선계약	나용선계약
선장/선원 고용	선주가 선장/선원을 고용, 급료, 명령의 지시, 감독	좌와 동	용선자가 선장/ 선원을 고용, 명령 지시, 감독
책임한계	선주의 책임하에 용선자에게 운송서비스를 제공	용선자가 선박 운항권을 지니고 선주는 지시하는 항차를 수행	용선자가 선박 운항권을 가지고 일정 기간 운송활동 수행
수입의 가득	제공된 운송 서비스에 대해 화물의 수량당 혹은 총액 기준으로 운임을 획득	일당 합의된 용선료율로 총 선박 사용 일수에 대해 용선료의 지급(시황에 따라 용선료율 결정)	일당 용선료율로 사용기간에 대해 용선료 지급(주로 선박 건조 원가를 기준으로 책정)

선박의 감항성	선주의 책임, 권한	좌와 동	용선자의 선박감항성 보증하에 운항
선주의 비용부담	선원급료, 선원급식비, 윤활유, 선용품, 유지/수리비, 각종 세금, 보험료, 감가상각비, 연료비, 항비, 운하통과료, 대리점비	선원급료, 선원급식비, 선용품, 윤활유, 유지/수리비, 각종 세금, 보험료, 상각비	감가상각비
용선자 비용부담	용선자 비용부담 항목 없음	연료비, 항비, 운하 통과료, 대리점비 등 운항비	감가상각비 제외한 모든 항목 부담

[표 3-2] 용선계약별 특성 비교(2)

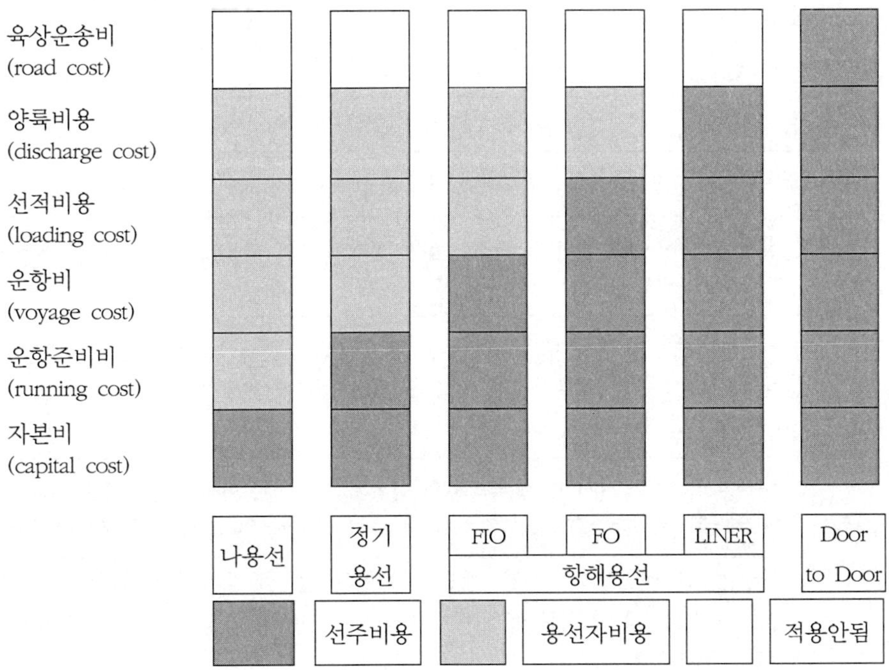

[표 3-3] 용선계약별 특성 비교(3)

구 분	나 용 선	정기용선	항해용선	정기선운송
항만내 시간위험	C	C	CO[1]	O
선적 및 양륙	C	C[2]	CO[3]	O
항 비	C	C	O[4]	O
연 료 비	C	C	O	O
항해 중 시간위험	C	C[5]	O	O
집 화	C	C	O	O
선원배승	C[6]	O	O	O
선박의 유지·보수	CO[7]	O	O	O
보 험	CO[7]	O[8]	O[8]	O
자 본 비	O	O	O	O

C = Charterer O = Owner CO = Charterer 또는 Owner

1. 항해용선계약에서 항만내 시간위험은 정박기간의 약정방법에 따라 선주와 용선자 간에 분담됨.

2. 정기용선계약상 선적 및 양륙비용은 용선자의 부담임. 즉 하역작업은 선장과 선원의 감독 하에서 이루어지며, 선박은 선원과 함께 관습적 지원(customary assitance)만 행함.

3. 항해용선계약상 선적 및 양륙비용은 하역비의 약정방법에 따라 선주와 용선자 간에 분담됨. 즉 Liner Term인 경우 선주부담이고, FIO Term인 경우 용선자 부담임.

4. 항해용선계약상 항비(예선료, 계류비 포함)는 선박에 대하여 부과되므로 통상 선주의 부담임. 다만, 화물에 대하여 부과되는 비용은 약정에 따라 용선자가 부담하는 경우도 있음.

5. 특정 정기용선계약(유류운송)상 항해 중 시간위험을 선주가 부담하는 경우도 있음

6. 특정 나용선계약상 선장과 고급선원만은 선주가 고용하는 경우도 있음.

7. 선박의 유지·보수비, 선체보험료에 대한 부담주체는 나용선계약에 따라 상이하나, 통상 용선자가 부담함.

8. 통산 선주가 선체보험, P&I보험, 전쟁보험 등에 가입함. 그러나 정기용선계약상 용선자가 제한된 범위의 P&I보험(정기용선자배상책임보험)에 가입하기도 하며, 특별한 사정이 있는 경우 선체보험과 전쟁보험의 추가보험료를 부담하기도 함.

자료: Lars Gorton et. al., Shipbroking and Chartering Practice, 5th edition, LLP, 1999, pp.123-124.

제 2 편

용선계약 및 용선운항실무 · 용선계약 및 용선운항실무 · 용선계약 및 용선운항실무 · 용선계약 및 용선운항실무

용 · 선 · 계 · 약 · 및 · 용 · 선 · 운 · 항 · 실 · 무

용선계약 및 용선운항실무

CHAPTER

4

항해용선계약실무

제 1 절 주요 계약사항과 표준항해용선계약서

1-1 주요 계약사항

1) 선주와 용선자

항해용선계약상 선주는 자사소유선박의 선주는 물론 정기용선선박을 제공하는 Time Chartered Owner, 즉 관리선주(Disponent Owner)까지 포함된다. 한편 용선자는 화물수송을 위해 선박을 직접 수배하는 FOB계약상 수하인이 될 수도 있고, CNF 또는 CIF계약상 송하인일수도 있다. 또한 용선자는 수하인 또는 송하인으로부터 화물운송을 의뢰받은 운영자(operator)자가 되는 경우도 있다.

2) 선박명세

선박의 명세(Description of the ship)는 용선계약의 기본요소로서 여기에는 선박명(Vessel name), 건조년도(built year) 선박국적(flag), 재화중량톤(deadweight ton), 총톤수(GRT: Gross Registered Tonnage), 순톤수(NRT: Net Registered Tonnage), 선급(class), 선창와 선구의 수(hold/hatch), 용적(grain or bale capacity), 선박속력(speed)과

연료소모량, 본선의 하역기기(equipment), 현재의 본선동정과 선적항 도착예상일(ETA) 등이 기입된다.

선박명세는 용선자의 상업목적을 위한 기본정보이고, 이를 근거로 본원계약인 무역계약을 충족해야 하므로 선주는 허위 기재시 일정한 책임을 져야한다. 선박명세는 그 중요성에 따라 기본조건(condition)과 담보사항(warranty)으로 구분된다. 기본조건은 선박동정, flag 등 필수적인 계약사항으로, 선주가 이를 위반시 용선자는 계약취소와 손해배상청구가 가능하다. 반면 담보사항은 선박속력과 같이 선주가 이를 위반하더라도 용선자는 계약취소는 불가능하고, 손해배상청구만이 가능하다. 선주들이 이러한 위험을 회피하기 위하여 숫자표시 전후에 "about" 또는 "without guarantee"라는 용어를 삽입하여 불일치에 대해 혹시 있을지 모르는 클레임에 대비하고 있다. 한편 담보사항이라고 하더라도 선박속력이 계약내용과 현저하게 차이가 나서 상업목적을 달성할 수 없는 경우에는 손해배상청구뿐만 아니라 계약취소도 가능한바, 이를 중간조항 또는 무명조항(intermediate term)이라고 한다.

3) 선명과 대체선

항해용선의 경우 단일항로에서 화물을 1회 수송하는 것이 상례이므로 운송서비스만 만족한다면 선박이 대체 투입되어도 크게 문제될 것이 없다. 따라서 성약당시 정확한 선박명을 제시하지 않고, 추후에 지명하는 조건인 "TBN(to be nominated later)"으로 약정하는 경우도 흔히 볼 수 있다.

나아가, 선박명을 일단 제시하고 추후에 확정 또는 유사한 대체선을 투입하겠다는 "MV Apollo or substitute" 또는 "MV. Apollo or sister" 등으로도 흔히 성약된다. 이러한 시도는 결국 선주가 선대운용의 융통성 또는 시황 이용 등을 확보하기 위한 것으로 볼 수 있고, 용선자는 운송서비스만이 목적이므로 크게 문제 삼지 않는다. 그러나, 목적화물의 운송에 이로써 차질이 있다면 이는 당연히 선주의 책임이 된다.

4) 감항성유지와 묵시보증사항

항해용선계약에서 계약당사자는 비록 계약서에 명시되어 있지 않을지라도 반드시 보증해야 하는 몇 가지 묵시보증사항(Implied undertakings)이 있다. 선주가 부담하는 묵시보증사항은 다음 세 가지가 있다.

첫째, 선박의 감항성유지(Seaworthiness) 보증이다. 감항성이라 함은 선박 자체의 물리적 감항능력뿐만 아니라 본선의 인적·물적 준비, 즉 선원배승, 선박의장, 선용품구비 등의 운항감항성과 화물의 운송적합능력(Cargoworthiness)을 갖추어야 한다. 이때 독립계약자인 수리업자의 과실에 의한 불감항성도 선주책임이며, 본선하자에 대한 선주의 무지도 면책되지 않는다. 또한 감항성은 속구의 적격성뿐만 아니라 연료, 식료, 음료수 등이 충분할 것과 선원의 인원수와 능력을 포함하는 적격성, 국적증서와 선박검사증서 등 유효한 서류비치 등도 포함한다.

둘째, 합리적인 신속한 항해(Reasonable despatch)로써, 영국 커먼로상 선주는 절대적인 의무는 없으나, 특정한 자의 이익에 집착하지 않고 가능한 한 신속히 항해를 하면 된다.

셋째, 이로불허(No deviation)로써 계약서에 적정항로(proper course)가 명시되지 않았다면, 통상의 trade route를 따라야 하며, 원칙적으로 지리상 최단거리이어야 한다. 단지 본선 및 화물의 안전을 위한 이로와 인명구조를 위한 이로는 허용된다.

5) Deadweight와 Grain Capacity

항해용선계약이든 정기용선계약이든 선박명세에 나오는 재화중량톤수(Deadweight: DWT)는 본선의 화물적재능력이다. 총톤수나 순톤수는 중량톤이 아닌 계산톤이므로 세금징수 등의 목적에 쓰일 뿐이지만, DWT는 해당선박의 당시 흘수기준 최대 선적량이다.

그러나 DWT에는 Bunker, 청수, constant(일정상수부적톤) 등이 포함되어 있어 실제로는 DWT에서 이들을 공제한 Deadweight Cargo Carrying Capacity, 즉 DWCC가 실제 최대 선적량이 된다. 본선의 흘수는 본선이 소재하고 있는 수역이 해수인가 청수인가 또는 비중이 높은 여름바다인가 등에 따라 상시 변하므로 주의해야한다. 왜냐하면 DWT는 결국 흘수의 상관함수이기 때문이다.

한편 DWT는 중량톤이므로 본선의 선적화물이 중량화물일 때의 선적량 계산근거가 되지만, 곡물과 같은 용적화물 또는 부피화물인 경우에는 본선의

grain capacity, 즉 입방피트나 입방미터가 선적량의 기준이 된다. grain capacity와 같은 개념으로 bale capacity가 있는데 이는 bagging된 화물들의 용적능력으로 대체로 grain capacity의 90% 정도의 선적능력을 보인다. 이때 중요한 것은 화물의 적부계수(화물 1 Long ton이 차지하는 용적)를 고려해야 한다. 즉 동일 화물일지라도 선적지 적부계수에 따라 선적량이 크게 차이날 수 있기 때문이다. 특히 운임이 중량 톤당으로 된 경우에는 주의를 요한다. 마찬가지로 적부계수가 40전후인 화물들은 DWT와 grain capacity를 동시에 계산해서 낮은 쪽이 선적량이 되므로 주의해야 한다.

6) Safe port clause

안전항이란 선박이 안전하게 입항하여 이용 후 다시 출항할 수 있는 항구를 말하며, unsafe시 1차 책임은 용선자에게 있다. 여기서 불안전항은 물리적·자연적 불안전(high winds, heavy swell, bad weather, insufficient construction of quay, dolphins)뿐만 아니라 정치·사회적 불안전(warlike operations and political disturbances)도 포함한다. 다만, 일시적인 불안전은 예외이다. 예컨대, 선박은 상시부양(always afloat) 해야 하나, 남미 River Plate 상류항에서 곡물 선적시 적용되는 "NAABSA clause" 즉, Not Always Afloat But Safely Aground 등의 예외가 있다. 조수간만의 차가 심한 곳에서 선적 중 임의 좌주하였던 선박이 만조, 즉 high tide를 이용하여 부력을 얻어 출항하면 아무런 문제가 되지 않기 때문이다.

세부적으로 살펴보면, 계약상 본선이 용선자가 지명 또는 지시하는 항구로 입항할 것을 명시적으로 규정할 경우, 용선자는 그러한 지명 또는 지시를 해야 할 뿐 아니라 당해 항구나 부두가 안전함을 담보(warranty)하게 된다. 그렇지 않을 경우 본선은 그 지시를 거부할 수 있으며, 선장이 그 지시를 따른 경우에 그로 인해 입게 된 선박손상을 용선자에게 청구할 수 있다. 이때 회수가능한 손상(damages recoverable)은 근인주의(causa proxima)가 적용된다.

(1) Proceed to a safe port

당해 항구는 본선에의 지시가 있을 때 뿐만 아니라 본선의 도착시에도 안전해야 하는 바, 만일 도착 전에 안전하지 않은 경우 선주는 다른 안전항의 지명을 요구할 수 있다. 또한 용선계약상 어느 항구나 부두를 지명하도록 규정되어 있는데도 그 안전항(safety)에 대해 아무런 통고가 없을 때는 당해 항구나 부두는 안전한 것으로 묵시담보된다.

어떤 항구가 안전항인지 여부는 사실과 정도의 문제(question of fact and degree)로서 당해 선박과 관련하여 본선의 감항능력을 전제하여 결정되어야 한다.

넓은 의미에 있어서의 안전항의 요건은 ① 도달할 수 있고(reach), ② 사용하며(use), ③ 비정상적인 사태(abnormal occurrence)가 없는 한, 피할 수 없는 위험에 노출되지 않고서 당해 항구로부터 되돌아올 수 있으면 된다(return)이다. 이 요건의 충족되지 않는 한 안전항이라 말할 수 없으며, 이것은 특정선박이 특정기간 동안에만 한정되는 사항이다.

(2) So near thereto as she can safely get

① 인 접 항

선박이 지명된 특정 항구나 부두에서 또는 안전하게 도달할 수 있는 인접항(near port)에서 선적이나 양륙을 하기로 약정된 경우, 도착시 당해 선적 및 양륙장소에의 도달(reaching)이 금지될 경우, 본선은 선적·양륙을 행할 대체장소(alternative place)를 정하기 전에 적절한 시간 대기해야 하며, 이때 적절한 시간에 대한 결정은 상업적인 고려와 당해 항차의 성격(nature of the voyage)에 따라 결정되고, 양 당사자의 이익을 전제한 결정이어야 한다.

또한 지명된 항구나 부두에 도달하지 못하는 장애요인이 물리적일 필요는 없으며, 만일 당해 항구의 봉쇄(blockade)가 있게 되면 여타 항구에서 화물을 인도하는 것이 통례라 할지라도, 여타 항구가 지명항에 인접해 있고 본선이 안전하게 도달할 수 있는지 여부에 대한 증거가 없을 때에는, 선주는 여타 항구에서 인도할 권한이 없게 되며, 본선이 계약상의 충분히 인접한 장소까지 도달했는지 여부에 대한 판단(test)은 본선이 지명된 항구나 부두의 주위(ambit)에 있느냐로서, 이는 당사자의 공정하고 합리적인 기대에 어긋나지 않고 "근접한 지역이나 주변(Area or zone or within a range of proximity)"의 의미에 해당하는지를 말한다.

용선계약상 목적항(port of destination)까지의 도달이 방해받는 경우를 대비하여 다음과 같은 규정이 계약서에 삽입되는바, "해안봉쇄나 목적항으로의 수송방해(interdict), 혹은 그러한 사유가 없을 때 전쟁이나 전염병 소동(infectious disorder), 검역방해(quarantine disturbance) 및 결빙(ice)이나 여타 원인으로 양륙항이 불안전하다고 간주되며, 선장은 송화인의 위험부담과 비용으로 자신이 안전하다고 생각하는 여타 항구에서 화물을 양륙(landing)할 수 있는 재량이 있으며 이때 본선의 책임은 정지(cease)된다", 또는 "항구내 항해가 결빙에 의해 방해되면 화물은 송하인의 위험부담과 비용으로 가장 인접하고 이용이 가능한 항구(at the nearest available port)에 양륙되며 이러한 인도는 최종적(final)인 것으로 간주된다", 혹은 "만일 교전상태(hostilities)가 본선 및 화물의 목적항까지의 항진을 불안전하게 할 때 본선은 이용가능한 어떠한 인접 항구에서든지 화물을 양륙할 자유가 있고 그와 같은 사실을 송하인에게 통보함으로써 항차가 종료된다" 등과 같다.

한편, 용선자가 본선의 입출항을 위해 쇄빙선(icebreaker)을 제공하기로 약정하였는데, 용선자가 그 의무를 위반한 경우, 쇄빙선제공이 없었다고 하더라도 선박손해가 초래되었을 것이라는 점을 용선자가 입증하는 경우를 제외하고, 용선자는 선박손해에 대해 배상책임을 지게 된다.

위와 같은 광범위한 허용규정이 없을 경우, 선장은 당해 항차의 상업목적을 무효화할 정도의 결과를 초래하는 지연이나 이로는 할 수 없다.

② Safely

"안전하게"란 적재선박으로서의 안전(safely as a laden ship)을 의미한다. 즉 본선은 항내에서 일부화물(part cargo)을 선적한 후, 항 내에서 안전하게 선적할 수 없었던 화물의 일부를 외항에서 선적해야 할 의무가 없다. 반대로 본선이 화물양륙을 위해 안전항으로 항해하기로 약정한 경우, 선적된 상태로 입항할 수 있어야 하며, 입항을 위해 일부화물을 양륙할 의무도 없다.

7) 만재화물(Full & complete cargo)

우선 화물(cargo)이란 항해용선의 운송목적인 화물로써 선주에게는 매우 중요한 요소이다. 최대수익을 얻기 위해서는 최대 선적량이 필수인데, 그러기 위해서는 대상화물의 적부계수(stowage factor)를 대리점을 통해서 미리 입수하여 사전에 적부계획(stowage plan)을 짜보는 것도 필요하다.

화물수량의 표시는 ×× tons, about ×× tons, ×× tons more or less 10% in master (owners) option or in charterers option 등 다양하다. 그러나 분쟁을 피하

기 위해서는 ×× tons +/− × % 등의 여유가 바람직하다. 대형 벌크화물의 경우 일일이 검량이 불가능하므로 대부분 선적 후 흘수검정(draft survey)으로 선적량이 결정되므로, 선적중량의 표시가 "said to weigh" 즉 개산수량으로 표시된다.

한편 만재화물(full and complete cargo)이란 재화중량톤을 감안한 만선적재란 뜻으로, 본선의 중량톤은 물론 용적을 최대한으로 사용하여 계약된 화물량을 선적한 경우를 말하며(making full use of the vessel's DWT capacity or cubic capacity), 여기에 본선의 항해 안전성과 선적항의 선적 관습 등을 고려하여 가능한 한 최대로 선적한 것이면 충족된다.

이때 만재화물은 선적항의 관례에 따르는 것을 의미하여, 용선자는 만재화물을 선적할 의무와 권리가 있다. 만일 어떤 선박이 일정한 용적에 의해 용선되었는데, 용선자는 계약상 지명된 용적까지 자신의 의무를 제한할 수 없고 당해 선박이 안전하게 수송할 수 있는(carry with safety)만큼의 최대량을 선적해야 한다.

8) 해상운임(Ocean Freight)과 지급(Payment)

해상운임이란 선주가 제공한 용역인 운송서비스에 대한 반대급부이다(the reward payable to the carrier for the carriage and arrival of the goods is a merchantable condition, ready to be delivered to the merchant - Scrutton on c/p). 즉 정기용선계약의 반대급부가 용선료(hire, charterage)라고 불리는 것에 반해, 항해용선계약의 대가는 해상운임 또는 운임이 된다.

통상 운임의 표시는 미화로 실선적량의 단위당 운임률(monetary rate)과 총괄운임(lump-sum freight) 중 하나이다. 실선적량 기준시 선하증권상의 선적수량(in taken or B/L quantity)기준과 양륙시 수량(outturn or delivered quantity) 중 선택하여 계약하게 되나, 통상 전자가 일반적이다. 한편 후자이거나 양쪽 평균을 낼 경우, 예를 들어 흑해선적 곡물처럼 선적 후 양륙지까지의 항해 중에 신곡의 수분이 증발하여 양륙지 흘수검정수량이 늘 부족한 경우에는 일정지분의 감량을 사전에 확정하는 방식, 즉 ILO 3%(in lieu of 3%) 감량정산으로 합의하기도 한다. 한편 총괄운임(lump-sum freight)은 선적량의 정확한 산정이 곤란한 원목선적의 경우 주로 사용된다.

운임의 지불시기는 "on loading(prepaid)" 즉, 선불조건이나, "on delivery (collect)" 즉 후불조건, 아니면 일정지분 선불, 잔액분 후불 등의 방법에 따른다.

최근 대부분의 C/P에는 "without discount, whether vessel/cargo lost or not lost"를 삽입하여 선주의 운임취득권을 강화한다. 즉 본선이나 화물의 멸실 여부와 무관하게 일단 B/L이 발급된 화물의 운임은 취득권을 인정한다. 단, 여기의 "discount"는 선불한다고 해서 이를 대가로 운임을 할인해 주지는 않는다는 단순한 의미로 해석되어야 한다는 판례가 있다. 원래 운송서비스의 목적대로 화물이 무사히 양륙지까지 도착하는 것이 원칙이지만, 어떤 이유로 중간에 멸실 등이 발생한 경우에 운임처리 문제는 C/P 또는 나라마다 다소 다르다.

한편 Tanker 분야에서는 Worldscale(New Worldwide Tanker Nominal Freight Scale)이라는 독특한 운임정산시스템이 사용된다. 이것의 유래는 제 2 차 세계대전 중 미국과 영국 정부는 선사로부터 징발한 탱커선들이 민간정유사의 화물을 수송시 주요 항로별 운임을 정한 "MOT(Ministry Of Transport)" 및 "USMC(United States Maritime Commission)"라고 불린 운임률표에 따라 운임을 수수하였는데 이 운임률표의 기본 개념은 어떤 항로에 투입되더라도 항비, 연료비 및 운하통과료 등의 변동비를 제외한 수입은 동일하다는 것이다.

국제 원유시장에서의 유가의 변동성으로 인해 트레이더들은 원유 수송 도중 자유로운 재교역을 위해 다양한 양륙항 선택 옵션을 요구하게 되는데, 양국의 정부에 의해 제정된 초기 운임률표는 용선자에게는 동일한 운임으로 다양한 양륙항 선택 옵션을 주고, 선주는 어떤 양륙항이 최종적으로 확정되더라도 동일한 수입을 보장한다는 면에서 양자 모두에게 편리했으며, 1969년 양국은 공동으로 이 모든 운임률표를 통합한 "Worldwide Tanker Nominal Freight Scale"을 제정, 사용하게 되었다.

1988년까지 약 20년간의 사용도중 제기된 문제점들을 보완하였고, 1989년부터는 현재 사용되고 있는 "New Worldwide Tanker Nominal Freight Scale"로 개선하였으며 간단히 "Worldscale"이라고 부르게 되었다.

영국의 Worldscale Association (London) Ltd와 미국의 Worldscale Association (NYC) Inc 등 두 비영리단체는 양국의 선도적인 탱커 브로커사의 선임 브로커들이 회원으로 구성되어 있으며 상호 협의를 통해 매년 새로운 Worldscale을 발행하고 있다.

Worldscale Book은 약 6만여 개의 탱커선 항로에 대한 거리와 톤당 달러 운임을 표시하고 있는데 2003년 Worldscale Book의 운임 제정의 기준은 다음과 같다. 이 중 연료 유가와 항비는 실제 비용을 반영하기 때문에 매년 기준가가 변동하게 된다.

[표 4-1] 월드스케일 기준

기준 선박	· 총 운항능력 75,000톤 · 평균 속력 14.5 노트 · 연료 소비량 55톤/일(항해중), 5톤/일(정박중) · 연료 종류 380CST
Port Time	4일(1선적항/1양륙항 기준), 항추가시 12시간 추가
고정 용선료	USD 12,000/일
연료유가	USD XXX/톤 (전 전년도 10월 1일~전년도 9월 30일 사이의 평균유가)
항 비	전년 9월말까지 Association에 의해 평가된 항비
운 하 통과시간	파나마 운하 24시간, 수에즈운하 - 30시간

Worldscale Book에 표시된 항로별 톤당 운임의 개념은 상기 기준선박이 동일 조건하에서 화물운송시 톤당 운송원가의 개념과 같으며 WS 100(또는 WS Flat 운임)일 때의 톤당 운임이 된다. 따라서 WS 90은 표시운임의 90%를 뜻하며 WS 200은 표시운임의 200%를 의미하게 된다.

※ 운임 계산의 예

원유 250,000톤을 사우디아라비아의 Ras Tanura에서 선적하여, 한국의 울산항에서 양륙되고, 운임이 WS 90인 경우

- 선적량: 250,000톤
- Ras Tanura/울산 간 Flat Rate(Worldscale 북에 나와 있음): 10.60
- 운임: WS 90
- 250,000 × US$ 10.60 × 90/100 = 총운임 USD 2,385,000.00.

9) 부적운임(Dead Freight)

용선자의 귀책사유로 계약된 양의 화물을 선적하지 못하여 선주의 운임수입에 차질이 생긴 경우 그 선적하지 못한 화물의 양에 대해서도 선적된 화물과 동일한 운임률을 적용하여 선주에게 보상해 주는 운임을 부적운임(Dead Freight)이라고 한다. 부적운임은 별도 명시가 없어도 청구권이 인정되는 선주의 당연한 권리이고, 용선자의 의무이다.

부적운임의 계산은 예컨대 50,000 L/Tons +/－10% Owners Option인 경우 45,000 L/T에서 55,000 L/Tons 사이에 본선이 용선자 측에 최종 통보했던 적부계획(stowage plan)상의 선적예정량(declared quantity)을 기준으로 계산한다. 즉 52,000L/T가 최종 적부계획상 선적량이고 실제로는 30,000L/T만 선적했다면 부적운임은 52,000-30,000L/T, 즉 22,000이 대상이 된다.

부적운임 청구를 위해서는 통상 용선자의 부적확인, 선장의 양륙전 여유용적증빙, B/L상에 부적 내용 기재(추후 유치권 확보 목적) 등이 필요하다.

10) 선적 · 양륙비용 부담조건

선적 및 양륙비용(하역비용)의 부담조건은 항해용선계약의 필수조건의 하나로서, 가능한 한 구체적으로 명기함이 필요하다. 동 조건은 크게 Net Terms와 Gross Terms로 구분된다. 여기서 Net Terms은 선주가 하역비를 부담하지 않거나 일부만 부담하는 조건을 말하고, Gross Term은 선주가 모든 하역비를 부담하는 조건을 말한다. 통상 Gross Term은 정기선해운의 하역비부담조건으로서, liner terms 또는 berth terms이라고 부른다.

Net Terms에는 FI, FO, FIO 등으로 세분된다. 여기서 F란 free from stevedore charge, 즉 선주의 하역비 무관 내지 면제를 말한다. 따라서 FI는 선적비용 선주무관조건으로 양륙비만 선주가 부담하고, FO는 양륙비용 선주무관조건으로 선적비만 선주가 부담한다. 그리고 FIO는 선적 및 양륙비용 선주무관으로 선적비와 양륙비 모두 용선자가 부담하는 조건이다. 한편 FIO의 변형으로, stowing(적부비용), trimming(균하비용), spout(기계식살포비용)까지 선주가 부담하지 않는 FIOST & Spout도 있다.

11) 정박기간(Laytime)과 체선료(Demurrage)

항해용선계약에서 선주와 용선자는 계약시에 화물의 선적 및 양륙과 관련하여 하루에 몇 톤 또는 총 며칠 동안에 하역한다는 합의를 하게 되는데, 이와 같이 용선자에게 허용된 하역기간을 laytime, 즉 허용정박기간이라고 한다. 이는 용선자가 정해진 요율이나 기간으로 하역을 끝내겠다는 약속이므로 차질이 있을 경우 적절한 보상이 이루어져야 한다. 이러한 보상이 바로 체선료(demurrage)의 형태로 계약서에 명시되며 운임과 더불어 선주의 중요한 수입원이 된다.

체선료의 청구취지는, 부정기선박이 작업하지 못하고 수익이 발생하지 않는 기간에도 직접선비와 간접선비인 감가상각비, 보험료, 금리 등의 고정비는 계속 발생하므로, 선주에게는 하역기간 동안의 시간요소(time factor)가 매우 중요하기 때문에 만족할 수준은 아니더라도 일정수준의 보상이 필요하다는 것이다. 따라서 본선의 항내정박(port stay)에 대한 통상의 해결방법으로서 무역거래계약, 항만관습 또는 시항 등을 고려하여 정박일수라는 적절한 하역기간을 약정하여 두고, 그 기간 초과 시에 체선료(demurrage)로 전보하는 것이다. 반면 허용정박기간보다 먼저 하역이 끝나면, 선주는 통상 체선료의 1/2수준의 사례금(despatch money is a half of demurrage: DHD)으로 용선자에게 지불하는데 이를 조출료(despatch money)라 한다.

체선료는 정기선과 비교할 때 부정기선 선주에게 도움이 되는 시스템이지만, 체선요율이 일당용선료나 고정비에 접근하는 경우는 거의 없기 때문에 조출이 채산성 측면에서 보다 유익하다. 왜냐면 조출이 되면 차기 항차의 개시가 그만큼 빨라질 수 있고, 빨라지는 시간만큼 새로운 수익의 창출에 기여하기 때문이다.

상기한 바와 같이 허용정박기간은 하역률이나 시간 등으로 정해진다. 예컨대 일당 10,000ton씩 정한 선박의 B/L 선적량이 60,000ton이면 결국 6일의 정박기간이 허용기간이 되어 처음부터 6일로 확정되는 것과 차이가 없다. 즉 표면상의 기법일 뿐 두 가지 방법의 근본적인 차이는 없다. 문제는 정박기간의 종료시점이 체선료발생시점이므로, 정박기간이 어떻게 개시되고 계산되는가이다.

정박기간 계산시 하역과 관련된 용선자의 책임과 의무를 경감시켜 줄 수 있는 여러 가지 예외조항들이 많은데, 예컨대, 작업하기 가능한 날만 계산한다는 "weather working" 또는 "weather permitting", 일요일과 공휴일은 no count 한다는 "sundays and holidays excepted", 단, 휴일임에도 실제작업을 한 시간은 그대로 count 한다는 "unless used", 실제 작업했을지라도 휴일이면 무조건 no count 한다는 "even if used" 등이 있다.

이러한 부대조건들을 나열해 설명해보면, 다음과 같다. 설명의 편의상 이 항구에서의 작업은 1일 4시간씩 2교대, 즉 8시간만 이루어진다고 본다.

① Running Hours/Days: 계속기간이므로 8시간 무관하고 하루 24시간 기준 stoppage, interruption, 일요일, 공휴일 무관 full count(선사에게 제일 유리한 조건)

② Working Days: 일요일, 공휴일 제외, 평상일 대상 하루 24시간 기준

③ Working Days, weather permitting: 정상작업시간 8시간 기준, 악천후 제외, 단, 실제 방해 받은 선박만 no count, berth 대기 선박은 악천후 무관 계속 count

④ Weather working days: 정상작업 8시간을 24시간으로 환산, 4시간 작업은 12시간 작업분이 되며, 정상작업시간인 8시간 내의 악천후만 no count

⑤ Working days of 24 consecutive hours, weather permitting: 1일 24시 간기준, 악천후 시간 중 실제 작업 방해한 시간만 제외, 즉, berth 대기선박은 무관, 유럽 term

⑥ Weather working days of 24 consecutive hours: 1일 24시간 기준, laytime 개시 이후의 악천후 시간은 모두 제외, berth 대기선에도 적용(가장 보편적이며, 여기에 추가 부대조건이 첨부되어 다음과 같이 사용됨)

- WWD SHEX. U. U. (sundays/holidays excluded, unless used)
- WWD SHEX. E. I. U. (sundays/holidays excluded, even if used)
- WWD SHINC (sundays/holidays included)
- WWD SASHEX 토요일 오후부터 no count
- WWD FHEX 금요일, 공휴일 no count, 회교국가

상기 정박기간의 부대조건에서 보듯이 최근에는 WWD, 즉 청천하역일 또는 호천하역일 기준이 대종이므로 날씨변화와 작업내용을 상세히 기술한 선적

항 및 양륙의 대리점이 작성한 하역일지, 즉 Statement of Facts가 정박기간의 계산시 중요한 근거가 된다.

한편 위와 같이 정박기간을 사전에 확정하지 않고 항만의 관습에 따라 조출노력을 하는 정도, 즉 하역요율이나 하역시간을 정하지 않은 것을 CQD(Customary Quick Despatch: 관습적조속하역)라고 하며, 중국 선적시 주로 사용된다. 이것은 결국 조출료 및 체선료를 적용하지 않고, 선주는 무작정 용선자의 선처만을 기다려야 하므로 선주에게 불리한 조건이고, 수많은 분쟁과 원성의 대상이 되어 최근에는 그 이용도가 감소하고 있다.

정박기간이 하역작업의 종료 전에 종료되면, 그 시점에서부터 체선료가 발생하는 체선상태(on demurrage)가 된다. 그리고 일단 체선되면, 상시체선이 되나, 다만 선주의 고의이탈, 예를 들어 값싼 기름을 급유하기 위해서 정박지를 떠난 경우(bunker deviation), 대기기간을 이용해 수리하고자 정박지로 떠난 경우 등의 시간은 체선시간에서 제외된다. 여하튼 일단 체선이면 상시체선(once on demurrage, always on demurrage)이라는 영국귀족원 판례 이후로 이 분야의 분쟁은 거의 사라졌다.

체선료를 지불함으로써 용선자는 본선을 언제까지나 항구에 대기시킬 권리가 있는가하는 문제가 발생한다. 판례의 입장은 비록 체선료를 지불한다 해도 일정기간이 지난 체선선박에 대해서는 발항권(출항권)을 인정하고, 이때까지의 미선적잔량은 부적운임(dead freight)의 대상으로 간주한다. 그리고 계속 대기시킬 경우에는 선주가 요구하는 지체보상금(damage for detention)을 지불토록 판시하고 있다. 체선은 비록 체선료를 정했다 해도 본선이 체선에 해당하면, 이를 일종의 계약위반으로 해석하기 때문이다.

별도의 체선료규정이 없는 경우 ① 명시된 정박일수가 만료되는 시점, ② 정박일수가 명시되지 않았을 때는 선적・양륙를 위한 적절한 시간이 만료된 시점, ③ 체선료지불이 약정된 확정일수가 만료된 시점에서 지체보상금이 지불된다. 또한 용선자는 지체(detention)를 수반하는 화물의 선적상 야기된 본선의 지체배상금을 지불할 의무가 있을 뿐만 아니라, 항해 중 계약위반으로 인한 본선의 지체보상금(예를 들면, 정박할 항구의 지명을 적절한 시간 내에 지시하지 못했거나, B/L이 서명을 늦게 지시하거나, 혹은 특별한 항해방법을 주장함으로써 양륙지전에 늦게 도달하는 등)에 대해서도 책임을 진다.

한편, 선적항과 양륙항의 조출료 · 체선료의 정산방법은 양륙이 끝난 후에 같이 합산해서 정산하는 "laytime reversible조건"과 별도 정산하는 "laytime non-reversible조건"으로 구분된다. 통상 별도정산방법인 non-reversible조건이 일반적이다. 그리고 조출료 정산방법은 "for working time saved"조건과 "for all time saved"조건으로 구분된다. 전자는 실제 작업이 있었어도, holiday 기타 제외시간은 선주에게 청구하지 못하므로 용선자에게 불리하다.

정박기간을 선적항과 양륙항 따로 하지 않고 합산해서 하는 경우, 예컨대, All Purposes(적양륙 합산) 9 Days로 계약되면 선적항에서 5일을 사용하고 출항했다면, 남은 일수 4일이 자동적으로 양륙항의 허용정박기간이 된다. 이 경우 정박기간의 계속성 때문에 양륙항에서는 하역준비완료통지(NOR: Notice of Readiness)를 제시하는 즉시 정박기간이 개시된다. 반대로 만약 선적항에서 9일을 다 소진하여 이미 체선상태에 들었다면, 양륙항에서는 하역준비완료통지를 제시와 동시에 체선이 계속된다. 즉 일단 체선이면 상시 체선의 원칙이 적용된다.

참고로 [사례 4-1]의 정박기간산정서는 조강해운이 운항하는 m/v. Victory Union호가 인도네시아의 Taboneo항에서 석탄선적시 발행된 것이다. 이것은 선적항의 하역준비완료통지([사례 4-2])와 선적완료 이후 대리점이 작성한 Statement of Fact([사례 4-3])를 토대로 본사 영업데스크에서 작성한 것이다.

[사례 4-1] 정박기간산정서(Laytime Statement)

CHOKANG SHIPPING CO., LTD.

LAYTIME STATEMENT

PORT: TABONEO　　　　DATE : 2008-09-08

NAME OF VESSEL	MV. VICTORY UNION	ARRIVED AT: TABONEO		1100 HRS 07TH MAR. 2008
CHARTER PARTY DATE:	04TH FEB. 2008	FREE PRATIQUE GRANTED:		1100 HRS 07TH MAR. 2008
PORT OF LOADING:	TABONEO, INDONESIA	N/R TENDERED:		
PORT OF DISCHARGING:	YOUNGHUNG, KOREA	N/R ACCEPTED:		
DESCRIPTION OF CARGO:	COAL	LAYTIME COMMENCED:		2300 HRS 07TH MAR. 2008
QUANTITY:	63,536.00 MT	COMMENCE	LOADING: ~~DISCHARGE:~~	2100 HRS 08TH MAR. 2008
RATE OF LOADING: ~~DISCHARGE:~~	15,000.00 MT	COMPLETE	LOADING: ~~DISCHARGE:~~	2350 HRS 12TH MAR. 2008
LAYTIME ALLOWED:	4.235733DAYS 4 5 39			

Date	Day of week	Description	Laytime allowed D	H	M	Laytime used D	H	M	Time ~~saved~~ lost D	H	M
			4	5	39						
MAR											
7	FRI	2300 LAYTIME COMMENCED									
		2300 - 2400 COUNT					1	0			
8	SAT	0000 - 2400 COUNT				1	0	0			
9	SUN	0000 - 2400 COUNT				1	0	0			
10	MON	0000 - 2400 COUNT				1	0	0			
11	TUE	0000 - 2400 COUNT				1	0	0			
12	WED	0000 - 2400 COUNT				1	0	0			
13	THU	0000 - 0050 COUNT						50			
		(0050 COMPLETED FINAL DRAFT SURVEY ACCORDING TO CONTRACT)									
			4	5	39	5	1	50	0	20	11

~~Time saved~~ Time lost	0D 20H 11M		(0.840656 DAYS)
~~Despatch~~ Demurrage	USD10,087.87	(@ USD 12,000.00/DAY	X 0.840656 DAYS)

[사례 4-2] 하역준비완료통지

Messrs. Date : 07TH MARCH 2008

ENERGY COAL MARKETING PTY LIMITED

NOTICE OF READINESS

M.V. VICTORY UNION

This is to notify you that the subject vessel arrived at th port of BANJARMASIN, INDONESIA at 11.00 hours on MARCH 07TH, 2008 and is now in all respects ready to commence Loading / ~~Discharging~~ cargo i accordance with the terms and conditions of the Charter Party / Fixture Not dated ....

Notice tendered at 11.00 hours on MARCH 07TH, 2008.

Notice accepted at AS PER C/P hours on MARCH , 2008.

Master of MV. VICTORY UNION

ESTM

As Shipper's

...I SOBARI

Owner's Agents

[사례 4-3] Statement of Fact

PT. BAHANA UTAMA LINE

JL. YOS SUDARSO NO.9F Telp. +62511 3362165 / Fax. +62511 4367852 e-mail : bulbjm@indo.net.id
BANJARMASIN, SOUTH KALIMANTAN, INDONESIA

STATEMENT OF FACT

Date	: MARCH 13TH,2008
Vessel Name	: MV. VICTORY UNION Voy. No. :
Port of	: TABONEO, SOUTH KALIMANTAN, INDONESIA
Shipper	: ENERGY COAL MARKETING PTY LIMITED
Consignee	: KOREA SOUTH EAST POWER CO., LTD
Notify	: KOREA SOUTH EAST POWER CO., LTD

Arrived	: MARCH 07,2008 AT 1100
Anchorage aweigh / up	: -
First line	: -
All lines fasted / berthed	: -
Initial draft survey	: MARCH 07,2008 AT 1345-1445
Notice of Readiness Tendered	: MARCH 07,2008 AT 1100
Notice of Readiness Accepted	:
Completed clearance out	: MARCH 13,2008 AT 2330
Pilot on board for unberth	: -
Pilot on board for berth	: -
Free Pratique Granted	: -
Commenced Loading	: MARCH 08,2008 AT 2100
Completed Loading	: MARCH 12,2008 AT 2350
Final Draft Survey	: MARCH 13,2008 AT 0050
Total Loaded	: 63,536 MT
Loaded at Hatch No.	: H1, H2, H3, H4, H5, H6 & 7
Description of cargo	: BITIMINOUS COAL IN BULK
Completed Shipper Doc	: MARCH 13,2008 AT 0130
Time of Departure	: MARCH 13,2008 AT 0300
Eta Destination Port	: MARCH 23,2008 AT 1700

<u>Bunkers :</u> <u>Draft :</u>

	FO	DO	BW	FW	F	A
Arrival	482.19 MT	81.62 MT	18,752 MT	375 MT	4.48 M	6.64 M
Departure	482.19 MT	74.64 MT	743 MT	294 MT	12.945 M	13.345 M

<u>Stowage Plan :</u>

H1. 8,462 MT	H2. 9,351 MT	H3. 9,392 MT	H4. 9,054 MT	H5. 9,392 MT
H6. 9,387 MT	H7. 8,498 MT	H8.	H9.	H10.

PT. BAHANA UTAMA LINE BANJARMASIN

PT. JAVA SAMUDRA KARUNIA SHIPPING

STATEMENT OF FACT : MV. VICTORY UNION **PAGE :** 03 (THREE

DAILY RECORD

Date & day	Weather	Time	Remarks
		0640 HRS	COMPLETED DISCH FM BG BAIDURI 30273 TO H4 BY FC. BIMA CAKRA
		0700 HRS	C/OUT BG BAIDURI 30273/TB AFL 3
		0730–0745 HRS	STOPPED LOADING H1, SHIFTING FC. BIMA MANGALA FM H1 TO H3
		0745 HRS	RESUMED LOADING H3 FM BG RMN 318 BY FC. BIMA MANGALA
		0800 HRS	05TH BG RMN 3451/TB ATK 2005 ASIDE TO FC. BIMA CAKRA
		0800 HRS	START LOADING H5 FM BG RMN 3451 BY FC, BIMA CAKR
		1125 HRS	COMPLETED DISCH FM BG RMN 318 TO H3 BY FC. BIMA MANGALA
		1145 HRS	C/OUT BG RMN 318/TB ATK 2015
		1745 HRS	06TH BG RMN 338/TB BINTANG 1 ASIDE TO FC. BIMA MANGALA
		1745 HRS	RESUMED LOADING H2 FM BG RMN 338 BY FC. BIMA MANGALA
		2115–2130 HRS	STOPPED LOADING H5, SHIFTING FC. BIMA CAKRA FM H5 TO H6
		2130 HRS	RESUMED LOADING H6 FM BG RMN 3451 BY FC. BIMA CAKRA
		2400 HRS	CONTINUE LOADING H2 FM BG RMN 338 BY FC. BIMA MANGALA AND H6 FM BG RMN 3451 BY FC. BIMA CAKRA
MARCH 11,2008 TUESDAY	CLOUDY	0000 HRS	CONTINUE LOADING H2 FM BG RMN 338 BY FC. BIMA MANGALA AND H6 FM BG RMN 3451 BY FC. BIMA CAKRA
		0430 HRS	COMPLETED DISCH FM BG RMN 3451 TO H6 BY FC. BIMA CAKRA
		0515 HRS	C/OUT BG RMN 3451/TB ATK 2005
		0545 HRS	07TH BG RMN 323/TB KSA SUARAN ASIDE TO FC. BIMA CAKRA
		0545 HRS	RESUMED LOADING H6 FM BG RMN 323 BY FC. BIMA CAK
		0630–0640 HRS	STOPPED LOADING H2, SHIFTING FC. BIMA MANGALA F H2 TO H3
		0640 HRS	RESUMED LOADING H3 FM BG 338 BY FC. BIMA MANGALA
		0730–1320 HRS	STOPPED LOADING H6 FM BG RMN 323 DUE TO FOR TRIMMING CARGO IN HATCH NO. 6
		1240 HRS	FULL OUT BG RMN 323/TB KSA SUARAN
		1240 HRS	COMPLETED DISCH FM BG RMN 338 TO H3 BY FC. BIMA MANGALA
		1310 HRS	C/OUT BG RMN 338/TB BINTANG 1
		1310–2400 HRS	NO ACTIVITY FOR LOADING DUE TO WAITING CARGO BARGES ASIDE
MARCH 12,2008 WEDNESDAY	CLOUDY	0000–0300 HRS	NO ACTIVITY FOR LOADING DUE TO WAITING CARGO BARGES ASIDE
		0300 HRS	08TH BG INTAN KELANA 3/TB INTAN MEGAH 3 ASIDE TO FC. BIMA CAKRA
		0300 HRS	RESUMED LOADING H6 FM BG INTAN KELANA 3 BY FC. BIMA CAKRA
		0500–0520 HRS	STOPPED LOADING H6, SHIFTING FC. BIMA CAKRA FM H6 TO H3
		0520 HRS	RESUMED LOADING H2 FM BG INTAN KELANA 3 BY FC. BIMA CAKRA
		0830–0840 HRS	STOPPED LOADING H3, SHFTING FC. BIMA CAKRA FM H3 TO H5
		0840 HRS	RESUMED LOADING H5 FM BG INTAN KELANA 3 BY FC. BIMA CAKRA

We hereby certify that the above time record are true and correct

P.T. BANANA UTAMA LINE BANJARMASIN

SAMUDRA KARUNIA SHIPPING

STATEMENT OF FACT : MV. VICTORY UNION **PAGE :** 04 (FOUR)

DAILY RECORD

Date & day	Weather	Time	Remarks
		1300–1310 HRS	STOFFED LOADING H5, SHITING FC. BIMA CAKRA FM H5 TO H4
		1310 HRS	RESUMED LOADING H4 FM BG INTAN KELANA 3 BY FC. BIMA CAKRA
		1535–1540 HRS	STOFFED LOADING H4, SHIFTING FC. BIMA CAKRA FM H4 TO H5
		1540 HRS	RESUMED LOADING H5 FM BG INTAN KELANA 3 BY FC. BIMA CAKRA
		1730–1750 HRS	STOFFED LOADING H5, SHIFTING FC. BIMA CAKRA FM H5 TO H4
		1740 HRS	RESUMED LOADING H4 FM BG INTAN KELANA 3 BY FC. BIMA CAKRA
		1800 HRS	09TH BG ATK 315/TB KSA ANUGRAH ASIDE TO FC. BIM MANGALA
		1920 HRS	COMPLETED DISCH FM BG INTAN KELANA 3 TO H4 BY F BIMA CAKRA
		1945 HRS	C/OUT BG INTAN KELANA 3/TB INTAN MEGAH 3
		1945–2015 HRS	INTERMEDIATED DRAFT SURVEY BY C/OFF AND SURVEYO
		2015 HRS	RESUMED LOADING H7 FM BG ATK 315 BY FC. BIMA MANGALA
		2220 HRS	C/OUT FC. BIMA CAKRA FM P/SIDE SHIP
		2350 HRS	COMPLETED [illegible] OF MV. VICTORY UNION AT TABO SOUTH KALIMANTAN, INDONESIA
		2350–2400 HRS	FINAL DRAFT SURVEY BY C/OFF AND SURVEYOR
MARCH 13,2008 THURSDAY	CLOUDY	0000–0050 HRS	FINAL DRAFT SURVEY BY C/OFF AND SURVEYOR

We hereby certify that the above time record are true and correct

12) 하역준비완료통지(Notice of Readiness)

선적항과 양륙항 공히 선박이 정해진 정박지에 도착하여 하역준비가 완료되면 용선자나 용선자측 대리인에게 선주는 하역준비완료를 통보하게 되며, 이를 근거로 하여 정박기간이 개시된다.

N/R 또는 N.O.R.로 약칭되는 하역준비완료통지는 통상 항계내 도착 즉시 또는 C/P에 따라서는 영업시간 내에 검역 및 통관 후에 선주대리점이 송하인이나 수하인에게 제시(tender)하게 되는데, 이는 본선의 도착선(arrived ship) 대우의 기본요건이다. 즉, 선박이 물리적 도착을 했더라도 N/R이 tender되어야 상업적 도착이 되기 때문이다.

Arrived ship에 대해서 상세히 설명하면, 화물선적에 관한 선주의 권리와 용선자의 의무는 일반원칙을 변경시키는 특별 규정이 없는 한, ① 본선은 화물선적을 위해 준비되어 있어야 할 장소에 반드시 있어야 하며, 계약상 허용규정이 있거나 상황이 정당화 될 때는 본선이 안전하게 도달할 수 있는 인접한 곳에 있어도 되며, ② 본선자체에 관한 한, 선적을 위한 제반 준비가 되어 있어야 하며, ③ 용선자가 상기 사실에 대한 통보를 받아야 한다는 등의 사실(facts)에 따라 좌우된다. 이 조건이 충족될 때 당해 선박은 도착선(arrived ship)이 되며, 시간개시에 관한 별도의 규정이 없는 한 정박기간이 개시된다. 그리고 선적항에서의 동 원칙은 양륙항에서도 동일하게 적용된다.

N/R tender시에 본선은 C/P 요구대로 선창청소가 되어 있어야 하고, 모든 면에서 하역할 준비를 갖추고 있어야 한다. N/R은 일단 tender한 시간기준이 되지만, 용선자측이 준비미비를 이유로 재 tender를 요청하면 실제준비사항 재확인 후, 원래의 tender에 하자가 있으면 즉시 개선하여 재 tender하고, 이 경우 물론 재 tender시간이 도착선 대우시간이 되고 기존의 tender에 하자가 없으면 기존 tender시간을 고수해야 한다..

N/R이 tender된 시간 즉시 laytime이 개시되면 "free of turn"이라 하여 선주에게 유리하나, 통상은 C/P에 따라 오전 tender시 오후부터, 오후 tender시 익일 영업개시 시간부터 기산하고, 경우에 따라서는 N/R tender 후 6시간 또는 12시간 후부터 개시되는 특약을 하기도 한다. 이렇게 N/R tender 후 일정시간 경과 후 laytime을 개시할 때 이 경과시간을 "turn time"이라고 한다.

C/P에 따라 선박이 어디에서 N/R을 tender해야 하는지가 다르다. 항구에 도착하면 N/R tender가 가능한 C/P를 "Port Charter"라 부르며, 특정부두에 접안해야만 N/R tender가 가능한 C/P를 "Berth Charter"라고 한다. 그러나 최근에는 C/P에 거의 대부분 "whether in berth or not(WIBON)조건"을 삽입함으로써 "Berth Charter"는 많이 퇴색하였다.

한편 도착선 대우를 받고 N/R을 tender 하기 위해서는 C/P에 따라 검역(free pratique) 및 통관 (custom clearance)을 요구하기로 한다. 만약 사전검역에 무관하다면, "whether in free pratique or not"(WIFPON)을 C/P에 삽입하면 된다.

13) 항해용선계약서(Voyage C/P)와 선하증권(B/L)

정기선해운에서는 일반적으로 B/L만이 선적을 입증하는 유일한 서류이나 항해용선에서는 C/P가 추가되어 운송서류로서의 B/L의 독자성(distinctive features)이 변용되었다.

B/L은 화물수령증(receipt of cargo)과 운송계약서(contract of affreightment)의 입증서류이면서 화물에 대한 권리증권(document of title to the goods)의 기능을 한다. 특히 권리증권으로서 B/L은 국제무역에서 화환신용장(documentary credits)의 기초서류이며 무역금융의 필요서류로 요구되어 왔다.

그러나 항해용선에서는 C/P가 운송계약서를 대신하므로 B/L은 용선자가 소지했을 때는 단순한 화물수령증에 지나지 않으며, 제 3 자가 소지했을 때 비로써 제 3 자는 C/P와 무관하므로 원래의 B/L의 기능이 살아나 발행자인 선주 또는 대리인과 선의의 소지인(bonafide holder)인 제 3 자를 구속하게 된다.

C/P하에서 발행되는 B/L은 C/P가 지배증서(controlling instrument)이므로 통상 "freight and all other terms, conditions and exceptions as per charter party" 등의 문언을 명시하게 된다. 이러한 문언이 들어 있는 B/L을 소위, 용선계약부 선하증권(Charter Party B/L: C/P B/L)이라 하며, 원칙적으로 신용장통일규칙(UCP)상 은행에서 수리 거절되나, 대부분 신용장을 수정하여 수리되도록 한다.

통상 C/P는 C/P B/L의 표준양식, 예를 들어 CONGEN BILL의 발급규정을 명시하고 있다.

14) 헤이그규칙과 용선계약부 선하증권(C/P B/L)

헤이그규칙(Hague Rules, 1924년)은 선주면책사항을 중심으로 B/L의 규정에 대한 각국의 불일치를 해소하기 위하여 몇 가지 규칙을 통일하였고, 이후 선진국들이 자국의 해상법으로 입법화하였다. 즉 헤이그규칙은 미국의 USCOGSA(US Carriage of Goods by Sea Act), 영국, 캐나다, 일본 등의 해상물건운송법, 즉 해상법(COGSA)의 근원이 되었다.

항해용선계약서(C/P)는 공서양속을 해치지 않는 한 계약자유의 원칙이 적용되므로 운송인의 책임에 대해서 자유롭게 약정할 수 있다. 그런데 용선계약부 선하증권(C/P B/L)이 발행되어 제3자에게 양도되는 순간부터 동 선하증권은 헤이그규칙의 지배를 받게 된다. 따라서 일반 선하증권과 용선계약부 선하증권의 대부분은 지상약관(paramount clause)에서 헤이그규칙 또는 이를 국내법으로 입법한 해상법을 준거법으로 채택하고 있다. 용선계약부 선하증권에 관한 세부내용은 제7장에서 자세히 살펴보기로 한다.

한편, 용선계약하에서 선하증권의 서명에 관한 선장의 의무와 범위에 관하여 살펴 본다. 즉 선장의 선하증권 서명으로 인하여 선주에게 보다 무거운 책임이 부과되는 경우, 용선자는 그에 대해 책임을 지게 된다. 따라서 용선계약서에는 흔히 "선장이 용선자의 지시에 따르거나 B/L에 서명함으로써 일어날 수 있는 여하한 결과에 대해 용선자가 선주에 대해 배상책임을 진다"는 취지의 규정을 포함하고 있다.

15) 파손화물보상장과 수입화물선취보상장

B/L과 관련하여 주의해야 될 것은 파손화물보상장 및 수입화물선취보상장의 발급관행이다.

선적시점에서 화물에 하자가 있어 일등항해사의 본선수취증(Mate Receipt)에 이를 표기하고, 당연히 B/L도 이러한 내용을 담은 사고부 선하증권(foul B/L)이 발급되어야 한다, 이 경우 은행에서는 당연이 수리 거부되므로, 화주들의 강한 요청이나 영업관계 때문에 부득이 무고장 선하증권(clean B/L)을 발급하고, 유사시 화주가 모든 책임을 진다는 각서성격의 파손화물보상장을 수취하게 된다.

그러나 추후 수화인이 화물의 하자로 이유로 선주에게 손해배상을 청구하면, 선주는 금반언의 원칙에 따라 수하인에게 손해배상책임을 일차적으로 부담해야 한다. 그리고 그 손해를 파손화물보상장을 제공한 송하인에게 다시 청구하려고 하여도 파손화물보상장에 의한 발급관행은 불법이므로 송하인이 의무를 이행하지 않는다고 하여도 강제할 수 없다.

한편 화물은 양륙항에 도착하였으나, B/L이 아직 수하인에게 도착하지 않은 경우, 통상 용선자는 선주에게 선하증권 대신 수입화물선취보상장을 제출하고 화물을 인도해 줄 것을 요청한다. 그런데 이러한 보상장도 법적 효력이 없기 때문에 반드시 은행의 보증을 첨부하도록 요구해야 한다.

16) 책임중단약관(cesser clause)과 유치권약관(lien clause)

영국 관습법상 운임청구권 및 공동해손분담청구권에 대해서만 화물에 대한 선주의 유치권 행사가 인정되어 있으므로 특약이 없는 한 체선료나 부적운임 등에 대해서는 유치권(lien)을 행사할 수 없다.

그러나 체선료나 부적운임 등에 대한 유치권이 용선계약에 명시적으로 설정된 경우, 그 대가로서 용선자를 위하여 다음과 같은 책임중단약관을 유치권약관과 합체하여 삽입한다. 즉 "용선자의 선주에 대한 채무, 즉 운임, 체선료 등은 화물이 선불운임, 부적운임(dead freight) 및 적항 체선료가 지불되자마자 중지(cesser)되고 대신 선주는 운임, 체선료 및 해손에 대해서 화물에 대한 유치권을 갖는다."는 내용이다. 그러나 책임중단약관은 선주, 용선자 간의 연락, 소재파악 및 지불방법이 미숙했던 구 시대의 산물이므로 현재는 용선자 채무에 대한 채권확보가 용이해져 거의 사용되지 않고, 대부분 유치권약관만이 삽입된다.

유치권은 담보물권의 하나로 우리나라의 민법상의 유치권도 같은 취지이다. 용선계약에서 유치권을 행사하기 위해서는 채권자가 목적물을 점유해야(possessory lien)한다. 그러므로 선장 또는 선주는 수화인에게 운송물을 인도함에 있어 운임, 부수비용, 체선료, 공동해손부담금, 해난 구조료 부담금 등을 수령하지 않으면 운송물 즉 화물을 인도할 의무가 없고 이를 유치할 수 있다.

유치권의 종류에는 ① 운임의 지급을 확보키 위하여 선장이 화물에 행하는 유치권, ② 화물의 부담에 속하는 공동해손분담청구권에 대하여 선주가 화물에 행하는 유치권, ③ 해난 구조자가 해난구조물에 행하는 유치권, ④ 도선대금,

수리비, 의장비를 확보하기 위하여 조선업자가 선박에 행하는 유치권, ⑤ 용선료나 체선으로 인한 손해, 부적운임, 항비 및 기타 화물의 보존 등에 필요한 비용 등을 회수하기 위해 선주가 화물에 행하는 유치권 등이 있다. 이 중 ①에서 ④까지는 모두 영국 커먼로상 판례에 의해서 인정된 유치권이고, ⑤의 유치권만이 용선계약이나 선하증권의 약관으로 설정되어 있는 계약상 유치권(contractual lien)이다. 재운임(sub-freight), 재용선료(sub-hire)에 대한 유치권도 계약상 유치권이다.

17) 선적준비가능일과 해약일(Laydays/Cancelling date: Lay/Can)

Laydays란 화물의 선적 및 양륙을 위하여 허용된 일수를 말하는 정박기간(laytime)의 의미와 본선이 선적준비를 해야 될 기간의 의미로 쓰이는데, 여기서는 후자를 말한다. 그리고 특정기일까지 선박이 선적준비를 하지 못할 경우 용선자는 용선계약을 취소할 수 있는 권리를 갖게 되는데, 이를 해약일이라고 한다. 선주는 해약에 대한 부담 때문에 가능한 선적준비완료기간을 장기로 요구하고, 용선자는 선적항에서 화물보관비용 등을 감안하여 단기를 주장한다. 통상 선적시기까지 여유가 있을 때는 넓게 정하였다가 가까워지면 일정시점에 좁게 정하는 소위, "spread/narrow 기법"을 C/P에 삽입한다. 예컨대 4월 1일에 7월분 선적예정인 항해용선계약을 체결할 경우, 현재 선박의 해당 선적항 ETA가 7월 15일로 추정된다면, 선박은 빨라지는 경우보다 늦어지는 경우가 많으므로 7월 15일부터 8월 5일까지의 20일을 요구하여 C/P에 삽입하고 6월 1일 최종 Layday를 10일로 줄여 통보(declare)하는 것으로 정하는 것이 타당하다.

만약 본선이 정해진 해약일보다 지연되어 도착할 경우 용선자는 용선계약을 해약할 선택권을 갖는다. 만약 본선이 해약일 이전에 도착하는 것이 거의 불가능하더라도 그 원인이 선주의 지배력을 초월한 사정(circumstances beyond owner's control) —이 경우 운송계약은 자동적으로 해지되어 의미가 없다— 에 의한 경우가 아니면 선주는 해약이 예상되더라도 본선은 선적항을 향해 항진시키고 도착시켜야 한다.

용선자의 해약여부결정과 통보는 본선 도착 후 선주가 제시한 하역완료준비 통지서(N/R)를 접수한 후 행해지는데, 선주는 사전에 운임 인하 등의 제안으로 해약을 면하기 위한 노력을 하게 된다.

1-2 표준항해용선계약서

1) 표준항해용선계약서의 종류

항해용선, 정기용선을 막론하고 용선계약은 수요-공급의 원칙하에 체결되는 자유계약이므로 그 형식과 내용에 제약이 없다. 그러나 용선계약에 있어서는 세목에 걸쳐 명확하게 약정하지 않으면 안 되는 항목이 많고 현실적으로 쌍방이 의도하는 내용을 모두 계약서에 기술하는 것은 한계가 있어 계약체결 시 검증된 표준계약서식(standard C/P forms)을 사용하는 것이 바람직하다. 이러한 표준서식의 사용은 계약수행 과정에서 발생할 수 있는 계약체결 시 간과된 조건 또는 계약서에 명시되었다고 하더라도 해석상 이견이 있는 조항으로 인하여 발생 가능한 분쟁을 사전에 방지할 수 있고 또한 교섭 당사자가 협상을 진행할 때 신경써야 할 항목의 범위를 줄여 줌으로써 교섭과정에서의 실수를 줄일 수 있는 효과도 있다.

[표 4-2] BIMCO 승인 표준항해용선계약서

CARGO	CHARTER PARTY	CODE NAME
CEMENT	Standard Voyage Charter Party for the Transportation of Bulk Cement and Cement Clinker in Bulk	CEMENTVOY
COAL	The Baltic and International Maritime Conference Coal Voyage Charter 1971(Rev. 1976 and 1977)	POLCOALVOY
	The Japan Shipping Exchange, Inc., Coal Charter Party	NIPPONCOAL
	Americanized Welsh Coal Charter	AMWELSH 93
	BIMCO Standard Coal and Ore Charter Party	COAL-OREVOY
FERTILISER	Chamber of Shipping Fertilisers Charter, 1942	FERTICON
	North American Fertilizer Charter Party 1978 (Amended 1988)	FERTIVOY
	Hydrocharter Voyage Charter Party (Amended 1975 and 1977)	HYDROCHARTER

	Fertilizer Voyage Charter Party (Amended 2001)	QAFCOCHARTER
GAS	Standard Gas Voyage Charter Party for LPG, Ammonia and Liquefied Pefrochemical Gas Trades	GASVOY 2005
GENERAL	The Baltic and International Maritime Council Uniform General Charter (As revised 1922, 1974, 1976 and 1994)	GENCON
	The Baltic and International Maritime Council Scandinavian Voyage Charter 1956 (Amended 1962 and 1993)	SCANCON
	The World Food Programme Voyage Charter Party	WORLDFOOD 99
	Standard Cruise Voyage Charter Party	SRUISEVOY
GRAIN	Australian Wheat Charter 1990 (Amended 1991)	AUSTWHEAT 1990
	Continent Grain Charter Party	SYNACOMEX 2000
	North American Grain Charterparty 1973, issued by the Association of Ship Brokers and Agents (U.S.A.) Inc.	NORGRAIN 89
	Standard Grain Voyage Charter Party 2003	GRAINCON
	Nippin Grain Charter Party	NIPPONGRAIN
ORE	The Japan Shipping Exchange, Inc., Iron Ore Charter Party	NIPPONORE
	BIMCO Standard Coal and Ore Charter Party	COAL-OREVOY
STONE	Chamber of Shipping Stone Charter-Party, 1920 (Amended 1925, 1959, 1974 and 1995)	PANSTONE
TANK	International Association of Independent Tanker Owners Tanker Voyage Charter Party	TANKERVOY 87
	Standard Voyage Charter Party for the Transportation of Chemicals in Tank Vessels	CHENTANKVOY
WOOD	The Baltic and International Maritime Council Baltic Wood Charter Party 1973 (Revised 1997 & 2002)	NUBALTWOOD
	Russian Wood Charter Party 1961 (As revised 1995 & 2002)	RUSWOOD
	The Japan Shipping Exchange, Inc. Charter Party for Logs 1997	NANYOZAI 1997

현재 각국의 여러 단체에 의하여 공인된 다수의 표준 서식이 존재하나, 발틱국제해운이사회(BIMCO: Baltic and International Maritime Council)에서 공인한 표준계약서 양식들이 가장 일반적으로 사용되고 있으며, 항해용선계약서 경우 화물의 종류에 따라 다음의 양식이 BIMCO에 의하여 공인되었다.

대표적인 일반용 항해용선계약서 양식인 GENCON(Uniform General Chater)은 BIMCO의 전신인 발틱백해동맹(Baltic and White Sea Conference)이 1922년에 제정하고, 1976년에 개정하여, 최근까지 사용해 오다가 1994년에 다시 개정되었다. 특히 동 서식은 특정화물에 제한 없이 일반적으로 사용될 수 있고, 다른 표준서식에 비하여 선사에게 유리하게 제정되어 현재까지 가장 많이 활용되고 있다.

특수용에는 석탄수송용인 NIPPONCOAL, Americanized Welsh Coal Charter (AWCC) 등이 있고, 이밖에도 목재수송용, 곡물수송용, 광석수송용 등 다양한 표준용선계약서가 존재하고 있다.

2) GENCON(1994)의 해설

GENCON(1994)는 제 1 부(Part 1)와 제 2 부(Part 2)로 구성되어 있다. 제 1 부는 계약의 내용을 쉽게 파악할 수 있도록 계약의 주요 사항을 26개 항목으로 일목요연하게 요약하고 있다. 제 2 부는 항해용선계약상 일반적인 공통사항이 19개 조항으로 인쇄되어 있다.

제 1 부와 제 2 부가 상충되면 제 1 부가 우선하며, 제 1 부 및 제 2 부의 내용은 당사자가 임의로 삭제, 첨가 및 변경이 가능하다. 한편 추가조항(rider clause)이란 제 1 부 및 제 2 부의 내용을 보완, 첨가하거나 새로운 합의내용을 임의로 약정하여 첨부되는 조항을 말하며, 제 1 부 및 제 2 부와 동일한 효력을 갖는다. 이하에서 GENCON(1994)의 세부내용을 살펴보기로 한다.

(1) 제 1 부

<table>
<tr><td rowspan="2">1. 선박중개인</td><td>권고양식
발틱국제해운이사회
통합 일반 용선계약서 (1922,1976,1994년 개정)
(특정의 승인된 계약서가 사용되도록 규정되지 않은 거래에 사용)
코드명 : GENCON</td></tr>
<tr><td>2. 장소 및 일자</td></tr>
<tr><td>3. 선박소유자/영업소(1조)</td><td>4. 용선자/영업소(1조)</td></tr>
<tr><td>5. 선박명(1조)</td><td>6. 총톤수/순톤수(1조)</td></tr>
<tr><td>7. 재화중량톤수(DWT)와 하계만재흘수선미터톤 (개략) (1조)</td><td rowspan="2">8. 선박의 현재위치(1조)</td></tr>
<tr><td>9. 선적준비예정일(1조)</td></tr>
<tr><td>10. 선적항 또는 장소(1조)</td><td>11. 양륙항 또는 장소(1조)</td></tr>
<tr><td colspan="2">12. 화물(1조) 만약 합의하였다면, 선박소유자의 선택권이 있는 수량과 여유분이라고 기재하고, 화물의 중량과 용적의 최대한 적재가 합의되지 않았다면 "부분화물" 이라고 기재</td></tr>
<tr><td>13. 운임(선지급 또는 착지급 기재)(4조)</td><td>14. 운임의 지급(통화, 지급방법, 수령인, 은행계좌 기재)(4조)</td></tr>
<tr><td>15. 선박의 화물처리장치사용여부(5조)</td><td>16. 정박기간(선적과 양륙의 별도정박기간 합의시 a)와 b)기재, 선적과 양륙의 통산정박기간 합의시 c)만 기재)(6조)</td></tr>
<tr><td>17. 선적의뢰인/ 영업소(6조)</td><td>(a) 선적기간</td></tr>
<tr><td>18. 대리인(선적)(6조)</td><td>(b) 양륙기간</td></tr>
<tr><td>19. 대리인(양륙)(6조)</td><td>(c) 선적 ·양륙의 통산정박기간</td></tr>
<tr><td rowspan="2">20. 체선료 및 지급방법(선적 및 양륙)(7조)</td><td>21. 계약해제일자(9조)</td></tr>
<tr><td>22. 공동해손정산장소(12조)</td></tr>
<tr><td>23. 운임세금(선박소유자계산 기재)(13조c)</td><td rowspan="2">24. 중개수수료 및 수령인(15조)</td></tr>
<tr><td>25. 준거법및 중재/재판관할(19조의 a), b), c) ; 19조의 c)로 합의된 경우 중재의 장소를 기재) (지정하지 않은 경우 19조 a)를 적용)</td></tr>
<tr><td>(a) 소액중재/양식중재의 최대금액을기술</td><td>26. 합의된 특약조항</td></tr>
</table>

이 계약은 제 1 부와 제 2 부로 구성되는 이 용선계약서에 규정된 조건에 따라 이행할 것을 상호 합의한다. 규정조건이 상충되는 경우에는 그 상충의 범위 내에서 용선계약서 제 1 부의 규정이 제 2 부 규정에 우선하는 것으로 한다.

서명(선박소유자)	서명(용선자)

(2) 제 2 부

제1조

이 계약서 양식 5번 난에 기재된 선박의 소유자로서 3번 난에 기재된 당사자와 4번 난에 기재된 용선자로서의 당사자는 다음과 같이 합의한다.

5번 난에 기재된 선박은 6번 난에 표시된 총톤수/순톤수 및 7번 난에 기재된 하계만재흘수선에 따른 재화중량 미터톤수를 가지며, 현재 8번 난에 기재된 곳에 위치하고, 이 용선계약에 따라 9번 난에 기재된 일자에 선적할 준비가 되어 있는 선박으로 한다.

이 선박은 이전계약이 종료된 후 지체 없이 10번 난에 기재된 선적항이나 장소 또는 그 근접지로서 선박이 안전하게 도달하고 계속적으로 해상체류가 가능한 곳으로 이동하여야 한다. 그 곳에서 12번 난의 기재에 따라 중량과 용적을 최대한으로 화물을 적재하여야 하며, 선적 의무는 용선자가 부담한다(갑판적 화물의 선적을 합의한 경우에는 용선자의 위험과 책임으로 한다). 선적이 종료된 후 선박은 선하증권의 서명과 함께 지시하는 바에 따라 11번 난에 기재된 양륙항이나 장소 또는 그 근접지로서 선박이 안전하게 도달하고 계속적인 해상체류가 가능한 곳으로 출항하여야 한다. 화물은 그 곳에서 인도한다.

제2조 선박소유자의 책임조항

선박소유자는 물건의 멸실이나 훼손이나 인도 지연에 대하여 그 멸실, 훼손 또는 인도지연이 모든 명에서 선박에 감항성을 확보하고 적절한 인원을 배치하며 장비를 보급할 것을 담보할 선박소유자나 그 관리인의 개인적 주의의무의 결여에 기인하거나 또는 선박소유자나 관리인의 개인적 작위나 부주의에 기인하는 경우에만 그 책임을 진다.

또한 선박소유자는 그 이외의 어떠한 원인으로 인한 멸실, 훼손, 지연에 대하여서도 책임을 지지 아니한다. 비록 그러한 손해가 선장, 선원 또는 선박소유자가 고용한 육상이나 선상에서 작업할 인원의 부주의나 과실로 인한 것으로 본 규정이 없었다면 책임을 지게 될 요인으로 인하여 발생하였거나 또는 선적, 항해의 개시 또는 어떠한 때이거나 그로 인한 선박의 불감항으로 인한 손해에 대하여 책임을 지지 아니한다.

제3조 이로(離路)조항

이 선박은, 어떠한 항구라도, 그 순서에 상관없이, 어떠한 목적으로라도, 기항할 수 있으며, 어떠한 정황에서나 다른 선박을 예선 그리고/또는 원조하고, 인명 그리고/또는 재신을 구조할 목적으로 이로를 할 수 있는 자유를 가진다.

제 4 조 운임의 지급

(a) 운임은 13번 난에 기재된 요율과 적재된 화물량에 따라 계산한 금액을 현금으로 지급하여야 한다.

(b) 운임의 선급(先給)

13번 난에 따라 운임이 선적시에 지급되는 경우에는 이를 선박 그리고/또는 화물의 상실여부와 상관없이 반환할 수 없는 것으로 본다.

운임이 실제로 지급되기 전에는 선주나 그의 대리인은 운임선급이라고 표시한 선하증권에 서명하거나 배서할 것을 요구받지 아니한다.

(c) 운임의 착급(인도시 지급)

13번 난에 따라 운임 또는 그 일부가 목적항에서 지급하기로 되어 있는 경우에는 화물이 인도될 때까지 용선료를 수령한 것으로 보지 아니한다.

운임 또는 그 일부를 화물인도시에 지급하기로 되어 있는 경우에 용선자는 (a)항의 규정에 불구하고 인도된 화물의 중량/수량에 따라 용선료를 지급할 선택권을 가진다. 다만 이 경우에는 선택권의 행사를 화물양륙개시 이전에 통지하고, 화물의 중량/수량이 공식적인 계량기나 합동흘수 조사 또는 검수에 의하여 확인될 수 있어야 한다.

선적항에서 선박의 통상적 비용지출을 위하여 현금가불을 용선자가 요구받은 경우, 필요하면, 당시의 최고환율과 2퍼센트의 보험료 및 기타비용을 합산 적용한다.

제 5 조 선적/양륙

(a) 비용/위험부담

화물을 선창으로 반입적재하고, 이를 적부 그리고/또는 정돈하는 것, 검수표시를 하는 것, 묶는 것 그리고/또는 안전하게 고정시키는 것, 그리고 이를 선창에서 반출양륙하는 작업 등은 모두 용선자가 시행한다. 선박소유자는 이에 관하여 어떠한 위험과 책임 그리고 비용도 부담하지 아니한다. 용선자는 선적화물의 적절한 적부와 보호에 필요한 짐깔개를 제공하고 설치하여야 하며, 선박소유자는 선상에 있는 모든 짐깔개의 사용을 허용하여야 한다. 용선자는 이 용선계약에 따라 화물이 양륙된 후 짐깔개의 제거의무를 부담하고 그 비용을 지급하여야 한다. 짐깔개 제거에 소요된 시간은 이를 모두 정박기간에 산입한다.

(b) 하역장치

하역장치가 없는 선박이 아닌 경우, 또는, 15번 난의 기재에 따라 선박의 하역장치를 사용하지 않기로 당사자간에 합의된 경우가 아니라면, 선박소유자는 선적/양륙의 전 기간에 걸쳐 선박하역장치를 무상으로 사용하게 하고, 하역장치의 조종에 필요한 충분한 동력을 무상으로 공급하여야 한다. 이들 장비는 모두 양호하고 정상적인 작동상태에 있어야 한다. 하역 인부의 과실이 없는 한 선박의 하역장치의 고장이나 동력의 고갈로 초과된 시간은 정박시간이나 체선료시간에 산입되지 아니한다. 다만 이 경우에는 이 용선계약에 따라 당시에 필요하였던 화물의 선적/양륙용 기중기/권양기의 총 숫자에 비례하여 계산한다. 선박소유자는 청구가 있는 경우 선원 중에서 선박의 하역장치를 운전할 기중기/권양기의 조종사를 무상으로 지명하여야 한다. 다만 그 지역의 법규가 이를 금지하는 경우에는 그러하지 아니하다. 위 단서의 경우 연안국 노무자는 용선자의 책임 하에 선임한다. 기중기 조종사/권양기 조종사는 용선자의 위험부담과 책임으로 하며, 하역인부는 용선자의 사용인으로 보나 선장의 지휘에 따라 작업을 수행한다.

(c) 하역인부에 의한 선박손상

하역인부에 의한 선박의 손상(통상적인 자연 마손을 넘어서는 경우)에 대하여는 용선자가 책임을 진다. 이러한 선박손상이 발생하는 경우 선장은 가능한 한 조속히 용선자나 그 대리인 그리고 하역인부에게 이를 통지하여야 하며, 이를 해태하는 경우에는 용선자에게 책임이 없다. 선장은 하역인부의 책임승인자 인서를 확보하도록 노력하여야 한다.

용선자는 항해종료 이전에 하역인부에 의한 선박 손상을 수선할 의무가 있다. 그러나 선박의 손상이 선박의 감항능력이나 선급에 영향을 미치는 경우에는 그 손상이 발생 또는 발견된 항구에서 출항하기 이전에 이를 수선하여야 한다. 그 밖에 발생된 모든 부가비용셀할 의무가 부담하며, 선박수선에 소요된 시간에 대하여는 체선료율에 따라 용선자가 선박소유자에게 지급하여야 한다.

제 6 조 정박기간

*(a) 선적과 양륙의 별도 정박기간

화물은, 기상조건이 허용되는 한, 16번 난에 기재된 연속일수/시간 이내에 적재하여야 한다. 일요일과 공휴일은 선적작업이 없으면 산입되지 아니하며, 선적작업이 있는 경우에는 그 시간을 산입한다. 화물은, 기상조건이 허용되는 한, 16번 난에 기재된 연속일수/시간 이내에 양륙하여야 한다. 일요일과 공휴일은 양륙작업이 없으면 산입되지 아니하며, 양륙작업이 있는 경우에는 그 시간을 산입한다.

*(b) 선적과 양륙의 통산 정박기간

화물은, 기상조건이 허용되는 한, 16번 난에 기재된 연속일수/시간 이내에 적재 및 양륙하여야 한다. 일요일과 공휴일은 저재양륙자업이 없으면 산입되지 아니하며, 적재양륙작업이 있는 경우에는 그 시간을 산입한다.

(c) 정박기간의 개시 (선적 및 양륙)

선적 및 양륙의 정박기간은 선적양륙준비완료통지를 12시 또는 그 이전에 행한 경우에는 13시에 개시하며, 그 통지를 12시 이후 업무시간 이내에 행한 경우에는 그 다음 작업일 6시에 개시한다. 선적항에서는 선적 준비의 완료를 17번 난에 기재된 송하인, 또는 그 기재가 없는 경우에는 용선자에게, 또는 18번 난에 기재된 이들의 대리인에게 통지하여야 한다. 양륙항에서는 양륙준비의 완료를 수하인에게, 또는 이를 알지 못하는 경우에는 용선자나 19번 난에 기재된 이들의 대리인에게 통지하여야 한다.

선박이 선적/양륙항의 내외에 도달하였으나 선적/양륙에 필요한 선석을 확보할 수 없는 경우에도, 검역통과 여부나 세관통관 여부와 상관없이, 도착 후 바로 통상적인 업무시간 내에 선적/양륙 준비의 완료를 통지할 수 있다. 이 경우 선박이 선석에서 선적/양륙준비가 모든 면에서 완료된 것과 똑같이 정박기간이나 체선료 기간이 산정된다. 다만 이 경우 선박이 사실상 모든 면에서 선적/양륙 준비가 완료되었다는 선장의 보증이 있어야 한다. 선박이 대기장소로부터 선적/양륙선석으로 이동하는 데에 소요된 시간은 정박기간에 산입되지 아니한다.

정박기간이 개시되기 이전에 용선자에 의하여 사용된 시간도 산입한다.

만약 검사 후에 선박이 선적 또는 양륙작업을 위하여 모든 면에서 준비가 완료되지 아니한 점이 발견되면 그 때부터 선박이 선적/양륙준비가 완료될 때까지의 시간은 정박기간에 산입하지 아니한다.

*16번 난의 합의에 따라 (a)또는 (b)의 두 가지 중 하나를 선택할 것

제 7 조 체선료

선적항과 양륙항에 있어서의 체선료는, 20번 난에 기재된 요율과 20번 난에 기재된 방법으로, 용선자가 일당 또는 1일의 부분적 비례에 따라 지급한다. 체선료의 지급 기일은 매일매일 도래하는 것으로 하고, 선박소유자의 청구서를 받는 즉시 지급하여야 한다.

위의 규정에 따라 체선료가 지급되지 아니하는 경우 선박소유자는 96연속시간 이내에 이행지체를 해결하도록 용선자에게 서면으로 통지하여야 한다. 체선료가 이러한 시한이 종료되기까지 지급되지 아니하고 선박이 선적항에 있는 경우 선박소유자는 언제나 용선계약을 해제하고 그로 인한 손해의 배상을 청구할 수 있다.

제 8 조 유치권조항

선박소유자는 운임, 부적운임(不積運賃), 체선료, 손해배상금액, 그 밖에 이 용선계약에 따라 지급받을 기타 금액과 이를 확보하기 위한 구상비용을 위하여 화물 및 화물과 관련하여 지급될 운임부대비용 위에 유치권을 가진다.

제 9 조 계약해제조항

(a) 선박이 〔선석에 있거나 없거나를 막론하고〕 21번 난에 기재된 계약해제일자까지 선적준비가 완료되지 아니한 경우 용선자는 이 용선계약을 해제할 수 있다.

(b) 상당한 주의를 다함에도 불구하고 계약해제일자까지 선박의 선적준비가 완료되지 못할 것으로 예상되는 경우 선박소유자는 이를 용선자에게 지체없이 통지하여야 한다. 이 경우 선박소유자는 선박의 선적준비완료 가능일자를 명시하고, 용선자가 용선계약의 해제권을 행사할 것인지, 또는 새로운 계약해제일자를 합의할 것인지의 여부를 문의하여야 한다. 이러한 선택권에 관하여는 선박소유자의 통지수령 후 연속 48시간 이내에 용선자가 통보하여야 한다. 용선자가 계약해제권을 행사하지 않을 경우 이 용선계약은 선박소유자가 용선자에게 통지한 새로운 선적준비 완료일자로부터 7일째를 새 계약해제일로 잡기로 변경된 것으로 본다.

이 조항 (b)항의 규정은 1회에 한하여 적용되며, 선박이 더 이상 지체되는 경우 용선자는 이 조항 (a)항의 규정에 따라 용선계약을 해제할 수 있다.

제10조 선하증권

선하증권은, 이 용선계약과 상치되지 않는 한, "콘젠빌" 선하증권 1994년 개정양식("Congenbill" Bills of Lading form, Edition 1994)에 따라 선장에게 제시하고 선장의 서명을 받아야 한다. 또한 선박소유자의 대리인도 그 권한이 서면에 의하여 선박소유자로부터 대리인에게 수여된 경우에는 선하증권을 제시받고 이에 서명할 수 있으며, 이 경우 그 서면의 사본을 용선자에게 제출하여야 한다. 용선자는 선하증권상의 용어나 내용이 이 용선계약에 의한 선박소유자의 부담을 초과하는 책임을 선박소유자에게 부과하거나 초래하는 경우 제시된 선하증권의 서명으로 인하여 야기될 수 있는 결과 또는 책임에 대하여 선박소유자의 초과부담을 보상해 주어야 한다.

제11조 쌍방책임충돌조항

용선 선박이 다른 선박의 과실 및 용선 선박의 항해 또는 관리에 있어서 선장, 해원, 도선사 또는 선박 소유자의 사용인의 행위, 과실 또는 부주의의 결과로서, 다른 선박과 충돌한 경우에, 이 용선 계약에 따라서 운송되는 화물의 소유자는 용선선박 소유자가 다른 선박(비적재선) 또는 그 선박 소유자에 대하여 배상하여야 할 모든 손해 또는 채무를 보상하여야 한다. 그러한 손해 또는 채무는 용선 선박 상의 화물 소유자의 멸실 또는 훼손 또는 일체의 청구를 표시하고, 다른 선박(비적재선) 또는 그 선박의 소유자로부터 위 화물 소유자에게 지급하였거나 지급하게 될 금액과, 그리고 다른 선박(비적재선) 또는 그 선박의 소유자가 적재선인 용선 선박 또는 용선 선박의 소유자에 대한 손해배상 청구액의 일부로서 상계, 공제 또는 회수할 수 있었던 범위의 것으로 한다.

제12조 공동해손 및 뉴제이슨조항(New Jason Clause)

공동해손은, 22번 난에 달리 합의되어 있지 않은 한, 1994년 요크 앤트워프 규칙(York-Antwerp Rules 1994)과 그 이후의 수정규칙에 따라 런던에서 정산한다. 화물의 소유자는 공동해손 비용이 선박소유자의 사용인의 부주의나 과실에 기인한 경우에도 공동해손 비용에 대한 화물측의 분담액을 지급하여야 한다(제 2 조 참조).

공동해손이 미합중국의 법령과 관행에 따라 정산되는 경우에는 아래의 조항을 적용한다: "선박의 항해개시 이전이거나 또는 이후이거나, 선박소유자가 그의 과실에 기인한 것인지의 여부를 불문하고, 이유가 무엇이든지 간에, 법률이나 계약 또는 기타에 의하여, 그 자체 또는 결과에 대한 손해배상책임을 부담하지 아니하는 사고, 위험, 손해, 해난이 발생한 경우에, 화물의 송하인이나 수하인 또는 소유자는 공동해손 성질로 발생 또는 부담하게 된 손실, 손해 또는 비용에 대한 지급에 있어서 공동해손 선박소유자와 함께 분담하여야 하며, 운송물과 관련하여 해난구조료와 특별비용을 지급하여야 한다.

구조선이 선박소유자의 소유 또는 관리하에 있는 경우에도 구조료는 그 구조선이 타인소유인 경우와 똑같이 완전히 지급하여야 한다. 화물, 선적의뢰인, 수하인 또는 화물의 소유자는, 청구가 있는 경우, 화물의 분담금과 그 구조료 및 특별비용에 관하여 선박소유자에 대한 예상분담액을 보전하기에 충분한 것으로 선박소유자나 대리인이 생각하는 예탁금을 화물인도 전에 예치하여야 한다."

제13조 조세 및 부과금조항

(a) 선박에 대한 것 – 관습상 선박에 부과되는 모든 부과금, 비용, 그리고 세금은 선박소유자가 지급한다. 다만 그 금액은 사정(査定)할 수 있다.

(b) 화물에 대한 것 – 관습상 화물에 부과되는 모든 부과금, 비용, 관세 및

세금은 용선자가 지급한다. 다만 그 금액은 사정할 수 있다.

(c) 운임에 대한 것 – 23번 난에서 달리 합의되지 않는 한 용선료에 부과된 세금은 용선자의 계산으로 한다.

제14조 대리인

모든 경우에 선박소유자는 선적항과 양륙항에서 각각 그 대리인을 지정하여야 한다.

제15조 중개수수료

취득한 운임, 부적운임(不積運賃) 및 체선료에 대하여 24번 난에 기재된 중개수수료는 24번 난에 기재된 당사자에게 지급하여야 한다. 중개행위가 주효하지 아니하는 경우 그 책임이 있는 당사자는 중개인의 비용과 노고에 대한 보상금으로 예정용선료에 대한 중개료의 3분의 1을 지급하여야 한다. 여러 항해에 관한 경우에는 그 보상금은 합의에 의하여야 한다.

제16조 일반파업조항

(a) 선박이 최종항으로부터 항행할 준비가 되어 있거나, 선적항으로 항해중 어느 때이거나, 선박이 선적항에 도착한 이후에 화물 또는 그 일부의 선적을 사실상 방해하거나 영향을 미치는 파업이나 직장폐쇄가 일어난 경우, 선장 또는 선박소유자는 용선자에게 파업이나 직장폐쇄가 없는 경우와 똑같이 정박기간을 계산하겠다는 합의의 표명을 하도록 요구할 수 있다. 용선자가 24시간 이내에 서면으로(필요한 경우에는 전보로) 합의표명을 하지 않는 경우 선박소유자는 이 용선계약을 해제할 수 있다. 화물의 일부가 이미 선적되었다면 선박소유자는 이를 가지고 항행하여야 하며, (용선료는 선적된 화물량에 대하여만 지급된다) 선박소유자의 책임 하에 항해도중 다른 화물을 완재할 수 있다.

(b) 선박이 양륙항 내외에 도착시 또는 도착 후 화물의 양륙에 사실상 지장을 주거나 영향을 미치는 파업이나 직장폐쇄가 발생하고 48시간 이내에 해결되지 아니하는 경우, 용선자는 파업이나 직장폐쇄가 종료될 때까지 체선료의 반액을 지급하고, 그 파업이나 직장폐쇄가 끝나기까지 선박을 계속하여 대기시킬 수 있고, 양륙기간의 만료 후에는 파업이나 직장폐쇄가 끝나고 양하작업이 완료될 때까지 체선료의 전액을 지급하기로 하거나, 또는 용선자는 선박이 파업이나 직장폐쇄로 인한 억류위험 없이 확실히 양륙될 수 있는 안전항구로 이동할 것을 선박에 지시할 수 있다. 이러한 지시는 양륙에 영향을 미치는 파업이나 직장폐쇄에 관하여 선장이나 선박소유자가 용선자에게 통지한 후 48시간 이

내에 하여야 한다. 이동 후의 대체항구에서의 화물인도에는 이 용선계약과 선하증권상의 모든 규정이 적용되며, 선박은 본래의 목적항에서 양륙된 것과 동일한 용선료를 수령한다. 다만 대체항까지의 거리가 100해리를 초과하는 경우에는 대체항에서 인도한 화물량에 따라 용선료는 비례적으로 증액한다.

(c) 위에서 규정한 의무를 제외하고, 용선자나 선박소유자는 화물의 선적이나 양륙에 사실상 지장이 되거나 영향을 미치는 파업이나 직장폐쇄의 결과에 대하여 아무런 책임도 지지 아니한다.

제17조 전쟁위험("Voywar 1993")

(1) 이 조항에서 쓰인 용어의 정의는 다음과 같다:

(a) 선박소유자에는 선박소유자, 나용선자, 관리선주, 선박의 경영 책임을 지고 있는 관리인 기타 운영자, 및 선장을 포함한다.

(b) 전쟁위험에는 어떠한 사람, 군중, 폭력주의자, 또는 정치집단이나 국가정부에 의한 전쟁(실전이거나 전쟁위협적이거나 간에), 전투행위, 내란, 적대행위, 혁명, 반란, 소요, 전쟁유사움직임, 폭약부설(실제적이거나 보도가 있거나 간에), 해적행위, 테러행위, 적대행위나 악의적 손괴행위, 봉쇄(모든 선박의 봉쇄 또는 기국이나 소유관계 또는 화물이나 선원 또는 기타 기준에 따른 선박의 선별적 봉쇄이던지 간에)로서 선장 그리고/또는 선박소유자의 합리적 판단에 따라 선박, 화물, 선원 또는 선박에 승선한 기타 사람에게 위험할 수 있거나, 위험의 개연성이 있거나, 위험하게 될 수 있는 것들이 포함된다.

(2) 선박에 선적이 개시되기 이전에 선장 그리고/또는 선박소유자의 합리적인 판단에 의하여 운송계약 또는 그 일부의 이행이 선박, 그 화물, 선원, 또는 기타 승선한 사람을 전쟁위험에 노출시킬 수 있거나, 노출시킬 개연성이 있는 경우, 선박소유자는 이 운송계약의 해제를 용선자에게 통지하거나, 또는 선박, 그 화물, 선원, 또는 기타 승선한 사람을 전쟁위험에 노출시킬 수 있거나, 노출시킬 개연성이 있는 운송계약부분의 이행을 거절할 수 있다. 다만 이 경우, 이 운송계약에 선적이나 양륙이 일단의 항구구역범위 내에서 이루어지도록 규정되어 있고, 용선자가 지정한 항구 내에서는 선박, 그 화물, 선원 또는 기타 승선한 사람을 전쟁위험에 노출시킬 수 있거나, 노출시킬 개연성이 있는 경우, 선박소유자는 먼저 용선자에게 선적이나 양륙구역범위 내의 다른 안전항구를 지정하도록 요구하여야 하며, 용선자가 이러한 요구를 받은 후 48시간 내에 안전항구를 지정하지 아니하는 경우에만 이 운송계약을 해제할 수 있다.

(3) 선박소유자는, 화물의 선적개시 후 또는 그 이후 화물양륙이 완료되기 이전의 어떠한 항해단계에 있어서나, 선장 그리고/또는 선박소유자의 합리적 판

단에 따라 선박, 그 화물(또는 그 일부), 선원 또는 기타 승선한 사람(또는 그 수가 단수이거나 복수이거나)을 전쟁위험에 노출시킬 수 있거나, 노출시킬 개연성이 있는 경우, 어떠한 항해를 위하여서든지 간에 화물의 선적을 계속하거나, 어떠한 항해 또는 그 일부를 막론하고 이를 개시 또는 계속하거나, 어떠한 운하나 수로를 통과하거나, 어떠한 항구나 장소든지를 막론하고 그 곳으로 항해하거나 그 곳에 머무르도록 요구를 받아서는 아니된다. 위의 경우 선박소유자는 용선자에게 화물 또는 그 일부의 양륙을 위하여 안전항구를 지정하여 줄 것을 요구할 수 있고, 이 요구를 받은 후 48시간 이내에 용선자가 안전항구를 지정하지 아니하는 경우 선박소유자는 안전항구(선적항 포함)를 임의로 선택하여 화물을 양륙하고, 운송계약의 이행을 완료할 수 있다. 선박소유자는 이러한 양륙의 부가비용을 용선자로부터 보상받을 수 있으며, 양륙이 선적항 아닌 항구에서 이루어 지는 경우 화물이 양륙항까지 운송된 것과 똑같이 용선료의 전액을 수령할 수 있다. 추가항해거리가 100마일을 초과하는 경우 선박소유자는 정상적이고 관습적인 항로상의 거리에 대한 추가거리에 비례하여 약정된 용선료와 동률의 추가 용선료를 수령할 권리가 있다. 이러한 비용과 용선료에 대하여 선박소유자는 화물위에 유치권을 가진다.

(4) 계약상의 성질에 부합하는 항해에 정상적으로 그리고 관습적으로 이용되는 항로(운하 또는 수로 포함)이기는 하나 화물의 선적개시 이후 어떠한 항해단계에서라도 선장 그리고/또는 선박소유자의 합리적인 판단에 의하여 선박, 그 화물, 선원 또는 기타 승선한 사람을 전쟁위험에 노출시킬 수 있거나, 노출시킬 개연성이 있는 항로와 양륙항에 이르는 더욱 먼 거리의 항로가 있는 경우, 선박소유자는 용선자에게 후자의 항로를 선택하겠다는 통지를 하여야 한다. 이 경우, 총 추가거리가 100마일을 초과하는 때에는, 선박소유자는 정상적이고 관습적인 항로상의 거리에 대한 추가거리에 비례하여 약정된 용선료와 동율의 추가 용선료를 수령할 권리가 있다.

(5) 선박은 다음의 권리를 가진다 :

(a) 출발, 도착, 항로, 호송항해, 기항항, 항해중지, 목적항, 화물양륙, 인도 그 밖의 무엇에 관한 것이든지 간에 항해선박의 기국정부, 선박소유자가 준수하여야 할 법을 제정한 다른 정부, 기타 필요로 되는 다른 정부, 또는 명령이나 지시를 준수하도록 강제할 권한을 가지고 운용되는 조직체나 집단이 내린 모든 명령, 지시, 권고, 또는 조언을 준수하는 것;

(b) 전쟁위험보험의 조건에 따른 권한을 가진 전쟁위험인수인의 명령, 지시 또는 권고에 따르는 것;

(c) UN안전보장이사회의 결의 조항, 유럽공동체(European Community)이 지

령, 기타 동일한 법규발포권을 가진 초국가적 조직체의 유효한 명령, 및 이들 국제기구의 법규를 시행하기 위하여 선박소유자가 준수하게 할 국내법을 준수하고, 이들 법규의 시행책임이 있는 기관의 명령과 지시를 준수하는 것;

(d) 선박이 밀수품 운반선으로서 밀수의 책임을 지게 되는 어떠한 화물이나 그 일부를 다른 어떠한 항구에서나 양륙하는 것;

(e) 선원이나 그 일부의 교체 또는 승선한 기타 사람을 억류, 감금 기타 제재해야 할 필요가 있다고 확신할 만한 사유가 있는 경우 어떠한 항구에나 기항하는 것;

(f) 화물이 이 조항의 어느 규정에 따라 선박소유자에 의하여 선적되지 않았거나 양륙된 경우, 선박소유자를 위하여 다른 화물을 선적하고, 이를 뒷방향이거나 앞방향이거나 또는 통상 내지 관습적인 항로의 역방향이거나를 막론하고, 다른 어떤 항구로든지 간에 운송하는 것.

(6) 이 조항 (2)항 내지 (5)항의 규정에 따라 어떠한 조취를 취하였거나 취하지 아니하였거나 간에 이는 이로(離路)로 보지 아니하고 운송계약의 적절한 이행으로 본다.

제18조 일반결빙조항

선적항

(a) 선박이 최종항으로부터 항행할 준비가 되어 있는 때, 항해도중의 어느 때, 또는 선박의 선적항 도착시 또는 선박이 선적항 도착 후 결빙이 시작된 경우에 선장은 선박의 동결을 우려하여 화물없이 출항할 권리가 있다. 이 경우 이 용선계약은 무효가 된다.

(b) 선적 중 선장이 선박의 동결을 우려하여 출항이 적당한 것으로 판단하는 경우에는 선적된 화물만 가지고 발항할 수 있으며, 이 경우, 선박소유자의 이익을 위하여, 어느 항구에서나 그리고 양륙항을 포함하여 어느 항구로 향하는 화물이든지 간에, 이를 선박에 채워 선적할 수 있는 선택권을 가진다. 이 용선계약에 의하여 선적된 일부화물은 선박의 비용으로 목적지에 운송되지만 대가로 운임을 수령한다. 다만, 추가비용은 용선자에게 부담시키지 않고, 운임은 인도된 수량에 따라 정하여지고(총액운임제인 경우에는 비례하여) 모든 다른 조건은 이 용선계약에 따른다.

(c) 선적항이 1개 이상이고, 그 1개 또는 그 이상의 항구가 결빙으로 폐쇄된 경우 선장이나 선박소유자는 사용중인 항구에서 화물의 일부를 선적하고 (b)항에 따라 다른 항구에서 선박소유자의 계산으로 화물을 채워 싣든지 또는 용선자가 상용중인 항구에서 화물전량 선적에 합의하지 않는 경우에는 이 용선계약

을 무효로 선언할 권리를 가진다.

양륙항

(a) 결빙으로 인하여 선박이 양륙항에 도달할 수 없는 경우 용선자는 항해 재개시까지 선박을 대기시키고 체선료를 지급하거나, 또는 결빙으로 인한 지체의 위험이 없이 안전하게 양륙할 수 있고, 즉각 접근이 가능한 안전항구로 회항할 것을 지시할 수 있는 선택권을 가진다. 이러한 지시는 선장이나 선박소유자가 목적항 도달불능을 용선자에게 통지한 때로부터 48시간 이내에 하여야 한다.

(b) 양륙 도중 선장이 선박의 동결을 우려하여 출항이 적당한 것으로 판단하는 경우 선장은 선적되어 있는 화물을 가지고 발항하여 안전양륙이 가능한 최근접항구로 회항할 수 있다.

(c) 안전항구에서 화물을 인도하는 경우 선하증권상의 모든 규정이 그대로 적용되며, 선박은 본래의 목적항에서 양륙이 이루어진 것과 똑 같이 용선료를 수령한다. 다만 대체항구까지의 거리가 100해리를 초과하는 경우에는 대체항구에서의 화물인도에 대한 용선료를 거리 비율에 따라 증액하여야 한다.

제19조 준거법 및 중재

(a) 이 계약의 준거법은 영국법으로 하며 이 계약으로부터 또는 이 계약과 관련하여 또는 이 계약의 불이행으로 말미암아 당사자간에 발생하는 모든 분쟁, 논쟁 또는 의견차이는 런던에서 1950년 및 1979년의 중재법 또는 당시에 발효중인 개정법 도는 재판정법에 의거 중재한다. 쌍방이 단일중재인 지정을 합의하지 않는 경우 각 당사자는 각각 1인씩의 중재인을 지명하고 지명된 중재인들이 제 3 의 중재인을 지명한다. 지명된 3인의 중재인의 판정 또는 그중 2인의 판정을 도는 판정으로 삼는다. 일방의 중재인이 상대측에 의해 중복되어 지정을 받는 경우 그 당사자는 자기의 중재인을 14일 이내에 지명해야 하며, 그렇지 않은 경우 지명된 단독중재인의 판정이 최종 판정이 된다. 쌍방이 제기한 총 분쟁금액이 박스 25에 명시한 금액을 초과하지 않는 경우 런던 해사중재인협의회 소액손해배상절차에 따른다.

(b) 이 계약의 중재법은 미합중국법 제 9 장 및 미합중국 해사법으로 하며 이 계약으로부터 발생하는 분쟁에 대해서는 뉴욕에서 3인의 중재인에게 중재를 의뢰한다. 쌍방이 각각 1인의 중재인을 지명하고 지명된 2인이 제 3 의 중재인을 지명한다. 3인의 판정 또는 그중 2인의 판정을 최종판정으로 하고 모든 판정의 집행을 위해 해당 합의를 법원의 판결로 삼을 수 있다. 그 절차는 해사중재인협회 규clr에 따른다. 쌍방이 제기한 분쟁금액이 박스 25에 명시한 금액을 초과하지 않는 경우 해사중재인협회이 약시중재절차에 따른다.

*(c) 이 계약으로부터 발생한 모든 분쟁은 박스 25에 명시된 장소에서 그곳의 절차에 따라 중재에 회부하며, 박스 25에 명시된 곳의 법을 준거법으로 한다.
(d) 만약 제 1 부 박스 25에 장소를 명시하지 않은 경우 본 조항의 (a)를 적용한다.
*(a), (b), (c)의 조항은 선택적으로 적용; 선택사항은 박스 25에 명시
** 박스 25에 금액을 명시하지 않은 경우 본 규정은 무효이나 나머지 본 조항의 규정은 모두 유효하다.

제 2 절 항해용선계약의 성립절차 시나리오

1-1 협상 및 성약

서울소재 해운회사인 (주)서울상선 영업부에서 용선업무를 맡고 있는 김용선 과장은 현재 부서에서 운항중인 용선선박(chartered vessel) 중 하나인 M/V. Dokdo의 차항을 고민하는 중이다.

m/v. Dokdo는 2002년 건조된 DWT 45,622mt의 벌크선으로 서울상선은 본선을 용선기간 'about 2 year', hire USD20,000/day의 조건으로 선주인 한국해운으로부터 정기용선하여 용선선주(disponent owner)로서 운항중이며, 선주에게 지불하는 순용선료(net hire)는 address commission[3] 2.5%를 제외한 USD19,500/day이다.

본선은 Canada의 Vancouver BC 항에서 곡물을 만재하고 3월 20일 출항하여 현재 양륙항인 일본 Nagoya를 향해 대권항로를 순항 중이며 선장은 본선의 양항 도착예정일(ETA)을 이틀 후인 4월 3일로 보고하였다. 양항 대리점에 문의한

3) 어드레스 커미션(address commission)은 과거의 항해용선계약하에서 양륙항에 있는 용선자 대리점이 선주를 대신하여 화물 하역을 주선하거나 선박 사고에 대한 처리를 대신 대행하도록 하고 그 대가로서 선주가 지급 하던 수수료로서 운임의 2~5% 정도이며, 특히 영국의 경우 용선계약서에 반대의 규정이 없는 한 이를 지급하는 것이 관례로 되어 있었다. 현재는 '본 계약 하에서 선주가 받는 운임의 2.5%를 용선자에게 지급한다' (An address commission of 2.5% is payable to Charterers on freight earned and paid under this Charter)'와 같은 조항을 삽입하여 운임을 할인해 주는 리베이트 형태이다. 단, 이러한 조항이 삽입되지 않은 경우 용선자에게 이를 청구할 권리는 없는 것으로 해석되고 있다.

바에 따르면, 현지에는 체선이 없어 본선 도착 후 바로 부두에 접안이 가능하고 일기예보상으로도 당분간 맑은 날이 기대되므로, 갑작스런 기상 악화와 같은 이변이 없다면 본선은 4일간의 하역작업을 마친 후 4월 6일 저녁 또는 7일 오전에 출항 할 수 있을 것으로 예상된다.

김 과장은 평소 친분이 있는 중개인들에게 본선에 적합한 항해용선사업을 추천하여 줄 것을 요청하였다. 그런데 호주의 용선중개인인 Wilson Shipping의 Mr. Wilson은 본선상황과 시황을 고려할 때 적합하다고 판단되는 아래의 항해용선의뢰를 소개하였다.

FRESH ORDER

FCC
C/Q : BLK COK COAL 40000/10 PCT MOLOO
L/P : 1SP QSL CHOPT INTN DBCT OR HAYPOINT
D/P : 2SPS EC INDIA INTN CHENNAI AND HALDIA
L/C : 15/25 APRIL
L/R : 20 K XUU
D/R : 10000 C
VSL : HMAX/SMAX VSL WTH MIN 4 X 30 TS CRANES ECH
FTTED WTH MIN 10 CBM GRABS
O/W CHTR EXC PF CP
COMM: 3.75 PCT TTL IAC 2.5 PCT

〈해설〉

- Account: FIRST CLASS CHARTERERS.
  용선자는 이름이 알려져 있는 믿을만한 회사임[4)]
- Cargo/Quantity: coking coal in bulk 40,000MT +/−10% in owners' option
  화물/수량: 코크스용 석탄, 수량은 선주 선택에 따라 40,500~49,500 사이에서 결정됨
- Loading port: 1(one) safe port in Queensland(Australia) intention is Dalrymple bay coal terminal or Haypoint in charterers' option
  선적항은 호주 Queensland의 DBCT 또는 Haypoint 중에서 용선자가 선택하

는 안전한 하나의 항구.

- Discharging port: 2 safe ports in east coast India intention is Chennai and Haldia

  양륙항은 인도의 동안의 안전한 항구 두 곳으로, Chennai와 Haldia로 예정
- Laydays[5]/Cancelling: 15th-25th April

  선박의 선적준비일은 4월 15일부터 개시되며 해약 기일은 동월 25일로 함.
- Loading rate: 20000t SHEXUU

  일요일과 휴일동안 작업이 진행되지 않는 경우 정박기일 산정에서 제외하며, 정박기간 1일당 선적량은 2만톤으로 약정함
- Discharging rate: 10000t SHINC

  일요일과 휴일을 포함한 정박기간 1일당 약정 선적량은 1만톤임.
- Vessel: Handymax-Supramax size with minimum 4 x 20ton cranes fitted with minimum 10CBM grabs each

  선형 handymax-suezmax의 최저 20t을 들어올릴 수 있고 각각 10 입방미터의 grab을 갖춘 crane 4개를 갖춘 선박.
- Commission: 3.75% in total including address commission 2.5%

  커미션(수수료)은 address commission 2.5%를 포함한 총 3.75%(1.25%는 중개수수료)

각종 해운정보 사이트 및 중개인들을 통하여 접하는 시장보고서(market report)에 따르면 현재 이와 유사한 계약들이 USD34~35/mt 수준에서 성약되고 있는 것으로 보여 시황과 같은 수준에서 성약이 될 경우 선주에게 지불하는 용선료와 항해비용을 제외하고 약 USD270,000의 만족스러운 수익을 얻을 수 있는 비즈니스라고 판단된다. 따라서 김 과장은 위의 order를 본선 차항을 위한 최선의 후보로 낙점하고 협상을 진행하기로 하는 한편, 시장에서 성약되는 운임수준인 USD34.50/mt를 성약의 목표운임으로 삼기로 하였다. 김 과장의 채산검토 과정은 후술하는 채산성의 검토에서 자세히 살펴보기로 한다.

---

4) 'FCC(FIRST CLASS CHARTERERS)' 는 용선자의 상호가 아니라 비교적 이름이 알려진 믿을만한 용선자임을 나타내는 말이다. firm negotiation 개시 이전에 신분을 노출시키기를 꺼리는 경우 용선자명을 생략하거나 'FCC', 'RELIABLE CHARTERERS', 'CLOSE CHARTERER' 같은 표현으로 대체하기도 한다." Firm negotiation이 시작되면 용선자의 이름과 상세정보(full style)가 공개된다.

5) 항해용선에서의 선적준비일(laydays)은 해당 선박이 선적항에 도착하여 N/R을 용선자 또는 선적항 대리점에게 보내도록 정한 기간을 가리키며 용선자는 선박이 정박기일 개시 이전에 도착하였더라도 선적을 개시할 의무가 없다. 또한 선박이 해약기일로 정해진 날짜를 넘어 도착한 경우에 용선자는 계약을 해제할 선택권을 갖는다.

김 과장은 중개인에게 전화하여 order에 관심이 있음을 알리고 용선자명과 해당 화물의 매매계약 성약여부를 문의하였다. 중개인은 용선자의 화물매매계약이 이미 체결된 상태로서, 성약을 위한 firm negotiation의 준비가 되었으며, 용선자는 현재 시장에서 성약되는 수준보다 USD5.00/mt 정도 낮은 USD30.00의 운임을 생각하고 있다고 말하고는 있으나 용선시장에서 성약되고 있는 운임률을 인지하고 있어 시장가격선에서 성약이 가능할 것이라는 의견을 전해 주며, freight indication을 제공하여 용선자와의 성약 가능성을 타진하여 볼 것을 제안하였다. 이에 김 과장은 중개인을 통하여 아래와 같은 freight indication을 용선자에게 전달하도록 한다.

Pleased to give owners' freight indication as following;-

1. Account: S. A. I. L
2. Vesssel: SEOUL T.B.N
3. Cargo/Quantity: Coking coal in bulk 40,000mt/10pct MOLOO
   - please advise SF
4 Lay/Can: 15-25 April
5. Loading port/Term: 1SPS DBCT or Haypoint, Queensland. / 20000 SHEX UU
6. Discharging Port/Term: 2SPS CHENNAI AND HALDIA / 10000 SHINC
7. Dem/Des: USD26,000/DHD
8. Freight: USD39.50/MT FIOST BSS 1/2
9. Commission: 5% ttl
10. Otherwise to be agreed later

End indication.

용선자에게 전달된 indication상의 운임은 협상과정에서의 할인을 고려하여 USD5.00의 margin을 더한 것이다. Dem/Des(체선료/조출료)의 경우 목표운임의 획득에 성공할 경우 예상되는 선박의 1일당 영업이익인 USD26,000/day로 적용하였는데, Dem/Des를 높게 정하면 체선시 이득이 될 수 있으나, 반대로 조출시에는 용선자에게 지불해야 하는 금액이 늘어나게 된다.

한편 김 과장은 적/양항으로 지명된 항구의 운항대리점(port agent)에 항만

정보를 요청하였다. 즉 몇 달 전에 유사한 항해의 경험이 있어서 당시 자료와 경험을 바탕으로 indication을 위한 운임을 계산하였지만 최근에 적/양항의 의 물리적 제한이나 항비 등 제반 여건에 변동이 있을지도 모르기 때문이다.

이후, indication을 받은 용선자가 다음과 같은 firm offer를 보내왔다. 본격적인 협상이 개시된 것이다.

Referring owners' indication below charterers pleased to offer firm for owners' reply by 1400hours Brisbane time today as follows:

Owners: Seoul Merchant Marine

1. Vessel: Seoul T.B.N.

Owners guarantee that the vessel nominated under this charter party shall at all times: be single deck, self trimming bulk carrier fully suitable for grab discharge;

As per Australian port requirement Vessel's age should not be more than 15 years; Overage premium, if any, on Owner's account.

have minimum 4 × 25mt cranes and 4 × 10 CBM electro-hydraulic grabs capable of maintaining the discharge rates as specified in this charter party.

be tight staunch and strong and in every way fitted for the nominated voyage, including but not limited to Australian hold ladders;

provide on board all necessary certificates required by laws, regulations at the loading and discharging ports;

Any and all consequences arising from non compliance with any of the above to be for the owners time and account.

Any extra insurance on cargo, incurred owing to vessels age, class, flag or ownership to be for owners account and may be deducted from the balance of freight in the charterers option.

2. Lay/Can: 15-24 April

3. Owners are to nominate a performing vessel by latest 18 days prior to opening day of the lay/can

Nomination of vessel shall include:

full description, including GRT and hatch sizes
estimated cargo intake and preliminary stowage plan
full itinerary, including eta at load and discharge ports.
completed questionnaire(s) if required by Charterers, Shippers and/or Receivers.

4. The vessel nominated under this Charter Party shall be subject to Charterers' approval declarable within 48 hours excluding Saturdays, Sundays and holidays after receiving the official nomination and all details as requested. Such nomination to be received by Charterers during office hours.

5. Shipment size to be 40,000mt 10% MOLOO coking coal in bulk with SF about 42.

6. Loading port: 1sb Darymple Bay or Haypoint in CHOPT.
Owners to satisfy themselves with load / discharge port restrictions.

7. Discharging ports: 1-2 sb(s) Chennai and then 1-2 sb(s) Haldia (rotation fixed)

8. Loading terms: 20,000mt pwwd shex uu(including local and legal holidays)

9. Discharge terms: 10,000mt pwwd of 24 consecutive hours shinc provided the vessel can deliver at this rate using vessel's own gear and grabs.

10. NOR During office hours 09:00 to 17:00 hrs Monday to Friday and 09:00 to 12:00 on Saturday Sunday Holiday excluded

If the Vessel is found not to be ready, tendered nor become null and void and fresh nor to be tendered when she is actually ready.

Time used for shifting from customary place of tendering of NOR to berth not to count as laytime evenif vessel is on demurrage. Shifting time is from Pilot on board until completion of berthing alongside.

Turn time: Following the tender of NOR, laytime shall commence 12 hours thereafter BENDS.

In case vssl starts loading before commencement of laytime as per t/t clause time actually used in loading shall count as laytime. Here loading means when coal is actually pouring from shiploader into the hold of the vessel.

11. Dem/Des: US$ 22,000/DHD BENDS

12. Freight: US$33.00 per Ton of 1000 Kilos intaken FIOST basis 1/2 on bill of lading quantity

90 pct of the freight on Bill of Lading quantity shall be paid in US$ to Owner's bank within 7 banking days after signing and releasing Bill(s) of Lading and receipt of freight invoice showing banking details including SWIFT code. Balance of freight is to be paid within 30 days after completion of discharge and agreement of all laytime calculations.

13. Charterer's nominated agents at both ends.

14. 3.75% total commission including 2.5% address commission plus 1.25% brokerage to Wison Shipping, Brisbane

15. Otherwise as per charterer's executed proforma C/P based on AM Welsh Coal charter.

16. Subject to Charterer's reconfirmation by latest 24 hours after fully fixing.

end offer.

용선자가 제시한 offer에는 처음의 order에서 볼 수 없었던 보다 구체적인 정보와 용선자의 요구사항이 포함되어 있음을 알 수 있다. 김 과장은 용선자에게 indication을 제공할 때 반영하지 못했던 요소들을 추가적으로 반영하여 채산을 유지하는 조건에서 운임을 다시 계산해 보는 한편, 용선자의 offer상 나타나는 각각의 조건들을 수락하는 경우에 대한 득실을 신중히 따져 본다. 협상이 진행되는 과정에서 counter offer가 교환되고 그에 따른 조건의 변동이 있을 때마다 운임과 채산의 평가는 반복적으로 수행될 것이다.

일단 수행선으로 지명할 mv.Dokdo는 용선자가 요구하는 선박의 요건에 부합하므로 그와 관련한 조건들은 수락하여도 무방하다고 판단되었다. 그러나 NOR tender 및 laytime count 조건을 포함한 몇몇 항목은 용선자에게 일방적으로 유리하게 되어 있다.

그런데 용선자에게 indication을 주고 offer를 받는 사이 양륙항 대리점으로부터 운임계산에 큰 영향을 미치는 중요한 정보가 입수되었다. 그것은 첫 번째 양륙항인 Chennai의 일부 berth에 대하여 보수공사가 일주일 후부터 개시되며 선석 감소로 인한 체선은 예상되지 않으나 이후 3개월 동안 입항선박의 수심제한이 기존 12m에서 11m로 감소한다는 것이다. 본선의 SSW draft는 11.6m로서 양륙항 수심이 12m일 경우 44,000mt의 화물을 충분히 적재할 수 있으나, 수심이 11m로 감소한다면 적재 가능한 화물량이 3,000mt 가량 감소하게 되어 채산을 동일 수준으로 유지하기 위해서는 USD2.50의 운임상승이 불가피한 상황이다.

이러한 판단 하에 김 과장은 처음 USD 34.50이었던 목표 성약운임을 USD 37.00으로 상향하고 다음과 같이 counter offer를 작성하여 용선자에게 보냈다.

Thanks for Charterers offer which hereby send owners' counter in accept/except bassis as follows for reply within 1 hour;

++ Account: S. A. I. L.

3. Owners are to nominate a performing vessel or substitute by latest 10 days prior to opening day of the laycan. Owners to advise exact name of performing vessel by latest 7 days prior to eta loading port

- Nomination of vessel shall include:
- full description, including grt and hatch sizes
- estimated cargo intake and preliminary stowage plan
- full itinerary, including eta at load and discharge ports.
- completed questionnaire(s) if required by Charterers, Shippers and/or Receivers.

4. The vessel nominated under this Charter Party shall be subject to Charterers' approval declarable within 24 hours excluding Satu hays, Sundays and holidays after receiving the official nomination and all details as requested. Such nomination to be received by Charterers during office hours.

10. NOR WIBON WIPON WCCON ATDNSHINC provided in free pratique at BENDS
If the Vessel is found not to be ready, the time lost from the discovery thereof,

> until she is ready, shall not count as laytime, or time on demurrage.
>
> Time used for shifting from customary place of tendering of NOR to berth not to count as laytime even if vessel is on demurrage. Shifting time is to be excluded from Pilot on board until completion of berthing alongside.
>
> Turn time: Following the tender of NOR at loading port, laytime shall commence 12 hours thereafter unless sooner commenced.
>
> 11. Demurrage/Despatch: US$ 26,000/ half despatch, all time lost / laytime saved at loading port
>
> 12. Freight: US$38.50 pmt FIOST basis 1/2 on bill of lading quantity
>
> 95% of the freight on Bill of Lading quantity shall be paid in US$ to Owner's bank within 3 banking days after signing and releasing Bill(s) of Lading and receipt of freight invoice showing banking details including SWIFT code. Balance of freight is to be paid within 30 days after completion of discharge and agreement of all laytime calculations.
>
> 16. "delete"
>
> ++ END COUNTER ++
>
> Thanks and Regards,

상기한 바와 같이 협상은 offer(청약)와 그에 상응하는 counter offer(반대청약)를 통해 이루어지는데, 통상 counter offer를 할 때에는 최초에 청약자가 offer하는 항목을 모두 포함하여 보내지 않고, accept(수락)/except(거절)하는 형식으로 진행된다. Accept하는 조건은 제외하고 except하는 조건에 대해서만 counter offer를 작성하는 것이다.

이때 유의할 점은 한번 accep 한 조건에 대해서는 상대방이 합의하지 않는 한 철회 할 수 없으므로 offer 또는 counter offer를 작성할 때에는 신중하여야 한다는 점이다. 만약 counter party로부터 받은 offer의 내용 대부분이 수긍할 수 없는 경우라면, 'owners decline charterer' offer and herewith give owners' offer as follows''와 같이 offer 전체의 내용을 거절한다는 내용을 분명히 하고, 새로운

term/condition으로 offer하여야 한다.

김 과장은 용선자와 수차례의 counter offer를 교환하며 대부분의 main term에 대하여 용선자의 합의를 이끌어 냈고 이제 Dem/Des와 freight rate 그리고 subject time만을 남겨놓게 되었다. 이 과정에서 김 과장은 Chennai port의 수심이 11m로 줄어들어 운임 상승이 불가피 하다는 점과 현재 시황을 강조하며 용선자를 설득하였고, 용선자는 첫번째 양항인 Chennai의 항만 보수작업이 예정되긴 했으나 그 일정이 다소 유동적이므로 기존의 수심 12m를 유지하는 경우와 수심이 11m로 감소하는 두 가지의 경우로 나누어 운임을 책정할 것을 요구하는 한편, 전자의 경우 USD34.00, 후자의 경우라도 USD36.50 이상의 운임은 지불이 불가능하다는 입장을 고수하였다.

따라서 용선자로부터는 아래와 같은 counter offer를 수령하였다.

COUNTER FOR OWNERS' REPLY WITHIN 30 MINUTES

11. Demurrage: US$ 25,000/ half despatch laytime saved at Load port

12. Freight: US$36.00 per Ton of 1000 Kilos intaken FIOST basis 1/2 on bill of lading quantity on max 11m SWAD at Chennai

US$34.00 per Ton of 1000 Kilos intaken FIOST basis 1/2 on bill of lading quantity on max 12m SWAD at Chennai

16. Subject to Charterer's reconfirmation by latest 24 hours after fixing main terms.

END COUNTER

김 과장은 막바지에 이른 운임 협상을 어떻게 마무리 할 것인지 고민한다. 운임률을 두 가지 경우로 나누자는 용선자의 제안은 합리적인 것으로 판단되고, 용선자의 proforma c/p(견본용선계약서)를 검토한 결과 현재까지 합의된 main term에 따른 논리적인 수정사항(logical amendment)외에 따로 정정되어질 부분은 없어 보인다.

용선시상에서 성약되는 수준의 목표운임을 고수할 경우 용선자는 유사한 운임을 제시하는 경쟁자에게로 선회할 가능성도 배제할 수 없다. 만약 본 협상이 결렬되어 다음 협상이 체결을 위해 1~2일을 소비한다면, 선박의 연료유를 공급할 수 있는 여유시간이 부족하여 손실이 발생할 수 있다. 경우에 따라서는 연료 공급을 위해 Nagoya에서 1~2일 기다려야 할 수도 있고, 여의치 않다면 연료 공급이 가능한 인근의 항구로 우회하게 될 지도 모를 일이기 때문이다.

이러한 다양한 경우의 수를 검토한 결과, 목표운임에 다소 못 미치더라도 본 계약을 선점하는 것이 유리하다고 판단한 김 과장은 마지막으로 다음과 같은 counter offer를 용선자에게 전달한다.

> COUNTER FOR CHARTERERS' TAKE IT OR LEAVE WITHIN 30 MINUTES
>
> 11. Demurrage: US$ 26,000/ half despatch laytime saved at Load port
>
> 12. Freight: US$36.50 per Ton of 1000 Kilos intaken FIOST basis 1/2 on bill of lading quantity on max 11m SWAD at Chennai
> US$34.50 per Ton of 1000 Kilos intaken FIOST basis 1/2 on bill of lading quantity on max 12m SWAD at Chennai
>
> 16. No sub.
>
> END COUNTER

최종적으로 용선자가 이를 수락하면서 협상은 성공적으로 마무리되어, 항해용선계약이 성립되었다.

중개인인 Wilson Shipping은 합의된 내용을 쌍방에게 확인을 득한 후, 다음과 같은 fixture recap(recapitulation)을 작성하여 쌍방에 전달한다. 쌍방의 합의 하에 작성된 recap은 계약서와 동일한 효력을 가지게 된다.

> PLEASED TO CONFIRM WE FIXED CLEAN WITH C/P DATED 1ST APR 20** AS FOLLOWS: __
>
> – OWNERS: SEOUL MERCHANT MARINE

– ACCOUNT: S. A. I. L

– VESSEL: SEOUL T.B.N

1. Owners guarantee that the vessel nominated under this charter party shall at all times:

be single deck, self trimming bulk carrier fully suitable for grab discharge;

As per Australian port requirement Vessel's age should not be more than 15 years; Overage premium, if any, on Owner's account.

have minimum 4 x 25mt cranes and 4 x 10 CBM electro-hydraulic grabs capable of maintaining the discharge rates as specified in this charter party.

be tight staunch and strong and in every way fitted for the nominated voyage.

provide on board all necessary certificates required by laws, regulations at the loading and discharging ports;

Any and all consequences arising from non compliance with any of the above to be for the owner's time and account.

Any extra insurance on cargo, incurred owing to vessel's age, class, flag or ownership to be for owners' account and may be deducted from the balance of freight in the charterers' option.

2. LAY/CAN: 15-24 April

3. Owners are to nominate a performing vessel or substitute by latest 10 days prior to opening day of the laycan. Owners to advise exact name of performing vessel by latest 7 days prior to eta loading port

– Nomination of vessel shall include:
– full description, including grt and hatch sizes
– estimated cargo intake and preliminary stowage plan
– full itinerary, including eta at load and discharge ports.
– completed questionnaire(s) if required by Charterers, Shippers and/or Receivers.

4. The vessel nominated under this Charter Party shall be subject to Charterers' approval declarable within 24 hours excluding Saturdays, Sundays and holidays after receiving the official nomination and all details as requested. Such nomination to be

received by Charterers during office hours.

5. Shipment size to be 40,000mt 10% MOLOO coking coal in bulk with SF about 42.

6. Loading port: 1sb Darymple Bay or Haypoint in CHOPT.
Owners to satisfy themselves with load / discharge port restrictions.

7. Discharging ports: 1-2 sb(s) Chennai and then 1-2 sb(s) Haldia (rotation fixed)

8. Loading terms:
20000mt pwwd shex uu(including local and legal holidays)

9. Discharge terms: 10,000mt pwwd of 24 consecutive hours shinc provided the vessel can deliver at this rate using vessel's own gear and grabs.

10. NOR WIBON WIPON WCCON ATDNSHINC provided in free pratique at BENDS
If the Vessel is found not to be ready, the time lost from the discovery thereof, until she is ready, shall not count as laytime, or time on demurrage.
Time used for shifting from customary place of tendering of NOR to berth not to count as laytime even if vessel is on demurrage. Shifting time is to be excluded from Pilot on board until completion of berthing alongside.
Turn time: Following the tender of NOR at loading port, laytime shall commence 12 hours thereafter unless sooner commenced.

11. Demurrage/Despatch: US$ 26,000/ half despatch, all time lost / laytime saved at loading port

12. Freight: US$36.50 per Ton of 1000 Kilos intaken FIOST basis 1/2 on bill of lading quantity on max 11m SWAD at Chennai
US$34.50 per Ton of 1000 Kilos intaken FIOST basis 1/2 on bill of lading quantity on max 12m SWAD at Chennai
95% of the freight on Bill of Lading quantity shall be paid in US$ to Owner's bank within 3 banking days after signing and releasing Bill(s) of Lading and receipt of freight invoice showing banking details including SWIFT code. Balance of freight is to be paid within 30 days after completion of discharge and agreement of all

laytime calculf fres.

13. Charterer's nominated agents at both ends.

14. 3.75% total commission including 2.5% address commission plus 1.25% brokerage to Wison Shipping, Brisbane

15. Otherwise as per charterer's executed proforma C/P based on AM Welsh Coal charter.

END OF CLEAN RECAP

THANKS VERY MUCH FOR YOUR WARM SUPPORT AND LEADING TO THIS FIXTURE SO FAR.

이후 중개인은 위에 합의된 recap의 내용을 proforma c/p—본 협상에서는 Americanized Mediterrane Welsh Coal Charter를 기본으로 하고 있다—에 적용하여 정식 용선계약서 2부를 작성하고 쌍방에게 보내 서명하도록 하고, 서명된 용선계약서는 쌍방이 1부씩 보관하게 된다.

2-2 채산성의 검토

1) 운항채산의 의의

앞서 살펴본 항해용선계약 시나리오에서 선주는 해당 business의 협상을 개시하기 이전에 운항채산(voyage estimation)을 검토하고, 협상이 진행되는 과정에서 변수가 발생할 때마다 반복적으로 채산을 재검토하였음을 언급하였다. 이와 같이 용선선주를 포함하는 선주는 항해용선계약을 성약하기 전부터 해당 항차의 수익성을 판단하기 위해 채산검토를 실시하는데, 일단 본격적인 협상이 개시 된 이후에는 시간의 제약 때문에 해당 항차에 대한 충분한 정보를 수집하고 검토할 여유가 없으므로 해운회사의 용선 담당자들은 평소에 실현 가능성이 높은 가상의 시나리오를 다양하게 설정하고 그 채산을 분석하는 업무를 반복함으로써 향후의 협상에 대비하게 된다.

따라서 성공적인 협상을 위해서는 가능한 정확한 채산의 검토가 필요하고 이를 위해서는 각 항구의 현황을 정확하게 파악하고 전달해 줄 수 있는 항만대리점(port agent)과의 긴밀한 관계를 유지하는 것도 필요하다. 또한 성약이 이루어져 항차를 수행한 경우에도 그 실제 결과를 가상의 시나리오와 비교, 분석한 결과를 데이터화하게 되는데 이렇게 축적된 데이터는 곧 항해용선 업무의 노하우(know-how)가 되는 것이다.

운항채산을 계산하는 방법으로 크게 H/B(hire base) · C/B(charter base)방법과 Daily running cost의 두 가지 방법이 있다. 전자는 일본의 해운업계에서 유래된 방법으로서,[6] 운임수입액에서 선박 운항에 필요한 운항비(voyage expense)를 제외한 나머지 수입액을 1dwt당 1개월 단위로 환산한 C/B와, 항해 여부에 관계없이 선박을 언제나 운항할 수 있는 상태로 유지하는 데 필요한 선비의 합계를 1dwt당 1개월 단위로 표시한 H/B의 차액으로 선박의 수익성을 판단하는 방법이다. 반면 후자는 영국에서 유래한 방법으로서 수입(income) 및 비용(cost)을 선박 당 1일(daily) 개념인 daily gross profit과 daily running cost의 차액으로 수익성을 판단하는 방식이다.

우리나라의 경우 해운원가 계산의 항목은 일본의 재무회계를 원용하는 한편, 계산에서는 영국의 일당 개념을 도입한 절충 방법으로서 daily C/B · daily H/B라는 개념으로 채산을 평가하고 있다. 이를 산식화하면 다음과 같다.

$$DAILY\ C/B = \frac{(\text{운임수입} - \text{운항비})}{\text{항차일수}}$$

$$DAILY\ H/B = \frac{\text{연간선비}(\text{직접선비} + \text{간접선비})}{\text{연간가동일수}}$$

따라서 다음의 경우에 채산의 결과가 이익(profit)이 된다. 첫째, 자사선박으로 운항하는 경우에는 C/B > H/B일 때 이익이다. 둘째, 정기용선선박으로 운항하는 경우에는 daily C/B < daily hire(payment)일 때 이익이다. 셋째, 용선자에게 정기용선을 주는 경우에는 daily hire(income) > daily H/B일 때 이익이다.

6) C/B 및 H/B는 일본 해운업계에서 만든 신조어로서 각각의 계산식은

$$C/B = \frac{\text{운임수입} - \text{운항비}}{\text{소요일수}} \quad H/B = \frac{\text{연간선비}}{\text{연간가동일수}}$$

항해용선의 경우, 특수한 경우를 제외하고 화주인 용선자의 운송비 부담능력의 상한(上限)은 화물의 운송수요가격 즉, 선적지와 양륙지의 화물 가격의 차이이며, 운송인인 선주의 공급의 한계는 운송원가가 그 하한(下限)이 된다. 따라서 이론적으로 항해용선의 운임은 해당화물의 운송수요 및 화주의 운송비 부담능력에 의하여 결정된다.

2) 선주수입(income)의 종류

(1) 운임(freight)

항해용선 운항에서 수입은 화물운송서비스 또는 화물운송을 위한 선복의 제공을 대가로 용선자로부터 수취하는 운임(freight)이며, 통상적인 운임의 계산은 화물의 개수, 중량, 용적을 기준으로 운임률에 따라 계산한다. 그러나 화물의 수량에 관계없이 선복전체 또는 항해의 수행을 단위로 하여 운임을 계산하는 일괄용선 또는 총액용선(lumpsum charter)방식을 취하기도 한다.

(2) 체선료/조출료(Dem/Des)

선박이 항해 또는 작업을 하지 않는 동안에도 선주는 선박운영을 위한 비용은 계속 지출하게 되므로 선적항 또는 양륙항에서의 작업이 선박 또는 선주의 귀책사유 없이 지체된다면 그만큼 선주는 손실을 감수해야 한다. 이러한 선주의 손실을 보전하기 위하여 용선계약서에는 용선자가 계약화물을 완전히 선적 또는 양륙하기 위해 필요한 정박기간(layday, laytime)을 보증하고, 그 기간 내에 화물의 선적 또는 양륙을 완료하지 못하고 선박을 정박시킬 때에는 초과정박기간에 대해 용선자가 보상비 성격인 체선료(demurrage)를 지불하도록 약정한다. 반면, 선박이 허용정박기간 종료 전에 선적 또는 양륙을 완료하였을 때에는 선주는 비용을 절감하는 이익을 얻게 되므로 선주는 용선자에게 일종의 상여금인 조출료를 지불하며 조출료는 통상 체선료의 반액(half of demurrage)으로 책정된다.

(3) 부적운임(Dead freight)

운임이 선적된 화물의 수량 또는 중량에 따라 운임이 지불되기로 약정이 된 경우, 용선자가 계약상의 양보다 적은 화물을 선적한다면 그만큼 선주가 수취할 수 있는 운임이 감소하게 된다. 따라서 부적운임은 용선자의 귀책사유로 인하여 실제 선적된 화물량이 선적하기로 계약했던 양보다 적은 경우 용선자가 그 부족분에 대하여 선주에게 위약금 형태로 지급하는 운임이다.

3) 선주비용(cost)의 종류

항해용선 운항에서의 비용은 항해의 유무에 관계없이 선박의 유지에 필요한 경상비용인 선비(ship's expense)와 선박의 항해 또는 화물 운송에 수반하여 발생하는 제반 경비인 운항비(operating expense)로 나눌 수 있다.

(1) 운항비(voyage expense = operating expense)

운항비는 화물 운송을 위한 선박의 운항에 수반하여 발생되는 경비로서 운송하는 화물, 기항지, 항로 및 기타의 운항여건에 따라 달라지는 변동비 성격을 가지며, 여기에는 항비(port charge), 화물비(cargo expense), 연료비(fuel expense) 등이 포함된다.

① 항비(port charge): 선박이 적/양항 및 경유항에 입출항 할 때 발생하는 비용이다. 여기에는 Port due(입항료), Light due(표지 사용료),[7] Canal due(운하사용료), Anchorage(정박료), Pilotage(도선료), Tuggage(예선료), Line handling charge(강취방료),[8] Dockage(접안료),[9] Agency fee(대리점료), Miscellaneous(기타비용: launch hire, communication fee, postage, security guard 등) 등이 포함된다.

② 화물비(cargo expenses): 화물의 적/양하와 관련하여 발생하는 제 비용으로 화물의 양과 항만의 특성(하역방식, 능률 및 요금수준) 등에 따라 다양하게 책정된다. 여기에는 Stevedore charge(basic stevedore charge, stevedore detention charge, stevedore guarantee charge, extra labor 등),[10] Service & facility charge, Wharfage, Miscellaneous(기타비용: Crane and grab hire, dunnage, lashing material, lighterage, barge

---

7) 등대의 유지관리를 위하여 선박에 부과되는 비용.

8) 선박을 부두 또는 부이(buoy)에 결박하고 해제하는 작업을 하는 인부들의 사용료로서, 투입되는 인부의 수나 line의 종류에 따라 상이하다.

9) 선박이 부두에 접안한 경우 접안한 기간에 따른 부두시설 점유사용료.

10) 화물을 적/양하는 인부에 대한 비용으로서 화물 종류별 basic stevedoreage를 설정해 놓고 overtime을 시행하거나 작업지연 등으로 detention이 생길 경우에는 별도비용을 부가하는 방식으로 청구한다. 또한 적/양하 작업의 요청(지시)이후 작업이 실패하거나 예상보다 일찍 완료되는 경우에도 인부에게 최소한의 임금을 지급하는 것을 보장하는 것이 통례인데 이것을 stevedore guarantee charge라 한다.

charge 등)이 포함된다.

한편 제 1 절에서 설명한 바와 같이 항해용선계약상 화물비는 계약조건에 따라 다음과 같이 화주(용선자) 또는 선주(운송인)가 부담하게 된다. 첫째, Berth term(liner term, gross term)인 경우, 선주가 적/양항의 화물비를 모두 부담한다. 둘째, Free In(FI, Free in liner out)인 경우 선주는 양륙항의 화물비를 부담하고, 선적항의 화물비는 화주가 부담한다. 셋째, Free Out(FO, Liner in free out)인 경우 선주는 선적항의 화물비를 부담하고, 양륙항의 화물비는 화주가 부담한다. 넷째, Free Iin & Out(FIO)인 경우 적/양항의 화물비 모두를 화주가 부담한다.

③ 연료비(bunker expense): 특정의 항해를 수행하는 데에 소모되는 연료유와 발전기 및 선박에서 운용하는 기계장치를 가동하는 데 필요한 연료를 공급하기 위한 제반비용을 말한다.

선박이 소모하는 연료량은 선박의 항행거리에 비례하며 선박의 엔진 상태와 항행수역의 날씨, 조류에도 영향을 받는다. 또한 연료유는 수급 상태에 따라 시기별, 지역별로 가격 변동이 심하게 나타나는 편이므로 언제 어디서 연료유를 공급하는가에 따라 채산에 적지 않은 영향을 미치게 된다. 따라서 운항계획 수립 시 급유항과 급유량 결정에 유의해야 한다.

(2) 선비(vessel running cost = ship' s expense)

선비는 선박의 항해 수행여부와는 무관하게 선박 소유자가 고정적으로 지출하게 되는 비용으로서 다시 간접선비와 직접선비로 나누어진다.

간접선비는 선박 보유를 위한 자본비용의 성격이 강하여 자본비라고도 하며, 원리금, 감가상각비, 선박보험료가 이에 해당된다, 반면 직접선비는 선박을 항시 운항가능한 상태로 유지시키기 위하여 필요한 비용으로서 선원비, 선용품비, 수리비, 윤활유비, 잡비 등이 이에 해당된다.

앞서 살펴본 M/V. DOKDO의 경우와 같이, 선박을 정기용선하여 운항하는 용선선주는 선비를 지출하는 대신 정기용선료(charterage or hire)를 지불하게 된다. 선비에 대한 구체적인 내용은 제 5 장 제 2 절의 정기용선계약의 채산성 검토에서 자세히 설명한다.

4) M/V DOKDO 채산성 검토

항해용선계약의 채산에서 선주의 순운항이익(net operating profit)은 순수입운임에서 선박 운용 및 항해를 위한 제반비용을 차감한 금액이며,[11] 그 흐름을 간략히 나타내면 [표 4-3]과 같다.

이러한 흐름에 따라 M/V DOKDO의 항해용선운항 협상과정에서 김용선과장이 수행했던 채산성 검토과정을 간략하게 살펴보기로 하자.

[표 4-3 항해용선계약의 채산

<table>
<tr><th>수익(income)</th><th colspan="2">비용(cost)</th></tr>
<tr><td>총수입운임
(gross freight)</td><td colspan="2" rowspan="3">수수료(commission)</td></tr>
<tr><td>부적운임(dead freight)</td></tr>
<tr><td>체선료/조출료(Dem/Des)</td></tr>
<tr><td colspan="3">순수입운임(net freight)</td></tr>
<tr><td rowspan="4"></td><td rowspan="4">운항비
(voyage expense)</td><td>화물비(cargo expense)</td></tr>
<tr><td>항비(port charge)</td></tr>
<tr><td>연료비(bunker expense)</td></tr>
<tr><td>기타(miscellaneous)</td></tr>
<tr><td colspan="3">총 운항이익(gross operating profit)</td></tr>
<tr><td rowspan="3"></td><td rowspan="2">선비*
(ship's expense)</td><td>직접선비</td></tr>
<tr><td>간접선비</td></tr>
<tr><td colspan="2">정기용선료 (hire)*</td></tr>
<tr><td colspan="3">순 운항이익(net operating profit)</td></tr>
</table>

SUMMER DWT/DRAFT[12]/TPC[13]: 45,622 MT / 11.6 M / 49.6 MT
GRAIN CAPACITY: 57,208 CBM / 55,564 CBM
ABOUT 13.50 KNOTS (Laden) AT ABOUT 27 MT IFO 380 CST + 0.1 MT MDO
ABOUT 14.00 KNOTS (Ballast[14]) AT ABOUT 27 MT IFO 380 CST + 0.1 MT MDO
PORT CONSUMPTION WORKING 24 HOURS: ABT 3.75 MT IFO + 0.1 MT MDO

---

11) 항해용선의 채산과정은 다음과 같이 요약할 수 있다.
Cargo quantity × Freight rate = Gross freight
Gross Freight − Commission + (Dem/Des) + Dead freight = Net freight
Net freight − Voyage expense = Gross operating profit
Gross operating profit − ship' s expense = Net operating profit

12) 하기대역(夏期帶域; summer zone)에서의 재화중량톤수(DWT)가 45,622mt이며 만재흘수는 11.6m임을 말한다. 선박이 항행하는 수역은 그 위치 또는 계절에 따라서 해상조건이 다르다. 이러한 일기와 해상조건은 선박의 안전과 중대한 관계가 있기 때문에 선박만재흘수선규정(船

본선의 제원은 다음과 같으며 [그림 4-1]과 같은 항로로 총 9,170NM[15])을 항해 할 예정이며 항차 수행기간은 약 41일이 예상된다.

대부분의 해운회사는 채산성 분석시 자사의 고유한 양식을 사용하고 있다.

[그림 4-1] 예상항로와 예상항해일수

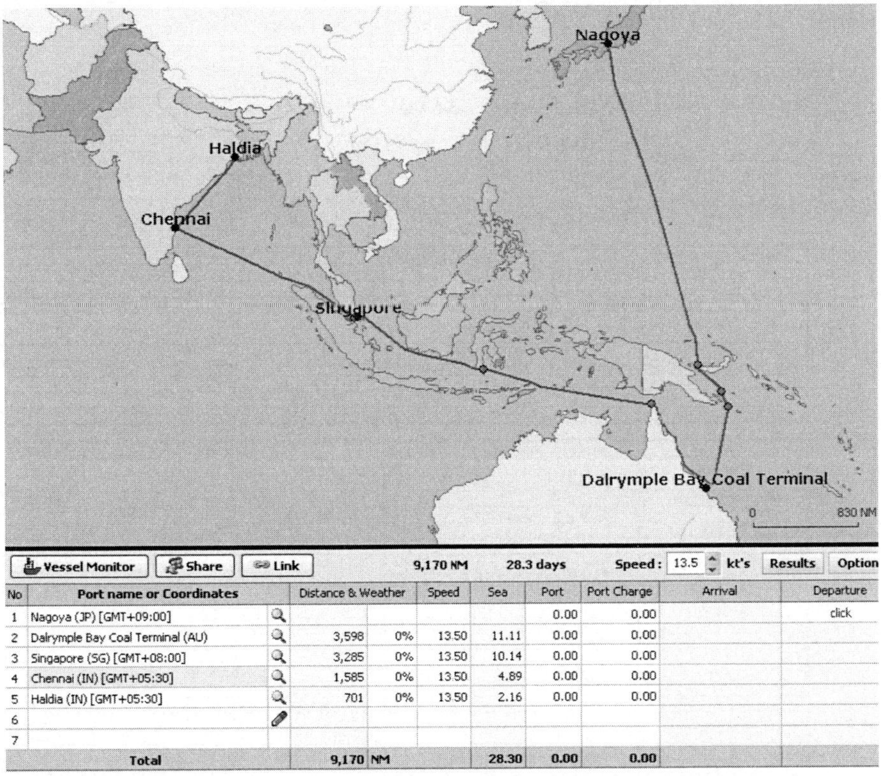

Vessel Monitor | Share | Link | 9,170 NM | 28.3 days | Speed : 13.5 kt's | Results | Option

No	Port name or Coordinates	Distance & Weather		Speed	Sea	Port	Port Charge	Arrival	Departure
1	Nagoya (JP) [GMT+09:00]					0.00	0.00		click
2	Dalrymple Bay Coal Terminal (AU)	3,598	0%	13.50	11.11	0.00	0.00		
3	Singapore (SG) [GMT+08:00]	3,285	0%	13.50	10.14	0.00	0.00		
4	Chennai (IN) [GMT+05:30]	1,585	0%	13.50	4.89	0.00	0.00		
5	Haldia (IN) [GMT+05:30]	701	0%	13.50	2.16	0.00	0.00		
6									
7									
	Total	9,170	NM		28.30	0.00	0.00		

舶滿載吃水線規程)은 세계의 수역을 계절동기지역(季節冬期地域; seasonal winter zone), 하기대역, 계절열대지역(季節熱帶地域; seasonal tropical zone) 및 열대지역(熱帶地域; tropical zone) 등으로 나누어서 해당지역의 해수의 염분 및 밀도 등에 따라 선박이 적재할 수 있는 최대 화물량을 다르게 지정하고 있다.

13) TPC(ton per centimeter): 선박 흘수 1cm를 가라앉게 하는 화물량. 즉, summer TPC가 49.6인 선박은 하기대역에서 49.6mt의 화물을 적재할 때마다 흘수(배가 물에 떠 있을 때 물속에 잠겨있는 부분의 깊이)가 1cm 깊어짐을 의미한다.

14) 선박이 ballast 상태임은 곧 공선항해중임을 뜻한다. 선박이 안전하게 항행하기 위해서는 최소한의 흘수를 유지해야 하는데 선창에 화물이 실리지 않은 경우 부력에 의하여 선박이 수면으로 과도하게 떠오르는 것을 방지하기 위하여 선창 아래의 ballast tank 또는 선창 일부에 해수를 채우게 된다.

15) Nautical mile(海里=sea mile). 영국에서는 6,080피트, 미국에서는 6,080.20피트를 사용하였으나. 현재는 국제 해리를 쓰는 것이 정식이며 국제 해리(= 공리; 空里, international nautical mile)는 1.852km, 6,076.1033피트이다.

그리고 그러한 양식들은 항차수행에 수반되는 수입과 지출의 다양한 항목들을 기입하면 자동으로 수입(income)에서 비용(cost)을 차감한 채산의 결과를 보여준다. 다음의 [사례 4-4]와 [사례 4-5]는 앞서 살펴본 M/V DOKDO의 항해용선계약 진행과정에서의 예상 채산을 분석한 결과이다.

[사례 4-4] 채산성분석표(1)

M.V. :	**DOKDO**	Account :	**S.A.I.L**		
Speed	L : 13.5	Knots	B : 14.0	Knots	
Daily Bunker Consumption					
At Sea LADEN / IFO :	27.0	MDO :	0.1		
BALAST / IFO :	27.0	MDO :	0.1		
In Port WORKING / IFO :	2.8	MDO :	0.1		
IDLE / IFO :	2.0	MDO :	0.1		

DWT	45,622	MT
DRAFT	11.600	M SSW
TPC/GR	49.60	57,208.00
GEAR	4X25CR + 4X10 CBM GR	
LOA/BM	185.74/30.4	
BUNKER (FO)	380	CST
B.B	-	$0.00
C/B	H/B	PROFIT
$0.00	$19,500.00	$293,013.22

Terms / Conditions	Voy Details						
Cargo / Qtty	COAL 40000/10PCT MOLOO		44,000.00	MT	MAX LOADABLE Q'TTY		
Load Port(s)	DALRYMPLE BAY	-	LOADABLE ON	42.0	SF (CF)	48,104	
Disch Port(s)	CHENNAI/HALDIA	11.00	ON	11.6	M MAX DRAFT	44,072	
Lay / Cancelling Date							
Freight Rate	$34.50	PMT FIOST BSS 1/2					
Additional Freight	FOR ADDITIONAL DISPORT						
Add Comm / Brokerage	3.75%	TTL COMM	0.00%	FRT TAX	0.00%	ILOW	
Load / Disch Rate	20,000	SHEX UU	10,000	7,000	SHINC		
Demurrage / Despatch	$26,000	$13,000	$26,000	$13,000			
Total T/C Duration							

Ports	Distance	Sea Days	Port Days	Expenses			USD
NAGOYA							
	3,598	10.71					
DALRYMPLE BAY			3.20	2.20			50,000.00
	3,285	10.14		2.00			
SPORE			0.40				4,000.00
	1,585	4.89					
CHENNAI			2.80	1.25			33,000.00
25,018	705	2.18		1.20			
HALDIA			4.20	2.71			28,000.00
18,982				1.30			
				TTL COMM	3.75%		56,925.00
				FRT TAX	0.00%		0.00
				GROSS B.B.	-	97.5%	0.00
				ROUTING/ETC	$1,000		1,500.00
				I.L.O.H.C.	$4,500		4,500.00
				CAB/ENT/VIC	$1,300	30.0	1,016.92
Sub Total	9,173	27.92	10.60	CREW BONUS	$5,000	SPECIAL B	5,000.00
Margin	0.00	1.95	0.00	Dem/Des(L/P)	1.00	Days	13,000.00
Grand Total	40.47	29.87	10.60	Dem/Des(D/P)	- 0.54	Days	(13,972.03)
Bunker Cons. IFO :	836.15	806.47	29.68	836.148	T X $	300.00	250,844.38
MDO :	4.05	2.99	1.06	4.047	T X $	500.00	2,023.46

Cargo Calculation						
Loadable Cargo Q'tty	44,072	MT (ALL ABT)	B.O.D. Fo :	$0.00	X	700.000
Dead weight	45,622	MT DWT ON 1: 11.600	Do :	$0.00	X	500.000
Bunkers	1,000		BUNKER AT	SPORE		
Constant	300		Fo :	$300.00	X	836.148
F/Water	250		Do :	$500.00	X	4.047
Allowance	0	MAX 11.60	B.O.R.			
			Fo :		X	700.000
			Do :		X	500.000

Total Expenses :	435,837.72

FRT RATE	GROSS FRT	GROSS PROFIT	C/B
$34.50	1,518,000.00	1,082,162.28	26,740.40

RUNNING COST	HIRE RATE	DUR	ADC	NET PAYMENT		PROFIT
20,000.00	20,000.00	40.47	2.50%	789,149.05	19,500.00	293,013.22

운항의 수익성을 판단하기 위해서 먼저 고려해야 할 사항은 선적 가능한 화물의 양을 산정하는 것이다. 정확한 화물량은 선장이 제공하는 선적 적부도(pre-stow plan)에 의하여 결정되나 통상 검토 단계에서의 개략적인 화물량은 선박의 재화중량톤수(DWT)에서 연료유, 청수, 필수 선용품 등의 중량을 제하여 구할 수 있다. 김 과장은 당초 본선에 선적 가능한 화물량을 다음과 같은 계산에 의하여 44,090mt으로 산정하였으며, 이는 계약상 용선자가 제공하는 최대 화물량 44,000mt을 선적하기에 충분하였다.

선적화물량(만재시) = 45,622DWT — 연료유982mt[16] — 청수 250mt — 선용품 외 300mt = 44,000mt

목표 운임률은 USD34.50/mt 이므로 선적화물 44,000mt에 대한 예상 총운임(gross freight)은 USD1,518,000이나, 선주는 총운임액의 2.5%에 해당하는 금액을 address commission으로서 용선자에게 할인하여 주고 나머지 97.5%에 해당하는 USD1,480,050을 수취하게 되며 용선 중개인에게도 약정한 수수료(brokerage) 1.25%를 지급하여야 한다.

또한 선적항 및 양륙항 대리점에서 제공받은 정보와 계약상의 적/양 조건을 고려해 볼 때, 선적항에서는 1일의 조출(despatch)이, 양륙항에서는 0.54일의 체선(demurrage)이 발생할 것으로 예상되었는데 이를 반영하여 다음과 같이 계산한 결과 예상되는 선주의 순운임수입(net freight income)은 USD1,462,047.03이다.

Gross freight = Cargo Q'tty x Freight rate		
= 44,000mt × USD34.50/mt	=	USD1,518,000.00
Less total commission 3.75%	=	(USD56,925.00)
Despatch at L/P 2.00days × USD13,000/day	=	(USD13,000.00)
Demurrage at D/P 0.019days × USD27,000/day	=	USD13,972.03
Net freight income	=	USD1,462,047.03

16) 저재 연료유량은 항해 수행 시 소모되는 연료유량(consumable bunker)에 만약을 대비한 safety margin(대략 100-200mt)을 더한 값으로 정해지며 항해일수에 따라 증가한다. 본선의 경우 항해를 위하여 FO 약 837mt, DO 약 4mt을 소모할 것으로 계산되었다.

한편 선주는 해당 항차의 수행을 위하여 다음과 같이 총 USD371,060.18의 항해비(voyage expense) 지출을 예상하였다.

Port charge		USD115,000.00
Dalrymple bay	USD50,000.00	
Singapore	USD 4,000.00	
Chennai	USD33,000.00	
Halida	USD28,000.00	
Bunker (including barge charge)		USD252,760.18
FO	USD250,737.38	
DO	USD 2,022.80	
Miscellaneous		USD7,516.00
Weather routing service	USD 1,500.00	
Intermediate hold cleaning	USD 3,000.00	
Crew special bonus	USD 2,000.00	
C/E/V	USD 1,016.00	
Total		USD375,276.18

이 경우, 순운임수입(net hire income)에서 항해비(voyage expense)를 차감한 USD1,082,162.28이 총운항이익(gross operating profit)이며, 이를 운항일수로 나눈 C/B는 USD26,740.40이 된다. 또한 본선의 고정비용인 정기용선료(charter hire) USD789,149.05을 제외한 본 항차의 순운항이익(net operating profit)은 USD293,013.22가 될 것으로 예상된다.

그러나 협상의 진행과정에서 김 과장은 지명된 첫번째 양륙항의 수심이 예상보다 얕은 11.0m임을 알게 되었고 이러한 변수를 반영하여 채산을 재검토하였다. 우선 제한된 수심에서의 선적가능 화물량을 다음과 같이 계산한 결과, 화물량이 41,000mt으로 3,000mt이 감소하였다.

> 선적화물량(11.0m 수심제한)
> = 45,622DWT − 연료유 982mt[17] − 청수 250mt − 선용품 외 300mt − 흘수제한에 따른 화물 감소분[18] 3,090mt = 41,000mt

17) 적재 연료유량은 항해 수행 시 소모되는 연료유량(consumable bunker)에 만약을 대비한 safety margin(대략 100-200mt)을 더한 값으로 정해지며 항해일수에 따라 증가한다. 본선의 경우 항

따라서 선주의 총운임수입은 USD106,605.00가 감소하게 된다. 화물량이 감소함에 따라 선박의 항내 작업일수와 소요 항비가 감소할 수 있으나 그 효과는 미미하기 때문에 화물량의 감소는 채산에 큰 영향을 주게 된다. 결국 앞서 설명한 시나리오에서 김 과장은 운임률을 USD36.50/mt을 인상하여 계약을 체결하였는데, 인상된 운임률은 최초의 채산에서 계산된 daily C/B수준인 약 USD 26,400/day를 유지하는 운임률을 역산하여 정한 것이며, 그 채산 결과는 다음의 [사례 4-5]와 같다.

해를 위하여 FO 약 837mt, DO 약 4mt을 소모할 것으로 계산되었다.

18) 본선의 재화중량톤수(DWT)는 만재흘수일 때의 값이므로 흘수의 감소가 발생하는 경우에는 TPC × 흘수 감소분(cm)만큼의 화물을 적재할 수 없게 된다. 본선의 경우에는 양하항 수심제한이 11.0m로서 0.6m의 흘수 감소가 발생하였으므로 49.6mt/cm × 60cm = 3,090mt의 적재가능 화물량 감소가 발생하였다. 수심 제약이 없다면 본선의 적재가능 화물량은 44,090mt이며 계약상 최대 화물량인 44,000mt을 모두 적재할 수 있다.

[사례 4-5] 채산성 분석표(2)

M.V. : **DOKDO** **VOY No. 03**
Account : **S.A.I.L**
Speed L : **13.5** Knots B : **14.0** Knots
Daily Bunker Consumption
At Sea LADEN / IFO : **27.0** MDO : **0.1**
BALAST / IFO : **27.0** MDO : **0.1**
In Port WORKING / IFO : **2.8** MDO : **0.1**
IDLE / IFO : **2.0** MDO : **0.1**

DWT	**45,622**	MT
DRAFT	**11.600**	M SSW
TPC/GR	**49.60**	**57,208.00**
GEAR	**4X25CR + 4X10 CBM GR**	
LOA/BM	**185.74/30.4**	
BUNKER (FO)	**380**	CST
B.B	-	**$0.00**
C/B	**H/B**	**PROFIT**
$26,364.90	$19,500.00	$274,293.71

Terms / Conditions	Voy Details					
Cargo / Qtty	COAL 40000/10PCT MOLOO		**41,000.00**	MT ON	**11.0**	M MAX DRAFT
Load Port(s)	DALRYMPLE BAY	-	LOADABLE ON	**42.0**	SF (CF)	**48,104**
Disch Port(s)	CHENNAI/HALDIA	11.00	ON	**11.6**	M MAX DRAFT	**44,090**
Lay / Cancelling Date						
Freight Rate	**$36.50** PMT FIOST BSS 1/2					
Additional Freight	**$0.00** FOR ADDITIONAL DISPORT					
Comm / Tax / ILOW	**3.75%** TTL COMM	**0.00%** Frt Tax		**0.00%** ILOW		
Load / Disch Rate	**20,000**	**SHEX UU**	**10,000**	**7,000**	**SHINC**	
Demurrage / Despatch	**$26,000**	**$13,000**	**$26,000**	**$13,000**		
Total T/C Duration	39.9560 DAYS					

Ports	Distance	Sea Days	Port Days	Expenses			USD
NAGOYA							
	3,598	**10.71**					
DALRYMPLE BAY			**3.00**	2.05			**49,000.00**
41,000	**3,285**	**10.14**		2.00			
SPORE			**0.40**				**4,000.00**
	1,585	**4.89**					
CHENNAI			**2.50**	1.10			**31,000.00**
22,018	**701**	**2.16**		1.50			
HALDIA			**4.20**	2.71			**28,000.00**
18,982				1.50			
				TTL COMM	**3.75%**		**56,118.75**
				FRT TAX	**0.00%**		**0.00**
				GROSS B.B.	-	97.5%	**0.00**
				ROUTING/ETC	**$1,000**		**1,500.00**
				I.L.O.H.C.	**$3,000**		**3,000.00**
				CAB/ENT/VIC	**$1,300**	30.0	**1,016.92**
Sub Total	**9,169**	**27.90**	**10.10**	CREW BONUS	**$2,000**	SPECIAL B	**2,000.00**
Margin	**0.00**	**1.95**	**0.00**	Dem/Des(L/P)	**1.05**	Days	**13,650.00**
Grand Total	**39.9560**	**29.86**	**10.10**	Dem/Des(D/P)	**0.11**	Days	**1,463.99**
Bunker Cons. IFO :	**834.39**	806.11	28.28	**834.391**	T X $	**300.00**	**250,317.38**
MDO :	**4.00**	2.99	1.01	**3.996**	T X $	**500.00**	**1,997.80**

Cargo Calculation			B.O.D.			
Loadable Cargo Q'tty	**41,000**	MT (ALL ABT)	Fo :	$0.00	X	**700.000**
Dead weight	**45,622**	MT DWT ON 1 **11.600**	Do :	$0.00	X	**500.000**
Bunkers	**982**		BUNKER AT	SPORE		
Constant	**300**		Fo :	$300.00	X	**834.391**
F/Water	**250**		Do :	$500.00	X	**3.996**
Allowance	**3,090**	MAX **11.00**	B.O.R.			
			Fo :		X	**700.000**
			Do :		X	**500.000**

Total Expenses :	**443,064.83**

FRT RATE	GROSS FRT	GROSS PROFIT	C/B
$36.50	1,496,500.00	1,053,435.17	**26,364.90**

RUNNING COST	HIRE RATE	DUR	ADC	NET PAYMENT	PROFIT
CHATER HIRE	**20,000.00**	39.96	2.50%	779,141.46	**274,293.71**

CHAPTER

5

정기용선계약실무

제 1 절　주요 계약사항과 표준정기용선계약서

1-1 주요 계약사항

1) 선박의 명세(Description of the Vessel)

정기용선에서 선박명세의 표시는 매우 중요하다. 선주가 선박명세에 관하여 오기(misrepresentation)를 했거나, 위반을 한 경우 용선자는 손해배상청구는 물론 계약취소(repudiation: 계약수행거부)도 가능하다. 다만, 무시해도 좋은 사소한 불일치나 위반사항은 최소차이허용의 원칙(De Minimis Rule)에 따라 고려의 대상이 되지 않는다.

통상 C/P상에는 본선의 선명, 국적(flag), 소유자, 선급(class), 총톤 및 순톤수, 화물적재능력(DWT, DWCC), 마력, 속력 및 연료소모량 등에 대해서 기술하며, 필요한 경우 하역기기(equipment/gear)도 기재한다.

2) 선박의 치적지(Flag)와 소유권(Ownership)

선박의 치적지는 전시 징발대상 여부, 감시대상 명단(black list), 편의치적

(FOC: Flag of Convenience) 등과 관련이 있으므로 용선자 입장에서는 주요 관심사가 된다.

또한 용선기간 중 선박매각에 의한 소유권변경은 용선자에게 불편을 줄 수 있다. 따라서 용선기간 중 선박매각을 용선자가 동의하지 않는 경우에는 원선주가 계속 수행책임을 질 수밖에 없다. 통상 원선주, 신선주 그리고 용선자 등 3자 합의서(Tripartite Agreement)를 작성하고, 신선주가 잔여기간 용선수행을 책임지도록 한다.

3) 인도(Delivery)와 반선(Redelivery)

선박인도와 관련하여 통상 C/P에는 “in such available berth where she can safely lie always afloat”의 조항이 삽입되며, C/P상에 명백한 인도부두(delivery berth)가 지정되어 있지 않은 경우, 본선도착전이나 늦어도 도착 시까지 용선자가 지정해야 한다. 정기용선계약상 “본선인도“는 임대차계약이 아니므로 인도라기보다는 “사용개시“가 실제의 의미가 된다.

한편 인도를 확실히 하기 위해서 통상 다음 중 한 가지의 선택을 하게 된다.

(1) APS(Arrival Pilot Station)

예컨대 APS Busan이라면 본선이 정기용선을 개시하기 위해서 부산항에 입항하여 도선사사 승선하는 장소에 도착한 때를 정기용선의 기산점(commencement of on-hire)으로 확정하는 특약이다.

(2) DOP(Dropping Outward Pilot station)

예컨대 DOP Busan이면, 부산항에서 이전 용선기간 중 운송화물을 최종적으로 양륙하고 출항하면서, 출항담당 도선사가 도선을 마치고 도선선(pilot boat)으로 하선하는 시점을 새로운 용선의 인도시점으로 특약하는 경우이다. 항구의 특성상 다수의 도선사가 교대로 도선할 경우에는 마지막 도선사가 하선하는 시점, 즉 DLOSP(Dropping List Outard Sea Pilot)를 기산점으로 하기로 한다.

(3) Passing

예컨대 passing Gibraltar이면, 동지중해에서 이전 용선계약을 수행하고 대서양을 향하다가 본선이 Gibraltar를 통과하는 시점을 인도시점으로 특약하는 경우이다. 이와 같이 특정 곶이나 갑을 통과하는 시점을 기산점으로 확정하는 것을 passing이라 한다.

(4) WWR(When/Where Ready)

특정 항구에서 이전 정기용선계약의 반선과 새로운 정기용선계약의 인도가 동시에 이루어질 경우 주로 쓰인다. 이때 선주는 이전 용선계약에서의 마지막 항차수행 후 선창청소를 마치고 실제 인도 준비를 갖추어야 한다.

(5) Ballast Bonus

예컨대 호주에서 곡물을 선적하기 위한 1항차정기용선을 할 경우, 통상 일본, 대만, 남중국, 한국 등에서 양륙을 마친 선박을 용선하여 공선항해(ballast voyage)로 호주까지 항해하게 된다. 그러나 마침 호주에서 공선상태(cargo free)에 있거나, Lay/can을 위반하여 용선계약이 취소된 선박을 호주에서 정기용선하는 경우, 공선항해기간에 상당하는 정기용선료를 이미 절감하였으므로 소정의 보너스를 선주에게 지불하는데, 이를 "ballast bonus"라 한다.

한편 정기용선된 선박은 통상적인 손모와 마모(ordinary wear and tear)를 제외하고, 인도되었던 상태 그대로 약정된 장소에서 반선되어야 한다. 만일 반선시 본선이 손상되면 용선자는 그 손해를 배상해야 한다. 이를 위해 용선의 개시시점과 종료시점의 본선상태를 비교하기 위한 목적으로, 인도시 "on-hire survey" 그리고 반선시 "off-hire survey"를 실시한다. 이때 비용은 통상 선주와 용선자에게 균등배분(equally shared)된다.

용선자는 계약상 명시된 장소에서 본선을 반선시켜야 한다. 만일 이 의무를 위반하고 다른 장소에서 반선했을 때, 선주는 손해배상을 청구할 수 있다.

정기용선계약상 인도와 반선시 연료의 예상량이 삽입된다. 이때 예상량이 "expected about"와 같이 규정된 경우, 선주는 책임있는 사관의 정보를 바탕으로 합리적인 근거(reasonable grounds)에 따라 정직하게 당해 예상량을 산정하여 협정해야 할 의무가 있다.

용선자가 연료를 공급하고 대금을 지불한다는 정기용선계약상 규정은 용선자로 하여금 선장에게 당해 용선계약상 확실히 필요하지 않는 연료까지 보급할 수 있는 권한까지 부여하는 것은 아니다. 용선계약서에 인도 및 반선시 연료가격이 계약상 규정되지 않을 경우에는 원래 연료를 구매한 실제가격과 상관

없이 그 당시 유효한 시장가격에 따르게 된다.

용선자가 급유하는 유류는 합리적인 일반성질을 갖는 것으로서, 당해 선박의 엔진에 적합한 유형이어야 하는데, 최근에는 연료의 유형과 등급(grade)에 대한 요건을 용선계약서에 명시함으로써 용선자로 하여금 이를 준수하게 하고 있다.

정기용선계약상 연료의 공급과 대금지급은 용선자의 의무이다. 그리고 인도와 반선시 용선자와 선주는 각각 그 잔량을 인수하고 대금을 지급해야 하므로, 본선에 적재된 연료에 대한 소유권은 용선자에게 있다.

4) 선박감항성(Seaworthiness of Vessel)

통상의 정기용선계약서는 "The owners let and charterer hire the vessel … she being in every way fitted for ordinary cargo service"라고 하여 선주의 선박감항성 확보를 의무화하고 있다. 그런데 이러한 선주의 감항성 보장은 중간적 내용 또는 무명조항(intermediate or innominate terms)으로 분류된다. 즉 감항성의 결여의 정도에 따라 조건(condition)이 되어 계약취소권뿐만 아니라 손해배상청구권이 인정될 수도 있고, 반면 담보(warranty)가 되어 손해배상청구권만이 인정될 수 있다.

따라서 불감항 상태를 인도 당시에 발견했을 경우 용선자는 당해 불감항의 보완(remedy)을 요구하거나, 혹은 해약약관(cancelling clause)에 의해 취소권을 행사할 수 있다. 그러나 문제된 불감항이 당해 계약의 근간에 해당할 만큼 심각한 것이 아니거나, 당해 계약의 이행불능(frustration)이 되지 않는 시간 내에 보정(corrected)될 수 있는 한, 용선자는 용선계약을 계속해야 할 의무가 있으며 그로 인한 손해배상을 요청할 수 있을 뿐이다. 결국 감항능력유지의무 위반의 효과는 매 사안마다 위반의 정도에 따라 개별적으로 결정될 수밖에 없다.

영국 보통법상 선주의 감항성주의의무는 절대적 의무(absolute obligation)로서, 선주가 이를 위반하여 감항능력이 없는 선박을 제공한 경우, 자신에게 과실이 있든 없든 불문하고 책임을 져야 한다. 그러나 헤이그-비스비규칙하에서 선주는 감항성을 갖추도록 상당한 주의(due diligence)를 다한 경우, 그로 인한 책임을 지지 않는다. 따라서 감항능력은 보통법하에서는 절대적 의무이었으나, 헤이그-비스비규칙하에서는 상당한 주의를 기울이면 면책되는 일반적 의무

(general obligation)로 변형되었다.

한편 선박의 감항성이 본선인도시의 보장만으로 족한가 아니면 전체 용선기간동안 계속되어야 하는가에 대해서 영국법은 인도시의 담보로, 미국법은 정기용선 하의 매 항차 개시시점의 보장, 즉 계속담보(continueing warranty)로 인정하고 있다. 그러나 통상 용선계약서는 "전체 용선기간동안"으로 규정하고 있다. 여기서 감항성은 선박·선원은 물론 제증서 등의 서류비치(valid certificate)도 포함한다.

5) 선박속력과 연료소모량(Vessel's Speed and Bunker Consumption)

본선의 명세에 대한 담보(warranty)는 일단 용선개시일을 기준으로 충족되어야 한다. 따라서 선박속력의 담보도 계약일 기준이 아닌 개시일 기준이며, 개시 후 담보위반의 경우에는 손해배상청구의 대상이 된다. 다만 이러한 속력저하 또는 연료소모량의 증가가 C/P의 예외조항(Exception Clause)에서 규정하고 있는 면책사유, 즉 황천, 선저 fouling 등에 의해서 발생된 경우 선주는 면책된다.

통상의 속력저하는 통상 3%의 과부족(tolerance)을 벗어나는 경우에 손해배상청구가 가능하다. 즉 비록 "about"이 있어도 선적량과 달리 좁은 범위의 과부족을 인정하는 것이 판례의 입장이다. 이 3%의 과부족은 Society of Maritime Arbitrations Inc에서 발행한 "George Stam's Report"에 근거한다. 한편 선박속력은 계약상 담보(warranty)에 해당되나, 용선자의 상업목적이 속력과 직결되는 경우, 예컨대 정기선사가 정기선해운에 투입하기 위한 선박의 정기용선계약인 경우, 선박속력은 중간적 내용(intermediate obligation)이 되어 계약취소와 손해배상청구도 가능하다.

참고로 용선자가 선주에게 저속력에 의한 성능미달클레임(underperformance claim)을 제기할 때 필요한 기본적인 계산양식은 [표 5-1]과 같다.

6) 안전항이용(Use of Safe Ports only)

통상 용선계약서에는 "The vessel to be employed … between good and safe ports or places where she can safely lie always afloat"라고 규정함으로써 용선자의 안전항이용의무를 규정하고 있다. 따라서 용선기간 중 용선자 지시에 따라

불안전항에 입항하여 선박손상이 발생했을 때, 용선자가 손해배상책임을 지게 된다. 그러나 선장이 위험을 사전에 알면서 시정요구나 이의제기 없이 입항한 경우에는 용선자 면책이 된다.

항만의 안전상태는 이전 항만 출항시, 즉 용선자의 항해지시뿐만 아니라 도착시에도 계속 유지되어야 하나, 본선이 불가항력으로 인해 도착이 지연됨으로써 야기된 불안전의 조우는 예외로 한다. 불안전항에 대한 용선자의 입항 지시가 있는 경우 선주는 그러한 지시를 거절할 수 있고, 근본적 계약위반(fundamental breach of contract)으로 간주하여 용선계약의 취소가 가능하다. 그러나 일시적 위험만으로 불안전항이 되지 않으며, 항만의 안전은 항만진입로의 안전(safety of approach)뿐만 아니라 항만의 사용 중 안전(safety in use)을 포함하기 때문에 접안 및 계류설비의 불비, 강제도선항구에서 도선사의 부재, 나아가 항만이나 지역의 정치적 위험(political risk)도 포함된다.

[표 5-1] 성능미달클레임(저속력) 계산양식

MV :

Voyage :

From :________ Departure :______________ at______________ GMT

To :________ Arrival :________________ at______________ GMT

Distance sailed :__________ Miles

Time en route :__________ Hours

Average Speed :__________ Knots

Weather Factor :__________ Knot(s)

Current Factor :__________ Knot(s)

Performance Speed :________ Knots

Based on the Charter Party Speed of about (C/P Speed) knots, and allowing 0.5 knot for the term 'about', the computed time lost has been determined as follows :

$$\frac{\text{Distance sailed}}{\text{(C/P Speed-0.5kt) + (Weather Factor + Current Factor)}} = \text{C/P Time}$$

(Actual Hours en route)-(C/P Time) = Hours Lost

	Fuel Oil	Diesel Oil
	(tons)	(tons)

Bunkers consumed on sea passage ________ ________
Bunkers allowed on passage =
No. of Hours / (24hours/day) ________ ________
× C/P daily allowance in tons
Bunkers Over Consumed ________ ________

The Monetary Claim is as follows :

① Hire : ($ Daily Rate) × $\frac{\text{(Time Lost)}}{\text{24 hours/day}}$ = $ Speed claim

② Bunkers : (Over consumed fuel) × ($ price/ton) = $ fuel claim
(Over consumed diesel) × ($ price/ton) = $ diesel claim
Bunker price determined by cost at last bunkering port of (port name) on (date). Or as otherwise specified in the C/P agreement.

③ Total monetary loss on voyage (total claim) = ($㉠) + ($㉡)

---

7) 항해가능지역(Trading Limits)

정기용선은 항해용선과 달리 용선기간 동안 선박의 항해가능지역에 대한 제한이 없어야 되지만, 실무적으로 런던보험자협회의 권장을 참고하여 성약시점에서 항해가능지역을 제한하게 된다. 즉 선박보험의 담보사항인 협회항로정한(I.W.L. = Institute Warranty Limits) 범위 내에서만 항해가 이루어져야 한다.

용선자가 계약상의 항해가능지역을 벗어난 항로를 지시한다면, 이는 계약위반이 되어 선장은 그 지시를 거절할 수 있다. 또한 항해가능지역을 벗어난 이로지시에 대하여 선장이 거절하지 않았다고 해서 선장의 권리포기로 인정되지 않는다.

용선계약서에 따라 용선자가 추가할증보험료(extra insurance premium)를 지불하는 조건으로, 약정된 항해가능구역을 이탈하여 운항할 수 있는 권리를 특약으로 약정하기도 한다.

8) 적법화물(Lawful Merchandise)

용선자는 선박을 합법적인 화물의 운송에만 이용해야 한다. 선적항에서의 선적이 출하국 법령에 저촉되거나 양륙항에서의 양륙이 비합법적일 경우, 용선자는 그로 인한 책임을 부담해야 한다.

통상 용선계약서의 제외화물조항(cargo exclusion clause)에는 선적하지 말아야 할 화물의 종류가 기술된다. 이때 cargo exclusion에는 단순히 불법 또는 위험화물(unlawful, dangerous cargo)만이 포함되지 않고, cement clinker, shredded scrap, salt, fish meal, DRI(directed reduced iron) 등과 같이 선창 오손 가능성이 있는 화물까지도 포함되는 경우가 있다. 그런데 제외화물조항에 대한 용선자의 위반은 당해 용선계약의 근간에 해당할 정도의 심각한 위반(Breaches which are so serious as to go to the root of the charter)이 아니기 때문에, 선주가 계약을 취소할 수 없다는 것이 판례의 입장이다. 실무상 제외화물은 선박의 선령이나 시장상황에 따라 당사자간 합의를 통해 운송이 가능하다.

만일 용선자가 선장에게 제외화물의 선적을 지시하고, 선주는 그것을 알지 못했거나 혹은 부득이 선장에게 그 지시를 수락할 것을 명령한 경우 선주는 당해 제외화물의 운송에 대한 추가보상(additional remuneration)을 당시 시장운임에 의해 받을 권리가 있다. 이는 용선자의 묵시적 약속(implied promise)이고, 특히 용선자가 위험화물을 싣지 말아야 하는 것은 용선자의 묵시보증(implied undertakings)에 해당되기 때문이다. 최근에는 이러한 내용을 명시적으로 조항을 삽입하기도 한다.

9) 용선료지급(Payment of Hire)

정기용선료(Hire, Time Freight)는 단위시간당—즉 매 30일 또는 역월(calenda month)당—본선 DWT당 또는 일당으로 선불로 지급한다. 최근에는 DWT당은 거의 없고 일당용선료를 매 15일마다 선불하는 것이 통례이다. Cash라 함은 현금뿐 아니라 현금상응의 증서를 포함한다. 즉 선주가 조건 없이 즉시 지급사용이 가능한 수단이면 된다. 따라서 현대의 상업금융제도상의 관행을 바탕으로 한 종합적인 지불방법을 말한다. 예컨대 interbank transfer(은행간 환어음), banker's draft(은행환어음), banker's payment slips(은행지불어음), payment orders(은행지불지시) 등을 포함한다.

선불용선료의 지급기일(due date)이 은행휴무일인 경우는 그 전 은행휴무일까지 지불함이 원칙이다.

용선계약상상 통화에 대한 불안해소를 위해서 관련 통화간의 환율을 처음부터 고정시키는 소위 "Currency Clause"를 삽입하고, 또한 용선기간이 길어서 그동안에 선주의 선비가 부단히 인상될 것으로 예견될 때에는 용선자의 동의를 얻어 "Escalator Clause"를 삽입하여 그 변동에 대응하기도 한다.

용선료 적기지불의무는 절대의무, 즉 조건(condition)에 해당되지만, 수차례의 지불지연을 묵과해 온 상황에서 갑작스런 본선철수(withdrawal)는 판례상 선주에서 불리하다. 지급기일을 지나서 영수확인이 안 될 경우에 선주는 자동적으로 본선을 철수할 권한을 가지는 것으로 보나, 최근에는 용선계약서에 에 별도 조항을 삽입하여 24시간 또는 48시간의 유예기간을 인정하는 것이 통례이다.

10) 선박의 철수권(Right of Withdrawal)

용선료가 약정일까지 지불되지 않으면 선주는 당연히 본선을 철수시킬 권리를 갖는다. 그러나 철수 후 원래의 용선기간의 기대용선료와 현재 시장용선료와의 차이로 손해가 발생했다고 해서 손해배상청구는 할 수 없다. 그리고 철수는 일단 실행하면 최종적인 것이 되어(withdrawal must be final) 용선계약이 종료되며, 임시철수나 잠정철수 등은 인정되지 않는다. 또한 선주는 철수 후에도 용선 중 수행하던 항차에서 발급된 선하증권상에서 화주에 대한 운송인의 책임은 계속 부담해야 한다.

철수는 반드시 철수의사와 철수이유가 용선료의 미지급이라는 점을 용선자에게 공식통지(notice of withdrawal)해야 유효하며, 본선선장에 대한 지시나 통지만으로는 무효이다.

선박의 철수권을 보다 자세히 살펴보면 다음과 같다.

첫째, 용선료 지불시간을 엄수하고 규칙적으로(punctual and regular)이행하지 않을 경우, 선주는 본선을 용선자에 대한 service로부터 철수할 수 있는 권한을 갖는다는 규정이 통상적으로 삽입되는데, 여기서 "punctual and regular"는 지불기한이 된 날(on the day it is due)을 의미하며 이 문구가 없을 경우에도 양해(excuse)될 수 있는 특별한 상황이 없는 한, 용선료는 반드시 만기일에 지불되어야 한다.

한편 용선자가 용선료의 "지불 불이행(default of payment)"이라 함은 지불을 이행하지 않고 그 불이행이 계속되는 동안(for so long as default continues)이라는 의미로서 만일 용선자가 용선료를 선주의 본선철수 이전에 지불(pay)하거나, 변제(tender)하면 철수권은 상실된다. 그러나 만일 계약상 철수에 관한 조항이 단순히 "failing punctual and regular payment"로만 규정되어 있는 때는 철수권 행사 이전에 지불이 되었더라도 철수권은 상실되지 않는다.

둘째, 선주는 예외적인 용선자에 대한 사전 통보가 필요한 경우를 제외하고 철수권 행사 이전에 용선료의 지불을 요구할 필요는 없다. 또한 철수권은 1회차지급(first payment)뿐만 아니라 이후 지급(subsequent payment)에 대해서도 동일하게 적용된다. 선주는 합의나 행동(agreement or conduct)에 의하여 철수권을 포기할 수 있으나, 철수권의 행사를 제한된 시간동안 단순한 보류(mere forbearance)하는 것은 포기(waiver)로서의 효과가 없다.

또한 용선료 지불만기일에 선주가 본선의 서비스를 부당하게 방해했을 때는 당해 철수권을 상실할 수도 있다. 선주가 본선을 철수할 경우, 그 철수가 용선료를 선불해야 할 기간의 도중에 발생했더라도 철수 후 기간에 대한 용선료는 회수(recover)할 수 없다.

셋째, 만일 용선자의 행위가 당해 계약의 이행거절에 해당할 정도의 것일 경우, 선주는 합의된 기간 중 잔존기간에 대한 손해배상을 청구할 수 있다. 실수(oversight)로 인해 며칠 늦게 지불될 경우에는 통상적으로 포기에 해당하지 않는다. 만일 철수시 본선에 화물이 있을 때 선주가 화물을 목적항까지 수송하면 물론 당해 서비스에 대해 보상(remuneration)받을 수 있는 권리가 있다.

11) 시간의 계산(Computation of Time)

시차가 다른 지역에서 인도와 반선이 이루어질 때 시간은 현지시간(local time)을 기준으로 하는 것이 원칙이다. NYPE는 명백히 달력에 나타난 월(calendar month)을 기준하므로 용선기간이 경과기간계산(elapsed time)이 아니며, Baltime의 "per 30 days"도 인도와 반선기간이 "인도/반선증명서(Delivery/Redelivery Certificate)"상에 명시되므로, 결국 현지시간으로 볼 수밖에 없다. 따라서 특별히 GMT 기준이나 잔여기간계산기준의 조항이 없는 한 현지시간이 원칙이다.

12) 용선기간(Charter Period)

총용선기간의 여유일수(margin)는 용선계약 조항에 따라 매우 다양하나, 영국판례는 다음 3가지 유형으로 구별하여 판시하고 있다.

첫째, Implied Margin이다. 기간이 "3months" 혹은 "6months"로만 표시된 경우 최종항차종료일 계산이 불투명하기 때문에 묵시적으로 여유일수가 인정되어야 한다고 본다. 중재상 "5months"의 묵시여유일수는 5일로 허용되었다.

둘째, No Margin이다. 예컨대 Minimum/Maximum의 경우와 calendar date로 확정하여 명시한 경우이다. 용선자는 반드시 정해진 기간 내에 반선해야 되며, 지연반선(overlap)의 경우 시장용선료가 급등할 경우에 한하여 시장용선료로 배상해 주어야 한다.

셋째, Express Margin이다. 예컨대 "six months 20 days more or less" 등의 경우로, 선주의 동의 없이 초과한 경우 시장용선료로 배상해 주어야 한다.

용선기간에서 "about"의 경우 대체로 묵시여유일수(implied margin)와 유사한 정도로 인정된다. 무엇이 합리적인 여유기간인가 여부는 개개의 기간과 상황의 문제이나, 현재까지의 중재판정으로는 5개월에 5일, 30개월에 10일 정도가 인정된다.

조기반선(underlap) 또는 지연반선(overlap)의 경우 최종항차는 합리적으로 계산된 결과이어야 하며, 그러하지 않은 경우 시황과의 차손이 있다면 용선자는 선주에게 그 손해를 배상해 주어야 함이 원칙이다.

13) 임대 및 임차(Let and Hire)

NYPE나 Baltime에서 "let(임대)"과 "hire(임차)"라는 용어는 잘못 사용되었으나, 단지 관행상 쓰이는 것으로 보아야 된다. 즉 정기용선계약상 선박이 인도(delivery)와 반선(redelivery)이 된다고 하여도 선주는 결코 선박을 let(임대)하지도 않고, 용선자는 선박을 hire(임차)하지 않는다. 즉 선박은 용선기간 동안에도 엄연히 선주 소유이고 선장과 선원은 선주의 고용인일 뿐이며, 용선자가 얻는 것은 단지 본선사용권(영업권)뿐이다. 따라서 인도/반선은 본선의 인도/반선이 아니라, 서비스 개시와 종료라고 보아야 한다.

따라서 최근에는 혼동을 피하기 위해서 정기용선계약은 본선의 임대차

(demise)로 해석될 수 없다는 취지를 용선계약서에 추가 삽입하고 있다(NYPE 26조).

14) 사용 및 보상약관(Employment and Indemnity Clause)

사용약관은 선장이 용선자의 지시를 모두 따라야 한다는 것 보다는 용선자의 합리적이고 정당한 지시만을 따라야 한다는 취지이며, 따라서 무리한 요구의 거절은 면책이 된다.

영국법정은 "Employment라 함은 employment of persons가 아니라 employment of the ship이다"라고 정의하고 있다. 선적항이나 양륙항에 항진토록 용선자가 지시하는 사항은 employment에 포함되나, 실제 항해상의 기술적인 간섭은 배제된다. 본선의 항해와 관리(navigation and ship-management)는 상시 선주와 그의 사용인의 책임임에는 불변이며(NYPE 26조), 명백한 보상을 규정한 보상조항이 없다고 하여도 묵시적으로 용선자의 지시에 따른 결과로 인한 선박의 손해를 선주에 보상해 주어야 한다.

15) 선적 · 적부 · 균하(Loading, Stowing and Trimming)

화물의 선적 · 적부 및 균하의 1차 책임자는 용선자이며, 이 문구의 뒤에 "and discharge"를 삽입하지 않더라도, 양륙비용은 용선자부담의 기타통상비용(other usual expense)에 포함되는 것으로 간주한다. 그러나 보다 명확한 해석을 위해서 동 문구를 삽입한다.

USCOGSA 제 3 조 2항에서 운송인(carrier)은 화물을 주의 깊고, 적절하게 선적 · 적부 · 양륙해야 한다고 규정하고 있는 반면, NYPE 제 8 조에서 화물작업(cargo operation)은 용선자의 책임으로 규정하고 있으나, 양 규정이 상충된다고 볼 수 없다. 근본적으로 선주와 선장은 USCOGSA나 헤이그-비스비규칙에서 정해진 대로 성의를 다해야 되며, 비용부담문제는 영 · 미법 공히 어느 정도까지 해송계약의 자율성을 인정하므로 당사자간의 계약사항에 따르게 된다.

"under the supervision of the captain"에서 선장은 화물작업을 감독할 권리와 의무를 동시에 가지고 가졌다고 본다. 그러나 확실한 선장의 감독태만이 아닌 한, 부적한 적재로 인한 화물손해에 대하여 선장은 면책되고, 용선자의 귀책이 된다. 따라서 최근에는 선장의 의무를 보다 강조하기 위하여 "under the supervision and responsibility of the captain"으로 명확히 확정하는 경향이 있다.

16) 일반면책(General Exceptions)

NYPE의 일반면책조항은 "The act of God, enemies, fire, restraint of Princes, Rulers and People and all dangers and accidents of the Seas, Rivers, Machinery, Boilers and Steam Navigation throughout this Charter Party, always mutually excepted."라고 규정되어 있다.

따라서 Act of god(천재지변), Enemies(공적: 치적국, 용선자, 선주소속국가의 공적의 행위), Fire(화재: 선주과실에 의해서 발생되지 않는 경우), Restraints of Princes · Rulers · People(군주, 관헌 또는 인민에 의한 억류: 국가, 정부, 기타 권력자가 선박에 대하여 취하는 억류, 양륙금지, 검역, 소독 등에 관한 비상명령), Dangers and Accidents of the Seas · Rivers(해상·수로상 위험과 사고), Machinery, Boilers and Steam Navigation(기관·보일러·증기선항행상 위험) 등으로 인한 화물손해에 대하여 선주와 용선자 모두 상호간에 면책된다.

또한 항해상의 과실, 즉 선장, 선원, 도선사, 기타 운송인의 사용자의 항행 혹은 선박의 취급에 관한 행위 등으로 발생한 화물손해에 대해서도 면책된다.

17) 오프하이어약관(Off-Hire Clause)

오프하이어는 선주의 책임영역에 속하는 사고나 하자로 인하여 선박을 용선기간 중에 사용할 수 없는 경우에 용선료가 발생하지 않는 것을 말하고, 이러한 내용의 약관이 오프하이어약관 또는 용선료발생정지약관이라고 한다.

오프하이어약관에서는 용선료의 발생이 정지되는 사유를 명시하고 있는데, 통상 그 명시된 사유가 발생하기만 하면, 선주에게 귀책사유가 있든 없든 불문하고, 바로 용선료의 발생이 정지되도록 규정하고 있다. 그리고 이 명시된 사유가 존속하는 동안 계속 용선료의 발생은 정지되고, 이렇게 발생되지 않는 부문만큼의 용선료에 관하여 대부분의 표준용선계약서에서는 용선자가 차기에 지급하여야 할 용선료에서 공제할 수 있도록 규정하고 있다. 그런데 용선계약서에 이러한 공제권을 명시적으로 규정하고 있지 않은 경우에는 공제권 여부가 불명확하다.

통상 오프하이어약관은 “In the event of dry docking, or other necessary measure to maintain the efficiency of vessel, deficiency of men or owners' stores, breakdown of machinery, damage to hull or other accident to ither hindering or preventing the working of the vessel and continuing for more than 24 consecutive hours no hire to be paid in respect of any time lost thereby during the period in which the vessel is unable to perform the service immediately required”과 같이 규정된다.

이 문구상의 방해(prevention)는 부분적인 방해(partial interference)도 포함하되 본선이 항해를 계속하기에 효율적인 상태는 아니더라도, 하역을 할 수 있는 상태는 되어야 하며 이때 선주는 용선을 주장할 수 있다. 그러나 용선자는 자신의 계약위반으로 인해 시간손실을 가져온 사태(event)가 야기되었을 때는 오프하이어를 주장할 수 없다. 또한 상기 약관에서 손상(damage)으로 인해 24시간이상 본선의 가동(working)을 못하게 된 때, 용선은 그 24시간 종료시점이 아닌 개시시점부터 중지된다. 기계의 결함(defects in machinery)의 경우나 기계의 고장(breakdown in machinery)이 발생시에는 당해 하자가 항구에서 수리를 해야 할 정도로 심각하게 된 시점부터 용선이 정지된다.

18) 중재약관(Arbitration Clause)

통상 중재법에 관한 특약이 없으면 중재지의 법률에 따르게 된다. 중재판정(award)은 법원의 판결과 동일한 효력을 가지며, 3인중재 또는 당사자 합의시 단일중재도 가능하다. 제소기한(Time limit)은 헤이그-비스비규칙과 USCOGSA는 화물인도 후 1년으로 되어 있고, 영국법은 6년이다. 또한 제한적이기는 하나, 각국 법원은 중재판정의 불복, 즉 중재판정의 취소청구소송을 제기할 수 있도록 하고 있다.

19) 인터클럽협정(Interclub Agreement)

인터클럽협정은 “Inter-Club New York Produce Exchange Agreement(1996)”를 말하며, 정기용선계약의 표준서식으로서 NYPE가 널리 통용되면서 화물손해 발생시 선주와 용선자간 책임의 분할 등에 관하여 P&I Club들 간에 합의한 것이다.

NYPE에서 화물손해클레임(cargo claim)에 대한 선주와 용선자간에 책임을 어떻게 분담시킬 것인가에 관한 규정이 없다는 점을 감안, 주요 P&I Club들이 상호간의 손해배상정산을 용이하게 하기 위해서 이와 같은 협정을 창안했다. 선주와 용선자는 그들이 단순히 P&I Club의 회원(member)이라는 사실 때문에 이 협정을 준수해야만 하는 것은 아니고, 각 club은 자신의 회원들이 문제된 분쟁을 이 협정에 의해 해결에 동의할 것을 추천할 의무가 있다.

동 협정의 세부내용은 다음과 같다. 첫째, 선박의 감항능력 결여로 인한 화물의 멸실 및 손상에 대한 손해배상청구는 선주가 100% 부담한다. 둘째, 화물취급상 부주의로 인한 화물의 멸실 또는 손상에 대한 손해배상청구는 용선자가 100% 부담한다. 다만, NYPE 제 8 조 사용약관 말미에 “and responsibility”라는 문구가 삽입된 경우에는 선주와 용선자가 50%씩 책임을 분담한다. 셋째, 화물의 인도부족(short delivery; pilferage 포함)이나 과적(overcarriage)에 대한 손해배상청구는 선주와 용선자가 50%씩 책임을 분담한다.

20) 유치권약관(Lien Clause)

NYPE 제18조 “lien upon all cargoes”하에서 미불용선료에 대해서 선주가 용선자의 소유가 아닌 제 3 자의 화물에 유치권의 행사가 가능한가는 이론의 여지가 있다. 그러나 Baltime의 규정과 같이, “The owners to have a lien upon an cargoes and sub-freights belonging to the time charterers”와 같이 용선자의 소유화물로 명시하였을 경우는 명확히 제 3 자의 화물에 대해서는 유치권을 행사할 수 없다. 우리나라의 상사유치권도 민법상 유치권과는 달리 채무자의 소유물에 관해서만 성립되는 것으로 제한하고 있다.

한편 유치권의 대상이 되는 재운임(sub-freight)이라 함은 재용선계약(sub-charter) 또는 선하증권상 운임(freight)과 재정기용선계약(sub-time charter)의 용선료를 포함한다. 나아가 용선자의 해당 용선에 의한 일체의 부대수입까지도 포함한다.

재운임에 대한 유치권은 해당액만큼만 가능하며, 유치권의 행사를 통보한 경우에만 가능하다. 재용선자(sub-charterer)나 송하인(shipper) 등이 선주로부터 유치권의 행사를 통보받았을지라도 이들이 용선자에게 재운임을 지불하지 않은 경우에만 유치권을 행사할 수 있다. 따라서 선하증권에 "Freight prepaid as per charter party"이고, 실제로 운임이 지급된 경우에는 운임에 대한 유치권 행사는 할 수 없다.

한편 용선자도 선박에 대해서 유치권을 갖는다. 이때 유치권을 행사할 수 있는 근거는 선주의 계약위반(breach of the charter)이 있는 경우이며, 선박에 대한 유치권은 "Ship Mortgage Act of 1920"에 따라 다른 경쟁채권에 대하여 우선한다.

21) 부속약관

(1) 신제이슨약관(New Jason Clause)

하아터법(Harter Act) 제 4 조에 따르면 미국의 수출입화물을 운송하는 모든 선박의 소유자는 본선으로 하여금 모든 점에서 감항능력이 있도록 하고, 적당하게 선원을 승무시키고 의장하고 저장품을 보급하기 위하여 상당한 주의를 하였으면 항해 및 본선의 관리에 관하여 범한 과실로 인한 화물의 멸실, 손상에 대하여는 책임을 면하도록 되어 있다.

그러나 항해 및 본선의 관리에 관한 태만(negligence)에 의하여 공동해손이 발생한 경우에, 미국법원의 판결에 따르면 하아터법 제 4 조는 선주가 화물소유자로부터 공동해손분담금(contribution to general average)을 회수할 권리를 인정하지 않는다.

이러한 이유로 미국의 수출입화물에 대하여 발행되는 선하증권에는 이른바 "신제이슨약관"을 삽입하여 두지 않으면 아니 된다. 왜냐하면 이 약관은 화물소유자의 공동해손에 있어서의 분담책임을 확실히 규정하고 있기 때문이다.

이 약관은 "항해개시의 전후에 불구하고 과실에 의하건 기타 어떠한 원인에 의하건 불문하고 법률, 계약, 기타에 의거하여 운송인에게 책임이 없는 사고, 위험, 손상 또는 화재가 발생한 때에는 적하, 송하인, 수하인 또는 적화소유자는 공동해손에 있어서 발생한 공동해손의 성질을 갖은 일체의 희생, 멸실 또는 비용을 분담하고 운송화물에 관하여 생긴 구조료, 특별비용을 선주와 분담하여 지급하는 것으로 본다. 만약 구조선이 운송인 소유이거나 혹은 그의 관리에 속한 때에는 구조선이 제 3 자의 소유에 속하는 경우와 마찬가지로 모든 구조료를 지급하여야 한다. 요구가 있으면 적하, 송하인, 수하인 또는 적하소유자는 운송인 혹은 그 대리인이 적하분담금 및 일체의 구조료와 특별비용을 지급하는 충분한 공탁금을 적하의 인도 전에 운송인에게 공탁하여야 한다(In the event of accident, danger, damage or disaster before or after the commencement of the voyage resulting from any cause whatsoever, whether due to negligence or not, for which, or for the consequences of which, the carrier is not responsible by statute, contract or otherwise, the goods, shippers, consignees or owners of the goods shall contribute with the carrier in general average to the payment of any sacrifices, losses or expenses of a general average nature that may be made or incurred and shall pay salvage and special charges incurred in respect of the goods. If a salving ship is owned or operated by the carrier, salvage shall be paid for as fully as if said salving ship or ship or ships belonged to strangers. Such deposit as the carrier or his agents may deem sufficient to cover the estimated contribution of the goods and any salvage and special charges thereon shall, if required, be made by the goods, shippers, consignees or owners of the goods to the carrier before delivery.)"라고 규정되어 있다.

항해개시 전의 과실로 인하여 발생하였다고 추정되는 공동해손 성질을 가진 멸실 · 손상도 마찬가지로 이 약관에 포함되는 점을 주의하여야 한다.

(2) 지상약관(Paramount Clause)

지상약관(至上約款)은 해당 운송계약에 있어서 선하증권이 어느 법에 근거하는 지, 어떤 법의 적용을 받는 것인지를 규정하는 것이다. 통상 선하증권이 헤이그규칙, 헤이그-비스비규칙, 미국 해상물건운송법 등이 강제적으로 적용되지 않는 경우 헤이그규칙에 따른다는 내용이 대부분이다. 그 이유는 강행적으로 적용되는 법규 중에 헤이그규칙이 운송인에게 유리하기 때문이다.

지상약관의 한 예로서, "이 선하증권은 1936년 4월 16일 승인된 미국 해상물건운송법의 규정에 의하여 효력을 가지며 동법의 규정은 이 증권에 적용된다. 이 증권에 기재된 어떠한 사항도 미국 해상화물운송법에 규정된 운송인의 권리를 방기하고 혹은 그 의무 또는 책임을 면제하고 또는 그것을 증가시키지는 아니한다. 만약 이 증권의 조항이 동법과 모순되는 경우에는 그에 저촉되는 범위에서 그 조항을 무효로 한다. 그러나 그 무효는 저촉된 범위 이상으로 미치지 아니한다(This Bill of Lading shall have effect subject to the provisions of the Carriage of Goods by Sea Act of the United Sto es, approved April 16, 1936,s Bill shall be deemed to be incorporated herein, and nothing herein contained shall be deemed a surrender by the carrier of any of its rights or immunities or an increase of any of its responsibility or liabilities under said Act. If any term of this bill of lading be repugnant to said Act to any extent, such term shall be void to the extent, but no further.)" 등으로 규정된다

(3) 쌍방과실충돌약관(Both to Blame Collision Clause)

미합중국 이외의 실질적으로 모든 해운국에서 비준되고 법적효력이 부여된 1910년 브뤼셀조약(선박충돌에 대한 규정의 통일에 관한 조약)에 따라서 선박과 선박이 쌍방의 과실에 의하여 충돌한 경우에는 쌍방과실충돌약관(Both to Blame Collision Clause)을 적용하여 쌍방은 모두 상호간에 상대방 및 화물의 이해관계인에 대하여 과실의 정도에 따른 책임을 져야 한다.

통상 쌍방과실충돌약관은, "만약 선주가 선박의 감항성, 적당한 선원의 배승, 의장, 필요품 등에 관하여 상당한 주의를 하였다면 이를 다음과 같이 협정한다. 즉 본선이 타선박과 충돌하여 그것이 양선 쌍방의 항해상 과실의 결과로서 발생한 것일 때, 상대선 또는 그 소유자가 본 증권하에 운송되는 화물의 소유자에 대하여 당해 화물의 멸실, 손해에 대한 변상금으로 혹은 기타 모든 손해배상청구에 대하여 지급 또는 지급하여야 할 금액 중 상대선 또는 선주가 적재선 또는 선주에 대한 클레임 부분으로서 상쇄, 공제 또는 회수금액에 있어서는 상기 화물의 소유자는 본선 선주에게 이를 보상한다. 전기의 규정은 충돌선 또는 충돌물체가 충돌 또는 접촉에 관하여 해태하였을 경우 이외나, 또 충돌선 또는 충돌물체 이외의 선박소유자, 운송기업자, 기타 충돌선 이외의 선박 또는 물체의 운항을 위탁받은 자가 충돌 또는 접촉에 관하여 해태가 있을 경우에도 적용되는 것으로 한다(If the shipowner shall have exercise due diligence to make the ship seaworthy and properly manned, equipped and supplied, it is hereby agreed that in the event of the ship coming into collision with another ship as a result of the negligent navigation of both ships, the owners of the cargo carried under this Bill of Lading will indemnify the shipowner against all liability to the other ship or her owners insofar as such liability represents loss, damage or claim of said cargo paid or payable bay the other ship or her owners to the said cargo owners and set off, recouped or recovered by the other ship or her owners as part of their claim against the carrying ship or shipowner. The foregoing provision shall also apply where the Owners, Operators or those in charge of any ship or objects other than, or in addition to, the colliding ships or objects are at fault in respect to a collision or contact.)"라고 규정되어 있다.

예를 들면 A선에서 20%의 책임이 있다고 하면, B선의 송하인은 손해의 20%밖에 A선의 선주로부터 보상받지 못한다. A선의 송하인은 A선의 선주에게 일부의 책임이 있든 혹은 전부의 책임이 있든 그에 관계없이 A선의 선주에게는 전혀 손해의 배상을 청구할 수 없다. 왜냐하면 미국에서도 인정되고 있는 바와 같이 선하증권의 규정에 따르면, 운송인은 항해 또는 선박의 관리에 관하여 선장, 선원, 도선사 혹은 운송인의 사용인이 범한 태만 또는 과실에 관하여는 운송이 자신이 본선의 감항성을 유지하고 적당하게 선원을 승무시켜 의장하고 저장품을 공급하는 데 상당한 주의의무를 다하였으면 일체의 책임을 지지 않아도 되기 때문이다.

한편 미국 법률의 적용영역에서는 사정이 다르다. 즉 2척의 선박이 쌍방의 과실에 의하여 충돌한 경우 미국 법원은 원칙적으로 그 책임을 균등하게 분담시킨다. 즉 양측의 선박이 다같이 50%씩의 책임을 진다. 그러나 미국법 하에서는 양측 선박이 다같이 50%의 책임밖에 지지 않는 데도 불구하고 화물소유자는 화물을 적재하지 않은 상대선으로 하여금 자기가 입은 손해에 대하여 100%까지 배상을 시킬 권리를 가지고 있다. 그 대신 비적재선의 선주는 적재선의 화주에게 지불해야 할 배상액의 반액을 적재선의 선주로부터 보상받을 수 있다. 바꾸어 말하면 화물적재선의 선주는 자기의 송하인에 대하여 간접적으로 그 손해의 50%를 지급하게 되는 셈이다.

따라서 미국 내의 항구에 배선하는 선주는 선하증권에 쌍방과실충돌약관이 삽입되어 있는지의 여부를 확인할 필요가 있다. 만약 미국적이 아닌 선박이 미국적의 선박과 충돌하여 재판이 일어난 경우에는 문제의 외국선주가 소유하는 선박이 미국 내의 항구에 입항하면 즉시 미국선주는 그 선박을 압류할지도 모른다는 사실을 충분히 염두에 두어야 한다. 이때 충돌의 장소 자체는 문제가 되지 아니한다. 이러한 압류(attachment)를 해제 받으려면 보통 보증금(bail)을 공탁할 필요가 있다.

(4) 전쟁약관(War Clause)

정기용선계약상 전쟁위험약관으로 "VOYWAR 1950"과 "BARECON A"상 "WAR Cancellation Clause"가 주로 사용된다. 단, NYPE에는 별도의 War Clause가 없다.

※ VOYWAR 1950

A. The Baltic and International Maritime Conference and the Chamber of Shipping of the United Kingdom War Risks Clauses for Voyage Charters 1950. Code Name: "VOYWAR 1950"

1) In these Clauses "war risks" shall include any blockade or any action which is announced as a blockade by any Government or by any belligerent or by any organised body, sabotage, piracy, and any actual or threatened war, hostilities, warlike operations, civil war, civil commotion, or revolution.

2) If at any time before the vessel commences loading, it appears that performance of the contract will subject the vessel or her Master and crew, or her cargo or telegram despatched to the Charterers, to cancel this charter party.

3) The Master shall not be required to load cargo or to continue loading or to proceed on or to sign Bill(s) of Lading for any adventure on which or any port at which it appears that the vessel, her Master and crew or her cargo will be subjected to war risks. In the event of the exercise by the Master of his right under this Clause after part or full cargo has been loaded, the Master shall be at liberty either to discharge such cargo at the loading port or to proceed therewith. In the latter case the vessel shall have liberty to carry other cargo for Owners' benefit and accordingly to proceed to and load or discharge such other cargo at any other port or ports whatsoever, backwards or forwards, although in a contrary direction to or out of or beyond the ordinary route. In the event of the Master electing to proceed with part cargo under this Clause freight shall in any case be payable on the quantity delivered.

4) If at the time the Master elects to proceed with part or full cargo under Clause 3, or after the vessel has left the loading port, r the last of the loading ports if more than one, it appears that further performance of the contract will subject the vessel, her Master and crew or her cargo, to war risks, the cargo shall be

discharged, or if the discharge has been commenced shall be completed, at any safe port in vicinity of the port of discharge as may be ordered by the Charterers. If no such orders shall be received from the Charterers within 48 hours after the Owners have despatched a request by telegram to the Charterers for the nomination of a substitute discharging port, the Owners shall be at liberty to discharge the cargo at any safe port which they may, in their discretion, decide on and such discharge shall be deemed to be due discharged at any such other port, the Owners shall be entitled to freight as if the discharge had been effected at the port or ports named in the Bill(s) of Lading, or to which the vessel may have been ordered pursuant thereto.

5) (a) The vessel shall have liberty to comply with any directions or recommendations at to loading, departure, arrival, routes, ports of call, stoppages, destination, zones, waters, discharge, delivery or in any otherwise whatsoever (including any direction or recommendation not to go to the port of destination or to delay proceeding thereto or to proceed to some other port) given by any Government or by any belligerent or by any organised body engaged in civil war, hostilities or warlike operations or by any person or body acting or purporting to act as or with the authority of any Government or belligerent or of any such organised body or by any committee or person having under the terms of the war risks insurance on the vessel, the right to give any such directions or recommendations. If, by reason of or in compliance with any such direction or recommendation, anything is done or is not done, such shall not be deemed a deviations.

(b) If, by reason of or in compliance with any such directions or recommendations, the vessel does not proceed to the port or ports named in the Bill(s) of Lading or to which she may have been ordered pursuant thereto, the vessel may proceed to any port as directed or recommended or to any safe port which the Owners in their discretion may decide on and there discharge the cargo. Such discharge shall be deemed to be fulfilment of the contract of affreightment and Owners shall be entitled to freight as if discharge had been effected at the ports named in the Bills of Lading or to which the vessel may have been ordered pursuant thereto.

6) All extra expenses (including insurance costs) involved in discharging cargo at the loading port or in reaching or discharging the cargo at any port as provided in Clause 4 and 5 (b) hereof shall be paid by the Charterers and/or cargo owners, and

the Owners shall have a lien on the cargo for all moneys due under these Clause.
"VOYWAR 1950"

The Baltic and International Maritime Conference and the Chamber of Shipping of the United Kingdom War Risks Clauses for Voyage Charters 1950.

1) 이 조항들에 있어서 "War Risks"라 함은 다음과 같은 것들을 포함한다. 어느 정부나 교전국 혹은 기관에 의해서 행해지는 봉쇄 및 봉쇄의 일환으로 취해지는 조치, 사보타지(태업), 해적행위, 실 전쟁 및 전쟁위험성, 전쟁에 준하는 작전, 내전, 내란 그리고 혁명 등이다.

2) 선적이 개시되기 이전에 "War Risks" 조항에 의해 계약이행이 불가능한 것으로 판단될 때 선주는 서신이나 전보를 이용 하여 용선자에게 용선계약의 파기를 통보할 수 있다.

3) 선박과 선장, 승무원 혹은 화물이 "War Risk"에 저촉되는 항해나 항구에 있어서 선장은 선적개시나 선적계속, 항진, B/L의 서명 등을 거부할 수 있다. 화물의 일부 혹은 전부가 선적된 이후에 선장이 당해 C/P에 의거한 권리를 행사하고자 할 경우, 선장은 선적된 모든 화물을 선적항에 다시 양하하거나 당해 선박을 타지로 이탈시킬 수 있다.

후자의 경우 당해 선박은 선주의 이익을 위해 다른 화물을 싣고 어느 항구로든지 항해할 수 있으며 또한 그곳에서 선적 · 양하 작업을 실시할 수 있는데, 이때 선박이 취하는 항로는 통상적인 항로에 전혀 구애받지 아니한다. 선장이 당해 War Risk Clause에 의거하여 화물의 일부만 싣고 항해를 할 경우에는 실제 선적된 량을 기준으로 하여 운임을 지불받는다.

4) 선장이 제 3 조에 의거하여 화물의 일부 혹은 전부를 선적하기로 결정한 때나 선박이 선적항을 출항한 이후(선적항이 수 개일 때는 마지막 항) 더 이상의 계약이행으로 인해 선박과 선장, 승무원 혹은 화물이 "War Risk" 조항에 저촉된다고 판단되었을 경우, 당해 화물의 양하를 실시하며 양하작업이 이미 개시되었을 때는 작업을 완료하게 되는데, 이때의 양항은 용선자가 직접 하는 항구의 인근 안전항으로 한다. 만일 선주가 양항의 지정을 요구하는 전보를 보낸 지 48시간 이내에 용선자로부터 회답이 없을 경우, 선주는 당해 수송계약의 이행으로 간주될 만한 양항을 임의로 선택하여 작업을 할 수 있다. 이와 같이 다른 양항에서 양하를 실시하였더라도, 선주는 당초 B/L에 지정된 항구나 혹은 양항으로서 지시된 항구에서 작업한 것과 동일하게 운임청구를 할 수 있다.

5) (a) 선박은 선적, 출발, 도착, 항로, 기항지, 작업 중지, 목적지, 지역, 해양, 양하, 인도에 관한 지시 및 권고(목적항으로의 항진을 금지하거나 지연시킬 것을 명하는 지시와 권고 및 다른 항로로 항진할 것을 명하는 지시와 권고를 포함한다)에 순응할 수 있는바, 그러나 지시나 권고를 할 수 있는 주체는 다음과 같다.

첫째, 내전, 적대관계 혹은 전쟁에 준하는 작전 등에 관련된 정부나 교전국 혹은 기관이다.

둘째, 정부나 교전국, 기관의 권한당사자 및 권한수입자로서 행동하거나 행동하고자 하는 개인 또는 기관이다.

셋째, "War Risk" 보험조항에 의거해서, 당해 선박에 관하여 그와 같은 지시나 권고를 취할 수 있는 위원회나 개인이다.

만일 위와 같은 지시나 권고로 인하여 또는 그에 순응함으로써 발생한 작위 또는 무작위는 이로로 간주되지 않는다.

(b) 상기와 같은 지시나 권고로 인하거나 또는 그에 순응함으로써 당해 선박이 당초 지시받거나 혹은 B/L에 지정된 항구로 항진하지 않을 경우 당해 선박은 지시 또는 권고된 항구 혹은 선주 자신이 판단한 안전항에서 양하를 실시할 수 있다. 이때의 양하작업은 당해 해송계약의 정상적인 이행으로 간주되며 따라서, 선주는 선박이 지시받은 혹은 B/L에 서명된 항구에서의 양하 작업과 동일하게 운임을 청구할 수 있다.

6) 적항에서의 양하 업, 제 4 조 및 제 5 조 (b)항에 의해 지정된 항구에서의 화물의 운반 및 양하작업으로 인해 발생하는 모든 추가경비는 용선자 혹은 화주가 부담하며, 선주는 이러한 모든 비용의 지불을 위해 화물에 대한 유치권을 갖는다.

※ WAR CANCELLATION CLAUSE

In the event of the outbreak of war (whether there be a declaration of war or not) between ay two or more of the following countries; the United Kingdom, the United States of America, France, the Union of Soviet Socialist Republics, the People's Republic of China or in the event of the nation under whose flag the Vessel sails becoming involved in war (whether there be a declaration of war or not), hostilities, warlike operations, revolution. or civil commotion preventing Vessel's normal trading either the Owners or the Charterers may cancel this Charter, whereupon the Charterers shall re-deliver the Vessel to the Owners in accordance with Clause 13, if she has cargo on board after discharge thereof at destination or if debarred under this Clause from reaching or entering it at a near open and safe port as directed by the Owners, or if she has no cargo on board, at the port at which she then is or if at sea at a near open and safe port as directed by the Owners. In all cases hire shall continue to be paid in accordance with Clause 9 and except as aforesaid all other provisions of this Charter shall apply until re-delivery.

1-2 표준정기용선계약서

1) 표준정기용선계약서의 종류

정기용선계약의 경우에도 항해용선계약과 마찬가지로 발틱 국제해서회의(BIMCO)에 의해 승인된 표준 계약서 양식의 사용이 권장되고 있으며, 대표적인 양식은 표 [5-2]와 같다.

[표 5-2] BIMCO승인 표준정기용선계약서

Charter Party	Code Name
The Baltic and International Maritime Conference Uniform Time-Charter (As revised 2001)	BALTIME 1939
BPTIME 3 Time Charterparty	BPTIME 3
Time Charter Party for Offshore Survice Vessels	SUPPYTIME 2005
Standard Time Charter Party for Container Vessels	BOXTIME 2004
The Baltic and International Maritime Conference Uniform Time Charter Party for Vessels Carrying Liquified Gas	GASTIME
The Baltic and International Maritime Conference Uniform Time Charter Party for Vessels Carrying Chemicals in Bulk	BIMCHEMTIME
New York Produce Exchange Time Charter	NYPE 93
General Time Charter Party	GENTIME

BIMCO 표준정기용선계약서 중에서 가장 많이 사용되는 양식은 NYPE 이다. NYPE는 1913년 뉴욕산물거래소(New York Produce Exchange)에 의하여 처음 제정된 이래, 이후 1921년, 1931년, 1946년에 각각 개정되었다.

이후 해운산업의 변화를 반영할 목적으로 1981년에 미국의 선박중개인 · 대리점협회(The Association of Ship Broker and Agent; ASBA)는 발틱국제해운이사회(BIMCO)와 영국해운회의소(The Chamber of Shipping)의 자문을 받아 "ASBATIME"이라는 새로운 표준용선계약서를 제정하였다.

그러나 본 서식의 이용율이 저조하자, 위의 선박중개인 · 대리점협회 산하 용선 및 서류위원회(The Chartering and Documentary Committee)는 발틱국제해운이

사회와 중개인 · 대리점협회연맹(The Federation of National Associations of Ship Brokers and Agents; FONASBA)과 협력하여 "NYPE(1993)"를 제정하게 되었다.

이밖에 정기용선계약 표준서식으로는 BIMCO가 제정하고 영국해운거래소에서 공인된 "BALTIME"도 있다. 이 서식은 1909년에 제정된 이래, 수시로 개정되었는데, 현행서식은 2001년에 개정된 것이다.

2) NYPE(1993)의 해설

NYPE(1993)는 계약당사자와 선박의 명세를 규정하는 서문과 총 45개 약관으로 구성되어 있다. 이하에서 NYPE(1993)의 세부내용을 살펴보기로 한다.

(1) 서　문

> 이 용선계약서는 　　　년 　　　월 　　　일 　　　　　에서 하기의 선박소유자 　　　　　와 용선자 　　　　　사이에 체결되었다.
>
> <u>선박의 명세(Description of Vessel)</u>
>
> 선명 　　　국적 　　　건조 년월일 　　　선적항 및 선박번호 　　　선급 　　　해수 하기 만재흘수선의 흘수 　　　에서 재화톤수 　　롱톤*/미터톤*(청수 및 선용품을 포함하여 화물 및 연료 　　롱톤*/미터톤*을 초과하지 않음). 용적은 　　　곡물 입방피트, 또는 　　　포대의 경우 입방피트, 총톤수 　　　톤, 속력은 만재 항해 속력으로 양호한 날씨 조건에서 최대 풍력 뷰포트 지수 　　　까지를 포함하여(연료 　　　롱톤*/미터톤*을 소모하는 약 　　　노트이다.
>
> * 표시는 적절히 삭제한다.
> 선박 명세의 구체적인 추가 사항은 이 계약서의 부속서 A(Appendix A)를 참고할 것.

(2) 본 문

제 1 조 용선기간

선박소유자는 본선의 인도시부터 기간 동안 항행구역의 범위 안에서 선박을 인도하고 용선자는 이것을 용선할 것을 약정한다.

제 2 조 선박의 인도

본 선박은 용선자가 자유롭게 처분할 수 있는 장소에 정박시켜야 한다. 선박은 인도시에 깨끗이 청소된 선창과 함께 화물을 수령할 준비가 되고, 수밀상태로 견고하여야 한다. 그리고 물 밸러스트를 유지하며, 동시에 윈치를 작동시킬 수 있는 충분한 동력을 가지고 모든 면에서 통상적인 운송 서비스에 적합하도록 하여야 한다.

선박소유자는 용선자에게 용선선박의 예상 인도일의 통지를 일 이전에 하여야 한다.

제 3 조 용선개시 및 종료시의 검사

계약 당사자는 별도의 합의가 없는 한, 용선선박을 인도 또는 반선하기 전에 각자의 비용으로써 검사원을 최초의 선적항/최후의 양륙항 보다 앞서 각각 선임하여 용선선박 내의 연료양과 용선선박의 상태를 확인하기 위하여 공동 용선개시 및 종료(온-오프 하이어) 검사를 실시하여야 한다. 각 검사원은 각 사항에 관하여 1통의 보고서를 작성하고 각자 서명하여야 한다. 그러나 검사원이 합의할 수 없는 사항을 기재한 별도의 보고서를 제출할 권리에는 영향이 없다. 만일 일방 당사자가 검사에 입회할 대표자를 선임하지 못하거나 또 공동검사 보고서에 서명할 수 없는 경우라고 하더라도, 그 당사자는 상대방 당사자가 작성한 검사 보고서의 조사 결과에 관하여 모든 면에서 구속을 받는다. 용선개시(온 하이어) 검사에 소요되는 시간은 용선자가 부담하고, 용선종료(오프 하이어) 검사에 소요되는 시간은 선박소유자가 부담한다.

제 4 조 위험 화물/면책 화물

(a) 용선선박의 선적국, 선적항과 양륙항의 국가, 및 용선선박이 반드시 통과

하여야 할 중간국 또는 항의 관할청이 요구하거나 권고하는 방법에 따라서 운송할 경우를 제외하고, 용선선박은 모든 위험성, 유해성, 가연물 또는 부식성을 가진 물건을 제외하고 적법한 운송물의 운송에 사용할 수 있다. 위의 일반 규정에 영향을 미치지 아니하고, 특히 모든 종류의 산 동물, 무기, 탄약, 폭발물, 핵물질 및 방사능 물질의 운송을 추가 제외한다.

(b) 국제해사기구에서 지정한 운송물을 운송할 것을 합의한 경우에 그 운송물의 양은 　　　톤으로 제한하여야 하고, 용선자는 국제해사기구의 규칙에 따라서 포장, 표시, 선적 및 적부 되었는가를 알 수 있게 하기 위하여 선장이 합리적으로 요구하는 증거를 제출하여야 한다. 만일 이에 위반하면 선장은 운송물의 선적을 거부할 수 있고, 이미 선적된 운송물은 용선자의 위험과 비용으로써 양륙할 수 있다.

제 5 조　항행구역

용선선박은 용선자의 지시에 따라서 　　　　　　　　　　안에 있는 구역의 안전한 항 또는 안전한 장소 사이에서의 적법한 항해에 사용되어야 한다.

제 6 조　선박소유자가 제공하여야 하는 것

선박소유자는 별도의 합의가 있는 경우를 제외하고, 용선선박의 보험, 모든 식료품, 선원실, 갑판부, 기관부 및 보일러 물을 포함하여 기타 필요한 선용품을 제공하고 비용을 지급하여야 한다. 선원의 임금, 선원의 고용과 고지에 다른 영사 비용, 선원에 관련된 항비도 지급하여야 한다. 그리고 선박소유자는 용선선박의 선급을 유지하고, 선체, 기관 및 장비를 철저하게 효과적인 작동 상태로 유지하고 또한 사관과 부원의 정원을 확보하여야 한다.

제 7 조　용선자가 제공하여야 할 것

용선자는 용선선박이 용선 기간 중에, 별도의 합의가 있는 경우를 제외하고, 연료 전부를 준비하고 지급하여야 한다. (강제적인 경비원과 화물 경비원 및 강제적인 폐기물 처분을 포함하여) 항비, 용선자의 업무에 관련된 일체의 통신비, 도선료, 예선료, 대리점비, 수수료, 영사 비용(다만 각 선원 및 용선선박의 국적에 관한 비용을 제외한다) 그리고 제 6 조에 규정된 것을 제외한 기타 모든 통상 비용을 지급하여야 한다. 다만, 용선선박에 책임있는 사유로 인하여(기상을 이유로 한 경우는 제외함) 발생한 모든 비용은 선박소유자가 부담한다. 선원의 발병으로 소독 명령을 받은 경우의 비용은 선박소유자의 부담으로 한다. 그러나 이 용선계약에 따라서 용선선박을 사용할 동안 적재된 운송물 또는 기항한 항구 때문에 소독 명령이 내려진 경우의 그 비용은 용선자가 부담하여야 한다. 본 선박이 연속 6개월 이상 용선된 이후의 기타의 모든 소독 비용은 용선자가 부담하여야 한다.

용선자는 필요한 깔판과 특별 항해 및 운송물에 필요한 추가 의장품을 준비하여야 한다. 그러나 선박소유자는 용선자에게 이미 용선선박 위에 있는 모든 깔판의 사용을 허락하여야 한다. 용선자는 용선선박을 반선하기 전에 자기의 비용과 시간으로써 자기가 설치한 깔판과 의장품을 철거하여야 한다.

제 8 조 항해의 실행

(a) 선장은 신속하게 항해를 수행하여야 하고, 선원들과 함께 관습상 요구되는 모든 지원을 제공하여야 한다. 선장은 영어에 정통하여야 하고 또 (선박소유자에 의하여 선장이 선임되었다고 하여도) 용선선박의 사용 및 대리관계에 관하여 용선자의 지시를 따라야 한다. 용선자는 자기의 위험과 비용으로써, 선장의 감독 아래에서 제한 없이 운송물의 선적, 적부, 고르기, 묶기, 고정, 깔개, 풀기, 양하 및 검수를 포함하여 모든 운송물에 대한 취급을 실행하여야 한다.

(b) 용선자가 선장과 선박 직원의 행위가 불만족하다는 합리적인 이유가 있는 경우에 선박소유자는 불만 사유서를 접수하는 즉시 그 사실을 조사하고, 필요하면 그 선임을 변경하여야 한다.

제 9 조 선박연료

(a) 용선자는 용선선박을 인도할 때, 선박소유자는 반선할 때, 선내에 남아있는 모든 연료유 및 디젤유를 아래의 조건에 따라서 인도받고 그 대금을 지급하여야 한다. 용선선박은 톤당 가격 의 연료유 롱톤*/미터톤* 및 톤당 가격 의 디젤유 톤의 연료유와 함께 인도된다. 용선선박은 톤당 가격 의 연료유 톤과, 톤당 가격 의 디젤유 톤과 함께 반선된다.

* 위 조항에서는 동일한 톤수 단위를 적용한다.

(b) 용선자는 용선선박의 주기관 및 보조기관의 사용에 적합하고 그리고 부속서 A에서 기재하고 있는 명세에 적합한 품질의 연료유를 공급하여야 한다.

선박소유자는 부적당한 연료유 또는 합의된 명세와 적합하지 아니한 연료유를 사용하여 발생한 주기관 및 보조기관의 모든 손해에 대하여 용선자에게 손해배상 청구권을 유보한다. 또한 제공된 연료유가 상호 합의한 명세와 일치하지 아니하거나 또는 용선선박의 주기관 또는 보조기관에 사용함에 부적당하다는 것이 증명된 때에, 선박소유자는 용선선박의 항해 속력의 저하 및/또는 연료유 소비량의 증가 및 상실된 시간, 기타의 결과에 대하여 책임을 지지 아니한다.

제10조 용선 요율/반선 구역과 통지

용선자는 매 30일마다 용선선박의 사용과 용선에 대하여 1일당 미화 달러의 비율 혹은 연료 및 선용품을 포함하여 하기 건현 에서 용선선박의 총 재화톤수에 대하여 1톤당 미화 달러의 비율에 의한 금액을 위의 인도일부터 지급한다. 1개월 미만의 기간에 대하여서도 동일한 비율에 따른다. 용선선박이 멸실되지 않는 한, 용선료는 통상의 소모를 제외하고서, 용선선박의 용선 개시 시와 똑같이 양호한 상태로서 에서 선박소유자에게 반선일의 반선 시까지 지급된다. 다만 별도의 합의가 있으면 그것에 따른다.

용선자는 예정 반선일 및 예정항에 대한 통지를 일 전까지 선박소유자에게 하여야 한다.

용선료 계산의 목적을 위한 인도, 반선 또는 용선 종료시간은 세계 표준시에 따라 조정한다.

제11조 용선료의 지급

(a) 지급

용선료는 선박소유자 또는 선박소유자가 지정한 곳에 있는 수취인에 대하여 의 통화 또는 미화로써 선박소유자가 사용 가능한 자금으로서 15일치를 지급일에 선급하여야 한다. 마지막 달 또는 마지막 달의 일부분에 대하여는 개략액을 선급한다. 그 개략액이 실제의 시간을 만족시키지 못하는 경우에는, 선박소유자가 원하면, 만기가 되면 그 날 그 날로 나머지를 지급하여야 한다. 용선료의 정시지급과 규칙적 지급이 되지 않는 경우 또는 용선계약의 어떠한 기본조항위반의 경우에 선박소유자는, 자신이 용선자에 대하여 가지는 어떠한 손해배상청구에 대하여도 영향을 받지 않고, 용선자의 사용으로부터 용선선박을 철수시킬 권리를 갖는다.

제11조 (b)에 규정된 유예기간의 만료 후에 그리고 용선료의 미지급이 있는 경우는 언제나, 선박소유자는 자유로운 철수권을 침해받지 않고서, 이 용선계약의 어떠한 의무의 이행도 중단할 권리를 가지고 그 결과에 대하여 선박소유자는 어떠한 책임도 부담하지 아니한다. 용선자는 선박소유자에게 그러한 손해에 대

하여 보상하여야 한다. 그리고 용선료는 계속하여 발생하며 또 그러한 중단에 의하여 발생한 모든 추가비용은 용선자가 부담한다.

(b) 유예기간

용선자측 또는 용선자의 은행측이 실수, 부주의, 잘못 또는 부작위로 말미암아 용선료가 정시에 정기적으로 지급되지 못한 경우, 선박소유자는 정상의 은행영업일 (약정된 지급지에서 인정된) 일 전에 서면으로 그에 대한 보완통지를 용선자에게 보내어야 한다. 이 통지에 따라서 위의 일 이내에 그 미지급이보완되었을 때에는 그 지급은 정시에 정기적으로 지급된 것으로 유효하게 된다.

여기에 규정된 선박소유자의 통지를 받은 일 이내에 용선자가 용선료를 지급하지 아니할 때에는 선박소유자는 위 제11조 (a)의 규정에 따라서 용선선박을 철수시킬 수 있다.

(c) 최종 용선료의 지급

최종 및/또는 그 직전의 용선료를 지급할 때에 용선선박이 반선항을 향하여 항해 중일 때, 용선료의 지급은 그 항해를 완성하기 위하여 필요할 것으로 추정된 기간으로 계산되지만 그리고 반선 전에 용선선박 안에 실제로 남아 있는 연료유와 그 중에서 그리고 선박소유자가 인수할 것 및 또한 선박소유자의 계정으로 개략 산정한 것을 함께 고려하여 선박소유자와 정기용선자가 합의하여 정한다. 만일 그 지급액이 실제 기간의 용선료를 충족시키지 못할 때에 용선료 지급의 부족액은 만기가 되면 매일 매일 지급되어야 한다. 용선선박을 반선한 후에 차액이 생겼을 때에는 경우에 따라서 선박소유자가 반환하거나 또는 정기용선자가 지급한다.

(d) 현금 가불금

모든 항구에서 통상적인 용도를 위한 현금은 선박소유자의 요구에 따라서 2.5 퍼센트의 수수료를 붙여서 용선자로부터 선박소유자는 빌릴 수 있고 그 가불금은 용선료에서 공제된다. 그러나, 용선자는 그러한 가불금의 사용에 관하여 결코 책임을 지지 아니한다.

제12조 선 석

용선선박은 조석에 관계없이 용선선박이 항상 떠서 안전하게 입항하여 정박하고 또 발항할 수 있는 조건 하에서, 용선자 또는 그 대리인이 지시하는 어떠한 안전한 도크, 안전 선석 또는 안전한 장소에서 선적 및 양하를 이행한다.

제13조 화물 공간

(a) 용선선박의 사관, 부원, 색구, 장비, 비품, 식료품, 선용품 및 연료를 위한 적절하고 충분한 구역을 제외하고, (용선선박이 합리적으로 안전하게 적부 및 운송을 할 수 있는 한도를 초과하지 않는 정도의) 용선선박의 선창, 갑판 및 기타 운송물을 위한 공간은, 만약 하역 감독이 승선할 경우에는 그를 포함하여, 모두 용선자가 자유롭게 사용할 수 있어야 한다.

(b) 갑판 위에 운송물을 운송할 경우, 갑판 위의 운송물을 운송한 결과 용선선박에 생긴 모든 종류의 멸실 및/또는 훼손 및/또는 책임 그리고 갑판적 화물을 적재하지 아니하였으면 생기지 아니하였을 모든 종류의 멸실 및/또는 훼손 및/또는 책임에 관하여 선박소유자는 용선자로부터 보상받을 수 있다.

제14조 하역 감독과 식사

용선자는 자신의 위험으로써 용선선박에 승선하여 항해를 신속히 실행하도록 감독하는 하역 감독을 선임할 권리를 가진다. 하역 감독은 거주 설비를 무상으로 사용하며 선장에게 제공되는 것과 동일한 대우를 받는다. 이때에 용선자는 1일 의 비율의 금액을 지급하여야 한다. 선박소유자는 도선사 및 세관원의 식료를 제공하여야 하고, 용선자 또는 그 대리인으로부터 위임을 받았을 때에는 검수인, 하역 감독 등에게 식료를 제공하여야 한다. 용선자는 이러한 식료대를 1끼당 의 비율의 금액을 지급하여야 한다.

제15조 항해 지시와 항해일지

용선자는 수시로 선장에게 영어로 된 서면으로 모든 필요한 지시 및 항해 지시를 주어야 한다. 선장은 매 항차 또는 여러 항차에 대한 갑판일지 및 기관일지를 정확하게 작성하여 용선자 또는 그 대리인에게 제공하여야 한다. 또 용선자, 그 대리인 또는 하역 감독의 요구가 있으면 용선선박의 침로, 항주 거리 및 연료 소비량을 기재한 갑판 및 기관 일지의 정본을 제출하여야 한다. 용선자 모든 일지의 요약은 영어로 작성되어야 한다.

제16조 인도/용선 해제

용선자의 요구가 있으면 용선 기간은 보다 전에는 개시하지 아니하고 용선선박은 일의 시까지 인도 준비가 안 된 경우 용선자는 이 계약을 해제할 선택권을 가진다.

해제권의 연장

선박소유자가 상당한 주의를 다하였음에도 불구하고, 해제일까지 용선선박의 인도 준비가 되지 아니하고 용선선박의 새로운 준비 예정일을 선박소유자가 합리적으로 담보할 수 있는 경우에는, 선박소유자는 용선선박의 인도항 또는 인도지로 향할 발항 예정일 7일 전에, 용선자에게 이 정기용선계약, 해제 여부의 확답을 요구할 수 있다. 용선자가 해제하지 아니하기를 선택하거나, 혹은 또는 2일 이내 또는 해제일 가운데, 둘 중에서 빨리 오는 기간안에 대답이 없는 경우, 선박소유자가 통지한 새로운 인도준비 예정일의 7일 후가 최초의 해제일을 대신한다. 용선선박이 다시 연기되었을 때에는 선박소유자는 이 조항에 따라서 용선자의 해제권 행사의 확답을 다시 요구할 수 있다.

제17조 용선료 지급중단

선박 사관 또는 부원의 부족 및/또는 태만 및/또는 동맹파업, 선용품 부족, 화재, 선체, 기관 또는 비품의 고장 또는 손상, 좌초, 용선선박의 압류에 의한 억류(다만 그 압류가 용선자, 그 대리인 또는 하도급자의 귀책사유로 인한 것을 제외한다.), 운송물의 고유한 흠, 성질 또는 결함에 기인하지 않는 용선선박 또는 운송물의 해난사고에 의한 선박의 지체, 검사 또는 선저 페인트 칠을 위한 드라이 도크 기타 용선선박의 완전한 운항을 저해하는 기타 유사한 사유로 인하여 시간을 상실한 때에는 용선료 및 시간외 수당의 지급은 그 상실한 기간에 대해서 중단한다. 용선선박이 항해 중 용선자의 지시를 위반하거나 또는 운송물의 사고, 또는 본 용선계약의 제22조에서 인정하는 경우 이외의 사유로 이로하고 다시 되돌아 왔을 경우, 용선선박이 이로를 개시한 때부터 용선선박이 다시 그 개시점 또는 목적지에서 등거리의 지점에서 항해를 재개할 때까지, 용선료의 지급은 중단된다. 용선료 지급중단 기간 중에 용선선박이 소비한 연료는 선박소유자가 부담한다. 거친 바다 때문에 항 또는 정박지로 피항하게 되는 경우 또는 수심이 낮은 항, 낮은 곳이 있는 강 또는 항에 취항하게 된 경우 용선선박의 지체 및/또는 그러한 지체의 결과로 발생한 비용은 용선자의 부담으로 한다. 항해 중에 선체 기관 또는 설비의 결함 또는 고장에 의하여 속력이 저하되었을 때에 발생한 상실 시간 및 그 결과로 추가 소비된 연료비 및 기타 입증된 모든 비용은 용선료에서 공제한다.

제18조 재용선

별도의 합의가 없는 한, 용선자는 이 본 용선계약 기간의 전부 또는 일부에 대하여 용선선박을 재용선하여 줄 수 있다. 그러나 용선자는 이 용선계약의 이행의 책임을 여전히 부담한다.

제19조 드라이 도크 입거

용선선박은 드라이 도크의 입거를 마지막으로 하였다.

*(a) 선박소유자는 이 용선계약 기간 중에 선급협회의 요구 또는 상황에 따라 선저의 청소 및 페인트 칠 및/또는 수선에 대하여 선박소유자와 용선자가 합의한 경우에 보다 좋은 시기와 장소에서 용선선박을 드라이 도크에 입거시킬 선택권을 갖는다.

* (b) 긴급한 경우를 제외하고서 이 용선 기간 중에 용선선박을 드라이 도크에 입거하지 아니한다.

* 적절히 하나를 삭제함.

제20조 전 손

용선선박이 멸실되었을 때에는 선급금 가운데 경과되지 아니한 금액(멸실 또는 최후에 소식이 있었던 날부터 기산하여)은 바로 용선자에게 반환하여야 한다.

제21조 면책사유

이 용선 기간 중에 천재지변, 공적, 화재, 군주, 지배자 및 인민에 의한 억류, 해상, 강, 기계, 보일러 및 항해의 모든 위험 및 사고, 그리고 항해과실에 기인한 손해에 대하여 계약당사자 사이에서는 상호 면책된다.

제22조 자유 항해권

용선선박은 도선사의 승선 여부에 관계없이 항해할 수 있고, 예항할 수 있고 또는 예항될 수 있으며, 조난 선박을 구조하고, 인명 및 재산을 구조할 목적으로 이로할 권리를 갖는다.

제23조 유치권

선박소유자는 본 용선계약 하에서 수령할 모든 금액(공동해손 분담금을 포함하여)에 대하여 모든 운송물, 재운임 및/또는 재용선료 위에 유치권을 가진다. 용선자는 선급금으로서 미경과 금액의 전부 그리고 즉시 반환되어야 할 초과지급된 용선료 혹은 초과 예치액에 대하여 용선선박에 유치권을 가진다.

용선자는 직접 또는 간접이거나, 선박소유자가 용선선박 위에 가진 권리 및 이익 보다 우선할 수 있는 어떠한 유치권 또는 채무를 발생시키지 못하고 또 존속시키지도 못한다. 용선자는 이 용선 기간 중에 항비 및 연료를 포함하여 어떠한 보급품 혹은 필요품 혹은 용역을 선박소유자의 신용(계산)으로 혹은 그 시간으로 조달하지 아니할 것을 약속한다.

제24조 해난구조

모든 습득한 해상 유기물 및 해난구조료는, 선박소유자와 용선자의 비용과 선원의 배당금을 공제하고 그 잔액에 대하여 선박소유자와 용선자가 균분한다.

제25조 공동해손

공동해손은 1990년에 개정된 1974년 요크 앤트워프 규칙 또는 그 후에 개정된 규칙에 따라서 곳에서 의 통화로써 정산한다.

용선자는 이 용선 기간 중에 발행된 모든 선하증권에 공동해손은 1990년 개정의 1974년 요크 앤트워프 규칙 또는 그 후에 개정된 규칙에 따라서 정산한다는 취지 조항 및 제31조의 "뉴 제이슨 조항"을 삽입할 것을 약정한다.

정기용선료는 공동해손을 분담의 대상이 아니다.

제26조 항 해

본 용선계약서의 어느 조항도 용선자에 대하여 선박을 임대차한 것으로 해석되어서는 아니된다. 선박소유자는 용선선박의 항해, 도선 및 예항 행위, 보험, 선원 기타 일체의 사항에 대하여 자기의 계산으로 항해하는 경우와 동일한 책임을 진다.

제27조 운송물 손해배상청구

선박소유자와 용선자 사이의 운송물에 대한 손해배상은 1984년 5월 개정된 1970년의 인터 클럽 뉴욕 프로듀스 익스체인지 협정 또는 후속 개정에 따라서 정산된다.

제28조 하역설비와 조명

선박소유자는 용선선박에 하기와 같은 하역설비를 장치하여야한다. :

기재된 양하능력(모든 데릭 및 크레인용)을 가진 설비를 제공한다. 또한 선박소유자는 용선선박의 야간 작업을 위한 조명을 준비하여야 한다. 그러나 선내의 조명 이외에 추가된 모든 조명의 비용은 용선자의 부담으로 한다. 용선자는 용선선박의 모든 설비의 사용권을 가진다. 용선자의 요구가 있는 경우 선박은 주·야간 작업을 하여야 한다.그리고 운송물을 적·양하할 동안 모든 하역설비는 용선자가 자유로이 사용할 수 있다. 하역설비가 작동되지 않거나 또는 동력이 부족하여 작동되지 않을 경우, 그러한 불작동과 부족함이 용선자의 하역인부가 발생시키지 않는 한, 용선자가 실제로 잃은 시간은 용선료 지급이 중단된다. 또 그로 인하여 발생한 하역인부 대기로 인한 비용은 선박소유자가 지급하여야 한다. 만일 용선자의 요구가 있을 경우, 선박소유자는 그러한 하역설비에 대신하여 육상의 하역설비를 사용하고 그 임차료를 부담하여야 한다. 이 경우 용선선박에 대한 용선료 지급은 계속된다.

제29조 선원의 초과근무수당

용선자는 자신 또는 그 대리인의 명령에 따라 발생한 사관 또는 부원의 시간외 초과수당을 지급하는 대신으로 1개월에 , 1개월 미만은 그 비율로써 용선료와 함께 이를 선박소유자에게 지급하여야 한다.

제30조 선하증권

(a) 선장은 화물수령증 또는 검수서의 기재에 따라서 제시된 선하증권 또는 해상화물운송장에 서명하여야 한다. 그러나 용선자는 사전에 선박소유자로부터 서면으로 권한을 위임받아서, 항상 화물수령증 또는 검수서와 일치하도록 발행된 선하증권 또는 해상화물운송장에, 선장을 대신하여, 서명할 수 있다.

(b) 어떠한 선하증권 또는 해상화물운송장도 이 용선계약에 영향을 미쳐서는 아니된다. 용선자는 자기에 의하여 또는 그 요청에 의하여 선장이 서명한 모든 선하증권 또는 해상화물운송장과 이 용선계약 사이에 불일치로부터 생긴 모든 결과 또는 책임에 대하여 선박소유자에게 보상한다.

(c) 갑판적 운송물에 대한 선하증권에는 "용선자, 송하인 및 수하인의 위험,

비용 및 책임으로써 갑판 위에 적재하였음. 또 그로 인하여 발생한 모든 멸실, 훼손 또는 지연에 대하여 용선선박 또는 선박소유자 측에 책임을 부담시키지 아니함"이라는 뜻의 조항을 삽입하여야 한다.

제31조 보호조항

본 용선계약은 다음의 조항을 조건으로 하며, 이러한 조항은 모두 본 용선계약 하에서 발행되는 모든 선하증권 또는 해상화물운송장에 포함된다.

(a) 지상약관

"본 선하증권은 미국 해상물건운송법, 헤이그 규칙, 헤이그 비스비 규칙 기타 선하증권 발행지 또는 목적지에 있어서 강행법으로서 적용되는 동종의 국내법의 조항에 의하여 효력을 가진다. 그리고 그러한 조항이 이 증권에 삽입된 것으로 본다. 그리고 이 증권에서 규정하고 있는 어떠한 규정도 위의 법에 기초한 운송인의 권리 또는 면책 특권을 포기하거나 또는 책임 또는 의무를 가중시키는 것으로 보아서는 아니된다. 이 증권의 문언이 위의 법과 저촉하는 경우에 그 문언은 저촉 범위내에서는 무효가 된다."

그리고,

(b) 쌍방과실충돌 약관

"다른 선박의 과실과 용선선박의 항해상 또는 관리상 선장, 해원, 도선사 또는 운송인의 피용자의 행위, 과실 또는 부주의의 결과로 인하여 용선선박(적재선박)이 다른 선박과 충돌한 경우에, 본 증권에 따라서 운송되는 화주는 비적재선 또는 그 선박소유자에 대하여 운송인이 부담하게 되는 모든 손해 또는 채무를 보상하여야 한다. 그러한 손해 또는 채무는 적재선박에 적재된 화주의 운송물에 대한 손상 혹은 손해 혹은 그 화주의 모든 손해배상을 나타내는 것으로서, 비적재선 또는 그 선박소유자가 적재선 화주에게 지급하였거나 지급할 것이며, 적재선박 혹은 그 운송인에 대하여 비적재선 선주가 구상권을 행사하여 상계하거나 공제하거나 회수한 것을 한도로 한다.

위의 조항은 충돌 선박 또는 물체 이외의, 또는 여기에 추가하여, 모든 선박 또는 물체의 소유자, 운항자 또는 관리인에게 충돌 또는 접촉과 관련하여 과실이 있는 경우에 또한 적용한다."

그리고,

(c) 뉴 제이슨 약관

"항해의 개시 전 또는 후에 어떠한 원인의 결과이든지 또는 과실에 의한 것인지를 불문하고 발생한 사고, 위험, 손해 또는 재해가 발생하고 그 원인 또는 그 원인의 결과 대하여 운송인이 법률, 계약 또는 기타에 의하여 책임을 지지 아니하는 경우에, 운송물, 송하인 · 수하인 또는 화주는, 공동해손의 성질을 가진 어떠한 희생, 손실 또는 비용에 대하여 운송인과 공동으로 분담하여야 한다. 운송물에 관련하여 발생한 해난구조료 및 특별비용도 지급하여야 한다.

운송인이 구조선을 소유하고 운항하는 경우에도, 마치 그 구조선이 제3자의 소유에 속하는 경우와 같이 구조료 전액을 지급하여야 한다. 운송물, 송하인, 수하인 또는 화주는 요구가 있으면 운송인 또는 그 대리인이 운송물의 예상공동해손 분담금, 모든 구조료 및 특별비용을 보상할 수 있는 정도의 충분한 금액을, 운송물을 인도하기 전에 운송인에게 예치하여야 한다."

그리고,

(d) 미국 항행구역과 마약금지약관

"1986년 미국 약물남용금지법 또는 그 법의 개정법 조항에 따라서, 정기용선자는 적하목록에 기재되지 아니한 마약 및 마리화나가 용선선박에 선적되고 숨겨지는 것을 방지하기 위한 최선의 주의의무를 행할 것을 담보한다.

본 조항을 준수하지 않는 것은 담보의 위반을 구성하고 그 결과에 대하여 용선자는 책임을 부담하고, 또한 선박소유자, 용선선박의 선장 및 해원이 손해가 없도록 하여야 한다. 그리고 용선자는 이들에게 개별적으로 또는 합동하여 발생하거나 또는 발생하였던 모든 손해에 대하여 보상하여야 한다. 나아가, 용선자의 이 조항의 위반의 결과로서 야기된 벌금을 포함한 모든 시간의 상실과 발생한 비용에 대하여는 용선자의 부담이고 이러한 기간 동안에도 용선은 계속된다.

용선자가 본 조항의 내용을 위반한 결과, 용선선박이 압류되었을 때에는 용선자는 자신의 비용으로서 적절한 기간 안에 용선선박의 해방을 보장하기 위하여 모든 합리적인 수단을 강구하여야 하고, 자신의 비용으로서 용선선박의 해방을 위하여 해방 공탁금을 제공하여야 한다.

마약 또는 마리화나를 용선선박의 승선자가 소지한 것이 발견되었을 때에 선박소유자는 벌금을 포함하여 모든 상실 시간과 발생 비용을 책임져야 한다."

그리고,

(e) 전쟁조항

"(ⅰ) 전시 금제품은 일체 선적하여서는 아니된다. 용선선박은 선박소유자의 승낙 없이, 그 승낙은 부당하게 억제됨이 없이, 선전포고의 유무에 관계없이, 전쟁 상태, 전투 행위, 적대 행위, 내전, 폭동 또는 해적 행위가 전개되고, 또 용선선박, 운송물 또는 선원이 교전국의 권력에 의하여 포획, 압류, 억류 또는 적대행위를 쉽게 받을 수 있다고 합리적으로 예측되는 항 또는 구역에 입항할 것을 요구하지 못한다(여기서 말하는 권력이란 해군, 육군 또는 공군을 가진 법률상 또는 사실상의 관헌 또는 모든 주장되는 정부기관을 말한다.).

(ⅱ) 선박소유자가 그러한 승낙을 한 경우에는, 용선자는 통상 선박보험증권

상의 가액과 같은 보험가액으로서 (평가액 을 초과하지 아니한 금액으로서) 용선선박을 선박전쟁보험에 부보시키기 위하여 입증자료를 갖춘 할증보험료를 지급하여야 한다. 또한 선박소유자가 불가동 손해, 선비, 운임, 용선료 등의 손해, 전손, 봉쇄 등의 부수적 위험에 대하여 전쟁위험 보험에 부보할 수 있고 용선자는 그 보험료를 지급하여야 한다. 만일 그러한 보험을 상업적으로 또는 정부의 프로그램을 통하여도 확보할 수 없한 선박, 용선선박은 그러한 항 또는 구역에 입항할 것이 강요되지 않는다.

(iii) 이 용선계약일 후에 또는 용선선박이 용선계약에 따라서 용선 중에 (i)항에 기재된 상황이 있는 경우, 그러한 항 또는 지역으로 항해하는 것과 관련하여, 용선자는 그러한 전쟁, 전투 행위 또는 적대 행위의 결과, 선장, 사관 및 부원에 관하여 적절하게 발생하고 증명이 가능한 할증임금 및 할증 보험료를 부담하여야 한다.

(iv) 용선선박의 항해 또는 운송되는 운송물에 기인하여 발생한 선박 사관과 부원에 지급하여야 할 특별수당은 모두 용선자의 계산으로 한다."

제32조 전쟁으로 인한 해지

하기의 국가들 중에서:

어느 2개국 이상의 국가가 (선전포고의 유무에 관계없이) 전쟁을 일으킨 경우, 선박소유자 또는 용선자는 누구나 이 용선계약을 해지할 수 있다. 이 경우, 용선자는 제10조에 따라서 용선선박이 운송물을 적재하고 있는 경우 목적항에서 양륙한 후에, 또는 이 조항에 따라서 목적지에 도착 또는 입항을 방해받을 때에는, 선박소유자가 지시하는 부근의 안전한 개항에서 양륙 한 후에; 용선선박이 운송물을 적재하지 않은 경우에 그 당시에 정박하고 있는 항에서; 또는 항해중일 때에는 선박소유자가 지시하는 부근의 안전한 개항에서 선박을 반선하여야 한다. 어떠한 경우에도 용선료는 제11조에 따라서 계속 지급되어야 한다. 이 조항에 규정된 것을 제외하고 이 용선계약의 다른 규정은 모두 반선시까지 적용한다.

제33조 얼 음

얼음으로 폐쇄된 항 또는 지역에, 또 얼음 때문에 등대선을 철수시켰거나 또는 철수시키려고 하는 경우에, 또한 통상적인 현상으로 얼음 때문에 용선선박이 안전하게 항 또는 지역에 입항하여 정박할 수 없거나 또는 양륙을 마치고 난 다음에 출항할 수 없는 위험이 있어서 출항할 수 없는 경우는 용선선박은 어떠한 얼음이 있는 항구 지역에 입항하거나 남아있기를 강요 당하여서는 아니된다. 다만 선박소유자의 사전 승인을 조건으로 하여, 용선선박의 크기, 구조 및 얼음의 등급을 고려하여 합리적인 경우에는 쇄빙선을 따라 항행하여야 한다.

제34조 징 발

본 용선계약 기간 중에 용선선박의 기국 정부에 의하여 용선선박이 징발된 경우에, 그 징발 기간은 용선료 지급중단 기간으로 본다. 정부가 그 징발 기간 중에 지급한 용선료는 선박소유자가 취득한다. 용선선박이 정부에 징발된 기간은 이 정기 용선계약에서 정한 기간의 일부로서 계산한다.

징발 기간이 개월을 초과할 경우에는 계약당사자 누구도 이 용선계약을 해지할 수 있다. 이로 인하여 발생한 손해에 대하여서는 어느 당사자도 손해배상을 청구할 수 없다.

제35조 하역 인부에 의한 손해

본 용선계약에 달리 정한 경우에도 불구하고, 하역 인부가 용선선박에 야기한 모든 손상에 대하여, 선장이 실무상 가능한 한 빨리 그리고 발견 후 48시간 이내에 서면으로 용선자 및/또는 그 대리인에 통지하면, 용선자는 손해배상을 선박소유자에게 지급하여야 한다. 그 통지는 손상을 상세하게 명시하고, 또 용선자에게 손상의 정도를 산정하기 위하여 검사인을 지정하도록 요구하는 것이어야 한다.

(a) 손상의 일부 혹은 모두가 용선선박의 감항능력 및/또는 선원의 안전 및/또는 용선선박의 항해 능력에 영향을 미치는 경우, 용선자는 직접 자기의 비용으로써 그러한 손상을 수선하도록 주선하여야 하고 용선선박은 그러한 수선을 완성할 때까지 계속 용선계속 중이며 필요하면 선급협회의 검사에 합격하여야 한다.

(b) 위 (a)항에 명시되지 아니한 손해의 일부 혹은 모두도 용선자의 선택에 따라서 반선 전후에 선박소유자의 수선 작업과 동시에 수선되어질 수 있다. 이러한 경우 용선자가 책임이 있는 수리를 위하여 필요한 시간과 비용이 선박소유자의 작업을 수행함에 있어서 필요한 시간과 비용을 초과하는 것을 제외하고는 어떠한 용선료 혹은 비용도 선박소유자에게 지급되지 않는다.

제36조 선창 청소

항차의 사이에 혹은 운송물의 적재의 사이에 필요한 선창 쓸기 및/또는 물로

씻기 및/또는 청소에 대하여, 이들은 선원들에 의해 행하여 질 수 있고 그 지방 규칙이 승인한 경우에, 매 선창 당 의 비율로써 필요한 추가비용을 용선자는 준비하여 지급하여야 한다.

이러한 어떤 작업에 관하여 용선선박의 선창이 항만 당국 또는 기타 당국의 검사에 합격하지 아니하여도 선박소유자는 책임을 지지 아니한다. 용선자는 선창 청소를 하지 않는 대신으로 총액 를 지급하면서 용선선박을 반선할 선택권을 가진다.

제37조 세 금

용선자의 지시로부터 생긴 용선선박 또는 선박소유자에게 부과된 모든 지방세, 州세 및 국세는 이 용선계약 기간 중이거나 또는 이후이거나를 묻지 않고 운송물 및/또는 운임 및/또는 재운송임 및/또는 용선료에 대한 세금을 포함하여 용선자가 지급하여야 한다(다만 용선선박의 기국 또는 선박소유자의 국적국에서 부과한 세금을 제외한다.).

제38조 용선자의 회사기

용선자는 용선선박에 자신의 회사기를 계양할 수 있고 자기 회사의 표시를 페인트 할 권리를 가진다. 용선선박은 용선계약의 종료 전에 선박소유자의 회사 색깔로 페인트칠을 하여야 한다. 용선자가 행한 페인트 칠, 정비 및 다시 칠하는데 필요한 시간과 비용은 용선자가 부담하여야 한다.

제39조 계선보험료 반환

용선선박이 최단 30일 간 항내에서 정박하였기 때문에, 선박소유자가 보험자로부터 보험료를 환급받았을 때에는 용선자는 선박소유자가 보험자로부터 받은 환급보험료의 이익을 향유하고, 정박 기간이 모두 용선 기간 계속 중이면 전액을, 용선 기간의 일부이면 실제용선기간의 비율에 따라서 용선자는 이익을 가진다.

제40조 서 류

선박소유자는, 유류오염에 대한 재정책임 증서가 선박소유자의 상호보험조합으로부터 교부 가능하다면 그 증명서, 국제 톤수 증명서, 수에즈 운하 및 파나마 운하 톤수 증명서, 국적 톤수증서, 용선선박의 기기의 강도 및/또는 능력 증서에 대한 증서를 포함하여 합의된 항행구역 안에서 항해를 허용하기 위하여 필요한 용선선박에 관련된 모든 서류를 비치하여야 한다.

제41조 밀항자

(a) (ⅰ) 용선자는 자기가 선적할 운송물 및/또는 컨테이너 속에 숨어서 밀항자가 본선에 들어오는 것을 방지하기 위하여 상당한 주의를 다할 것을 담보한다.

(ⅱ) 용선자가 상당한 주의를 다하여도 밀항자가 용선자가 선적할 운송물 및/또는 컨테이너 속에 숨어서 용선선박에 들어왔을 때에는 용선계약의 위반이 되고, 용선자는 그 결과에 대하여 책임을 져야 하고 선박소유자가 손해를 보지 않도록 하여야 하고, 그리고 선박소유자에게 발생하고 입은 모든 손해에 대하여 보상하여야 한다. 더욱이 벌금을 포함하여 발생된 모든 상실 시간과 비용은 용선자의 계산으로 하고 용선선박은 계속 용선 중이 된다.

(ⅲ) 위의 (a)(ⅱ)에 정한 바와 같이 용선자가 계약을 위반한 결과, 용선선박이 억류가 된 경우, 용선자는 해방을 보장하기 위하여 모든 적절한 조치를 마련하여야 하고, 자기의 비용으로 해방을 확보하기 위하여 공탁금을 제공하여야 한다.

제42조 밀 수

선장, 사관 및/또는 부원이 밀수를 한 경우, 선박소유자는 모든 벌금, 세금 또는 부과금을 부담하여야 한다. 그 결과로 발생한 시간의 상실에 대하여는 용선료 지급이 중단된다.

제43조 수수료

용선선박 또는 선박소유자는 본 용선계약 하에서 획득되고 지급된 용선료에 대하여 그리고 본 용선계약의 계속 혹은 연장에 대하여 %의 수수료를 에게 지급 한다.

제44조 어드레스커미션

본 용선계약 하에서 지급된 용선료에 대하여 %의 어드레스커미션을 에게 지급한다.

제45조 중 재

(a) 뉴욕

본 계약에서 발생한 모든 분쟁은 아래의 방법으로 뉴욕에서 미합중국법에 따라 중재한다. 쌍방은 각각 중재인 1인을 지명하고 지명된 2인이 제 3인의 중재인을 지명한다. 중재인 전원 또는 그중 2명의 판정이 최종 판정으로서의 효력을 가지며 법원의 판결이 될 수 있다. 중재인은 해운을 잘 아는 상업인이어야 한다.

쌍방의 청구금액의 총액이 미화 　 달러** 를 초과하지 않는 경우 해사중재인협회의 약식중재절차에 따라 중재를 진행한다.

(b) 런던

본 계약에서 발생한 모든 분쟁은 런던에서 중재로써 해결한다. 양 당사자가 단독중재인의 지정에 합의하지 않는 한, 발틱 상업 및 해운회의소의 회원으로서, 런던에서 사업을 하는 2명의 중재인에 의한 최종 중재에 회부한다. 중재인은 쌍방이 각각 1명을 지정하고 이들 중재인은 심판을 지정할 권한을 가진다. 어느 한쪽의 중재인이 위의 자격을 가지지 아니함을 이유로 중재 판정에 이의를 제기하거나 무효를 주장할 수 없다. 다만 중재 판정을 하기 전에 그 중재인의 행위에 대하여 불복 신청을 할 때에는 예외이다. 본 계약서의 준거법은 영국법을 적용한다.

쌍방의 청구금액의 총액이 미화 　 달러** 를 초과하지 않는 경우 런던해사중재인협회의 소액중재절차에 따라 중재를 진행한다.

* 위 (a)또는 (b)를 적절히 삭제할 것

** 이 공란에 숫자가 기재되지 않는 경우 해당 규정만 무효이고, 본 조항의 다른 규정은 유효하다.

만일 쌍방이 합의한 경우 　 조부터 　 조까지 양 조항을 포함하는 추가 조항을 이 정기용선계약서에 삽입한다.

부속서 "A"

용선자	선박소유자
간의	일자 용선 계약서에 대한

선박의 상세:

제 2 절 정기용선계약의 성립절차 시나리오

2-1 협상 및 성약

서울 소재 선주회사인 (주)한국해운(이하 '선주')은 선대 확장을 위하여 최근 중고선박 M/V 'STAR'를 매입하여 M/V 'Dokdo로 개명하였고 선박 매입 시 필요한 자금의 일부는 3년간 원리금을 상환하는 조건으로 금융기관에서 차입하여 충당하였다.

한국해운 영업팀에 근무 중인 이선주 팀장은 원리금 상환이 완료되기까지의 3년 동안은 안정적인 수익 확보가 우선이라는 판단하에 M/V Dokdo(이하 '본선')를 신뢰할 수 있는 용선자에게 정기용선(time-charter out)하여 일정한 용선료 수입을 도모하고, 선대 확장에 따른 운용인력 충원 부담을 해소하고자 용선중개인(chartering broker)들에게 다음과 같은 대선 의사를 회람하였다.

OPEN INDIA-JPN RGE 2ND HALF OCT 2005

M/V 'DOKDO'
EX. NAME M/V 'STAR'
SDBC/2003/PANAMA FLAG/CLASS KR
45,622 DWT ON 11.60m SSW - TPC 49.6
Grain/Bale 57,208 CBM / 55,564 CBM , 5 Ho/Ha
4X30MTS CRANES + 4 × 12.0CBM ELECTRO-HYDRAULIC GRABS
SPEED / BUNKER CONSUMPTION UNDER GOOD WEATHER CONDITIONS
ABOUT 13.50 KNOTS (L) AT ABT 27 MT IFO 380 CST
ABOUT 14.00 KNOTS (B) AT ABT 27 MT IFO 380 CST
PORT CONS PER 24 HRS IDLE/WORKING: ABT IFO 2.0/3.75 MTS

ADA

CAN DO ANY INCL PERIOD T/C UPTO 3YRS (PREFER 2YR T/C)

〈해설〉

Open India-Japan range in 2nd half October 2005
선박이 인도와 일본 사이의 지역에서 2005년 10월 하반기에 이전항차를 종료할 예정임.
Moter vessel 'DOKDO'
기선(機船)이며 선명은 'DOKDO'
EX. NAME M/V 'STAR'
본선의 이전 이름은 'STAR'임
Single deck bulk carrier, built year 2003, Panama flag, Class KR
단일갑판구조 살화물선, 2003년 건조, 파나마 선적(船籍), 한국선급
45,622 DWT ON 11.60m Summer Salt Water - TPC[19] 49.6 MT
하기대역(summer zone)에서의 재화중량톤수와 만재흘수는 45,622mt/ 11.6m이며, TPC는 49.6임
Grain capacity[20] / Bale capacity[21] 57,208 CBM / 55,564 CBM, 5 Holds/hatches
살화물 적재능력 / 용적적재량(容積摘載量) 57,208CBM / 55,564CBM, 선창과 해치는 각각 5개임
4 × 30MTS CRANES + 4 × 12.0CBM ELECTRO - HYDRAULIC GRABS
30MT의 무게를 들어올릴 수 있는 4개의 크레인과 12CBM 용적의 전기-유압식 grab 4기가 갖추어져 있음
SPEED / BUNKER CONSUMPTION UNDER GOOD WEATHER CONDITIONS
맑은 날씨조건에서 선속 및 연료소모량
About 13.50Knots (Laden) at about 27 MT IFO 380 CST[22]
만재(laden)상태에서 약 27mt의 380CST규격 연료를 소모하여 대략 13.5노트의 속력을 냄
About 14.00Knots (Ballast) at about27 MT IFO 380 CST
공선(ballast)상태에서 약 27mt의 380CST규격 연료를 소모하여 대략 14.0노트의 속력을 냄
Port consumption per 24 Hours idle/working: about IFO 2.0/3.75 MTS
항내에서 24시간 동안 소비하는 연료유량은 유휴시/작업시 대략 2.0mt/3.75mt임

All details about
모든 상세는 '대략'의 수치임

CAN DO ANY INCLUDING PERIOD T/C UPTO 3YEAR (PREFER 3YEAR T/C)
최대 3년의 기간용선을 포함 가능한 모든 business가 가능함. (3년 기간용선을 선호)

위의 회람을 받은 용선중개인 박주선(이하 '중개인')은 때마침 서울상선 김용선 과장으로부터 아래와 같은 T/C order를 받은 터라 한국해운과 서울상선간의 계약을 주선하기로 하였다. 서울상선(이하 '용선자') 또한 선대 확충의 필요성을 느끼고 있었으나, 선박 매입을 위한 자금조달에 대한 부담 때문에 선박을 구매하는 대신 정기용선을 통하여 선박을 확보하기로 결정한 것이다.

GOOD AFTERNOON,

PERIOD ORDER

- ACCT SEOUL MERCHANT MARINE
- 45-55,000MT DWT SDBC MAX 10YRS TRY OLDER, MIN 20MT GEAR
- DELY SING-JPN RANGE
- DELY NOV / TRY EARLY
- ABT 1 YEAR PERIOD TRY 2-3YRS
- WW TRADING
- 2.50PCT ADD

PLEASE PROPOSE RATED TONNAGE

THANKS

중개인은 쌍방과의 전화 통화로 관심여부를 재확인하고, 협상을 진전시키기로 한다. 선주인 한국해운에서 용선자의 의도를 확인하고 싶어하므로, 서울상선에 요청하여 다음과 같은 indication을 받아 선주에게 전달한다.

---

19) TPC(Ton per centimetre): 화물 적재 시 선박 흘수 1cm를 가라앉히는 화물의 무게(metric ton)를 말한다.

20) Grain capacity; GR: 살화물 적재능력. 곡물 또는 살화물(撒貨物;dry bulk cargo)운송선박의 선창 총용적을 말한다.

21) Bale capacity(용적적재량, = bale space)는 포장화물을 적재할 수 있는 용적을 말한다.

22) cSt(centistoks)는 액체 또는 겔 상태물질의 점도를 나타내는 단위로 숫자가 클수록 점도가 작아 잘 흐르는 성질을 가지고 있다. 1cSt - 1mm·2/Sec 이다. 선박에서 사용되는 연료유는 그게 FO(fuel oil)와 DO(diesel oil)로 나뉘는데 전자는 선박추진기 엔진의 연료로 후자는 주로 선박 내 발전기용 또는 난방용유로 사용된다.

Pleased to give Charterers' indication as follows;

M/V DOKDO - Please advise vessel's full spec

FOR

Owners: Hankook Shipping
Charterers: Seoul Merchant Marine
Delivery: 1SP Singapore-Japan Range
Lay/Can: Nov 2005 - please advise itinerary
Period: about 1 year T/C
Redelivery: W.W.
Hire: USD25,000/diot
3.75% in total inclduing 2.5% Address commission.

End indication

용선자는 선주에게 보낸 indication에 용선기간을 1년으로 기재하였으나 선주는 용선기간에 대해 용선자와는 다른 의도를 가지고 있다. 1년 기간의 정기용선도 배제하지는 않지만 가능하다면 3년 기간의 정기용선계약을 체결하여 원리금 상환에 필요한 안정적인 현금을 확보하고자 하는 것이다. 따라서 선주는 중개인을 통하여 다음과 같이 회신한다.

OWNERS FIXING IDEA IS USD27,000 FOR 1 YEAR T/C BUT OWNS PREFER 3 YEAR IF CHARTERERS ARE ABLE TO CONSIDER, THEN OWNERS INVITE A FIRM OFFER.

THE VESSEL'S FULL SPECS ARE AS FOLLOWS.

M/V 'DOKDO'

TYPE : SINGLE DECK BULK CARRIER
FLAG : PANAMA
PORT OF REGISTRY: PANAMA

REGISTRATION No: 23**3-03-C
BUILT : SEPTEMBER 1996, TSUNEISHI JAPAN
CLASS : KR-N*-M**
IMO No: 031***4
CALL SIGN: 3F**6
TELEX NO : C43**89710 / 33**89710
TEL NO : 008707640*****
FAX NO : 008707640***** / 0087033*****
SUMMER DWAT/DRAFT: 45,622 MT / 11.6 M
WINTER DWAT/DRAFT: 44,418 MT / 11.378 M
TROPICAL DWAT/DRAFT: 46,831 / 11.862 M
P+I CLUB : THE KOREA P&I CLUB C/O KOREAN RE INSURANCE CO. LTD
L.O.A. : 185.74 M
BEAM : 30.4 M
DEPTH MOULDED: 16.5 M
GRAIN/BALE: 57,208 CBM / 55,564 CBM
HOLDS/HATCHES: 5 / 5
HATCHCOVER TYPE: MACGREGOR HYDRAULIC F/A FOLDING
GEAR : 4 IHI DECK CRANES X 25 MT/CRANE
OUTREACH FROM SHIPS SIDE: 8.8 M MAX / RADIUS: 360 DEGREES
LOCATION OF GEAR: NO.1 BETWEEN HOLDS NO.1 AND NO.2
NO.2 BETWEEN HOLDS NO.2 AND NO.3
NO.3 BETWEEN HOLDS NO.3 AND NO.4
NO.4 BETWEEN HOLDS NO.4 AND NO.5
GRABS: 4X8CBM PEINER ELECTRO HYDRAULIC GRABS / UNIT WEIGHT: ABT 6.8 MT AS PER MANUFACTURERS THE GRAB OPENING HAS ABOUT A 2MM TOLERANCE WHICH MAY RENDER THEM UNSUITABLE FOR CURTAIN FINE AND FREE FLOWING POWDERY CARGO.

INTERNATIONAL GRT/NRT: 26,047 / 14,880 TONS
SUEZ GRT/NRT: 26,809.45 / 24,193.22
PANAMA GRT/NRT: - / 21,663
TPC SUMMER: 49.6 MT
MAX PERMISSIBLE UNIFORM LOAD ON TANKTOP:
1+5) 22.09 / 2+4) 13.73 / 3) 21.94

DECK STRENGTH: 3.45 (EXCEPT BETWEEN HATCHES)
HATCH STRENGTH NO.1: 2.08 / NOS.2-5 1.75 ALL MT/M2

HATCH DIMENSIONS (IN METERS):
==============================

	LENGTH	BREADTH
NO.1:	20.0 M	15.3 M
NO.2:	20.8 M	15.3 M
NO.3:	20.8 M	15.3 M
NO.4:	20.8 M	15.3 M
NO.5:	20.8 M	15.3 M

HOLD DIMENSIONS (IN METERS):
============================

HOLD NO.	LENGTH OVERALL
NO.1	28.0
NO.2	29.2
NO.3	27.2
NO.4	30.0
NO.5	28.0

HOLD CAPACITY (INCLUDING HATCH COAMING):

	GRAIN	BALE
NO.1:	10,361.6	10,015.1 CBM
NO.2:	12,199.4	11,844.6 CBM
NO.3:	11,731.1	11,392 CBM
NO.4:	12,193.8	11,814 CBM
NO.5:	10,722.5	10,499.2 CBM
	57,208 CBM	55,564 CBM

SPEED / BUNKER CONSUMPTION UNDER GOOD WEATHER CONDITIONS UP TO MAXI BEAUFORT SCALE 4 AND DOUGLAS SEA STATE 3, MINIMUM SWELL AND NO ADVERSE CURRENT.

ABOUT 13.50 KNOTS (L) AT ABT 27 MT IFO 380 CST
ABOUT 14.00 KNOTS (B) AT ABT 27 MT IFO 380 CST
PORT CONSUMPTION IDLE: ABT 2.0 MT IFO
WORKING 8 HOURS: ABT 2.50 MT IFO
WORKING 16 HOURS: ABT 3.00 MT IFO
WORKING 24 HOURS: ABT 3.75 MT IFO

IFO QUALITY: ISO 8217:2005 RMG 380 + MDO ISO 8217:2005 DMB
FOR BALTIC AREA MAX. SULPHUR CONTENT OF 1.5%
MGO QUALITY: DMA
EU DIRECTIVE 2005/33 TO APPLY:
-0.2% MAX SULPHUR CONTENT FOR MGO
-1.5% MAX SULPHUR CONTENT FOR MDO

VESSEL USES DIESEL WHEN WARMING UP GENERATORS AND IN NORMAL CONDITIONS DOES NOT USE DIESEL FOR NAVIGATING NOR WHILE IN PORT IDLE, OR WITH CRANES.

CAPACITIES

IFO CAPACITY: ABT 1250MT (85 PCT)
MDO CAPACITY: ABT 60MT (85 PCT)
F.W CAPACITY: ABT 389 MT
BALLAST CAPACITY INCL HOLD No 3: 26,602.8 CBM
BALLAST CAPACITY EXCL HOLD No 3: 14,833.8 CBM
CONSTANTS: ABT 300 MT EXCLUDING FRESH WATER AND UNPUMPABLES
VENTILATION: NATURAL
SUITABLE FOR GRAB DISCH: YES
GRAIN FITTED: YES
SUEZ CANAL FITTED: YES
AHL FITTED: YES
CO2 FITTED: NO
ICE CLASS: NO

HEIGHT WATERLINE TO TOP OF HATCH COAMING FIRST AND LAST HATCH

A. IN FULLY BALLASTED CONDITION (INCLUDING FLOODABLE HOLDS)

NO.1 ABT 11.52 M

NO.5 ABT 11.14 M

NO.3 FLOODABLE

B. IN LIGHT BALLASTED CONDITION (EXCLUDING FLOODABLE HOLDS)

NO.1 ABT 14.91 M

NO.5 ABT 13.14 M

C. IN LOADED CONDITION (BASIS MAXIMUM CARGO INTAKE)

6.93 M

DISTANCE FROOM KEEL TO VESSEL'S HIGHEST POINT: 45.06 M

DISTANCE FROM BOW TO AFT OF LAST HATCH: 152.6 M

'ALL DTLS ABT/WITHOUT GUARNTEE, EXCEPT SPEED/CONSUMPTION'

SIZE AND LOCATION OF CEMENT HOLE ON EACH HATCH : 700 MM

VSL CAPABLE OF BALLASTING/DEBALLASTING WITHOUT INTERRUPTION TO THECONTINOUS LOADING/DISCH OPERATION SUBJECT TO ACTUAL LOADING / DISCHARGING RATE.

BALLAST/DEBALLAST WITHOUT INTERRUPTION ALWAYS DEPENDS ON THE LOADING / DISCHARGING RATE BUT MINIMUM BALLAST/DEBALLAST TIME IS 18 HRS.

[Cargo exclusions]

The vessel shall be employed in carrying lawful merchandise excluding any goods of a dangerous, injurious, flammable or corrosive nature unless carried in accordance with the requirements or recommendations of the competent authorities of the country of the vessels registry and of ports of shipment and discharge and of any intermediate countries or ports through whose waters the vessel must pass without prejudice to the generality of the foregoing, in addition, the following are specifically excluded livestock of any description, arms, ammunition, explosives, nuclear and radioactive materials, its wastes and products, petroleum and its by-products. Sodium sulphate, calcium nitrate, bone-meal, turpentine, seed cake oil cake, resin, cotton, nitrate, oil seeds and its products, nuclear fuels, nuclear materials, pond coal, pebbles, logs, lumbers, tar, pitch, black powder, blasting caps, detonators, loaded bombs, dynamite, T.N.T., nitrates, ammonia, hides, asphalt, asbestos, bitumen, quebracho, borax in bulk, calcium hypo chloride, motor blocks and turnings, direct reduced iron, sponge iron, iron swarf, steel swarf, saltpeter, rocksalt, Chilean nitrate of soda, quicklime, creosoted goods, naphtha, sunflower seed, hot briket iron, copra, petroleum sprit, and/or its products, acids, calcium carbite, scrap, ferro silicon, motor spirit, hypochlorite, ammonium nitrate, spent oxide, carbon black, charcoal, fish meal and hazardous goods not complying with IMO's Code of safe practice for Bulk Cargos. Concentrates are permitted provided within IMO regulations and with shippers T.W.L. certificate.

Protective clause applied for Cement, Salt and Sulphur cargos

[Trading Limits]

The Vessel shall be employed in such lawful trades between safe ports and safe places within for world wide trading via safe berth(s) port(s) or anchorage(s) always safety afloat always within I.W.L. excluding Iraq, Sierra Leone, Eritrea, D.R. Congo (former Zaire), Cuba, Israel, North Korea, Cambodia, Albania, Levanon, Angola, Sylia, Somalia, Nigelia, Liberia, Ethiopia, Haiti, Nicaragua, Turkish occupied Cyprus, Former Yugoslavia except Koper and Bakar, Pacific Coast of Former U.S.S.R. to be excluded during gypsy moth season I.E. June to October but subject instruction and/or regulation as enforced in the country(ies) Australia, Canada, New Zealand and U.S.A. and/or country(ies) banned, boycotted by the U.N. and war or warlike zones. If situation of above country(ies) is changed, both party will discuss together with bona fide attitude. The vessel is not to be ordered directly to/from

Taiwan after prior calling PRC/Russia/Rumania as far as such direct calls are prohibited by the countries involved. Any consequence arising therefrom to be at Charterers' risk and expenses. Any additional war risk insurances premium on the Vessel not exceeding what is charged by Owners' underwriters and crew war bonus not exceeding collective agreement which to be mutually agreed and quantified prior to Charterers' trading war zone to be for Charterers' account. The Vessel not to force ice nor follow ice breakers. Subject to prior consent of the Owners which not to be unreasonably withheld, Charterers may break IWL against paying additional premium on presentation of vouchers/receipt but amount not to exceed amount charged by Lloyds of London underwriters. excluding as the Charterers shall direct.

- PLEASE REFER OWNERS' PROFORMA C/P ATTACHED (BASED ON NYPE 1993)

END

이에 대하여 용선자는 용선료율이 적절하다면 3년간의 기간용선도 무방하다는 판단하에 다음과 같이 firm offer를 작성하여 선주 측에 전달한다. offer는 선주와 용선자 양쪽 어디서는 먼저 제공할 수 있다.

이 시점부터 항해용선계약의 성립사례에서 살펴본 바와 마찬가지로 선주와 용선자는 중개인을 통하여 counter offer를 교환하면서 협상을 진행하게 된다.

PLEASED TO GIVE CHARTERERS' FIRM OFFER AS FOLLOWS FOR OWNERS' REPLY WITHIN 1 (ONE) HOUR;-

MV. 'DOKDO'

VESSEL'S FULL DESCRIPTION AS PER OWNERS' PROFORMA C/P

FOR,

- Owners: Hankook Shipping Corp, Seoul
- Account: Seoul Merchant Marine, SEOUL
- DELY : DLOSP 1SP SINGAPORE-JAPAN RANGE ATDNSHINC
- LAY/CAN: 15TH OCT- 15TH NOV 2005
- TC VIA SP(S) SB(S) SA(S) AAAA AWIWL WITH HARMLESS BULK CARGO DURATION ABOUT 3 YEARS (ABOUT MEANS +/ - 20DAYS)
- REDELY: W. W.
- HIRE: USD18,000/DIOT
- BOD / BOR AS ON BOARD
  PLEASE ADVISE BOD Q'TTY
  PRICES USD280/450 PMT FOR IFO/MDO
- ILOHC: USD 3,500 LUMPSUM
- C/E/V: USD 1,200 PER MONTH PRO RATA

- VESSEL'S HOLDS ON DELIVERY TO BE CLEANED/SWEPT/WASHED DOWN BY

FRESH WATER AND DRIED UP SO AS TO BE READY TO RECEIVE CHARTERERS INTENDED CARGO IN ALL RESPECTS, FREE OF SALT, LOOSE RUST SCALE AND PREVIOUS CARGO RESIDUE. SHOULD VESSEL FAIL TO PASS HOLD INSPECTION, VESSEL TO BE PLACED OFF-HIRE FROM THE REJECTION UNTIL SHE PASS RE-INSPECTION AND ALL EXPENSES INCURRED "RESULTING DIRECTLY FROM VSL NOT BEING CLEAN" THEREBY TO BE FOR OWNERS ACCOUNT.
- OWNERS/MASTER ARE TO AUTHORIZE CHARTERERS A/O THEIR AGENTS TO SIGN ON MASTER'S BEHALF ORIGINAL BILLS OF LADING IN ACCORDANCE WITH MATE'S RECEIPTS.
- OWNERS/MASTER ARE TO ALLOW CHARTERERS TO DISCHARGE WHOLE CARGO W/OUT PRESENTATION OF ORIGINAL B(S)/L BY PROVIDING WITH CHARTERERS SINGLE LETTER OF INDEMNITY "ON CHARTERER'S LETTERHEAD" IN ACCORDANCE WITH OWNERS P AND I CLUB FORM WORDING SIGNED BY CHARTERERS ONLY.
- 2.5PCT ADDCOMM TO CHARTERERS
- OTHERWISE AS PER OWNERS PROFORMA C/P WITH LOGICAL ALTERATIONS / AMENDMENTS.
- SUB CHARTERERS' BOD APPROVAL LATEST BY 1800KST (0900GMT) TOMORROW
- 2.5PCT ADDCOMM TO CHARTERERS + 1.25% BROKERAGE

END OFFER

수 시간 동안의 협상을 통하여 대부분의 조건에 대해 합의가 이루어졌으나, 용선료율, 연료가격 그리고 최종 단서조항에 대한 합의는 이루어지지 않았다. 즉 용선자가 제공한 위 counter offer에는 "임원의 승인을 득해야 한다(BOD Approval)"이라는 단서조항(subject clause)이 포함되어 있다. Subject는 계약이 확정되기 위해 선행되어져야 하는 전제조건으로서 예컨대, 'subject to contract', 'subject shippers approval' 같은 형식으로 사용되며, 조건이 충족되지 않은 경우 계약은 성립되지 않는다.

선주는 용선자가 제시한 subject를 수락하는 대신, 용선자에게 주어진 subject 시간 안에 선주가 제시한 proforma c/p를 함께 검토하는 조건을 달아, 다음과 같은 final offer를 용선자에게 제공하였다.

```
RE: MV. DOKDO / SEOUL MERCHANT MARINE

THANKS FOR CHARTERERS OFFER WHICH GIVE OWNERS' FINAL COUNTER AS
FOLLOWS FOR CHARTERERS REPLY WITHIN 30MINUTES; -

- HIRE USD20,000 / DIOT
- BOD / BOR AS ON BOARD
  ESTIMATED BOD QUANTITY IFO ABOUT 800-850MT / MDO ABOUT 100-150MT
  PRICES USD300/500 PMT FOR IFO/MDO
- ILOHC: USD4,500
- CAB/ENT/VIC: USD1,300/30 DAYS PRO RATA
- SUB CHARTERERS' BOD APPROVAL LATEST BY 1800KST (0900GMT)
  TOMORROW INCLUDING REVIEW OWNS HEAD C/P. IF ANY COMMENTS,
  CHARTERERS TO GIVE COMMENTS BEFORE LIFTING SUBS.

END COUNTER
```

선주가 제시한 위 final offer에는 단서조항이 포함되었기 때문에 계약이 완전하게 체결된 것이 아니며, 지정된 기한 안에 용선자가 '단서조항이 해제되었다(subject lifted)'는 확인을 주어야만 성약이 완료된다. 반대로 단서조항이 충족되지 못하였음(subject failed)을 통지하는 경우 협상은 결렬된다.

사실 용선자는 본 계약을 확정하기 전에 협상을 재검토할 여유를 갖기 위하여 단서조항을 삽입하였다. 그리고 선주가 이를 수락하였으므로 용선자는 subject 기한 만료까지 계약을 확정하거나, 전제조건이 충족되지 못하였음(subject fail) — 본 협상에서는 BOD의 승인을 얻지 못하였다는 이유가 된다 —을 이유로 본 협상을 결렬시킬 수 있는 선택권을 취득하게 된다.

이와 같이 단서조항은 시간 제약의 압박을 받는 협상담당자가 시간을 확보하기 위한 전략으로 사용되기도 한다. 만약 협상과정에서 간과한 중대한 실수가 발견되거나, 진행 중인 협상보다 더 좋은 조건의 선박을 발견한다면, 용선자는 실제의 이유와는 관계없이 subject fail을 통지하여 협상을 결렬시키고 새로운 협상을 개시하게 될 수도 있다.

다음날, 협상 내용과 선주의 proforma c/p를 검토한 결과, 성약을 결심한 용선자는 중개인을 통해 확인 의사를 전달함으로써 계약은 성립되었다. 중개인은 합의된 내용을 정리하여 쌍방의 확인을 득한 후, 계약서와 동일한 효력을 가지는 clean fixture recap을 다음과 같이 작성하여 전달하였다.

PLEASED TO CONFIRM WE FIXED CLEAN C/P DATED **DH OCT 2005 AS FOLLOWS: __

M/V 'DOKDO'

TYPE : SINGLE DECK BULK CARRIER

FLAG : PANAMA

PORT OF REGISTRY: PANAMA

REGISTRATION No: 23333-96-C

BUILT : SEPTEMBER 1996, TSUNEISHI JAPAN

CLASS : KR-N*-M**

IMO No: 0318434

CALL SIGN: 3F**6

TELEX NO : C43**89710 / 33**89710

TEL NO : 008707640*****

FAX NO : 008707640***** / 0087033*****

SUMMER DWAT/DRAFT: 45,622 MT / 11.6 M

WINTER DWAT/DRAFT: 44,418 MT / 11.378 M

TROPICAL DWAT/DRAFT: 46,831 / 11.862 M

P+I CLUB : THE KOREA P&I CLUB C/O KOREAN RE INSURANCE CO. LTD

L.O.A. : 185.74 M

BEAM : 30.4 M

DEPTH MOULDED: 16.5 M

GRAIN/BALE : 57,208 CBM / 55,564 CBM

HOLDS/HATCHES: 5 / 5

HATCHCOVER TYPE: MACGREGOR HYDRAULIC F/A FOLDING

GEAR : 4 IHI DECK CRANES X 25 MT/CRANE

OUTREACH FROM SHIPS SIDE: 8.8 M MAX / RADIUS: 360 DEGREES

LOCATION OF GEAR: NO.1 BETWEEN HOLDS NO.1 AND NO.2

NO.2 BETWEEN HOLDS NO.2 AND NO.3

NO.3 BETWEEN HOLDS NO.3 AND NO.4
NO.4 BETWEEN HOLDS NO.4 AND NO.5
GRABS : 4 × 8 CBM PEINER ELECTRO HYDRAULIC GRABS
UNIT WEIGHT: ABT 6.8 MT
AS PER MANUFACTURERS THE GRAB OPENING HAS ABOUT A 2MM TOLERANCE WHICH MAY RENDER THEM UNSUITABLE FOR CURTAIN FINE AND FREE FLOWING POWDERY CARGO.

INTERNATIONAL GRT/NRT: 26,047 / 14,880 TONS
SUEZ GRT/NRT: 26,809.45 / 24,193.22
PANAMA GRT/NRT: - / 21,663
TPC SUMMER: 49.6 MT

MAX PERMISSIBLE UNIFORM LOAD ON TANKTOP:
1+5) 22.09 / 2+4) 13.73 / 3) 21.94
DECK STRENGTH: 3.45 (EXCEPT BETWEEN HATCHES)
HATCH STRENGTH NO.1: 2.08 / NOS.2-5 1.75 ALL MT/M2

HATCH DIMENSIONS (IN METERS) :
============================

	LENGTH	BREADTH
NO.1:	20.0 M	15.3 M
NO.2:	20.8 M	15.3 M
NO.3:	20.8 M	15.3 M
NO.4:	20.8 M	15.3 M
NO.5:	20.8 M	15.3 M

HOLD DIMENSIONS (IN METERS) :
===========================

HOLD NO.	LENGTH OVERALL
NO.1	28.0
NO.2	29.2
NO.3	27.2

NO.4 30.0
NO.5 28.0

HOLD CAPACITY (INCLUDING HATCH COAMING):

GRAIN	BALE
NO.1: 10,361.6	10,015.1 CBM
NO.2: 12,199.4	11,844.6 CBM
NO.3: 11,731.1	11,392 CBM
NO.4: 12,193.8	11,814 CBM
NO.5: 10,722.5	10,499.2 CBM
57,208 CBM	55,564 CBM

SPEED / BUNKER CONSUMPTION UNDER GOOD WEATHER CONDITIONS
UP TO MAXI BEAUFORT SCALE 4 AND DOUGLAS SEA STATE 3,
MINIMUM SWELL AND NO ADVERSE CURRENT.
ABOUT 13.50 KNOTS (L) AT ABT 27 MT IFO 380 CST
ABOUT 14.00 KNOTS (B) AT ABT 27 MT IFO 380 CST

PORT CONSUMPTION IDLE: ABT 2.0 MT IFO
WORKING 8 HOURS: ABT 2.50 MT IFO
WORKING 16 HOURS: ABT 3.00 MT IFO
WORKING 24 HOURS: ABT 3.75 MT IFO

IFO QUALITY: ISO 8217:2005 RMG 380 + MDO ISO 8217:2005 DMB
FOR BALTIC AREA MAX. SULPHUR CONTENT OF 1.5%
MGO QUALITY : DMA
EU DIRECTIVE 2005/33 TO APPLY:
-0.2% MAX SULPHUR CONTENT FOR MGO
-1.5% MAX SULPHUR CONTENT FOR MDO

VESSEL USES DIESEL WHEN WARMING UP GENERATORS AND IN NORMAL CONDITIONS DOES NOT USE DIESEL FOR NAVIGATING NOR WHILE IN PORT IDLE, OR WITH CRANES.

CAPACITIES

IFO CAPACITY: ABT 1250MT (85 PCT)

MDO CAPACITY: ABT 60MT (85 PCT)

F.W CAPACITY: ABT 389 MT

BALLAST CAPACITY INCL HOLD No 3: 26,602.8 CBM

BALLAST CAPACITY EXCL HOLD No 3: 14,833.8 CBM

CONSTANTS: ABT 300 MT EXCLUDING FRESH WATER AND UNPUMPABLES

VENTILATION: NATURAL

SUITABLE FOR GRAB DISCH: YES

GRAIN FITTED: YES

SUEZ CANAL FITTED: YES

AHL FITTED: YES

CO2 FITTED: NO

ICE CLASS: NO

HEIGHT WATERLINE TO TOP OF HATCH COAMING FIRST AND LAST HATCH

A. IN FULLY BALLASTED CONDITION (INCLUDING FLOODABLE HOLDS)

NO.1 ABT 11.52 M

NO.5 ABT 11.14 M

NO.3 FLOODABLE

B. IN LIGHT BALLASTED CONDITION (EXCLUDING FLOODABLE HOLDS)

NO.1 ABT 14.91 M

NO.5 ABT 13.14 M

C. IN LOADED CONDITION (BASIS MAXIMUM CARGO INTAKE)

6.93 M

DISTANCE FROOM KEEL TO VESSEL'S HIGHEST POINT: 45.06 M

DISTANCE FROM BOW TO AFT OF LAST HATCH: 152.6 M

'ALL DTLS ABT/WITHOUT GUARNTEE, EXCEPT SPEED/CONSUMPTION'

SIZE AND LOCATION OF CEMENT HOLE ON EACH HATCH : 700 MM

VSL CAPABLE OF BALLASTING/DEBALLASTING WITHOUT INTERRUPTION TO

THECONTINOUS LOADING/DISCH OPERATION SUBJECT TO ACTUAL LOADING / DISCHARGING RATE.
BALLAST/DEBALLAST WITHOUT INTERRUPTION ALWAYS DEPENDS ON THE LOADING / DISCHARGING RATE BUT MINIMUM BALLAST/DEBALLAST TIME IS 18 HRS.

FOR,

- Owners: Hankook Shipping Corp, Seoul
- Account: Seoul Merchant Marine, SEOUL
- Deilivery: DLOSP 1SP SINGAPORE-JAPAN RANGE ATDNSHINC
- LAY/CAN: 15TH OCT- 15TH NOV 2005
- TC VIA SP(S) SB(S) SA(S) AAAA AWIWL WITH HARMLESS BULK CARGO DURATION ABOUT 3 YEARS (ABOUT MEANS +/ - 20DAYS)

[Trading Limits]

The Vessel shall be employed in such lawful trades between safe ports and safe places within for world wide trading via safe berth(s) port(s) or anchorage(s) always safety afloat always within I.W.L. excluding Iraq, Sierra Leone, Eritrea, D.R. Congo (former Zaire), Cuba, Israel, North Korea, Cambodia, Albania, Levanon, Angola, Sylia, Somalia, Nigelia, Liberia, Ethiopia, Haiti, Nicaragua, Turkish occupied Cyprus, Former Yugoslavia except Koper and Bakar, Pacific Coast of Former U.S.S.R. to be excluded during gypsy moth season I.E. June to October but subject instruction and/or regulation as enforced in the country(ies) Australia, Canada, New Zealand and U.S.A. and/or country(ies) banned, boycotted by the U.N. and war or warlike zones. If situation of above country(ies) is changed, both party will discuss together with bona fide attitude. The vessel is not to be ordered directly to/from

Taiwan after prior calling PRC/Russia/Rumania as far as such direct calls are prohibited by the countries involved. Any consequence arising therefrom to be at Charterers' risk and expenses. Any additional war risk insurances premium on the Vessel not exceeding what is charged by Owners' underwriters and crew war bonus not exceeding collective agreement which to be mutually agreed and quantified prior to Charterers' trading war zone to be for Charterers' amutual. The Vessel not to force ice nor follow ice breakers. Subject to prior consent of the Owners which not to be unreasonably withheld, Charterers may break IWL against paying additional premium on presentation of vouchers/receipt but amount not to exceed amount charged by Lloyds of London underwriters. excluding as the Charterers shall direct.

[Cargo exclusions]

The vessel shall be employed in carrying lawful merchandise excluding any goods of a dangerous, injurious, flammable or corrosive nature unless carried in accordance with the requirements or recommendations of the competent authorities of the country of the vessels registry and of ports of shipment and discharge and of any intermediate countries or ports through whose waters the vessel must pass without prejudice to the generality of the foregoing, in addition, the following are specifically excluded livestock of any description, arms, ammunition, explosives, nuclear and radioactive materials, its wastes and products, petroleum and its by-products. Sodium sulphate, calcium nitrate, bone-meal, turpentine, seed cake oil cake, resin, cotton, nitrate, oil seeds and its products, nuclear fuels, nuclear materials, pond coal, pebbles, logs, lumbers, tar, pitch, black powder, blasting caps, detonators, loaded bombs, dynamite, T.N.T., nitrates, ammonia, hides, asphalt, asbestos, bitumen, quebracho, borax in bulk, calcium hypo chloride, motor blocks and turnings, direct reduced iron, sponge iron, iron swarf, steel swarf, saltpeter, rocksalt, Chilean nitrate of soda, quicklime, creosoted goods, naphtha, sunflower seed, hot briket iron, copra, petroleum sprit, and/or its products, acids, calcium carbite, scrap, ferro silicon, motor spirit, hypochlorite, ammonium nitrate, spent oxide, carbon black, charcoal, fish meal and hazardous goods not complying with IMO's Code of safe practice for Bulk Cargos. Concentrates are permitted provided within IMO regulations and with shippers T.W.L. certificate.

Protective clause applied for Cement, Salt and Sulphur cargos

- REDELIVERY: W. W.
- HIRE: USD20,000/DIOT
- BOD / BOR AS ON BOARD
  ESTIMATED BOD QUANTITY IFO ABOUT 800-850MT / MDO ABOUT 100-150MT
  PRICES USD300/500 PMT FOR IFO/MDO
- ILOHC: USD 4,500 LUMPSUM
- C/E/V: USD 1,300 PER 30DAYS PRO RATA

- VESSEL'S HOLDS ON DELIVERY TO BE CLEANED/SWEPT/WASHED DOWN BY FRESH WATER AND DRIED UP SO AS TO BE READY TO RECEIVE CHARTERERS INTENDED CARGO IN ALL RESPECTS, FREE OF SALT, LOOSE RUST SCALE AND PREVIOUS CARGO RESIDUE. SHOULD VESSEL FAIL TO PASS HOLD INSPECTION, VESSEL TO BE PLACED OFF-HIRE FROM THE REJECTION UNTIL SHE PASS RE-INSPECTION AND ALL EXPENSES INCURRED "RESULTING DIRECTLY FROM VSL NOT BEING CLEAN" THEREBY TO BE FOR OWNERS ACCOUNT.
- OWNERS/MASTER ARE TO AUTHORIZE CHARTERERS A/O THEIR AGENTS TO SIGN ON MASTER'S BEHALF ORIGINAL BILLS OF LADING IN ACCORDANCE WITH MATE'S RECEIPTS.
- OWNERS/MASTER ARE TO ALLOW CHARTERERS TO DISCHARGE WHOLE CARGO W/OUT PRESENTATION OF ORIGINAL B(S)/L BY PROVIDING WITH CHARTERERS SINGLE LETTER OF INDEMNITY "ON CHARTER'S LETTERHEAD" IN ACCORDANCE WITH OWNERS P AND I CLUB FORM WORDING SIGNED BY CHARTERERS ONLY.

- 2.5PCT ADDCOMM TO CHARTERERS
- OTHERWISE AS PER OWNERS PROFORMA C/P WITH LOGICAL ALTERATIONS / AMENDMENTS.

END RECAP

이후 중개인은 통상의 절차대로 fixture recap과 선주의 proforma c/p를 바탕으로 한 정식 계약서(charter party)를 작성하고, 쌍방의 서명을 득하는 절차를 밟게 된다.

2-2 채산성의 검토

정기용선에서의 채산과정은 항해용선계약의 그것과 동일하며, 다른 점은 선주가 용선자로부터 운임이 아닌 용선료를 수취한다는 것이다. 정기용선료는 항해용선의 운임수준을 기초로 하여 결정되는데 정기용선은 물품운송과는 달리 투기적 성격이 강하기 때문에 정기용선료는 보통 항해용선 운임 동향에 선행하여 등락한다. 즉, 해운 경기 호황으로 운임이 상승세에 있을 때에는 정기용선료가 운임보다 상당기간 먼저 상승하고, 반대로 불황으로 인한 운임 하락세일 경우 정기용선료는 운임보다 선행하여 하락한다. 일반적으로 항해용선계약 운임의 변동폭은 정기용선료 변동폭과 비교하여 작게 나타난다.

1) 선주수입(income)

정기용선의 채산에서 선주의 수입은 일정 기간마다 용선자로부터 수취하는 용선료(charter hire, charterage)로서, 한번 선적이 완료되면 수입이 확정되는 항해용선의 경우와는 달리 시간이 경과할수록 선주의 수입은 일정 비율로 증가하게 된다. 용선자는 off-hire 기간을 제외한 용선기간 동안 선주에게 지속적으로 용선료를 지불하게 되는데, 용선료는 통상 한달 또는 15일 간격으로 선지급 되며, 선주는 수취한 용선료에 대하여 약정한 address commission과 brokerage를 지불한다.

2) 선주비용(Cost)

선박을 정기용선(time charter out)한 경우 선주가 부담하는 비용은 선비(ship's expense = vessel running cost)이며 선비는 그 성격에 따라 직접 선비와 간접 선비로 구분된다. 연료유와 항비 등 항해 수행에 수반되는 항해비(voyage expense)는 화물운송계약 또는 항해용선계약을 체결한 용선자가 부담한다.

정기용선계약하에서 선주와 용선자가 부담하는 비용은 [표 5-3]과 같다.

[표 5-3] 정기용선계약상 비용분담

선주비용	용선자비용
감가상각비 이자 선박보험료 선원비 선용품비 수리비(선박검사료 포함) 윤활유비 잡비 중개수수료	용선료 / 공선항해비(ballast bonus) 항비 연료비 화물 선적/양하비 선창 소제비 선원 보너스 대리점료 운하통과료

(1) 간접선비

간접선비는 자본비라고도 하며 선박을 보유하기 위하여 소요되는 비용으로 이자, 감가상각비, 선박 보험료를 포함한다. 선박의 도입 시점부터 일정하게 발생하는 고정비의 성격을 가지고 있으며, 선가에 비례하므로 대형선 또는 고성능 신조선일수록 간접선비가 커지는 경향이 있다.

① 이자: 선박을 취득과 관련하여 차입한 금액에 대한 이자[23]를 말한다. 선박 구매 시 선박을 담보로 차입한 금액에 대한 이자뿐 아니라, 기업의 일반 운영자금으로서 차입하여 선박구매 차입금을 상환한 경우 그 금액에 대한 이자도 포함된다. 이자부담은 차입금의 규모와 금리수준에 의해 좌우된다.

② 감가상각비[24]: 선박 또한 일정한 고정자산과 마찬가지로 운용기간이 경과함에 따라 그 가치가 저하된다. 선박의 내용연수가 끝날 때까지 예상되는 가치하락에 따른 손실을 정액법[25] 또는 정률법[26]으로 계산하여 선박 가용기간동안의 비용으로 배분, 반영하게 된다. 감가상각비는 실제로 지출되는 금액이 아니기 때문에 시황에 따라 탄력적으로 반영하여 원가의 합리적 배분을 꾀할 수도 있으나 세법상 제약이 따른다. 감가상각비는 선박의 건조비 또는 매입가격 및 내용년수에 따라 달라진다.

③ 선박보험료: 해상운송수단으로서의 선박은 항상 해상의 위험에 노출되어 있다. 선박 소유자는 선박에 발생 가능한 손해를 보전받기 위하여 해상보험자와 선체, 기관 및 속구에 관계되는 이익을 피보험이익으로 하는 선박보험계약을 체결하며, 이에 따라 보험료 지출이 발생하게 된다.

④ 일반관리비: 경우에 따라서는 회사의 일반관리비를 배분하여 간접선비로 적용시키기도 한다. 점비(店費)라고도 하며, 육상직원의 급여, 사무실 임대료, 통신비, 사무용품대 및 잡비, 제세공과금이 포함된다.

---

23) 선박의 건조 또는 매입을 위하여 조달된 각종 재원에 대한 이자를 설비금리라고 한다.

24) 감가상각(減價償却, Depreciation)이란 시간의 흐름에 따른 자산의 가치 감소를 회계에 반영하는 것이다. 경제학적으로는 자산의 가치 감소를 의미하나, 회계학의 관점에서 감가상각이란 취득한 자산의 원가를 자산의 사용기간에 걸쳐 비용으로 배분하는 과정(allocation)을 의미한다. 감가상각은 선박의 평가액 혹은 매각시기를 측정하는 방법은 아니다.

25) 취득가액(取得價額)에서 잔존가액(殘存價額-통상 scrap value)을 차감한 금액을 선박의 내용년수로 나누어 매년 동일한 금액을 당해의 상각액으로 하는 방법이다.

26) 취득가액을 일정한 비율로서 매년 차감하여 선박의 내용연수가 경과된 연도에는 선박의 잔존가액만이 남도록 계산하는 방법이다.

(2) 직접선비

직접선비는 선박을 언제라도 항해 가능한 상태로 유지하기 위하여 갖춰야 할 선원의 배승 및 선용품 구비 등에 필요한 비용으로 다음과 같은 항목으로 구성된다.

① 선원비: 선원에게 지급되는 급여, 수당, 퇴직금, 여비 및 교통비, 복리후생비와 선원 보험료, 식료품비 등의 비용을 포함한다.

② 선용품비: 선박 내에서 사용되는 비품, 소모품, 청수, 페인트, 로우프 등의 유지를 위한 비용을 말한다.

③ 수리비: 선체 및 기계류의 수리를 위한 비용 및 선박안전법 준수 및 선급 유지를 위한 선박의 정기검사, 중간검사, 임시검사 등의 검사비용을 포함하는 비용이다.

④ 윤활유비: 연료유 외에 여러 가지 기관보호를 위한 기계유, 실린더유, 기타 윤활유 구입비용을 말한다.

⑤ 잡비: 운항에 수반하여 일어날 수 있는 해난경비 및 기타의 선박경비이다.

(3) 계선점(lay-up point)

통상 정기용선료의 하한(下限)은 선주가 선박을 유지하는 데 필요한 원가 즉 선비(船費; ship's expense)가 된다. 따라서 선주가 채산상의 수익을 유지하기 위해서는 선박의 1일 선비(직접선비, 간접선비), 즉 daily H/B보다 높은 수준의 용선료율로 계약을 체결해야 한다.

그런데 해운 시황 악화로 운임이 폭락하는 경우 선박을 가동시키는 것보다 운항을 중지하고 안전한 곳에 놓아두는 것, 즉 선박을 계선[27]하는 것이 채산면에서 이익이 될 수도 있다. 선박의 운임수입이 운항원가를 밑도는 경우 당연히 손실이 발생하지만, 선박을 계선하는 경우에도 계선비용이 발생하므로, 운항손실이 계선비보다 적은 한 운항을 계속하는 것이 유리하다. 운항 손실이 계선비용과 같거나 더 커지는 경우, 선주는 선박의 계선 여부를 고심하게 된다. 그러나 현실적으로 시황이 악화되어 운항을 계속하는 것이 채산상 불리할 경우라 하더라도 곧바로 계선하는 경우는 극히 드물고, 시장 전망이나 기타 여러 가지

27) 선박을 계선하게 되면 선박관리를 위한 최소한의 인원을 제외한 모든 선원을 하선시키고, 선박보험 또한 상대적으로 저렴한 계선보험으로 변경하게 되어 선박운항시보다 비용을 절감 할 수 있다.

여건을 고려하여 결정하게 된다. 이때 선박의 운항손실과 계선비용이 같아지는 수준의 운임을 계선점이라고 하며 그때의 C/B(charter base)를 계선점 C/B이라고 한다.

3) 정기용선 시나리오 채산

정기용선계약의 채산을 검토하기 위해서는 먼저 용선료 산정의 기초가 되는 선박 운용을 위한 비용을 살펴볼 필요가 있다.[28] 선주인 한국해운이 M/V DOKDO의 유지를 위하여 당해에 지출하는 선비와 daily H/B를 분석한 결과는 다음의 [사례 5-1]과 같다.

선주는 1년 동안 지출할 선비로서 총 USD3,280,000의 예산을 책정하였다. 예정된 입거 수리기간을 포함한 30일의 불가동일수(off-hire)를 가정할 경우 예상되는 운항일수는 335일이며, 이때 선박을 하루 운용하기 위해 필요한 선비, 즉 daily H/B는 USD9,791.04/day가 된다. 정기용선계약에서 선주가 이익을 얻기 위해서는 "daily hire income > daily H/B"이어야 하므로 선주는 일일 용선료율을 최소한 USD9,791.04 + 커미션(address commission, brokerage 포함) 이상으로 획득하고자 할 것이다.

다음의 [사례 5-2]는 앞서 설명한 성립절차 시나리오에서 체결된 계약상 최초 1년간 채산성 분석결과를 나타낸 것이다. 계약상 본선의 용선료율은 USD20,000/day이며, 중개 수수료와 address commission을 포함하는 커미션은 총용선료(gross hire)의 3.75%이다. 또한 용선자는 용선료 외에 매 항차 종료 시마다 선창청소비(hold cleaning) USD3,500을, 그리고 매 15일마다 USD1,300의 통신 및 여가활동비(C/E/V)를 선주에게 지급하기로 약정하였다.

이러한 내용들을 모두 반영하여 계산한 결과, 선박의 daily C/B는 USD 19,437.81이다. 따라서 선주는 체결된 용선계약을 통하여 off-hire를 제외한 용선기간 동안 매일 daily C/B와 daily H/B의 차액만큼, 즉 USD9,646.77/day의 이익을 얻으며, 최초 일 년 동안의 가동일수 335일간의 수익으로 계산하면 USD 3,231,668.27이 된다. 또한 동일한 조건으로 용선계약기간 3년이 만료되면 선주

---

28) 정기용선의 채산과정은 다음과 같이 요약할 수 있다.
Hire rate × Period of charter = Gross hire
Gross hire − Commission + C/E/V etc = Net hire
Net hire − Ship's expense = Net Profit

는 약 970만 달러의 이익을 기대할 수 있다.

[사례 5-1] Daily H/B 산정표

HIRE BASE ACCOUNT

M/V Dokdo (ex. M/V Star) 2005년도

총 톤 수: 26,047
중량톤수: 45,622
건조년도: 2003년 9월
선 가: USD15,000,000
대 출 금: USD6,000,000
(2년 원리금 균등상환)

장부선가: USD14,000,000
(내용년수 10년, 정액법)
잔존가액: USD5,000,000
입거수리:
중간검사 11 .1 - 20(20일)

간접선비	이자비 감가상각비 보험료 일반관리비	USD280,000 USD1,000,000 USD400,000 USD200,000
	소 계	USD1,880,000
직접선비	선원비 수리비 선용품비 윤활유비 기타선비	USD700,000 USD250,000 USD20,0000 USD20,0000 USD50,000
	소 계	USD1,400,000
총 계		USD3,280,000
Daily H/B (335일 가동[29])		USD9,791.04

29) 선박의 H/B 산정 시에는 선박의 수리, 입거검사와 같은 가동불능기간을 고려하여 1년 선박 가동일수를 350일 또는 11개월 정도로 계산하는 것이 일반적이다.

[사례 5-2] 채산분석표

DWT	45,622	MT
DRAFT	11.600	M SSW
TPC/GR	49.60	57,208.00
GEAR	4X25CR + 4X10 CBM GR	
LOA/BM	185.74/30.4	
C/B	**H/B**	**PROFIT**
$19,437.81	**$9,791.04**	**$3,231,668.27**

SUBJECT : **M/V DOKDO**

Speed	L :	**13.5** Knots	B :	**14.0** Knots
Daily Consumption				
At Sea /	IFO :	**27.0**	MDO :	**0.1**
In Port /	IFO :	**2.8**	MDO :	**0.2**
		380 CST		

Terms / Conditions	T/C Details					
Account	SEOUL MERCHANT MARINE					
Delivery	DLOSP	SINGAPORE-JPN RGE		ATDNSHINC PIOO		
Redelivery	DLOSP	W.W.		ATDNSHINC CHOP		
Lay / Cancelling Date	15TH OCT - 15TH NOV 2005					
Hire / Charter Trip	**$20,000**	/ DIOT				
G.B.B (RDELY BONUS)	**$0**	LUMPSUM				
COMM / ILOHC / CEV	**3.75%**	in total	**$4,500**	Lumpsum	**$1,300**	/ 15 DAYS or Pro Rata
Bunker Price in C/P	**IFO:**	$300.00	**MDO:**	$500.00		
B.O.D	**IFO:**	850.000	**MDO:**	120.000	AS ON BOARD	
B.O.R	**IFO:**	850.000	**MDO:**	120.000	ABT SAME QTTY AS ON DELY	
Total T/C Duration	**335.00**	DAYS	TOTAL DURATION		**335.00**	

Ports	Distance	Sea Days	Port Days	Expenses / OFF HIRE			Us Dollars
Ballasting	**0**	**0.00**		OFF HIRE 30DAYS INCL DRY DOCK 20DAYS			
SINGAPORE							
W.W.							
DELIVERY							
05-11-25 0:00							
REDELIVERY							
06-11-25 0:00							
DUR							
365.00000							
Off hire				G.B.B (NET)			**0.00**
30.00000				Add comm	**2.50%**		**167,500.00**
				Brokerage	**1.25%**		**83,750.00**
DUR				Hold cleaning	**$3,500.00**	10 Voyages	**(35,000.00)**
335.00000				CAB/ENT/VIC	**$1,250.00**	/ 15 DAYS	**(27,916.67)**
Sub Total	**0**	**0.00**	**0.00**				
Margin	**0.00**	**0.00**	**0.00**				
Grand Total	**0.00**	**0.00**	**0.00**				
Bunker IFO :	**0.00**	0.00	0.00	-	T X $	**300.00**	**0.00**
MDO :	**0.00**	0.00	0.00	-	T X $	**500.00**	**0.00**

Total Expenses :	**188,333.33**

HIRE RATE	DUR	GROSS INCOME	NET INCOME	C/B
$20,000.00	***335.00***	6,700,000	6,511,667	**19,437.81**

H/B	DUR	RUNNING COST	(C/H)-(H/B)	PROFIT
$9,791.04	***335.00***	3,279,998	9,646.77	**3,231,668.27**

CHAPTER

6

용선운항실무

용선운항이란 화물의 특성, 선적 및 양륙항의 물리적 특성 등을 고려하여 적절한 운송선박을 정기용선계약을 통해 확보하고, 지정 선적항에서 화물의 선적, 지정 양륙항에서 화물의 인도, 그리고 운송선박의 반환에 이르는 전체 과정을 의미한다. 따라서 용선운항관리의 목적은 선박, 선원, 항만시설의 효과적인 운용에 의한 영업이익의 극대화를 도모하는 데 있다고 할 수 있다.

용선운항은 선적항으로의 예비항해단계(preliminary voyage stage), 선적작업단계(loading stage), 양륙항으로의 운송항해단계(carrying voyage stage), 양륙작업단계(discharging operation stage) 등과 같이 네 가지 단계로 구분할 수 있다. 이러한 네 가지 단계 중에서 예비항해단계와 운송항해단계는 선주가 단독으로 이행하며, 선적작업단계와 양륙작업단계는 선주와 용선자가 공동으로 이행해야 한다.

이하에서 선주가 타선주로부터 운송선박을 정기용선하여 항해용선계약을 이행하는 경우, 용선운항실무의 세부 내용을 위 네 가지 단계로 구분하여 살펴보기로 한다.

제 1 절 예비항해단계

1-1 용선선박 인수

선주가 항해용선계약을 이행하기 위하여 자신의 선박이 아닌 용선선박을 배선하기로 결정한 경우, 선주는 정기용선계약상 약정된 지점에서 용선선박을 인수받는 시점에서 선체 및 기관의 상태와 연료유의 보유량을 확인해야 한다. 이때 용선선박의 선주와 공동으로 검사인으로 선정하여 검사를 실시하게 되는데, 이것을 “On-hire survey”라 한다. 반대로 정기용선계약상 약정된 지점에서 용선선박을 반환시 이루어지는 검사를 “Off-hire survey”라 한다. 만약 Off-hire survey 결과, On-hire survey시 확인되지 않는 선체손상이 발견된 경우, 선주로부터 손해배상청구를 받게 되므로 On-hire survey 당시 본선상태를 정밀히 검사하는 것이 중요하다.

On-hire survey 및 Off-hire survey 조건은 정기용선계약에서 명시되지만, 통상 On-hire survey에 소요되는 시간은 선주의 부담이며, Off-hire survey에 소요되는 시간은 정기용선자의 부담이 된다. 그리고 검사비용은 선주와 정기용선자가 절반씩 부담한다.

한편 정기용선자의 정기용선계약 조건에 따라 실제 선주에게 용선료를 송금한다. 통상 용선료는 15일 단위로 정기적으로 송금되어야 하며, 1차 용선료(1st hire)는 선박이 인도된 후 3~4일내 송금되어야 하므로 정기용선계약이 체결된 시점부터 유의하여 송금 준비를 해야 한다. 특히 최종 용선료(final hire)의 송금시 용선기간 중에 선주가 부담해야 할 비용이나 클레임을 있는 경우, 이 금액을 공제하여 송금함으로써 과다지급이 이루어지지 않도록 해야 한다.

1-2 선적항과 대리점 지정

항해용선계약상 선적항은 사전에 특정하여 약정하는 경우도 있고, “인디아 내의 하나 또는 두 개의 안전항 항구(1/2 safe ports of India)”와 같이 용선자가 추후에 일정한 지역이나 일정한 항만들 중에서 지정할 수 있도록 약정하는 경우도 있다. 후자에 있어서 용선자는 특정시간 내에 또는 상당한 시간 내에 선적항을 지정해야 하며, 만약 그 지정이 지연됨으로 인하여 선주가 손해를 입었다면 그 손해를 배상하여야 한다. 그리고 일단 지정하고 나면 취소할 수 없다.

한편 용선자는 선적항의 지정시 예외 없이 안전한 항구(safe port)를 지정하도록 용선계약서에 약정하고 있으며, 이러한 명시적 조항이 없다고 하더라도 용선자는 안전항을 지정하여야 할 묵시적 의무(implied obligation)를 부담해야 한다. 따라서 안전항의 지정의무를 위반한 경우 용선자는 그로 인한 손해를 선주에게 배상해야 한다.

용선자가 선적항을 지명하면, 선주는 선적항에서 본선의 입항 수속, 본선의 항내 체류 중 제반 지원 및 관리업무의 대행을 위한 적절한 대리점(agent)을 물색하여 그에게 대리점지명통지서(appointment notice)를 발송한다. 그리고 이 통지서에는 항해용선계약의 주요 조건(선적항과 양륙항, 화물의 명세, 용선자와 송하인, 예상도착일 등)과 입항시 필요한 서류(선급증서, 선원명부 등)가 첨부된다.

1-3 항해지시서 발송

선주는 약정된 선적항에 선박을 제공하기 위하여 선장에게 선적항으로 항해를 명령하는 [사례 6-1]의 항해지시서(voyage instruction)를 발송한다. 항해지시서에는 ① 정기용선계약의 주요 조건(선주가 항해용선계약의 이행하기 위하여 자선이 아닌 정기용선으로 선박을 확보한 경우), ② 항해용선계약의 주요 조건(화물명세, Lay/Can, 선적항과 양륙항, 정박기간조건, 하역비조건 등), ③ 제반보고사항의 내용(선박인도 및 반선 통지, 도착예정일 통지, 정오보고, 도착 및 출항 통지 등), ④ 하역준비완료통지(Notice of Readiness)의 시기, ⑤ 기타 특별요구사항, ⑥ 선주측 담당자의 연락처, ⑦ 선적항 및 양륙항의 대리점 연락처 등이 포함된다.

이 중에서 특별요구사항은 선적항에서의 흘수조정방법(ballasting operation), 선주비용의 정산방법, 화물특성별 주의사항 등이 기재된다. 특히, 차항 화물의 특성을 고려하여 예비항해 중에 선창의 청소방법, 화물선적시 사용한 깔판(dunnage)의 처리방법, 선적 후에 발행되는 본선수취증(Mate's Receipt)상 비고란의 표시방법 등에 관한 지시도 포함된다.

[사례 6-1] 항해지시서

TO : MASTER OF MV.
FM : XXXXX

RE : MV./ VOY. INSTRUCTION

DEAR CAPT,

SINCERELY WELCOME TO JOIN OUR BUSINESS WITH YOUR GOOD VSL AND NICE CREWS.

YOUR GOOD VESSEL IS TO BE DELIVERED TO US ON THE BASIS OF DLOSP LANSHAN, CHINA.

UPON DELIVERY PLS PROCEED TO MIZUSHIMA, JAPAN WHERE YOU ARE TO LOAD GRANULATED SLAG IN BULK OF ABT 40,000MT/10% MOLOO FOR DISCHARGING AT JEBEL ALI OR MINA SAQR, UAE.

UPON SAILING AT MIZUSHIMA AFTER COMPLETION OF LOADING, PLEASE PROCEED AT FULL SPEED TO DISCHARGING PORT VIA THE SHORTEST ROUTE.

PLEASE FIND RELATED TERMS AND CONDITIONS AS WELL AS NOTICE REQUIREMENTS FOR YOUR SMOOTH PERFORMANCE OF THE VOYAGE AS FOLLOW;

AA) TIME CHARTER
===
- OWNERS : OOOOOOO

- CHARTERERS : XXXXXXXX
- DELIVERY : DLOSP LANSHAN, CHINA ATDNSHINC
- REDELIVERY : PASSING MUSCAT OUTBOUND ATDNSHINC
- ONE TCT VIA SP(S) SB(S) SA(S) AA AWIWL DUR ABT 30-40 DAYS WOG WITH SLAG IN BULK
- LAY/CAN : 15/20 NOV 2008
- BUNKER CL. : BOD ABT 600/650MT IFO AND ABT 60/70MT MDO
  BOR ABT SAME QTTY AS ON DEL

-SERVICE SPEED & CONSUMPTION :
AT SEA
ABT 13.5 KTS ON ABT 23 MT IFO BALLAST PLUS ABT 1.5 MT IFO NDAS
ABT 13.5 KTS ON ABT 26 MT IFO LADEN PLUS ABOUT 1.5 MT IFO NDAS
IN PORT
IDLE ABT 1.2MT IFO AND ABT 0.3 MT/DAY MDO
WORKING ABT 8 HRS/DAY ABOUT 2.00 MT/DAY IFO AND ABT 0.3MT/DAY MDO
WORKING ABOUT 24 HRS/DAY ABOUT 2.80 MT/DAY IFO AND ABT 0.3MT/DAY MDO

- VESSEL'S HOLDS ON ARRVAL 1ST LD PORT TO BE CLEAN/SWEPT, WASHED DOWN BY FRESH WATER AND DRIED UP SO AS TO BE READY TO RECEIVE CHRS INTENDED CARGO IN ALL RESPECTS, FREE OF SALT, RUST SCALE AND PREVIOUS CARGO RESIDUE TO THE SATISFACTION OF INDEPENDENT SURVEYOR. SHOULD VESSEL FAIL TO PASS HOLD INSPECTION, VSL TB PLACED OFF-HIRE FROM THE REJECTION UNTIL SHE PASS RE-INSPECTION AND ALL EXPENSES INCURRED THEREBY TB FOR OWS ACCT.

- OWS CFM VSL'S CRANES' LIFTING CAPACITY IS 30TONS SWL EACH HATCHCOVERS ARE TO BE WEATHERTIGHT THROUGHOUT THE CHARTER PERIOD

- OWS CFM VSL'S HOLDS ARE CLEAR OF ANY FITTINGS/SUPER-STRUCTURES SUCH AS CARDECK/CURTAIN PLATES WHATSOEVER

- OWS CFM VSL IS SUITABLE FOR GRAB/BULLDOZER DISCHARGING AND VSL'S HATCHCOVERS ARE TO BE WATERTIGHT THROUGHOUT THE CHARTER PERIOD

- CHRTS AND/OR THEIR AGNTS BEEN AUTHORIZED BY OWNRS TO SIGN B(S)/L ON MASTER AND/OR OWNRS BEHALF AS PRESENTED STRICTLY IN ACCORDANCE WITH MATE'S OR TALLY CLERK'S RECEIPTS WITHOUT PREJUDICE TO THIS C/P. IF ORIGINAL BS/L NOT AVAILABLE UPON VSL ARRIVAL DISPORT, THEN OWNERS/MASTER AGREE TO DISCHARGE AND RELEASE ENTIRE CARGO AGAINST CHARTS SINGLE STAMPED/SIGNED LOI IN

OWNERS PNI CLUB WORDING WITH ATTACHED A COPY OF ORIGINAL BS/L SIGNED BY AUTHORIZED OFFICER FROM CHTRS ONLY.

BB) VOYAGE CHARTER CONTRACT
===
- CGO/QTTY : GRANULATED SLAG IN BULK / 40,000MT 10PCT MOLOO
- LAY/CAN : 21/27 NOV, 2008
- LOAD PORT : 1 SBP MIZUSHIMA, JAPAN
(PORT RESTRICITONS)
MAX DRAFT : ABT 10.5M
MAX LOA : ABT 230M
MAX BEAM : ABT 36M
- DISCH PORT : 1 SB 1 SP JEBEL ALI OR MINA SAQR IN CHOPT, UAE
- LOADING TERMS : 10,000MT SHINC
- DISCHARING TERMS : 10,000MT SHINC OR 8,000MT SHINC IN CHOPT
- STEVEDORE : FIOST 1/1 BASE

CC) REPORTING REQUIREMENT
===
- DELIVERY/REDELIVERY NOTICE: PLS ADVISE TIME/R.O.B BUNKERS ON DELIVERY / REDELIVERY RESPECTIVELY.

- ETA NOTICE
NOTICE FOR LOADING : UPON VESSEL'S NOMINATION AND THEREFORE EVERY 48 HOURS UNTIL 5 DAYS PRIOR ARRIVAL WHEN EVERY 24 HOURS. LATEST WITH THE 48 HOURS NOTICE MASTER TO ADVICE LOADING PLAN WHICH TO INCLUDE MINIMUM ROTATION MOVEMENTS AND HOLDS TO BE LOADED TO FULL CAPACITY.

NOTICE FOR DISCHARGING : UPON COMPLETION OF LOADING AND THEREAFTER EVERY 24 AFTERWARDS. MASTER WILL CABLE RECEIVERS, CHARTERERS AND AGENTS AT DISCHARING PORT ON VSL'S SAILING FROM LOADING PORT STATING : CARGO LOADED ACCORDING TO BILL OF LADING, SAILING DRAFT AND ETA DISCHARING PORT. SHOLD BY ANY REASON, THIS ETA BE DELAYED OR ADVANCEND BY MORE THAN 24 HOURS.

OWNERS/MASTER TO CABLE ABOVE PARTIES IMMEDIATELY ADVISING SAID CHANGE.

IN CASE THE VESSEL ENCOUNTERS AN ACCIDENT, BREAKDOWN, SEVERE WEATHER OR BECOME SUBJECT TO ANY OTHER OCCURRENCE, RESULTING IN MORE THAN 24 HOURS DELAY OF ETA AT LOADING OR DISCHARGING PORT BEYOND ETA LAST GIVEN, OWNERS OR MASTER ARE TO INFORM THE RESPECTIVE ABOVE PARTIES IMMEDIATELY OF RELEVANT DETAILS OF SUCH OCCURRENCE AND PROSPECTS FOR CONTINUING THE SCHEDULED VOYAGE.

– NOON REPORTS :
AA. DATE AND TIME IN GMT (YY, MM, DD)
BB. POSITION (LATITUDE & LONGITUDE)
CC. AVERAGE CONSUMPTION FOR THE LAST TWO DAYS
DD. AVERAGE SPEED FOR THE LAST TWO DAYS
EE. AVERAGE REVOLUTION FOR THE LAST TWO DAYS
FF. BUNKERS ROB
GG. TTL DISTANCE TRAVELED TO DATE FROM LAST PORT / TTL DISTANCE STILL TO GO
HH. WEATHER/SEA/CURRENT CONDITIONSII. CARGO SECURE/OKAY
JJ. ETA NEXT PORT (DATE AND TIME IN GMT AND LT AS WELL AS NAME OF NEXT PORT)

– ARRIVAL REPORTS :
AA. DATE AND TIME (GMT AND LT) OF ARRIVAL PILOTSTATION (YY, MM DD)
BB. BUNKER ROB ARRIVAL PILOTSTATION
CC. DATE AND TIME NOTICE OF READINESS TENDERED (YY, MM, DD)
DD. DATE AND TIME ALONGSIDE (YY, MM, DD) / NUMBER OF
EE. TOTAL DISTANCE STEAMED / BUNKERS CONSUMED
FF. (BERTHING) COMPLETION PROSPECTSAS RECEIVED FROM AGENTS
GG. DAILY WORKING REPORT / ETCD AT 0700HRS

– SAILING REPORTS :
AA. DATE AND TIME DEPARTURE BERTH (YY, MM, DD) / NUMBER OF TUGS USED

BB. DATE AND TIME OF DROPPING LAST OUTWARD SEAPILOT
CC. BUNKERS ROB DLOSP
DD. KIND AND QUANTITY OF CARGO, DISTRIBUTION BY EACH HOLD AND CONFIRM SECURE/OKAY OR WHEATHER IN BALLAST
EE. BUNKERS SUFFICIENT TO REACH NEXT PORT (IF APPLICABLE BUNKERS REPLENISHED IN PORT)
FF. ADVISE NUMBER OF PERSONS TOTALLY ON BOARD
GG. EXPECTED ARRIVAL DRAFT NEXT PORT
HH. ETA NEXT PORT (DATE & TIME IN GMT AND LT AS WELL AS NAME OF NEXT PORT)
IN THE EVENT OF ANY EXTRA-ORDINARY OCCURRENCE, PLEASE PHONE THE PERSON IN CHARGE IMMEDIATELY.

- NOTICE OF READINESS N.O.R FOR LOADING :
  NOR TO BE TENDERED AND ACCEPTED ON ARRIVAL AT LOADING /DISCHARING BERTH, UNLESS BERTH IS OCCUPIED IN WHICH CASE N.O.R TO BE TENDERED WIPON, WIBON, WIFPON AND WICCON. MASTER HAS THE RIGHT TO TENDER NOTICE OF READINESS VIA CABLE/TELEX/EMAIL.

DD) SPECIAL REQURIMENETS(IMPORTANT)
===
- PLS KINDLY PAY YOUR SPECIAL & KEEN ATTENTION TO VSL'S BALLASTING / DEBALLASTING OPERATION AT LOADING PORT.
- IF YOU HAVE ANY SHIP'S ACCOUNT AT BOTH LP AND DP, KINDLY ADVISE THE SAME TO US IF YOU DO NOT PAY DIRECTLY.

EE) OUR FULL STYLE
====
XXXXXXXXXXX
FAX : -----------
TLX : ------------
E-MAIL : ---------------------
TEL : ----------------
MOB : ---------------------

FF) AGENT FULL STYLE
===
- LOADING PORT
HEISEI SHIPPING AGENCY (General Agent)
Email : ops@hship.co.jp (PIC: Mr. Koitabashi)
Tel : +81-3-5476-5710

NITTO TOTAL LOGISTICS (Local agent)
Pic:Mr. Kazuoki Nakahara
email mzvessel@nitto-ntl.co.jp Tel: 81-86-448-3811

- DISCHARGE PORT : RVTG

== END ==

PLS CONFIRM YOUR SAFE RECEIPT OF THIS MSG VIA TELEX/E-MAIL.

TKS & B.RGDS,

1-4 선적용 적부도 작성

본선은 선적항에서 신속하고 체계적인 선적을 위하여 [사례 6-2]의 선적용 적부도 또는 사전 적부계획도(pre-stowage plan)를 작성하고, 선주를 포함한 관계 당사자에게 통지한다. 선적용 적부도는 선주로부터 받은 항해지시서를 기초로 각 선창에 적재될 화물량을 표시하고 있다. 한편 양륙항에서 신속하고 능률적인 양륙이 이루어지도록 하기 위하여 각 선창에 화물선적이 실제로 완료되었을 때 본선과 하역업자가 연대서명하여 작성되는 [사례 6-3]의 양륙용 적부도도 있다.

적부도는 선박의 안전, 운항능률의 제고, 화물의 안전운송 등에 중대한 영향을 주기 때문에 이러한 3 요소가 충분히 반영되도록 주의 깊게 작성되어야 한다.

[사례 6-2] 선적용 적부도

```
FM: MASTER OF MV *****

SUBJ: PRE STOWPLAN

BSS SUMMERDRAFT 12.49M CARGO LOADABLE ABT 52,300 MTS
PRE STOWPLAN  SF 35 CUFT/MT COAL IN BULK

HOLD NO./MT
1/ 9200
2/10050
3/10250
4/11800
5/11000
--------
  52300 MTONS TOTAL CARGO

BRGDS,
MASTER
```

[사례 6-3] 양륙용 적부도

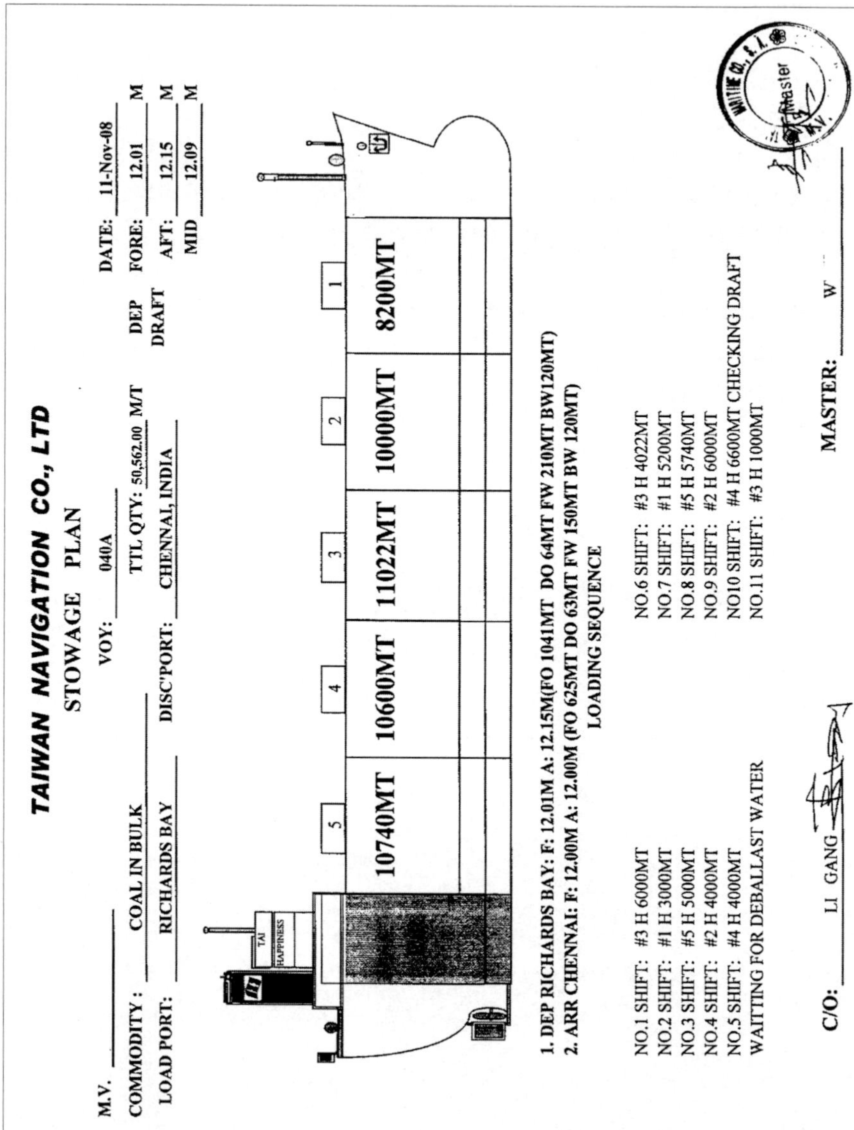
TAIWAN NAVIGATION CO., LTD
STOWAGE PLAN
M.V.
VOY: 040A
DATE: 11-Nov-08
COMMODITY : COAL IN BULK
TTL QTY: 50,562.00 M/T
DEP DRAFT
FORE: 12.01 M
AFT: 12.15 M
MID 12.09 M
LOAD PORT: RICHARDS BAY
DISC'PORT: CHENNAI, INDIA
TAI HAPPINESS
5
10740MT
4
10600MT
3
11022MT
2
10000MT
1
8200MT
1. DEP RICHARDS BAY: F: 12.01M A: 12.15M(FO 1041MT DO 64MT FW 210MT BW120MT)
2. ARR CHENNAI: F: 12.00M A: 12.00M (FO 625MT DO 63MT FW 150MT BW 120MT)
LOADING SEQUENCE
NO.1 SHIFT: #3 H 6000MT
NO.2 SHIFT: #1 H 3000MT
NO.3 SHIFT: #5 H 5000MT
NO.4 SHIFT: #2 H 4000MT
NO.5 SHIFT: #4 H 4000MT
WAITTING FOR DEBALLAST WATER
NO.6 SHIFT: #3 H 4022MT
NO.7 SHIFT: #1 H 5200MT
NO.8 SHIFT: #5 H 5740MT
NO.9 SHIFT: #2 H 6000MT
NO10 SHIFT: #4 H 6600MT CHECKING DRAFT
NO.11 SHIFT: #3 H 1000MT
C/O: LI GANG
MASTER: W
Master

1-5 적정연료유 확보

선주는 선장으로부터 본선에서 보유하고 있는 연료량을 확인하여 목적한 항해를 수행하기 위한 연료보급계획을 수립하여야 한다.

적정보급량은 당해 항차 최초 연료보급지에서 차기 연료보급지까지 본선이 정상적으로 운항할 경우 필요한 연료량에 적당한 여분의 연료량(safety margin)을 가산한 양을 말한다. 여기서 정상적인 운항이라 함은 당해 항해지시서상에 지시된 속력으로 목적지까지 운항함을 말한다. 연료유의 종류에 따른 연료보급량의 산정방법은 다음과 같다.

첫째, MFO(Marine Fuel Oil)는 항해지시서상 속력과 예정항로의 거리를 반영하여 예상항해일수를 구한 후, 일일 연료소모량을 곱하여 계산한 사용량에다 예비연료량을 더하여 산정한다. 예비연료량이란 항해 중 기상상태, 본선 항해능력 저하에 의한 추가 소모량을 감안한 것이므로 예상기상과 본선의 엔진성능 등을 감안하여 산정해야 하지만, 통상 20일 이하의 항해일수인 경우는 약 5일분을 가산하고, 20일 이상의 항해일수인 경우는 약 7일분을 가산한다.

둘째, MDO(Marine Diesel Oil)는 본선의 설계상 일일 소모량과 항만내 운항시 소모량에 근거하여 차기 연료보급항까지 필요한 소요량을 산정한 후, 예비량 약 50MT를 가산하여 산정한다.

이밖에도 대리점으로부터 선적항의 화물준비상태 및 부두상황 확인하여 차질 없이 선적이 진행되도록 해야 한다. 또한 대리점으로부터 예상항비에 대한 견적을 받은 후, 이를 송금한다.

1-6 선적항에 선박 제공

선주는 항해용선계약에서 약정된 기간 내에 선적항으로 상당히 신속하게(with reasonable dispatch) 항해해야 할 의무를 진다. 그리고 이러한 명시적 약정이 없다고 하더라도 신속히 항해해야 할 묵시적 의무를 부담한다. 선주가 이러한 의무를 위반한 결과, 용선자가 그 용선계약의 목적을 달성할 수 없을 정도라면(such as to frustrate the commercial object of the charterparty) 용선자는 그 용선계약을 해제하여 소멸시킬 수 있지만, 그러하지 아니한 정도라면 용선자는 용선계약을 해제하여 소멸시킬 수는 없고, 단지 그로 인한 손해의 배상을 청구할 수 있다.

따라서 선주는 선장으로 하여금 약정된 예상선적가능일(a date at which the vessel is expected ready to load)까지 선박이 도착할 수 있도록 하고, 늦어도 취소일(cancelling date)까지는 반드시 도착되도록 해야 한다.

선주는 본선이 보내는 [사례 6-4]의 선적항 도착예정일(E.T.A.: Estimated Time of Arrival)의 통지서를 참고하여 본선동정을 지속적으로 파악하고, 이 정보가 용선자, 송하인, 대리점 등에 정확히 전달되고 있는지도 확인해야 한다. 그리고 만약 취소일까지 선박이 선적항에 도착할 수 없는 경우에는 당사자 간에 신속한 협의를 거쳐야 한다.

[사례 6-4] 선적항 도착예정일 통지서

From : Master MV *****
Ref : Tur-558/06/1.3
Dt : 19 July 2008

MV **** eta Fremantle Pilot Station 02 Aug 2008/pm, wp agw.
Vessel in all respect ready to load cargo of Wheat in bulk according to charter party.

B.rgds/Master

제 2 절 선적작업단계

2-1 선적준비완료통지

선박이 지정된 선적항에 도착하면 [사례 6-5]의 선적준비완료통지서가 발송되어야 한다. 선적준비완료를 통지를 하는 목적은 용선자에게 선적 및 양륙작업이 가능함을 알리고 또한 정박기간의 개시시점을 명확히 하고자 하는 데 있다. 통상 항해용선계약서는 선적준비완료통지가 이루어진 시점에서 즉시 정박기간이 개시되는 것이 아니라, 일정시간이 경과된 시점부터 정박기간이 개시되는 것으로 규정하고 있으니 관련 조항을 주의 깊게 살펴야 한다.

선적준비완료통지서의 형식에는 아무런 제한이 없으나, 당해 용선계약서에서 그 형식에 관하여 규정하고 있으면 그에 따라야 한다. 통상의 선적준비완료통지서에는 검역을 통과한 시점과 모든 측면에서 하역이 가능한 시점, 그리고 관련당사자의 서명 등이 포함된다.

[사례 6-5] 선적준비완료통지서

NITTO TOTAL LOGISTICS LTD
NOTICE OF READINESS

To:Charterer or Charterer's Agents.

M.S. ______

Date. 18TH NOV.2008

This is to advise you that the above vessel arrived at MIZUSHIMA Q.ANCHORAGE at 1306 hours on 18TH NOV.2008 and she is in all respects ready to commence LOADING cargo in accordance with the terms and conditions of the Charter party.

Free pratique granted at 1050 HOURS ON 17TH NOV.2008

Notice tendered at 1306 hours on 18TH NOV.2008

Master of M.S.

Notice accepted at 1306 hours on 18TH NOV.2008

For Shippers	For Suppliers
JFE LOGISTICS CORAPORATION FOR AND ON BEHALF OF MARUBENI CEMENT AND CONSTRUCTION MATERIALS CO.LTD.	JFE MINERAL COMPANY. LTD.

2-2 선적작업

1) 만재화물의 선적

용선자는 항해용선계약상 선적 화물량과 관련하여 특정한 수량으로 약정하기도 하지만, 단순히 만재화물(a full and complete cargo)로 약정하기도 한다. 여기서 만재화물이라 함은 선박의 실제 최대적재능력에 이르는 화물량을 말한다. 만약 용선자가 약정한 화물 수량을 다 선적하지 못하는 경우, 선주는 그 차액 상당의 손해를 공적운임 또는 부적운임(dead freight)으로서 용선자에게 청구하게 된다.

선박의 적재능력은 만재흘수선(Load Line)에 의하여 제한되는 재화중량톤(Dead Weight Tonnage)과 선창의 용적에 의하여 제한되는 곡물적재량(Grain Capacity) 및 용적적재량(Bale Capacity)으로 표시된다.

재화중량톤이란 만재배수량(Loaded Displacement)과 경하배수량(Light Displacement)의 차이, 즉 선박이 적재할 수 있는 화물의 중량을 말한다. 여기서 만재배수량이란 만재된 상태에서 선박이 밀어낸 물의 무게를 말하고, 경하배수량은 화물을 싣지 않았을 때의 배수량, 즉 선체, 기관, 항해기구, 하역용구, 비품만의 중량을 의미한다. 그런데 경화배수량에 포함되지 않은 연료, 저장품, 청수, 발라스트(ballast), 식량, 선용품, 불명중량(constants; 본선의 수리 또는 선형변경공사로 인하여 부가된 페인트, 시멘트, 철재 및 제반 설비, 기타 측정할 수 없는 중량 등) 등이 존재하게 된다. 따라서 이것들을 선박이 실제 적재가능한 화물의 최대중량에서 공제하게 되는데, 이를 순재화중량톤(Dead Weight Carrying Capacity; D.W.C.C.)이라 한다.

곡물적재량은 곡물, 석탄 등 산화물을 선창에 적재할 경우의 선창 용적을 말하며, 용적적재량은 포장화물을 적재할 수 있는 선창의 용적을 말하고, 용적적재량은 곡물적재량의 약 90~93% 정도이다.

2) 하역비의 부담

하역이라 함은 통상 화물을 선측에서 선창으로 선적하거나 또는 선창에서 선측으로 양륙하는 것을 말한다. 하역비의 분기점을 정하기 위한 기준으로 영국 보통법에서는 선측원칙(alongside rule)이 있다. 선측원칙이라 함은 선적항에서 용선자는 선박의 태클(tackle)이 닿을 수 있는 선박의 측면까지(alongside ship) 화물을 가져다 놓으면 되고, 그 후 선주는 자신의 비용으로 그 화물을 선박에 선적해야 한다는 것이다. 이러한 원칙은 양륙작업에도 동일하게 적용되는바, 양륙항에서 선주는 자신의 비용으로 화물을 선박의 선측에 내려야 하며, 수하인은 선측에서 화물을 수령하면 된다.

선측원칙은 선적작업이 선박의 태클에 의하여 이루어지는 경우에 적합한 기준이다. 즉 선적항에서 선박의 태클에 이르기까지 육상에서 이루어지는 하역작업은 용선자가 부담하고, 그 다음 선박의 태클에 화물이 실린 후 선상에서 이루어지는 하역작업은 선주가 부담하게 하는 것이다. 정기선에서는 선주가 선박운항의 정시성을 확보할 목적으로 자신의 하역설비를 육상에 갖추고 있는 경우가 많기 때문에 자신의 비용으로 화물의 선적과 양륙작업을 수행하게 되는데, 이를 "Liner Term"이라고 한다.

대량벌크화물을 운송하는 부정기선에서는 화물관계자가 자신의 하역설비를 육상에 갖추고 있는 경우가 많고, 화물의 성질에 관하여도 충분한 지식을 갖고 있기 때문에 그들이 직접 화물의 선적과 양륙작업을 하는 것이 그 선적과 양륙에 따르는 비용과 시간을 줄일 수 있을 뿐만 아니라 화물을 선창에 적절하고 안전하게 적부할 수 있고 운임도 그 만큼 감액되어 화물관계자나 선주 쌍방에게 모두 유리하다.

따라서 용선계약에서는 화물관계자인 용선자, 송하인, 수하인 등이 자신의 비용으로 하역회사를 선정하여 화물의 선적과 양륙작업을 하기로 약정하는 "F.I.O.조건(Free In & Out Term)" 또는 "Net Term"이 관행적으로 널리 이용되고 있다. 이 밖에도 선적비용은 화물관계자가 부담하고 양륙비용은 선주가 부담하는 "F.I.조건(Free In Term)"과 반대로 선적비용은 선주가 부담하고 양륙비용은 화물관계자가 부담하는 "F.O.조건(Free Out Term)"이 이용되는 경우도 있다.

F.I.O.조건하에서 화물의 선적 및 양륙비용 이외에 화물의 성질에 따라 선창 내에서 추가적인 하역비가 발생될 수 있다. 예를 들어 잡화의 경우 화물이 손상이 입지 않도록 화물의 목적지별로 구분하여 선창 내에 정리·배치하는 적화(積貨, Stowing)가 필요하고, 철재나 목재의 경우 선체에 고착시키기 위한 묶기(lashing)가 필요하며, 곡물이나 광물의 경우에는 선박의 안전한 항해를 위하여 선수흘수와 선미흘수를 맞추기 위한 고르기(trimming)가 요구되기도 한다.

따라서 선창 내에서의 하역비부담 주체를 보다 명확히 하기 위하여 F.I.O. 조건에 적화, 고르기, 묶기 등이 부가된 “F.I.O.S.(Free In and Out and Stowed)조건”, “F.I.O.S.T.(Free In and Out and Stowed and Trimmed)조건”, “F.I.O.S.T.L(Free In and Out and Stowed and Trimmed and Lashing) 등과 같이 세분화된 조건들이 사용되기도 한다.

한편 F.I.O.조건은 특단의 사정이 없는 한 화물의 선적 및 양륙업무에 관련된 비용에 한정된 것이라기보다는 위험과 책임까지 포함되는 약정이라는 점에 유의해야 한다. 즉 최근의 The Jordan II사건(2005)[1]에서 영국법원은 F.I.O.조건으로 체결된 항해용선계약에서 화물의 선적 또는 양륙과정 중에 화물 손해가 발행한 경우, 선주와 용선자간 법률관계뿐만 아니라 선주와 선하증권의 소지자간 법률관계에서도 F.I.O.조건이 유효하여, 선주는 화물손해에 대하여 배상책임이 없다고 판결한 사례가 있다.

2-3 선적화물의 검사 · 검수

선박이 부두에 접안하고, 화물의 선적준비가 끝나면, 정확한 선적량의 산정을 위해 대리점을 통하여 흘수검사(draft survey)를 수배한다. 선박의 흘수는 TPC(Ton Per Centimeter)라 하여 1톤당 얼마로 흘수가 커지는데, 그 흘수를 기준으로 하여 선박에 적재된 화물의 무게를 측정하게 된다.

그런데 선주의 일방적 흘수검사에 의한 중량계산에 용선자가 이를 수용하지 않으려는 경향이 있기 때문에 선주와 용선자간의 합의에 따라 흘수검사를 전문적으로 수행하는 독립검사인(independent surveyor)을 지명하여 검사를 수행하는 것이 바람직하다.

화물이 철재류인 경우, 선적전의 화물상태 및 수량에 관한 정확한 측정을 위하여 선적전 검사(pre-loading survey)를 수행야 한다. 통상 선적전 검사는 대리점보다는 선주의 P&I클럽과 상의하여 유능한 검사인을 수배하는 것이 유리하다.

---

1) Jindal Iron and Steel Co Ltd and others v. Islamic Solidarity Shipping Co Jordan Inc.[2005] 1 Lloyd' s Rep.57(H.L.).

2-4 본선수취증 및 선하증권 발행

선박의 일등항해사는 화물의 선적이 완료되면, 화물수령에 대한 증거로서 [사례 6-6]의 본선수취증(Mate's Receipt: M/R)을 발급하여 용선자(송하인)에게 교부한다. 본선수취증은 본선과 용선자(송하인)간에 화물의 인도가 이루어 졌다는 사실을 증명하는 것이며, 본선이 화물에 대한 점유권을 갖고 있다는 추정적 증거(prima facie evidence)가 된다.

본선수취증은 선적화물에 대하여 본선의 책임이 개시됨을 나타낸다. 따라서 일등항해사는 선적시 화물의 상태를 면밀히 점검하여, 이상이 없으면 본선수취증에 "외관상 양호한 상태로 선적되었음(shipped in apparent good order and condition)"으로 기재하고, 만일 이상이 있으면 그 비고란(remarks)에 그 사실을 기재하게 된다. 즉 본선수취증의 비고란에 화물의 수량이나 상태에 대하여 아무런 기재가 없으면 무사고 본선수취증(Clean M/R)이라 하며, 특별한 기재가 있으면 고장 본선수취증(Foul M/R)이라 한다. 그런데 본선수취증의 내용과 선하증권의 내용은 엄격히 일치해야 하므로 고장 본선수취증의 경우 고장 선하증권이 발급되어야 한다.

[사례 6-6] 본선수취증

Shipper

MARUBENI CEMENT AND CONSTRUCTION
MATERIALS CO.LTD.,

Date.

Forwarding Agent
JFE BUTSURYU

B/L No.

Consignee

CEMEX FALCON, LLC
PO BOX 66429, JEBEL ALI, INDUSTRIAL
AREA 2, DUBAI, UAE
ATTENTION : MR.PEDRO MARTINEZ
MOBILE NO.:+97150-5595026

MATE'S RECEIPT

Shipped on board the vessel
the under-mentioned goods
in good order and condition.

Notify Party

CEMEX FALCON, LLC
PO BOX 66429, JEBEL ALI, INDUSTRIAL
AREA 2, DUBAI, UAE
ATTENTION : MR.PEDRO MARTINEZ
MOBILE NO.:+97150-5595026

Ocean Vessel	Voy. No.	Port of Loading
MV."	"	MIZUSHIMA, JAPAN

Port of Discharge	For Transhipment to	Final destination (for the merchant's referance)
ANY PORT IN UAE		

Marks & Numbers	No. of P'kgs	Kind of Packages Description of Goods	Gross Weight	Measurement
NO MARK	IN BULK *********	GRANULATED BLAST FURNACE SLAG IN BULK ========================== 'CLEAN SHIPPED ON BOARD' FREIGHT PAYABLE AS PER CHARTER PARTY	39,450 MT	

TOTAL NO. OF PACKAGES
(IN WORDS)

REMARKS :

A F T FORE

HATCH NO.

RECEIVED IN ALL

DATE 29 Nov. 2008.

checker

chief officer

S/O Number
MIUAE-1

B (M/R)
MAKER NO.
管理 No.

고장 선하증권이 발급된 경우 화환어음을 매입하는 은행은 이것을 수리하지 않으므로 용선자(송하인)는 선주에게 [사례 6-7]의 파손화물보상장(Letter of Indemnity)을 제공하고 무사고 선하증권을 발급받는 관행이 있다. 파손화물보상장은 무사고선하증권의 발행으로 인한 문제가 발생하여도 선주는 면책되고 용선자(송하인) 자신이 책임을 부담하겠다는 서약이다. 그러나 파손화물보상장은 선주와 용선자(송하인) 사이에만 유효하며, 선의의 선하증권 소지인에 대해서는 선주가 책임을 면할 수 없다.

[사례 6-7] 파손화물보상장

Standard Form of Letter of Indemnity to be Given by Shipper in Return for No inserting any Remarks on the Bills of Lading

To: [insert name of owners] Dated:
The Owners of the [insert name of ship]
[insert address]

Dear Sirs,
Ship: [insert name of ship]
Voyage: [insert load and discharge ports as stated in the bill of lading]
Cargo: [insert description of cargo]
Bill(s) of Lading: [insert identification numbers,date and place of issue]

In view of shipment of the goods the following remarks were made on the Mate's Receipt (see attached sheet).
We hereby request you not to insert such remarks on the Bills of Lading.
In consideration of your complying with our above request, we hereby agree as follows:

1. To indemnity you, your servants and agents and to hold all of you harmless in respect of any liability, loss or damage of whatsoever nature which you may sustain by reason of no inserting any remarks on the Bills of Lading in accordance with our request.

2. In the event of any proceedings being commenced against you or any of your servants or agents in connection with the issuance of clean Bills of Lading as aforesaid to provide you or them from time to time with sufficient funds to

defend the same.

3. If the vessel or any other vessel or property belonging to you should be arrested or detained or if the arrest or detention thereof should be threatened, to provide such bail or other security as may be required to release of such vessel or property and to indemnity you in respect of any loss, damage or expenses caused by such arrest or detention whether or not the same may be justified.

4. The liability of each and every person under this indemnity shall be joint or several and shall not be conditional upon your proceeding first against any person, whether or not such person is party to or liable under this indemnity.

5. This indemnity shall be governed by and construed in accordance with English law and each and every person liable under this indemnity shall at your request submit to the jurisdiction of the High Court Justice of England.

Yours faithfully,

For and on behalf of
[insert name of Shipper]
The Shipper

Signature & Stamp

For and on behalf of
[insert name of Bank]
The Bank

Signature & Stamp

항해용선계약상 운임이 선지급조건인 경우, 선주는 선적된 화물량을 기준으로 작성된 운임청구서와 함께 [사례 6-8]의 선하증권을 작성하여 교부한다. 선하증권이란 선주가 송하인으로부터 화물을 수령하여 선박에 적재하였다는 사실을 증명하고, 이것을 목적지에서 선하증권의 정당한 소지인(수하인 또는 그 지시인)에게 인도할 것을 약정한 권리증권이다.

통상 용선계약하에서는 발행되는 선하증권을 용선계약부 선하증권(Charter Party B/L)이라 하는데, 이에 대한 자세한 내용은 제 7 장에서 살펴보기로 한다.

[사례 6-8] 선하증권

Page 2

CODE NAME: "CONGENBILL". EDITION 1994

BILL OF LADING
TO BE USED WITH CHARTER-PARTIES

B/L No. M I UAE - 1

Reference No.

Shipper

MARUBENI CEMENT AND CONSTRUCTION
MATERIALS CO.LTD.,

Consignee

CEMEX FALCON, LLC
PO BOX 66429, JEBEL ALI, INDUSTRIAL
AREA 2, DUBAI, UAE
ATTENTION : MR.PEDRO MARTINEZ
MOBILE NO.:+97150-5595026

Notify address

CEMEX FALCON, LLC
PO BOX 66429, JEBEL ALI, INDUSTRIAL
AREA 2, DUBAI, UAE
ATTENTION : MR.PEDRO MARTINEZ
MOBILE NO.:+97150-5595026

Vessel: MV." "

Port of loading: MIZUSHIMA, JAPAN

Port of discharge: ANY PORT IN UAE

Shipper's description of goods / Gross weight

NO MARK

GRANULATED BLAST FURNACE SLAG
IN BULK
=============================

IN BULK
****

39,450 MT

'CLEAN SHIPPED ON BOARD'

FREIGHT PAYABLE AS PER CHARTER PARTY

SAY: THIRTY NINE THOUSAND FOUR HUNDRED & FIFTY (39,450) METRIC TONS ONLY.-

(of which on deck at Shipper's risk; the Carrier not being responsible for loss or damage howsoever arising)

Freight payable as per
CHARTER-PARTY dated ....

FREIGHT ADVANCE.
Received on account of freight:

....

Time used for loading .... days .... hours.

SHIPPED at the Port of Loading in apparent good order and condition on board the Vessel for carriage to the Port of Discharge or so near thereto as she may safely get the goods specified above.

Weight, measure, quality, quantity, condition, contents and value unknown.

IN WITNESS whereof the Master or Agent of the said Vessel has signed the number of Bills of Lading indicated below all of this tenor and date, any one of which being accomplished the others shall be void.

FOR CONDITIONS OF CARRIAGE SEE OVERLEAF

Freight payable at	Place and date of issue TOKYO, JAPAN
Number of original Bs/L THREE (3)	Signature

Printed and sold by
Fr. G. Knudtzons Bogtrykkeri A/S, 61 Vallensbækvej,
DK-2625 Vallensbæk, Telefax +45 43 66 07 08
by authority of The Baltic and International Maritime Council,
(BIMCO), Copenhagen

2-5 정박기간의 산정

정박기간(laytime 또는 layday)이란 항해용선계약에 있어서 선적을 위하여 용선자에게 사용되도록 허용되어 있는 기간을 말한다. 따라서 용선자는 정박기간 내에 선적을 완료하여야 하는데, 이 기간 내에 완료한 경우에는 선주가 용선자에게 조출료(dispatch money)를 지급하고, 반대로 이 기간을 초과하여 완료한 경우에는 용선자가 선주에게 체선료(demurrage)를 지급해야 한다.

따라서 선적작업이 종료되면, 선주는 대리점으로부터 하역준비완료통지서와 시간기록표(time sheet) 등을 전달받아 [사례 6-9]의 선적항 정박기간산정서(Laydays/Laytime Statement)를 작성하고, 이를 기초로 용선자에게 체선료를 청구하거나, 조출료를 지급해야 한다. 용선계약조건에 따라 선적항 정박기간을 별도로 정산하지 않고, 양륙항의 정박기간과 통합하여 정산하는 경우가 일반적이다.

[사례 6-9] 선적항 정박기간산정서

LAYDAYS STATEMENT

DATE :

M/V : VOY. NO **T/C** PORT OF LOADING:

Charterers : Charter Party dated:

Cargo : COAL IN BULK Qtty as per B/L 16,472 MT DEM/DES : USD 7,500/DHD

Rate of **LOADING** as per C/P : **10,000** MT PWWD SINC HEX

Laytime allowed: 1.647200 days Viz : **1** days **15** hours **32** minutes

	Time	Date	Day of Week
Arrived at Mizushima:	**0500** hours	**15 OCT 06**	**SUN**
Notice of readiness tendered:	**0500** hours	**15 OCT 06**	**SUN**
Notice of readiness accepted:	**0500** hours	**15 OCT 06**	**SUN**
Laytime commenced:	**1700** hours	**16 OCT 06**	**SUN**
Commenced Load:	**0920** hours	**18 OCT 06**	**WED**
Completed Load:	**2140** hours	**18 OCT 06**	**WED**

Date	Day of Week	Description	Laytime Allowed D	H	M	Laytime Used D	H	M	All time lost D	H	M
OCT		***HUANGHUA***									
15	SUN	N/R TENDERED : 0500HRS									
		LAYTIME COMMENCED : 1700HRS	-	7	-	-	7	-			
16	MON	AWAITING BERTH	1	-	-	1	-	-			
17	TUE	AWAITING BERTH	-	8	32	1	-	-	-	15	28
		LAYTIME EXPIRED : 0832HRS ON DEMURRAGE									
18	WED	SHIFTING 3H 36M(0206HRS-0542HRS)									
		LOADING COMMENCED : 0920HRS									
		LOADING COMPLETED : 2140HRS				-	18	4	-	18	4
			1	**15**	**32**	**3**	**1**	**4**	**1**	**9**	**32**

DEMURRAGE DUE TO OWNERS

Time: 1 days 9 hours. 32 min. (1.39722 days)

Amount @$ **7,500** Per day Total : USD **10,479.17**

Charterers **Owners**

제 3 절 운송항해단계

3-1 양륙항과 대리점의 지정

양륙항은 용선자가 항해용선계약체결 당시 사전에 특정하는 경우와 용선자가 선적항 출항 이후에 일정 항만들 중에서 지정하는 경우도 있다. 후자의 경우 용선자는 일정시간 내에 또는 상당한 시간 내에 양륙항을 지정해야 하며, 만약 그 지정이 지연됨으로 선주가 손해를 입었다면 그 손해를 배상하여야 한다.

한편 선주는 양륙항에서 운항업무를 대행할 적절한 대리점을 물색하여 그와 대리점계약을 체결한다. 또한 선주는 선적항 대리점으로부터 수취한 선적서류를 양륙항 대리점에 전달하고, 선박의 입항 전까지 수하인과 협의하여 통관 및 하역사 지정이 끝날 수 있도록 독려한다.

3-2 신속항해의무의 이행

선주는 선적업무가 종료되면, 양륙항까지 상당히 신속하게 항해하여야 할 의무를 부담한다. 이러한 선주의 신속항해의무에 의거하여 선장은 양륙항까지 최대한 통상적인 직통항로(the direct geographical route)를 항행해야 한다.

The Reardon Smith Line v Black Sea and Baltic General Insurance(1939)사건[2]에서 법원은 "선박이 특정 항구 간을 항해하는 경우 통상의 항로(usual and customary route)를 이용해야 하는 것은 선주의 의무이다. 그리고 명백한 증거가 없는 한 통상의 항로는 직통항로(the direct geographical route)라고 추정된다. 그러나 이러한 추정은 항해상 또는 기타의 사유(navigational or other reasons)가 있었다는 명백한 증거가 있는 경우에 한하여 변경될 수 있다"고 판결하였다. 따라서 선주는 선박과 선원의 안전을 최우선적으로 고려하되, 목적지까지 단거리의 직통항로를 선정하고 최적의 경제속력을 유지하여 항해하여야 한다.

그러므로 선주는 Ocean Route와 같은 전문기상정보제공업자를 선정하고, 이들에게 본선 동장 및 예상항로를 통보하여 대양항해 중 태풍이나 황천조우를

---

2) The Reardon Smith Line v Black Sea and Baltic General Insurance(1939) A.C. 562.

피하여 안전한 항해가 유지되도록 해야 한다.

특히 용선선박을 투입하여 항해용선계약을 이행하는 경우, 전문기상정보제공업자에게 성능검사도 함께 의뢰한다. 즉 본선 속력 및 연료소모량이 정기용선계약 조건과 일치하는지를 확인하고, 만약 본선의 실적이 계약조건에 미달하는 때에는 추후 선주에게 성능미달클레임(under performance claim)을 제기할 수 있는 근거자료를 확보해야 한다.

3-3 운송항해시 유의사항

운송항해 중 특별히 유의해야 할 사항은 선박, 선원, 그리고 화물의 안전을 유지하는 것이다.

첫째, 발라스트탱크(Ballast Tank)의 적절한 활용을 통해 선박이 복원력을 유지하도록 해야 한다. 가장 이상적인 복원력의 값은 일반화물선의 경우 선폭의 약 8%로서, 30m의 선폭을 가진 일반화물선의 적정 복원력의 값은 1.5m 내외이다.

선내의 발라스트탱크, 연료탱크, 청수탱크 등 기타 탱크의 안전상태를 정기적으로 검사하여 누수 및 침수가 없도록 해야 하고, 그 결과를 기록해야 한다.

둘째, 선창내 폐수나 기름 등이 모이도록 마련된 빌지박스(bilge box)를 주기적으로 검사하여 선창내 습기의 발생, 외부 침수, 선내 누수 등이 있도록 적절한 조치를 해야 한다. 또한 항해 중에 습기나 열에 의한 화물손상을 예방하기 위해서는 적절한 통풍환기가 이루어지도록 해야 한다.

셋째, 주기적으로 선창내 화물의 점검을 통해 화물의 이상 유무를 확인하고 기록하여야 한다. 특히 일반 잡화를 선적한 선박은 매일 화물의 묶기상태를 확인하여, 그 묶음이 느슨해졌을 경우 즉시 이를 보정하여야 하며, 황천을 조우하여 화물이 넘어지거나 무너져 손상을 입었을 경우에는 즉시 추가묶기를 하여 화물의 추가 손상을 막아야 한다.

넷째, 비상소화훈련, 구명정훈련, 비상 조타훈련을 정기적으로 실시하고 이 사실을 항해일지(log book)에 기록해야 한다. 또한 안전 소화설비, 구명 의장품, 비상통신기 등을 철저히 점검하고 비치하여야 한다.

3-4 도착예정일의 통지

본선은 양륙항까지의 운송항해 중 선주 및 이해관계자에게 [사례 6-10]의 양륙항 도착예정일을 주기적으로 통지함으로써 선박동정을 파악할 수 있도록 해야 한다. 본선의 대리점은 본선이 입항할 때까지 선박의 선석(berth)을 확보하고, 본선이 입항하면 즉시 양륙이 개시될 수 있도록 수하인과 함께 만반의 준비를 해야 한다.

[사례 6-10] 양륙항 도착예정일통지서

Good day

Eta Tsuruga P/s 5th 0600LT AGW WP.
Arr SW Draft 11.05m Mean.
Please advise pre arrival documents required and berthing prospects.

Mtks/brgds
Master

제 4 절 양륙작업단계

4-1 양륙준비완료통지와 각종 검사의 수배

선박이 지정된 양륙항에 도착하면, 본선은 약정된 방법에 따라 양륙준비완료통지서를 발송해야 한다. 양륙항에서 이루어지는 양륙준비완료통지서의 내용은 선적항의 경우와 동일하므로 여기서는 설명을 생략한다.

선주는 선하증권에 기재된 동일한 수량과 상태로 지정된 수하인에게 화물을 인도해야 할 의무를 부담한다. 따라서 양륙항에서도 흘수검사 또는 양륙검사 등을 수행하여 화물의 중량이나 상태에 이상이 없는지를 확인해야 한다.

4-2 양륙시 유의사항

1) 화물손해

양륙과정에서 화물손해가 발생된 경우, 선주 및 수하인은 신속히 감정인(Marine surveyor)을 선임하여 화물손해의 원인과 손해정도를 점검하게 하고, 검사보고서(survey report)를 확보한다.

선박이 항해 중에 악천후에 조우하여 화물손해가 발생한 경우, 선주는 선장으로 하여금 그러한 사실이 기술된 해난보고서(Sea Protest)를 작성하도록 한다. 여기서 해난보고서라 함은 선적항으로부터 양륙항까지의 항해 도중에 천재지변, 충돌, 좌초 등 불가항력 등에 의해 해난이 발생했다는 사실을 증명하기 위하여 감독기관에 제출하는 보고서를 말한다. 이 보고서가 감독기관에 의하여 수리되면, 해난사고의 존재가 인정되며 이에 해난증명서를 발급받게 된다.

또한 양륙작업 중에 하역인부의 과실에 의하여 화물손해가 발생한 경우, 추후 하역회사로부터 구상을 받기 위하여 하역회사의 책임자로부터 사실확인서를 받아 둔다.

2) 선박손해

양륙작업 중 선체의 손상 또는 선박에 설치된 하역장비의 고장이 발생한 경우, 그 원인이 본선에 있는지 아니면 하역회사에 있는지 책임소재를 명확히 밝혀야 한다. 또한 양륙작업 중에 하역인부의 과실로 선박손해가 발생한 경우 하역회사의 책임자로부터 사실확인서를 받아 두어야 한다.

이밖에도 기상악화로 인하여 부득이 양륙작업을 중단할 수밖에 없는 경우에는 하역회사에게 양륙작업의 중단사실을 알리고, 선창내 화물이 침수되지 않도록 적절한 조치를 취해야 한다.

4-3 화물의 인도

선주는 양륙된 화물을 특정인에게 인도하여야 할 계약상 의무가 있다. 화물의 인도는 선하증권의 수하인란에 특정인이 기재된 기명식 선하증권인 경우에는 지정인에게, 그리고 수하인란에 특정인이 기재되지 않은 지시식 선하증권인 경우에는 선하증권의 피배서인에게, 원본 선하증권과의 상환으로 이루어지면 된다.

원본 선하증권과 상환하지 않고 화물을 인도하는 것은 근본적 계약위반(fundamental breach of contract)으로 취급되어 선주는 계약상 모든 면책조항을 원용할 수 없음에 주의해야 한다. 한편 만약 화물의 인도를 청구하는 자에 대하여 의심이 가는 경우에는 법원에 경합권리자확정소송(interpleader)을 제기하여, 누가 진정한 화물의 권리자인지가 확정된 후 인도하는 것이 바람직하다.

그런데 만약 본선이 도착할 때까지 어떠한 이유로 인하여 선하증권이 도착하지 못하였을 때에는 수하인이 단독으로 또는 신용장발행은행이 연대하여 서명한 [사례 6-11]의 수입화물선취보증장(Letter of Guarantee)을 선주에게 제출하고 화물인도지시서(Delivery Order)를 발급받을 수도 있다. 수입화물선취보증장에는 원본선하증권과의 상환하지 않고 화물을 인도함으로써 선주가 입을 수 있는 일체의 손해에 대하여 수하인이 단독으로 또는 신용장발행은행이 연대하여 책임을 부담하겠다는 내용이 기재되어 있다.

그러나 수입화물선취보증장에 의한 화물인도는 선하증권의 권리증권성, 상환증권성, 채권증권성, 처분증권성 등의 법리에 위배되어 파손화물보상장(LOI)과 같이 원칙적으로 불법으로 간주된다. 즉 각국 법원은 수입화물선취보증장에 의한 화물인도는 선하증권의 소지인에 대한 권리의 침해로서 불법행위(tort)로 인정하고 있다.

따라서 수입화물선취보증장에 의한 화물인도로 선주가 손해배상책임을 부담하게 되는 경우, P&I클럽이 담보하는 책임보험의 보호도 상실하게 되므로 각별한 주의가 요구된다.

마지막으로 선주는 화물인도지시서를 발급하기 전에 운임의 지급여부를 확인하고, 운임입금이 확인되지 않은 경우에는 화물인도지시서의 발급을 유보해야 한다.

[사례 6-11] 수입화물선취보증장(Letter of Guarantee)

STANDARD FORM LETTER OF INDEMNITY TO BE GIVEN IN RETURN FOR DELIVERING CARGO WITHOUT PRODUCTION OF THE ORIGINAL BILL OF LADING

To : [insert name of Owners] [insert date]
The Owners of the [insert name of ship]
[insert address]

Dear Sirs

Ship: [insert name of ship]
Voyage: [insert load and discharge ports as stated in the bill of lading]
Cargo: [insert description of cargo]
Bill of lading: [insert identification numbers, date and place of issue]

The above cargo was shipped on the above ship by [insert name of shipper] and consigned to [insert name of consignee or party to whose order the bill of lading is made out, as appropriate] for delivery at the port of [insert name of discharge port stated in the bill of lading] but the bill of lading has not arrived and we, [insert name of party requesting delivery], hereby request you to deliver the said cargo to [insert name of party to whom delivery is to be made] at [insert place where delivery is to be made] without production of the original bill of lading.

In consideration of your complying with our above request, we hereby agree as follows :-

1. To indemnify you, your servants and agents and to hold all of you harmless in respect of any liability, loss, damage or expense of whatsoever nature which you may sustain by reason of delivering the cargo in accordance with our request.

2. In the event of any proceedings being commenced against you or any of your servants or agents in connection with the delivery of the cargo as aforesaid, to provide you or them on demand with sufficient funds to defend the same.

3. If, in connection with the delivery of the cargo as aforesaid, the ship, or any other ship or property in the same or associated ownership, management or control, should be arrested or detained or should the arrest or detention thereof be threatened, or should there be any interference in the use or trading of the vessel (whether by virtue of a caveat being entered on the ship's registry or otherwise howsoever), to provide on demand such bail or other security as may

be required to prevent such arrest or detention or to secure the release of such ship or property or to remove such interference and to indemnify you in respect of any liability, loss, damage or expense caused by such arrest or detention or threatened arrest or detention or such interference , whether or not such arrest or detention or threatened arrest or detention or such interference may be justified.

4. If the place at which we have asked you to make delivery is a bulk liquid or gas terminal or facility, or another ship, lighter or barge, then delivery to such terminal, facility, ship, lighter or barge shall be deemed to be delivery to the party to whom we have requested you to make such delivery.

5. As soon as all original bills of lading for the above cargo shall have come into our possession, to deliver the same to you, or otherwise to cause all original bills of lading to be delivered to you, whereupon our liability hereunder shall cease.

6. The liability of each and every person under this indemnity shall be joint and several and shall not be conditional upon your proceeding first against any person, whether or not such person is party to or liable under this indemnity.

7. This indemnity shall be governed by and construed in accordance with English law and each and every person liable under this indemnity shall at your request submit to the jurisdiction of the High Court of Justice of England.

Yours faithfully
For and on behalf of
[insert name of Requestor]
The Requestor

....
Signature

4-4 정박기간의 산정

화물의 양륙이 종료되면, 선주는 최대한 신속하게 [사례 6-12]의 양륙항의 정박기간산정서를 작성하여 용선자와 체선료·조출료를 정산한다. 이를 위하여 양륙항에서의 작업상황, 날씨 등이 기록된 시간기록표와 양륙항 입항시 용선자에게 제시한 하역준비완료통지서를 근거로 용선계약상 정박기간조항에 맞추어 용선자가 실제로 사용한 정박기간을 산정해야 한다.

[사례 6-12] 양륙항 정박기간산정서

LAYDAYS STATEMENT

DATE :

M/V :		VOY. NO **V.01**	PORT OF DISCHARGING **CHENNAI, INDIA**		
Charterers :			Charter Party dated:		
Cargo :	**COAL**	Qtty as per B/L	19,437 MT	DEM/DES : USD 20,000/DHD	
Rate of	**DISCHARGING**	as per C/P :	10,000		MT SHINC
Laytime allowed:	1.943700 days	Viz :	1 days	22 hours	39 minutes

	Time		Date	Day of Week
Arrived at CHENNAI:	1330	hours	11 APR 07	WED
Notice of readiness tendered:	1330	hours	11 APR 07	WED
Notice of readiness accepted:	1330	hours	11 APR 07	WED
Laytime commenced:	0130	hours	12 APR 07	THU
Commenced Discharging:	1100	hours	17 APR 07	TUE
Completed Discharging:	0100	hours	21 APR 07	SAT

Date	Day of Week	Description	Laytime Used D	H	M	Laytime Allowed D	H	M	Laytime ON DEM D	H	M
APR		*CHENNAI*									
11	WED	NOR TENDERED / ACCEPTED 1330HRS									
12	THU	LAYTIME COMMENCED 0130HRS	-	22	30	-	22	30			
13	FRI	AWAIT BERTH	1	-	-	1	-	-			
14	SAT	LAYTIME EXP/ON DEM 0009HRS	1	-	-	-	-	9	-	23	51
15	SUN	AWAIT BERTH	1	-	-				1		
16	MON	AWAIT BERTH	1	-	-				1		
17	TUE	SHIFTING (0700~0831 HRS)	-	22	29				-	22	29
18	WED		1	-	-				1	-	-
19	THU	SHIFTING (1900~2000 HRS)	-	23	-				-	23	-
20	FRI		1	-	-				1	-	-
21	SAT	COMPLETED DISCHARGING (0100HRS)	-	1	-				-	1	-
			8	20	59	1	22	39	6	22	20

DEMURRAGE DUE TO OWNS

Time: 6 days 22 hours 20 min. (6.93056 days)

Amount @$ 20,000 Per day Total : USD 138,611.11

Charterers Owners

4-5 항비의 정산과 용선선박의 반환

선적항과 양륙항의 대리점은 실제 항비정산서(actual port disbursement)와 증빙자료(voucher)를 선주에게 전달한다. 이때 과다 청구나 계산상 오류가 있는지 그 여부를 면밀히 검토해야 하며, 본선의 실제선주에게 청구해야 하는 비용이 올바르게 계산되었는지도 확인해야 한다.

또한 정기용선계약상 약정된 지점에서 실제 선주에게 용선선박을 반환해야 한다. 이때 정기용선자는 인도시 선박상태와 동일한 상태로 선박을 반환해야 하는 의무를 부담하는바, 이를 위하여 선체와 연료에 대한 Off-hire survey를 실시해야 한다.

Off-hire survey가 종결되면 검사보고서가 작성되는데, 여기에는 선장, 용선자, 양륙항의 대리점, 검사인의 서명이 이루어진다. 만약 정기용선기간 중 발생된 선체손상으로 판명된 경우, 선박의 감항능력에 영향을 끼치지 않는 미미한 손상이라면 일단 반선한 후 추후 수리비를 보상하면 되지만, 반대로 감항성에 영향을 주는 심각한 손상이라면 정기용선자의 비용과 시간으로 수리후 반선해야 한다.

용선선박이 반선되면, Off-hire survey를 근거로 정확한 용선기간과 연료량을 산정하고, 여기에 용선기간 중 발생된 선주비용(owner's account), 선창청소비(hold cleaning charge), 수수료, 오프하이어(off-hire) 등을 감안하여 [사례 6-13]의 정산서(statement of account)를 작성하여 본선의 실제선주와 지불관계를 청산해야 한다.

항비의 정산 및 정산서를 기준으로 최종적인 항차에 대한 채산성검토가 이루어짐으로써 용선운항업무는 종결된다.

[사례 6-13] 정산서

TO	HANKOOK SHIPPING	C/O	WILSON SHIPBROKERS SA
DATE	21-Apr-08		
SUBJECT	MV. DOKDO / SEOUL MERCHANT MARINE		

PLEASE BE ADVISED OF CHTRS' PRELIMINARY S.O.A. AS FOLLOWS:

DELIVERY :	**2008-04-17 11:40 GMT**	**IFO :**	**732.500**	**MDO :**	**101.600**
REDELIVERY :	**2008-05-19 5:30 GMT**	**IFO :**	**722.210**	**MDO :**	**90.826**
DURATION :	**31.743056 DAYS**	**IFO PRICE :**	**$525.00**	**MDO PRICE :**	**$950.00**
HIRE :	**$34,000.00 DIOT**	**ILOHC :**	**$4,500**	**G.B.B**	
ADCOMM :	**3.75%**	**CAB/ENT/VIC :**	**$1,300**	**P/MONTH OR PRO RATA**	

(UNIT : US$)

DESCRIPTION	DR	CR
- TTL HIRE $34,000.00 X 31.743056 DAYS	1,079,263.89	
- 3.75% ADCOMM.		40,472.40
- CONSUMABLE BUNKER TO S'PORE IFO : 249.700 MT x $525.00 = 131,092.50 MDO : 9.400 MT x $950.00 = 8,930.00	140,022.50	
- REFUND CONSUMABLE BUNKER TO S'PORE IFO : 249.700 MT x $525.00 = 131,092.50 MDO : 9.400 MT x $950.00 = 8,930.00		140,022.50
- B.O.D IFO : 732.500 MT x $525.00 = 384,562.50 MDO : 101.600 MT x $950.00 = 96,520.00	481,082.50	
- B.O.R IFO : 722.210 MT x $525.00 = 379,160.25 MDO : 90.826 MT x $950.00 = 86,284.70		465,444.95
- OFF HIRE due to HOLD CLEANING(2008.04.18 0600 ~2008.04.18 1800) $34,000.00 X 0.5000000 DAYS		17,000.00
- 3.75% ADD COMM	425.01	
- LESS C.E.V $1,300.00 X 0.500000 DAYS/ 30.00 DAYS = 21.67		21.67
- OFF HIRE BUNKER CONSUMPTION IFO: 1.250 MT X $525.00 = 656.25 MDO: 0.250 MT X $950.00 = 237.50		893.75
- ON HIRE SURVEY		205.00
- OFF HIRE SURVEY		129.30
- ILOHC	4,500.00	
- ACTUAL OWNS EXPENSES		
at LIANYUNGANG		238.97
at HALDIA		78.98
at CHENNAI		300.00
2.50% OUT-LAY COMM		15.45
- CTM		2,288.72
- CABLE/ENT/VIC $1,300.00 X 31.743056 DAYS / 30.00 DAYS = 1,375.53	1,375.53	
- REMITTED HIRE 1 HIRE+BOD 603,881.25 2 HIRE 265,970.00 3 HIRE 131,073.33 BAL HIRE 37,889.58		1,038,814.16
SUB TOTAL	**1,706,669.43**	**1,705,925.84**
BALANCE DUE TO OWNERS		**743.59**
GROSS TOTAL	**1,706,669.43**	**1,706,669.43**

Please pay the above amount to our account at your earliest convenience.

B.RGDS/ SEOUL MERCHANT MARINE

CHAPTER

7

용선계약부 선하증권

제 1 절 용선계약부 선하증권의 개념

1-1 정 의

용선계약부 선하증권(charter party bill of lading)은 다음과 같이 두 가지 의미로 해석된다.

첫째, 항해용선계약상 선적된 화물에 대하여 발행된 선하증권을 말한다. 항해용선계약상 항해용선계약서라고 하는 운송계약서가 존재하고 있음에도 선하증권이 다시 발행되는 이유는 선하증권의 수령증과 권리증권의 기능을 보완하기 위함이다.

따라서 선주는 항해용선계약의 당사자가 아닌 선하증권소지인를 항해용선계약서에 따라 구속하기 위하여 항해용선계약서상 모든 내용이 선하증권에 편입(incorporation)된다는 문언을 선하증권에 규정하게 된다. 따라서 신용장통일규칙(UCP 600) 제20조는 항해용선계약서의 내용을 알지 못하는 선하증권소지인을 보호하기 위하여 신용장이 용선계약부 선하증권을 요구 또는 허용한 경우가 아닌 경우에는 수리가 거절되는 것으로 규정하고 있다.

둘째, 정기용선된 선박에 선적된 화물에 대하여 발행된 선하증권을 말한다. 즉 선사가 자신이 체결한 항해용선계약 또는 개품운송계약을 이행하기 위하여 타 선주로부터 선박을 정기용선한 경우, 이때 선적된 화물의 수령을 증명하기 위해 발행된 선하증권이다.

1-2 법적 문제점

용선계약부 선하증권이 발행된 경우, 운송계약서의 확정과 운송인의 확정이라는 두 가지의 법적 문제점이 대두된다.

운송계약서의 확정문제라 함은 위 첫번째 사례에서와 같이 용선자 또는 선하증권소지인에 대한 관계에서 적용되어야 할 운송계약이 용선계약서인가 아니면 선하증권인가의 문제이다. 반면 운송인의 확정 문제라 함은 위 두 번째 사례에서와 같이 선주와 용선자 중에서 누가 선하증권계약상 운송인(화물손해에 대한 손해배상책임자)이 되는가의 문제이다.

1) 운송계약서의 확정 문제

용선계약부 선하증권이 발행되는 이유는 용선계약서와 선하증권의 기능상 차이에서 찾을 수 있다. 선하증권은 화물의 수령 또는 선적사실에 대한 증거인 화물수령증으로서의 기능과 양륙항에서 화물의 인도를 청구할 수 있는 권리증권으로서의 기능을 가지고 있음에 반하여, 용선계약서는 운송계약서로서의 기능만 가질 뿐이다. 따라서 용선계약이 체결되었다고 하더라도 용선자인 송하인으로서는 화물수령증과 권리증권을 필요로 하므로 선하증권이 발행되는 것이다.

선주와 용선자 간의 관계에서 운송계약서는 용선계약서이다. 이 경우 선하증권은 화물의 종류와 수량, 외관상태, 선적사실 등에 대한 증거인 화물수령증이자 양륙항에서 화물의 인도를 청구할 수 있는 권리증권이지 운송계약서는 아니기 때문에 용선계약서의 내용과 조건이 선하증권의 그것보다 우선한다.

그러나 선하증권을 발행한 선주(운송인)와 제 3 의 선하증권소지인 간의 관계에서는 선하증권의 내용이 용선계약서의 그것보다 우선한다. 따라서 선주는 선하증권소지인에 대하여 용선계약서 이상의 책임을 부담하지 않기 위하여 선하증권에 용선계약의 내용이 편입된다고 하는 편입조항(incorporation clause)을 기재하게 된다. 예를 들어, "운임과 기타 조건은 용선계약대로 함(freight and all other conditions as per charterparty)"과 같은 표현이다.

그런데 용선계약부 선하증권이 제 3 자에게 양도되어 선하증권이 운송계약으로 인정될 경우 이러한 편입문구의 효력이 문제된다. 영국법원은 용선계약서를 보지 않았을 선하증권소지인을 보호할 목적으로 다음 세 가지의 편입조항의 효력요건을 엄격히 규정하고 있다.

첫째, 편입조항은 선하증권 문면에 명시적으로 기재되어야 한다. 그 이유는 사후에 선하증권을 취득하는 자는 용선계약서를 함께 취득하는 것이 아니기 때문에 선하증권에 이러한 편입조항이 없다면 용선계약의 존재를 알 수 없고, 선하증권의 기재만을 운송계약의 내용으로 신뢰할 수 있기 때문이다. 따라서 The Varenna(1983)사건[1]에서 법원은 선주와 용선자 사이에 용선계약의 선하증권에의 편입 취지는 선하증권 문면에 명확히 기재되어야 한다고 판결한 바 있다.

둘째, 편입조항은 편입하려는 용선계약의 내용을 적절히 기술해야 한다. 보편적으로 사용되는 "freight and all other conditions as per charter party"이라는 편입조항은 수하인이 이행해야 할 조건 또는 운송인의 화물 수령, 선적, 운송, 양륙, 인도와 관련된 조건만 편입되며, 용선계약상 선주의 면책조항은 편입되지 아니 한다고 해석된다. 또한 "용선계약의 모든 조건 및 면책(all the terms, condition and exception of the C/P)"이라는 편입조항은 편입 범위가 가장 넓은 것으로 해석됨에도 불구하고 운송인의 화물 수령, 선적, 운송, 양륙, 인도와 직접적으로 관련 있는 조건과 면책으로만 제한되며, 선하증권상 운송인의 의무와 모순되는 용선계약의 내용은 편입에서 제외된다.

한편 용선계약상 중재조항의 편입 문제에 대하여 법원은 엄격한 해석을 적용하고 있다. 위에서 살핀 The Varenna(1983)사건에서 법원은 "용선계약의 모든 조건 및 면책(all condition and exception of which charterparty)"이라는 편입조항은 중재조항과 같은 부수조건(collateral terms)까지 포함되지 않는다고 판결한 바 있다.[2]

1) The Varenna [1983] 2 Lloyd' s Rep.593.

2) 중재조항의 편입에 대한 최근 영국법원의 입장을 정리하면, "all terms and condition, liberties and exceptions of the C/P dated as overleaf are herewith incorporated.(CONGEN Bill 1978) "의 문구는 중재조항이 편입되지 않는 것으로 보았고, "all terms and condition, liberties and exception of the C/P dated as overleaf including the law and arbitration clause are herewith incorporated.(CONGEN Bill 1994)" 의 문구는 중재조항까지 편입되는 것으로 판정하였다.

셋째, 편입조항에 의하여 편입되는 용선계약의 내용은 선하증권의 내용과 조화되어야 한다. Miramar(1984)사건[3]에서 선주는 용선자의 파산으로 선적항에서 발생된 체선료를 회수할 수 없게 되자 편입조항에 따라 선하증권소지자에게 체선료의 지급을 청구한 사건에서, 최고법원은 용선계약서의 체선료약관에서 용선자가 체선료를 지급한다고 규정하고 있으므로 동 약관은 선하증권소지인에게는 적용되지 않는다고 판시하였다.

여기서 주의할 사항은 영국법상 선하증권에 편입된 용선계약서 체결일자가 선하증권 문면에 기재되지 않는 경우에도 편입조항의 효력은 영향을 받지 않는다는 것이다. 그러나 우리나라 대법원은 선하증권에 용선계약의 편입만을 언급하고, 해당 용선계약서의 체결일자가 선하증권에서 특정되지 아니한 경우에는 용선계약의 내용이 선하증권에 편입되지 아니한다고 판결한 바 있다.[4]

2) 운송인의 확정 문제

운송인의 확정(identity of carrier)이 문제되는 이유는 선주와 용선자 중 한 사

---

3) The Miramar [1984] 2 Lloyd' s Rep.129. 이 사건에서 최고법원은 편입조항으로 인하여 용선계약상 체선료약관이 문자 그대로 선하증권에 유효하게 편입되었다고 보았지만, 문제는 동 약관에서 용선자가 체선료를 지급한다고 규정하고 있는 점을 고려하여 동 약관은 선하증권소지자에게 적용되지 아니한다고 판결하였다. 반면 하급법원은 편입조항의 목적이 용선자가 부담하는 채무불이행에 대하여 선하증권소지자가 인적책임을 진다는 것이고, 편입조항이 화물의 선적, 운송, 인도 등과 직접적으로 연관된 것이라면 이를 확대해석하여 체선료약관을 선하증권소지자에도 적용될 수 있다고 판결하였다. 그러나 최고법원은 선하증권상 기재된 수하인이 선하증권에 명시된 운임지급에 대하여 인적 책임을 부담함은 물론 미확정된 잠재적 채무 또는 이미 발생되었거나 또는 장래 발생될 체선료 등이 인도된 화물의 가치를 초과하는 경우에도 지급한다고 확약하는 경우에만 확대해석 할 수 있다고 판시한 것이다.

4) 대법원 2003. 1. 10. 선고 2000다70064 판결. 이 사건에서 대법원은 ' "일반적으로 용선계약상의 중재조항이 선하증권에 편입되기 위해서는 우선, 용선계약상의 중재조항이 선하증권에 편입된다는 규정이 선하증권상에 기재되어 있어야 하고, 그 기재상에서 용선계약의 일자와 당사자 등으로 해당 용선계약이 특정되어야 하며(다만, 위와 같은 방법에 의하여 용선계약이 특정되지 않았더라도 선하증권의 소지인이 해당 용선계약의 존재와 중재조항의 내용을 알았던 경우는 별론으로 한다.), 만약 그 편입 문구의 기재가 중재조항을 특정하지 아니하고 용선계약상의 일반 조항 모두를 편입한다는 취지로 기재되어 있어 그 기재만으로는 용선계약상의 중재조항이 편입대상에 포함되는지 여부가 분명하지 않을 경우는 선하증권의 양수인(소지인)이 그와 같이 편입의 대상이 되는 중재조항의 존재를 알았거나 알 수 있었어야 하고, 중재조항이 선하증권에 편입됨으로 인하여 해당 조항이 선하증권의 다른 규정과 모순이 되지 않아야 하며, 용선계약상의 중재조항은 그 중재약정에 구속되는 당사자의 범위가 선박소유자와 용선자 사이의 분쟁 뿐 아니라 제3자 즉 선하증권의 소지인에게도 적용됨을 전제로 광범위하게 규정되어 있어야 할 것이다." 라고 판시함으로써 용선계약상 중재조항의 선하증권에의 편입요건을 영국법원과 비교하여 엄격히 적용하고 있다.

람만이 선하증권상 계약운송인으로서 운송과정 중에 발생한 화물의 멸실이나 손상에 대하여 책임을 부담하기 때문이다. 예를 들어 선하증권소지인이 화물의 손해에 대한 손해배상을 청구함에 있어서 그 상대방인 운송인을 잘못 확정하게 되면 헤이그규칙상의 제소기간인 1년을 도과하게 되어 결정적인 피해를 입을 가능성이 있다.[5)]

따라서 운송인의 확정 문제는 선하증권소지인 입장에서 매우 중요한 문제이지만, 이에 대하여 각국 법원이 상이한 판결을 내리고 있어 주의가 필요하다. 이 문제에 대한 영국법원의 기본적인 입장은 다음과 같다.

첫째, 선주와 용선자 사이에 계약관계가 나용선계약인 경우에는 당해 선박을 점유, 관리, 운항하고 선장을 지휘, 감독하는 자는 나용선자이므로 선하증권상의 운송인은 선주가 아니라 나용선자가 된다.

둘째, 선주와 용선자 사이에 계약관계가 정기용선계약인 경우에는 당해 선박을 점유・관리・운항하며, 선장을 지휘・감독하는 자는 선주이므로 선장이 선하증권을 발행하는 경우, 선하증권계약상의 운송인은 선주로 추정되는 것이 원칙이다. 심지어 용선자나 용선자의 대리인이 "선장을 대신하여(for the master)" 라는 문구하에서 선하증권에 서명하고 이를 발행한 경우에도 선장은 선주의 대리인이므로 선하증권계약상 운송인은 선주로 인정된다.

또한 선하증권에 디마이즈약관(demise clause)[6)] 또는 운송인확정약관(identity of carrier clause)[7)]이 규정되어 있는 경우에는 선주를 운송인으로 인정한다. 디마

---

5) Hague Rules Art.3(6); In any event the carrier and the ship shall be discharged from all liability in respect of loss or damage unless suit is brought within one year after delivery of the goods or the date when the goods should have been delivered. 한편 Hamburg Rule은 화물이 인도되거나 인도되었어야 할 날로부터 2년 내로 제척기간을 연장하였다.

6) 디마이즈약관은 전형적인 문구는 다음과 같다. "만약 본선이 본 B/L을 발행한 회사 또는 선사의 소유선박 또는 나용선 방식으로 확보한 용선 선박이 아닌 경우(때에 따라 그 반대의 경우에도 불구하고), 본 B/L은 단지 대리인으로 행동하는 동 회사 또는 선사의 대리행위가 계약당사자 자격으로 행해진 경우, 본 B/L은 선주 또는 나용선자의 계약으로써 효력을 발생하며 어떠한 경우에도 그에 대한 인적 책임을 지지 않는다(If the ship is not owned or chartered by demise to the company or line by whom this bills of lading is issued (as may be the case notwithstanding anything which appears to the contrary) the bills of lading shall take effect as a contract with the Owner or demise charterer, as the case may be, as principal made through the agency of the said company or line who acts as agents only and shall be under no personal liability whatsoever in respect thereof.)."

7) 운송인확정약관의 전형적인 예는 다음과 같다. "선하증권에 의해 입증된 본 운송계약의 당사자는 화주와 선하증권에 명시된 선주이다. 따라서 본 운송계약에 따른 어떠한 운송인 의무 위반 또는 불이행에서 기인된 화물손상 또는 손실에 대해 선주는 단독으로 책임을 진다(The contract

이즈약관 또는 운송인확정약관이라 함은 선하증권은 선하증권소지인과 선주 또는 나용선자 사이의 계약으로서 정기용선자는 이와 관련하여 아무런 책임을 지지 아니한다는 내용의 조항이다.

영국법원은 이러한 약관의 규정 취지가 누가 운송인인가를 결정하기 위한 것이라는 점에서 유효라고 보는 반면, 미국법은 정기용선자가 자신의 책임을 면책하기 위한 취지이므로 운송인의 책임감경금지를 규정하고 있는 헤이규칙 또는 헤이그-비스비규칙 제 3 조 8항에 의하여 무효라고 본다.

이러한 원칙에도 불구하고 선하증권 두서(heading)에 용선자의 이름이 기재된 경우 또는 용선자가 자신의 이름으로 선하증권을 서명, 발행한 경우에는 용선자가 운송인으로 인정된다. 특히, 선하증권의 전면 상부인 두서에 나타나 있는 회사의 상호는 금반언의 원칙이나 외관의 법리에 따라 운송인 확정에 있어서 중요한 단서가 된다.

제 2 절 표준용선계약부 선하증권의 내용

항해용선계약에서 널리 사용되고 있는 표준 항해용선계약서는 발틱국제해운이사회(The Baltic and International Maritime Council; BIMCO)가 제정한 "GENCON" 이다. 동 서식은 1922년 처음 제정된 이래, 1974년, 1976년 그리고 1994년 개정을 거쳐 오늘에 이르고 있다. 특히 선하증권과 관련하여, GENCON(1994) 제10조에서는 동 용선계약하에서 발행되는 용선계약부 선하증권을 CONGENBILL(1994)" 로 지정하고 있다([부록-6] 참조).

2-1 CONGENBILL(1994)의 전면

전면은 통상 해상법규에서 요구하는 기재사항으로 구성된다. 세부내용은

---

evidenced by this bill of lading is between the Merchant and the Owner of the vessel named herein and it is, therefore, agreed that the said shipowner alone shall be liable for any damage or loss due to any breach or non-performance of any obligation arising out of the contract of carriage.)."

① 두서에 용선계약서와 함께 사용되는 선하증권이라는 표시 ② 화주의 표시(송하인, 수하인, 통지처), ③ 본선의 표시, ④ 운송구간(선적항, 양륙항), ⑤ 화물의 명세와 갑판적 화물의 손해에 대한 운송인 면책 표시, ⑥ 용선계약서 일자와 운임 수취의 표시, ⑦ 선적항에서 정박기간 사용일수의 표시, ⑧ 화물이 양호한 상태로 선박에 선적되었고, 약정한 양륙항에서 화물의 인도를 확약하는 문언 ⑨ 화물의 중량, 용적, 품질, 상태 내용, 가액이 운송인에게 알려지지 않았다는 부지문구, ⑩ 운임 지급지, ⑪ 선하증권 발행지와 발행일자, ⑬ 원본선하증권의 발행통수, ⑭ 선하증권 서명권자의 표시와 서명 등이다,

2-2 CONGENBILL(1994)의 이면

1) 제1조

제1조는 용선계약의 편입약관(Incorporation Clause)이다. 앞서 운송계약서의 확정 문제에서 살펴본 바와 같이 용선계약의 편입약관을 규정하는 이유는 용선계약당사자가 아닌 선하증권소지인에 대하여 선주가 용선계약서 이상의 책임을 부담하지 않기 위하여 선하증권에 용선계약의 모든 내용이 편입된다고 취지를 명확히 하는 것이다. 동 조항에서는 전면에 기재된 용선계약상 모든 내용(준거법조항 및 중재조항 포함)이 선하증권에 편입되었음을 명시하고 있다.

2) 제2조

제2조 지상약관(Paramount Clause)에서는 ① 동 선하증권은 선적지 또는 양륙지 국가에서 입법화된 헤이그규칙의 적용을 받으며, 만약 양 국가 모두 헤이그규칙을 입법화하지 않은 경우라도 헤이그규칙이 적용된다는 점, ② 헤이그-비스비규칙이 강제적으로 적용되는 거래에서는 동 규칙이 선하증권에 적용된다는 점, ③ 운송인은 선적 이전과 양륙 이후의 화물 손해, 타운송인의 관리에 있는 동안의 화물 손해, 갑판적 화물 또는 산동물의 손해 등에 대하여 면책된다는 점 등을 규정하고 있다.

따라서 동 선하증권하에서 운송인과 화주 사이에 분쟁이 발생한 경우, 운송인의 책임과 의무 및 그 제한에 관해서는 헤이그규칙 또는 헤이그-비스비규

칙에 따라 해석되고, 계약의 성립, 방식 및 효력 등 일반적인 문제에 관해서는 위 제 1 조에서 편입된 용선계약상 준거법조항에서 규정하고 있는 국내법에 따라 해석된다.

한편 헤이그규칙 또는 헤이그-비스비규칙은 선하증권을 포함하여 이와 유사한 권리증권이 발행되는 해상운송계약에만 적용된다. 그러므로 동 법은 용선계약에는 적용되지 않으며, 용선계약부 선하증권에도 적용되지 아니한다. 다만, 용선계약부 선하증권이 용선자가 아닌 제 3 자에게 양도되는 경우에는 선하증권이 운송계약이 되므로 동 규칙들의 선하증권에 적용됨을 지상약관에 의하여 천명하는 것이다.

3) 제 3 조

제 3 조는 공동해손약관(General Average Clause)이다. 공동해손(general average)이라 함은 절박한 위험에 직면한 선박과 화물의 공동이익을 보존할 목적으로 행하여진 선장의 임의적 조치로 발생된 선박이나 화물의 희생(sacrifice) 또는 비용(expenditure)을 말한다. 이러한 공동해손이 발생한 때에는 당해 항해의 이해관계자 모두가 그 손해를 분담해야 한다.

그런데 각국마다 공동해손의 인정범위와 그 처리에 관하여 상이한 입장을 보이고 있어 이를 국제적으로 통일하기 위하여 1864년 요크규칙을 시초로 1877년 요크-앤트워프규칙(York-Antwerp Rules)이 탄생하게 되었는데, 동 규칙은 수차례 개정(1890년, 1924년, 1950년, 1974년, 1990년, 1994년, 2004년)을 거듭하여 오늘에 이르고 있다. 따라서 제 3 조에서는 공동해손이 발생한 경우 그에 관한 처리는 요크–앤드워프규칙(1994년) 또는 이후 개정규칙에 따른다고 규정하고 있다.

4) 제 4 조

제 4 조는 신제이슨약관(New Jason Clause)이다. 공동해손에 관한 미국법의 입장은 특이하다. 선주는 사용인의 항해과실에 대하여 면책이므로 면책손해의 확대방지를 위한 본선의 희생은 당연히 공동해손으로 인정되어 화주에게 분담청구가 가능함에도 불구하고 과거 미국법원은 선주의 분담청구권을 인정하지 않았다.

따라서 미국을 기항하는 선주들은 운송계약서에 "선주가 모든 면에서 본선의 감항성을 유지하기 위하여 주의의무를 다했다면 공동해손이 선주 사용인의 항해 또는 관리의 과실로 발생하였다고 하더라도 선주는 화주에 대하여 공동해손 분담청구권을 갖는다"라는 내용의 약관을 사용하게 되었다.

이후 제이슨(Jason)호의 좌초사건에서 미국연방대법원이 이 약관의 유효성을 인정하면서 이것이 "제이슨약관"이라고 불리다가, 다시 감항성에 대한 선주의 주의의무 및 사고와 감항성과의 인과관계 등에 대한 사항을 추가하고, 자사선(sister ship)이 본선을 구조한 경우에도 타사선이 구조한 것과 동일하게 구조료를 지급하는 내용을 추가하여 현재에 이르고 있고, 이를 "신제이슨약관"이라고 명명되고 있다.

동 조항에서는 선주 사용인에 의한 과실 또는 부주의로 발생된 공동해손이라고 화주는 화물분담금을 지급해야 함을 강조하면서 "신제이슨약관"을 그대로 채용하고 있다.

5) 제 5 조

제 5 조는 쌍방과실충돌약관(Both to Blame Collision Clause)이다. 쌍방과실충돌약관도 뉴제이슨약관과 같이 선박이 미국을 기항할 경우에 필요한 약관이다. 선박충돌로 인하여 화물손해를 입게 된 화주는 본선에 대하여 손해배상을 청구를 할 수 없다. 선박충돌은 통상 선원의 과실에 기인하므로 제 2 조에서 규정하고 있는 항해과실 면책사유에 해당되기 때문이다. 다만, 화주는 쌍방과실로 인하여 선박이 충돌한 경우에 "과실비례주의"를 채택한 1910년 선박충돌에 관한 국제통일협약(International Convention for the Unification of Certain Rules of Law with respect to Collision between Vessels; 브뤼셀충돌조약이라고도 함)"에 따라 상대선박으로부터 그의 과실비율에 해당하는 만큼을 회수할 수 있다.

그러나 미국은 화주의 손해에 대하여 양 선박의 "연대책임주의"를 채택함으로써 본선의 화주는 상대선박으로부터 자기가 입은 손해의 100%를 회수할 수 있고, 다시 상대선박은 본선에 대하여 본선의 과실비율만큼을 청구할 수 있다. 결국 본선은 자선화주에 대하여 상대선박을 경유하여 자신의 과실비율만큼을 간접적으로 부담하게 되므로 항해과실면책권을 박탈당하게 된다.

따라서 미국을 기항하는 선주들은 미국적 선박과의 충돌에 대비하여 쌍방과실 하에서 상대선박이 자선화주에게 지급한 손해배상액을 본선에게 청구한 경우에 본선은 자선화주에게 다시 청구할 수 있다는 취지를 선하증권과 항해용선계약서에 삽입하게 된 것이다.

2-3 CONGENBILL(2007)의 특징

BIMCO는 2007년말, 그동안 업계에서 광범위하게 이용되어 왔던 용선계약부 선하증권 표준양식인 1994판 CONGENBILL을 2007년판 양식으로 대체한다고 발표하였다.

CONGENBILL(2007)은 1994년판과 비교하여 선하증권에 서명하는 당사자, 즉 선하증권에 의하여 증명되는 운송계약상 책임을 부담하는 운송인을 보다 명확히 하기 위하여 서명란(signature box)을 세분하였다는 점과 BIMCO에서 최근 제정한 일반지상약관(General Paramount Clause)을 편입하고 있다는 점이 주요 특징이다. 이하에서, CONGENBILL(2007)의 특징을 자세히 살펴보면 다음과 같다.

첫째, CONGENBILL(2007)은 전면의 디자인을 현대화하였다. 특히 1994년판과 달리 좌측 하단에는 운송인의 성명과 본사 소재지를 기재하도록 하였으며, 우측 하단의 서명란에는 운송인이 선하증권에 서명하는 경우와 선장 또는 대리점이 좌측 하단에 기재된 "운송인을 위하여 또는 대신하여(for the Carrier)" 서명하는 경우로 구분하고 있다.

운송인 성명란을 도입하고 서명란을 세분한 이유는 2007년 1월 1일자로 개정되고, 7월 1일자로 발효된 신용장통일규칙(UCP 600)의 규정을 충족하기 위한 것이다. 동 규칙 제20조에 따르면, 선하증권은 운송인의 성명이 표시되고, 운송인 또는 운송인을 위하여 또는 그를 대리하는 선장이나 대리점에 의하여 서명되어야 하며, 그러한 서명자의 자격이 특정되어야 한다고 규정하고 있다.

둘째, CONGENBILL(2007)은 1994년판 좌측 하단에서 규정하고 있는 "선적시 사용된 정박시간(Time used for loading)"란을 삭제하였다. 동 시간을 선하증권에 기재하도록 한 이유는 용선계약상 체선료 및 조출료 약정을 수하인에게도 적용하기 위한 것이었으나, CONGENBILL(2007년) 이면의 제 1 조 용선계약의 편입약관(incorporation clause)에서 용선계약상 모든 조건이 선하증권에 유효하게 편입된다고 규정하고 있으므로 선하증권 전면에 정박기간을 별도로 기재할 필요가 없다는 인식에 따른 것이다.

셋째, CONGENBILL(2007)이면 제 2 조 일반지상약관은 선하증권을 규율하는 국제조약을 명확히 하기 위하여 1997년 BIMCO의 표준 일반지상약관을 편입하였다. 1993년판에서는 헤이그-비스비규칙(1968)이 강행적으로 적용되는 경우를 제외하고, 헤이그규칙(1924)이 준거법이 된다고 천명하고 있었다.

그러나 CONGENBILL(2007) 제 2 조에서는 헤이그규칙(1924)이 강행적으로 적용되는 경우를 제외하고, 헤이그-비스비규칙(1968)이 준거법이 되며, 그러한 경우에는 소위 "SDR Protocol"이라고 하는 헤이그-비스비규칙(1979)에 따라 운송인의 책임이 제한되는 것으로 변경되었다.

넷째, CONGENBILL(2007) 이면 제 3 조 공동해손약관은 공동해손발생시 요크-앤트워프규칙(York Antwerp Rules, 1994)에 의해서만 정산되는 것으로 변경되었다. 1993년판 제 3 조에서는 요크–앤트워프규칙(1994) 또는 "이후 개정규칙(any subsequent modification)"에 의하여 정산된다고 규정하고 있었으나, BIMCO는 요크-앤트워프규칙(2004)이 선주에게 불리하다는 입장에서 2007년판에서는 "이후 개정규칙"이라는 문언을 삭제하여, 요크–앤트워프규칙(2004)의 적용을 사전에 배제하고 있다. 요크–앤트워프규칙은 국제조약이 아니므로 선하증권 또는 용선계약서에 요크-앤트워프규칙(2004)을 명시한 경우에만 적용되기 때문이다.

요크-앤트워프규칙(2004)은 해난구조계약상 구조비(salvage remuneration, salvage expense), 피난항 정박 중에 발생되는 선원의 급료와 유지비, 선박의 임시수리로 인해 절약되는 영구수리비, 공동해손자금 조달수수료(기존 2%) 등을 공동해손으로 인정하지 않는다. 또한 동 규칙에서는 공동해손비용지출시점에서 공동해손정산시점까지 이자(기존, 확정 7%)도 시장금리와 연동하도록 하였고, 공동해손정산서 발행일로부터 1년 이내에 소송이 제기되지 않는 한 공동해손분담금 채권이 소멸한다고 하는 제소기간도 신설하였다.

다섯째, 1993년판 제 3 조에서는 공동해손분담금의 처리와 관련하여, 적하이해관계자인 용선자, 송하인, 수하인은 벨기에 상법 제 2 부 148조의 규정을 명시적으로 포기한다고 규정하고 있었으나, 동 규정이 지나치게 특정 국가에 대한 제한적인 적용이라는 지적을 고려하여 CONGENBILL(2007)에서는 이를 삭제하였다.

제 3 편

용선계약 분쟁사례 · 용선계약 분쟁사례 · 용선계약 분쟁사례 · 용선계약 분쟁사례

용 · 선 · 계 · 약 · 분 · 쟁 · 사 · 례

용선계약 분쟁사례

CHAPTER

8

용선계약의 성립상 분쟁사례

제 1 절 용선계약 성립단계의 개관

용선계약은 선주와 용선자간의 사적계약(private contract)이므로 계약자유의 원칙(the principle of freedom of contract)에 따라 선박, 항해, 화물 등에 관한 계약상 의무를 당사자 사이에 임의대로 조정할 수 있는 재량권이 주어진다. 그리고 이러한 합의내용은 용선계약서로 구체화되므로 그것은 선주와 용선자간의 관계를 지배하는 합의서라고 할 수 있다.

그러나 영국과 미국의 계약법은 용선계약의 성립을 위하여 특별한 형식을 요구하지 않기 때문에 구두용선계약(oral charter)도 유효한 것으로 인정하며, 단지 당사자가 유효한 용선계약을 체결하는가 여부에 중점을 두고 있다. 즉 당사자에 의하여 서명이 이루어지지 않았거나, 합의내용이 서면으로 작성되지 않았다고 하더라도 용선계약상 중요사항에 대하여 당사자가 합의한 경우에 한하여 그러한 용선계약은 유효한 계약이 될 수 있는 것이다.

용선계약도 일반계약과 동일하게 청약(offer)과 승낙(acceptance)이라고 하는 의사표시의 합치에 의하여 성립하는 것이지만, 실제 협상과정은 복잡한 단계를 거치게 된다. 예를 들어, 항해용선계약에서 당사자가 협상을 개시할 당시에는 화물량, 운임, 선적항, 양륙항, 체선료, 선박명세 등에 관하여 견해의 차이를 보이나, 이후 상호양보를 통해 점진적으로 합의에 도달하게 된다.

따라서 당사자 사이에 언제 청약과 승낙이 있었는가를 정확히 판단한다는 것은 용이하지 않다. 이 문제에 대한 해답을 구하기 위하여 전형적인 용선계약의 협상단계를 표시단계(the indication stage), 성약단계(the fixing stage), 세부사항 합의단계(the detail stage)로 구분하여 살펴보기로 한다.

1-1 표시단계

이 단계는 선주와 용선자가 용선계약체결의 가능성을 타진하는 단계로서 어떠한 법적 효력의 발생 없이 정보의 교환만이 이루어진다. 예를 들어 정기용선계약의 경우 선주는 용선기간과 용선료를 특정한 후 중개인을 통해 자신의 대선 의사를 표시하며, 항해용선계약의 경우에도 선주는 운임률과 선적가능화물량을 확정한 후 중개인을 통해 자신의 운송의사를 표시한다. 그리고 이 단계에서 선주와 용선자 사이에 이루어지는 운임이나 용선료 등에 관한 교신내용에는 "단순표시(as an indication only)"라는 사실을 반드시 포함하고 있다.

표시단계에서 제시된 운임이나 용선료는 시장의 수급상황에 따라 변동될 수 있기 때문에 본격적인 성약단계로 진전되는 것이 지연될 수 있다. 따라서 신속한 용선계약의 체결을 유인하기 위하여 어느 일방이 "확정표시(a firm indication)"로 규정하는 경우도 있다. 이것은 표시가 청약이 되는 경우에 표시된 조건들이 수정이나 변경이 될 수 없다는 것을 의미한다.

1-2 성약단계

성약단계는 계약당사자가 용선계약의 중요사항에 대하여 합의하고, 세부사항이 기준이 되는 견본용선계약서를 확정하는 과정을 말한다. 따라서 성약이라 함은 선박의 사용에 관한 합의를 구체화하기 위한 목적으로 선주와 용선자가 합의한 필수적 계약사항의 기술이라고 정의할 수 있다.

이 단계는 어느 일방이 타방에게 용선계약상 중요사항을 기재하고, 청약의 통지를 발송함으로써 개시된다. 이러한 청약은 일반계약과 같이 승낙의 기한이 명시적으로 정해지는 경우가 대부분이고, 그 기한 내에 승낙이 이루어지지 않으면 그 청약은 무효가 된다. 반면 승낙의 기한이 정하여져 있지 않은 청약은 상당한 시간(reasonable time)이 경과하면 실효한다. 그리고 어느 정도가 상당한 시간인가의 문제는 사실의 문제이고, 청약의 성격과 청약이 행하여진 시장조건 등과 같은 사정에 의하여 결정된다. 청약을 받은 상대방, 즉 피청약자는 청약자에게 청약서에 규정된 중요사항에 대하여 수정이나 변경을 가하고, 새로운 중요사항을 추가하여 반대청약(counter offer)을 하게 된다.

용선계약상 중요사항인가라는 문제는 용선계약의 형태에 따라 달리 해석된다. 일반적으로 항해용선계약상 중요사항은 ① 화물의 종류와 수량, ② 운임률, ③ 선적항과 양륙항, ④ 하역비부담조건, ⑤ 정박기간, ⑥ 예상선적가능일과 취소일, ⑦ 선박의 명세 등이고, 정기용선계약상 중요사항은 ① 일당 용선료, ② 용선기간, ③ 선박인도지점, ④ 선박반환지점, ⑤ 선박의 명세 등이다.

중요사항에 대한 합의는 소위, "세부사항 합의조건(subject to details)"으로 이루어지는 것이 실무관행이다. 즉 선주와 용선자가 중요사항을 합의하면, 성약확인서(recapitulation of fixture)를 작성하여 당사자가 그 내용을 확인하게 되는데, 그것에는 세부사항은 견본용선계약서를 기준으로 계속 협상한다는 의미로서 "subject to details as per proforma charterparty"라는 단서가 붙어 있다. 그런데 이러한 합의가 계약당사자를 구속하는 유효한 계약인가가 문제된다. 이 문제에 관하여 영국법원과 미국법원이 상이한 입장 차이를 보이고 있음에 주의해야 하는바, 관련 사례는 제 2 절에서 살펴보기로 한다.

1-3 세부사항 합의단계

용선계약체결의 최종단계는 계약당사자가 용선계약상의 세부사항에 대하여 합의하는 단계이다. 즉 이 단계는 견본용선계약서를 수취하여 이것을 검토한 어느 일방이 타방에게 수정, 추가 또는 삭제되어야 할 조항들을 정리한 전문을 보내면서 개시된다. 이후 성약단계와 동일하게 계약당사자 사이에 계속적인 협의를 거쳐 세부사항에 대하여 합의에 이르면 중개인이 성약서(Fixture Note)를 작성하고, 이를 토대로 정식용선계약서를 작성하여 계약당사자가 이것에 서명하게 되면 완전한 계약이 성립하게 된다.

세부사항 합의단계에서는 어떠한 경우에도 기존에 합의된 중요사항을 수정 또는 변경하여서는 아니 된다. 따라서 영미법상 세부사항 합의과정에서 중요사항의 수정 또는 변경을 요구하는 것은 선의의 결여(lack of good faith)로 간주하여 그러한 수정 또는 변경 요구가 철회되지 않는 한 타방은 합법적으로 계약의 이행을 거절할 수 있는 권리를 갖는다.

제 2 절 분쟁사례

2-1 세부사항합의조건부 용선계약

1) 미국 사례

(1) Interocean Shipping Co. v. National Shipping & Trading Corp.[1)]

① 사실관계

Interocean Shipping Co.는 용선자이며, National Shipping & Trading Corp.는 선주이다. 양자는 중개인을 통하여 정기용선계약의 협상을 진행하였는데, 중요사항에 대하여 합의가 이루어진 후 성약확인서가 작성되었다. 성약확인서에는 용선료, 용선기간, 용선자의 성명, 초과근무시간(overtime) 등에 관한 사항과 함께 "Subject details Mobiltime form" 즉, 세부사항에 대하여는 "Mobiltime"이라는 표준계약서식을 조건으로 협상한다는 기재가 포함되어 있었다. 양자가 세부사항에 대한 조정(fine-tuning)을 거치는 과정에서 선주는 기한부로 특정사항에 대한 변경을 요구하였다. 그러나 용선자가 그 기한 내에 회신하지 못하자, 선주는 세부사항 합의조건이 해제조건(condition subsequent)[2)]이기 때문에 완전한 용선계

---

1) 462 F.2d 673 (2d Cir.1972).

2) 조건(condition)이라는 영미법에서 여러 의미로 사용된다. 즉 위반시 계약의 해제권을 발생시키는 계약조항을 의미하기도 하고, 여기서 말하는 "condition subsequent" 에서 "condition" 은 계약의 성립을 결정하는 계약당사들의 이행순서에 관한 것이다. 이행순서에 관한 "condition" 에는 "condition precedent(정지조건)" 와 "condition subsequent(해제조건)" 가 있다. 예를 들어 시계의 매매계약에서 매수인이 시계가 지니고 있다고 하는 성능을 가지고 있는지를 사전에 확인해 보기로 한다는 조건하에 매매계약을 체결한 경우에 그러한 합의는 정지조건에 따른다고 한다. 한편 해제조건은 앞으로 약정된 조건이 성취되면, 다시 말하여 약정된 사건이 발생하면 계약이 종료된다. 예를 들어 아버지가 딸에게 결혼할 때까지 용돈을 주기로 한 경우, 결혼하면 용돈을 받을 수 없게 되는 것이다.

약의 협상을 위해 요구되는 세부사항에 대하여 당사자 사이에 합의가 이루어지지 못하였으므로 상호간의 합의 없이 계약은 무효가 된다고 통보한 후, 다른 용선자와 정기용선계약을 체결하여 계약당사자 사이에 분쟁이 발생하였다.

② 판 결

법원은 세부사항 합의조건이란 성약시점에서 합의된 계약내용을 견본용선계약서의 형태로 만들어 가고, 불필요한 계약사항을 삭제하는 것이라고 보아 세부사항 합의조건이 해제조건에 해당된다는 선주의 주장을 부인하였다. 이에 선주는 계약내용에 대하여 당사자 사이의 합의가 있었는가에 대한 문제와 성약단계에서 합의된 계약내용이 중요사항에 해당되는가에 대한 문제와 관련하여, 인도지점, 입거수리라는 두 가지 중요사항에 대하여 합의가 없었기 때문에 유효한 계약이 성립되지 않았다고 주장하였다.

그러나 법원은 성약확인서에서 지정목적지(designated destination)를 페르시안 걸프로 규정하고 있는 사실에 비추어 인도지점에 대한 합의가 있었고, 또한 입거수리에 대하여도 용선계약 체결시점에서 수리일자를 확정하는 것이 곤란하기 때문에 성약확인서에 입거수리 문제는 추후 다시 협의한다는 기재로 보아 당사자 간에 합의가 이루어진 것으로 판단하였다. 따라서 법원은 모든 중요사항에 대하여 합의가 이루어졌으므로 유효한 용선계약이 체결되었다고 판결하였다.

2) Great Circle Line Ltd v. Matheson & Co.[3)]

① 사실관계

Great Circle Line Ltd는 미국에 소재한 용선자이며, Matheson은 영국에 소재한 이 사건 선박 M/V Cluden호의 선주이다. 양자는 텔렉스와 전화를 이용하여 중개인을 거쳐 용선계약의 협상을 진행하였고, 용선자는 일당 7,150달러의 용선료 지급이라는 선주의 청약을 최종 수락하였다. 이 시점 이전까지 양자는 용선료에 대한 합의만을 제외하고, 기타 모든 중요사항 — 예를 들어 인도지점과 시기, 용선기간, 항해금지구역, 수수료(commission), 선박의 명세 등-에 대하여는 이미 합의가 이루어진 상황이었다.

이후 뉴욕에 소재하고 있는 중개인은 용선사에세 양사가 합의한 중요사항

3) 681 F.2d 121 (2d Cir. 1982).

을 기술하고 있는 성약확인서를 텔렉스로 전달하고 그것에 대한 확인을 요청하였다. 성약확인서에는 "Subject details NYPE(1946)," 즉 세부사항에 대하여는 뉴욕산물거래소가 1946년에 제정한 정기용선계약서 표준서식을 조건으로 협상한다고 하는 기재가 포함되어 있었다. 용선자는 위 표준서식에 대한 수정을 가하여 선주의 승낙을 요청하였다. 선주는 다시 용선자의 수정사항 중 일부는 승낙하고, 일부는 거절하면서 이에 대한 용선자의 기한부 승낙을 요청하였으나, 용선자는 기한 내에 회신을 주지 않았다. 결국 선주는 약정된 기한 내 승낙이 이루어지지 않았으므로 청약이 종료되었음을 용선자에게 통보하고, 다른 용선자와 용선계약을 체결하였다. 용선자는 선주에게 중재를 통하여 본 분쟁을 해결하자고 주장하였으나, 선주는 유효한 용선계약이 체결된 바 없으므로 중재조항에 관한 합의는 무효라고 항변하여 결국 소송절차가 개시되었다.

② 판　　결

법원은 본 사건의 용선계약 협상과정을 검토한 후, 계약법상 요구되는 모든 중요사항에 대하여 의사의 합치가 있었다고 보아 유효한 용선계약이 성립되었다고 판단하였다. 또한 만약 유효한 용선계약이 체결되었다고 하더라도 세부사항 합의조건이란 그것에 합의가 실패한 경우에 계약을 종료시키는 해제조건이라는 선주의 주장에 대하여, 법원은 계약성립 여부는 모든 정황을 공평하고 합리적인 방법으로 검토하여 당사자의 계약체결 의사가 있었는가로 판단해야 한다고 하면서, 이 사건의 경우 계약당사자간에 수많은 협상이 진전되어 그 결과로 모든 중요사항에 대하여 합의가 이루어졌으므로 그다지 중요하지 않은 세부사항에 대하여 합의가 이루어지지 않았다는 이유로 용선계약을 파기하고자 하는 계약당사자의 의사가 있었다고 볼 여지가 없고, 또한 "Subject details NYPE(1946)" 이라는 문구는 단지 NYPE(1946)이라는 표준용선계약서가 중요사항 이외의 세부사항을 보완한다는 의미이므로 세부사항 합의조건이 해제조건이라는 선주의 주장은 이유 없다고 판결하였다.

3) P.T. Meyer & Fednav Ltd.(The Baronia)[4)]

① 사실관계

The Baronia사건에서 선주와 용선자는 미시시피 강으로부터 인도네시아까

4) SMA Award No.3002 (1993).

지 고철을 운송하는 항해용선계약을 성약하였고, 세부사항에 대하여는 “GENCON” 표준계약서를 기준으로 협상하기로 하였다. 이후 세부사항의 협상과정에서 용선자는 세 가지 중요사항의 변경 및 삽입을 선주에게 요청하였다.

첫째, “GENCON” 제12조에서 “화물은 본선의 위험과 비용부담 없이 용선자에 의하여 선적, 적부, 트리밍, 양륙된다(the cargo to be loaded, stowed, trimmed and discharged by the charterers free of risk and expense to the vessel)”라고 규정하고 있었는데, 용선자는 이 규정에서 트리밍과 위험이라는 문구를 삭제할 것을 요청하였다.

둘째, 용선자는 “화물은 용선자의 재량권으로 자석에 의하여 선적과 양륙이 이루어질 수 있다(the cargo could be loaded and discharged by magnets at the charterers' discretion)”라는 문구의 삽입을 요청하였다.

셋째, 용선자는 “만약 선주가 모든 화물을 선적하기 전에 선박이 출항할 것을 요구하는 경우, 용선자는 선적된 화물에 대하여만 운임을 지급할 의무가 있다(if the owners requested that the vessel leave before all cargo had been loaded, the charterers would only owe freight for the cargo that had been loaded)”라는 문구를 추가로 규정할 것을 요청하였다.

그러나 선주는 용선자의 위 세 가지 요구를 거절하면서 다른 자와 용선계약을 체결하였고, 결국 용선자는 230,954달러의 손해배상을 청구하는 중재절차를 미국에서 개시하였다.[5)]

② 판　정

중재인은 용선자의 위 세 가지 요구가 중요사항의 변경으로 보아 Great Circle Line Ltd v. Matheson & Co.사건 판결에 따라 세부사항의 협상과정에서 견본용선계약서의 규정을 변경할 수 있다는 합의가 없었다면, 어떠한 경우에도 그러한 변경은 허용되지 않는다고 하면서 선주의 항해용선계약 취소는 정당하고, 따라서 용선자의 클레임을 인정되지 않는다고 판정하였다.

5) 용선자의 손해배상청구액은 원래 항해용선계약상 운임과 대체 항해용선계약상 운인이 차액인 139,304달러와 용선자가 대체선박에 화물을 선적할 때까지 발생된 바지선의 체선료 91,650달러를 각각 포함한다.

2) 영국 사례

(1) Star Steamship Society v. Beogradska Plovidba(Junior K)[6]

① 사실관계

이 사건에서 Star Steamship Society는 레바논에 소재한 이 사건 선박 MV. Junior K호의 선주이고, Beogradska Plovidba는 유고슬라비아에 소재한 용선자이다. 양자는 수일에 거쳐 용선계약의 협상을 진행한 결과, 선박과 그 명세, 용선료, 화물, 세금, 인도항 등과 같은 중요사항에 대하여 합의하였고, 그 합의사항을 기술한 성약확인서에는 "Subject details of GENCON Charter Party", 즉 세부사항에 대하여는 "GENCON" 표준용선계약서를 기준으로 협상한다고 규정되어 있었다. 그러나 성약확인서가 송달된 다음날, 용선자가 추가협상의 진행을 거절하자, 선주는 용선자의 계약위반을 이유로 손해배상청구소송을 제기하였다.

② 판 결

법원은 일단 세부사항 합의조건이라는 문구는 용선시장에 종사하는 "합리적 사람 기준(reasonable man standard)"에서 상식에 비추어 해석되어야 하고, 또한 계약자유의 원칙이 적용되는 용선계약상 계약당사자에게는 세부사항에 대하여 어떠한 제약 없이 자유로운 협상이 허용되어야 한다고 한 후, 계약당사자가 선택 가능한 규정들(selectable provisions)을 포함하고 있는 GENCON 표준용선계약서의 특징을 고려할 때 세부사항 합의조건이라는 문구의 기재가 계약당사자가 구속력 있는 계약을 체결하고자 하는 의사를 갖고 있었다고 볼 여지가 없다고 보았다.[7] 즉 세부사항 합의조건이라 함은 아직 확정하지 않은 세부사항에 대한 보완재(filler)로서 표준용선계약서를 잠정적으로 언급(open-ended reference)한 것에 불과하므로 확정적이고 최종적인 합의(specific and final agreement)에 도달하였다고 인정될 수 없다는 것이다. 결론적으로 법원은 세부사항에 대한 합의가 유효한 용선계약의 성립을 위한 정지조건(condition precedent)이라고 판시하였다.

한편 Junior K사건은 용선계약이 아닌 선박매매와 관련된 다음 두 가지 선례를 인용하였다.

6) [1988] 2 Lloyd' s Rep.583(Q.B.).

7) 예를 들어 GENCON(1994) 제 5 조 정박기간(laytime clause)에 대한 규정에서는 용선계약 당사자의 합의에 따라 선적시와 양륙시로 구분하여 계산하는 방법과 선적시와 양륙시 구분 없이 전체정박기간으로 계산하는 방법 중 어느 하나를 선택할 수 있도록 하고 있다.

첫째, 1981년의 Solholt사건이다.[8] 이 사건에서 매도인과 매수인은 세부사항 합의조건으로 선박매매에 관한 합의가 이루어졌다. 그러나 매도인은 선박의 소유권을 양도하기 이전에 수익을 얻을 목적으로 합의서에서 금지하고 있는 용선계약을 추가로 체결하였다. 이에 매수인은 매매계약의 무효를 주장하였고, 매도인은 유효한 용선계약이 이미 성립되었다고 보아 매수인의 이행거절을 이유로 손해배상청구소송을 제기하였다. 법원은 세부사항 합의조건이라는 문구를 고려할 때 중요사항에 대하여 합의가 이루어졌지만, 부수조건(subsidiary, supplemental provisions)에 대한 합의가 이루어지지 않았으므로 유효한 계약이 성립하였다고 볼 수 없고, 세부사항에 대하여 당사자의 합의가 이루어지는 시점에 비로소 유효한 매매계약이 성립된다고 판결하였다.

둘째, 1985년의 Nissos Samos사건이다.[9] 이 사건에서 법원은 세부사항 합의조건부 계약이라 함은 중개관습(broking practice)상 성립되는 것으로서 선의(in good faith)의 계약당사자가 세부사항에 대하여 만족할 수 없는 경우에는 언제라도 그 계약의 협상을 중단할 수 있는 계약이라고 정의하였다.

(2) CPC Consolidated Pool Carriers G.M.B.H. v. CTM Cia Trans-mediterranea S.A.(CPC Gallia)[10]

① 사실관계

이 사건에서 CPC Consolidated Pool Carriers G.M.B.H.는 이 사건 선박 CPC Gallia호의 선주이고, CTM Cia Transmediterranea S.A.는 고속여객선의 운송을 선주에게 의뢰한 송하인이다. 그런데 양자는 세부사항의 합의과정에서 환적에 관한 권리를 선주에게 부여하고 있는 선하증권상 조항에 대하여 합의에 이르지 못하였다. 이에 송하인은 유효한 계약이 성립하지 않았으므로 다른 선주와 용선계약을 협상할 자유가 있다고 주장함으로써 당사자 간에 분쟁이 발생하였다.

② 판 결

법원은 양자가 확인한 텔렉스에서 "CONLINE Booking Note-subject to details/logical amendments"이라는 문구, 즉 세부사항에 대하여는 "CONLINE선적예약서"라는 표준계약서를 기준으로 협상하고, 기합의된 중요사항이 그것을 논

8) Sotiros Shipping Inc. v. Sameiet Solholt [1981] 2 Lloyd' s Rep.574.

9) Samos Shipping Enterprises Ltd. v. Eckhardt & Co. K.G. [1985] 1 Lloyd's Rep.378.

10) [1994] 1 Lloyd' s Rep.68.

리적으로 수정한다고 하는 규정에 주목하였다. 그 이유는 세부사항을 보완하는 표준계약서가 언급되어 있는 것은 추가적인 합의가 필요한 계약내용을 규정하고자 하는 계약당사자의 의사를 표시하는 것이라고 볼 수 있기 때문이었다. 결국 법원은 선례에 따라 모든 중요사항이 합의된 상태라 하더라도 환적과 같은 세부사항에 대한 합의가 이루어지지 않았으므로 계약의 성립요건을 결여하고 있다고 보았다.

한편 선주는 위에서 언급하고 있는 세부사항에 대하여 합의가 이루어지지는 못하였지만 표준계약서는 계약의 성립을 위하여 계약당사자의 불일치를 해결하기 위한 목적으로 규정된 것에 불과하다고 주장하였다. 또한 선주는 계약의 성립을 위해 요구되는 모든 계약사항이 협의되고 약정되었는가를 결정하기 위해서는 협상의 전체 과정이 고려되어야 한다는 원칙을 제시한 Container Transport International Inc. v. Oceanus Mutual Underwriting Ass'n(Bermuda) Ltd사건[11]을 인용하였다. 이밖에도 선주는 계약이 성립되었음을 인정하는 당사자의 행위가 고려되어야 한다고 하면서, 이 사건에서 송하인이 자신에게 불리한 환적 조항에 대하여 이의를 제기할 당시 용선계약의 성립 여부를 다투지 않고, 단지 그 조항의 변경을 요구한 점을 들어 송하인이 계약의 성립을 인정하였다고 주장하였다.

반면 송하인은 모든 세부사항에 관하여 계약당사자 간에 합의가 이루어지지 못한 경우에는 유효한 계약이 성립되지 않은 것으로 판단한 Junior K사건[12]을 인용하였다. 즉 송하인이 요구한 환적조항의 변경은 계약당사자를 구속하는 합의를 이끌어 내기 위한 부수조건들 중 하나에 불과하고, 또한 환적조항 문제를 제기하기 전에 이미 용선계약의 무효를 확인한 바 있다고 주장하였다. 마지막으로 성약확인서에서 세부사항 합의조건 뒤에 부가된 논리적 수정(logical amendments)이라는 문구는 해운시장에서 실무적으로 인정되는 정지조건으로서의 세부사항 합의조건의 효력에 어떠한 영향을 미치지 못한다고 항변하였다.

법원은 고속선의 운송계약이라는 특성을 고려할 때 환적이 계약의 체결을 위하여 중요한 세부사항이라는 것에 동의하고, 이에 유효한 운송계약이 성립되었다고 하는 선주의 주장은 논리에 어긋난다고 하였다. 또한 법원은 Junior K사

11) [1984] 1 Lloyd' s Rep.476(C.A.).
12) [1988] 2 Lloyd's Rep.583(Q.B.).

건에서 내려진 분석방법이 사안에 따라 달리 적용되어야 함을 인정하면서도, 세부사항 합의조건이라 함은 계약체결의 의사가 있음을 인정하는 것이 아니라 추가로 합의가 이루어져야 할 계약내용을 설명 및 보완하는 것이라는 본 송하인의 해석은 합리적 사람 기준(reasonable man standard)을 충족하고 있다고 판단하였다. 따라서 법원은 Junior K사건 판결에 의거하여 계약당사자가 모든 세부사항에 대하여 합의에 이르지 못하였음으로 유효한 계약이 성립되지 않았다는 결론을 내렸다.

(3) Thoresen & Co(Bangkok). Limited v. Fathom Marine Co. Limited & Ohters[13)]

① 사실관계

이 사건은 용선계약이 아닌 선박매매계약과 관련된 것이지만, 세부사항 합의조건부 계약의 효력 문제를 다룬 가장 최근의 판결이라는 점에서 의의가 있다. 이 사건에서 매수인 Thoresen & Co는 2003년 11월 27일자에 선박 3척에 대하여 4,200만 달러의 일괄가격(en bloc price)으로 매매계약이 체결되었다고 주장하였고, 매도인은 어떠한 선박매매계약도 체결된 바 없다고 항변하였다.

이 사건에서 선박매매협상은 양 당사자를 대리하는 중개인에 의하여 이루어졌고, 2003년 11월 27일자 성약확인서에는 "Otherwise basis Norwegian Sales Form 1993 sub details suitably amended to reflect also the above terms"라고 기재되어 있었다. 이것은 세부사항에 대하여는 1993년도 개정판 "Norwegian Sales Form"에 따라 협상하고, 당사자가 이미 합의한 중요사항을 반영하도록 적절히 수정된다는 의미이다. 그러나 세부사항에 대하여 당사자 간에 합의가 이루어지지 못하자, 매도인은 2003년 12월 4일 17시까지 회신할 것을 매수인에게 요구하였음에도 불구하고 매수인이 이를 지키지 않자, 매매협상이 종결되었음을 통지하였다.

② 판　　결

법원은 "subject to details"와 "sub details"가 선박매매계약에서 사용되는 경우 양자는 동일한 의미를 갖으며, 이것은 일반계약법상의 "subject to contract"가 해운산업실무에서 변형된 것이라고 하였다. 여기서 "subject to contract"는 계

13) [2004] EWHC 167.

약서에 따른다는 것으로, 일정한 방식의 계약서의 교환이 있을 때까지 합의에 구속받지 않겠다고 하는 당사자 사이에 약정을 말한다.[14)]

따라서 법원은 Junior K사건[15)]을 인용하여 성약확인서에서 제시된 표준계약서의 모든 세부사항이 합의될 때까지 당사자를 구속하는 계약이 성립되지 않는다고 판결하였고, 이러한 원칙은 용선계약의 협상에도 동일하게 적용됨을 재확인하였다.[16)]

3) 시 사 점

미국 법원은 용선계약상 세부사항이 중요사항의 부수적이고 종속적인 것으로 간주하여 계약당사자가 중요사항에 대하여 합의하게 되면 유효한 용선계약이 성립되었다고 본다. 반면 영국 법원은 세부사항이 합의될 때까지 계약당사자는 그 합의에 의해 구속되기를 의도하지 않았으므로 유효한 용선계약이 성립되지 않았다고 본다.

이러한 해석원칙의 차이는 미국 법원은 사회정의 실현이라는 법이념(th spirit of law)을, 영국 법원은 법조문(the letter of law)을 강조하는 데서 비롯되었다고 할 수 있다. 다시 말하여 미국법원은 선의의 계약당사자를 보호하기 위하여 세부사항 합의조건부 용선계약의 효력을 인정하고 있는 것이고, 영국법원은 계약당사자의 선의 여부를 고려하지 않고 세부사항 합의조건부라는 문구가 사용된 경우에는 계약의 성립을 인정하지 않는다고 하는 "그 자체에 의한 배제원칙(per se rule)"을 엄격히 적용하고 있는 것이다.

2-2 항해용선계약의 당사자와 서명[17)]

1) 사건개요

선주인 신청인은 용선자인 피신청인과 시멘트 3,100톤을 중국의 젠지앙에

---

14) Richardsbutler, 「Monthly Shipping Law Bulletin」, 2004.2, p.22.

15) [1988] 2 Lloyd' s Rep.583(Q.B.).

16) 이밖에도 선박매매와 관련하여 세부사항 합의조건부 용선계약의 유효성을 부인한 최근의 영국 판례는 다음과 같다. Messina & Co. v. Polskie Linie Oceaniczne [1995] 2 Lloyd' s Rep.566. ; Manatee Towing Co. v. Oceanbulk Maritime S.A.(The Bay Ridge) [1999] 2 Lloyd' s Rep.227.

17) 대한상사중재원 제91조 제12호.

서 한국의 인천항까지 운송키로 하는 항해용선계약을 체결하고 이를 이행함에 있어 선적항과 하역항에서 체선이 발생하자 USD74,437.50의 체선료를 청구하는 본건 중재를 신청하였다.

그러나 피선청인은 신청인과 위 항해용선계약을 체결한 사실이 없고, 다만 위 물품의 수입을 대행하여 주었을 뿐으로 계약 당사자의 서명이 없는 등 위 용선계약에 대한 의문이 있었음에도 신청인은 이에 대한 확인을 하지 않았으며, 선적과 하역이 종료된 후에도 정박기간 계산서의 송부나 체선료를 청구한 사실이 없었을 뿐 아니라 용선계약서상의 약정에 따라 신청인은 위 물품에 대한 유치권을 행사할 수 있었음에도 이를 포기하였으므로 피신청인에게 체선료를 청구할 수 없다고 주장하며 이를 거부하였다.

2) 판정주문

(1) 피신청인은 신청인에게 미화 59,550달러 및 이에 대한 1990년 10월 2일부터 이 사건 중재판정일인 1992년 8월 19일까지의 연 6푼의, 그 다음날부터 완제일까지는 연 2할 5푼의 각 비율에 의한 금원을 지급하라.

(2) 피신청인이 위 금액을 미합중국 통화로 지급하지 못하는 때에는 지급할 당사의 은행고시 대고객 매도율로 환산한 한화로 지급하라.

(3) 신청인의 나머지 청구를 기각한다.

(4) 중재비용은 이를 5등분하여 그 4는 피신청인의, 나머지는 신청인의 부담으로 한다.

3) 판정이유

(1) 신청인의 중재신청 요지

① 신청인은 1990년 7월 20일경 피신청인과 피신청인이 중국으로부터 수입하기로 한 시멘트 3,100톤을 신청인이 정기용선한 선박 "케미스타"호(Chemi Star)를 이용하여 중국의 젠지앙(Zhenjiang)으로부터 한국의 인천항까지 운송하여 주기로 하는 항해용선계약을 체결하였다.

② 위 항해용선계약에 의하면 화물의 선적은 하루에 1,200톤씩, 양하는 하루에 900톤 씩 하기로 약정하였으며 허용된 화물의 선적 및 양하기간을 초과하

는 경우에는 1일 미화 2,500달러의 비율에 따라 채선료를 지급하기로 각 약정하였다.

③ 위 선박은 1990년 7월 22일 15시 18분경 중국의 젠지앙에 도착하여 선적작업 준비완료 통지를 하고 1990년 7월 23일 13시부터 정박기간이 기산되었는바, 피신청인은 1990년 7월 29일 05시경에 선적화물 3,104.96톤에 대한 선적작업을 완료하여 선적항에서의 허용된 정박기간 2.5875일(2일 14시간 6분)을 2.9125일이나 초과하였다. 따라서 선적항에서의 체선료는 미화 7,281.25달러(2,500×2.9125)에 상당한다.

④ 위 선박은 1990년 8월 1일 13시 40분경 인천항에 도착하여 정박기간의 기산은 1990년 8월 2일 08시부터 시작되었는바, 피신청인은 1990년 9월 2일 15시 30분에 하역작업을 완료함으로써 하역항에서 허용된 정박기간 3.45일(3일 10시간 48분)을 26.8625일이나 초과하였다. 따라서 하역항에서의 체선료는 미화 67,156.25달러에 상당한다.

⑤ 따라서 피신청인은 신청인에 대하여 선적항에서의 체선료 및 하역항에서의 체선료 합계금 미화 74,437,50달러 및 이자를 청구하고 있다.

(2) 피신청인의 주장의 요지

① 신청인은 위 항해용선계약을 당사자로 인정될 수가 없다.

② 신청인과 피신청인간에 위 항해용선계약이 체결된 사실이 없으며, 용선계약서상에 신청인과 피신청인 어느 누구도 서명한 사실이 없다.

③ 피신청인은 신청외 ○○상사(대표자 권○○)를 위하여 본건 수입시멘트의 수입대행을 하여 주었을 뿐이며 수입대행계약서에 의하면 수입화물의 운송을 위한 선박의 배 및 모든 관련 업무를 신청 외의 ○○상사가 행하고, ○○상사가 책임을 지기로 하였기 때문에 피신청인은 용선계약과 관련된 어떠한 책임도 부담할 수가 없다.

④ 위 해용선계약서 제 8 조에 의하면 하역항에서 발생한 체선료에 대해서는 선주가 화물에 대한 유치권을 행사하여도 지급받지 못한 경우에 한하여 용선자인 피신청인이 책임을 진다고 주장하고 있는 바 신청인은 화물에 대한 유치권을 행사할 수 있었음에도 불구하고 이를 행사하지 못함으로써 유치권을 포기한 것이므로 피신청인에 대하여 체선료를 청구할 수 없다.

⑤ 항해용선계약 당사자의 서명도 없고 항해용선계약의 체결경위상 계약 당사자가 누구인지 여부에 대하여 의문이 있음에도 불구하고 신청인은 이에 대하여 피신청인에게 하등 문의한 바도 없었고 화물의 하역이 종료된 후 선적항과 하역항에서의 체선료 발생에 대한 정박기간 계산서 등을 피신청에게 송부한 사실도 없으며 체선료를 청구한 사실도 없는 상태로 지속하다가 1990년 12월 말경에 그 대리인을 통하여 체선료의 지급청구를 받았을 뿐 그 이전에 피신청인이 체선료에 대한 지급책임을 부담하는 당사자라는 하등의 시사가 없었다.

(3) 신청인과 피신청인은 본건 중재기일에서의 진술을 통하여 이 사건 분쟁에 대한 상사중재원의 중재로 해결하는 데 이의가 없다고 하였고, 또한 본건 중재에 대해 적용할 법률은 한국법률로 하는 데 동의하였다.

(4) 양 당사자의 주장에 대한 판단

① 먼저 본건 항해용선계약의 각 당사자가 누구인지의 여부에 대하여 살펴본다.

신청인이 제출한 본건 선박의 소유관계 및 용선관계에 대한 증거를 살펴보면, 캐미스타호는 신청외 Chemi Star Shipping S. A.의 소유 선박으로서(갑 제5호증의 1 선박국적증명서) 동 회사는 동 선박을 신청외 Melik Investment Inc.에게 1988년 12월경부터 3년간 정기용선하여 주었고(갑 제5호증의 2 정기용선계약서), 동 회사는 다시 이를 같은 기간 동안 신청인회사에게 재용선하여 준 사실을 인정할 수 있다(갑 제5호증의 3 정기재용선계약서). 한편 신청인은 신청외 Lofty Limited를 동 선박의 운항을 담당하는 관리인으로 지정하였고(갑 제4호증의 4 서신), 동 관리인은 용선브로커 홍콩의 Hung Tai Shipping Co., Ltd.와 용선자를 위하여 행동한 한국의 용선브로커 ○○ International Express Co., Ltd를 통하여 본건 용선계약을 체결케 한 사실을 인정할 수 있다(갑 제6호증의 1 내지 28 각 서신). 위와 같은 사실에 비추어 보면 신청인은 본건 항해용선계약에 관하여 선주(disponent owner)로서 적격이 있음을 인정할 수 있다고 할 것이다.

또 한편으로는 피신청인은 본건 선박에 대한 항해용선계약의 체결과 관련하여 직접 전면에서 행위하지는 않고 실수입자인 신청외 ○○상사가 수행한 것으로 엿보이기는 하나, 피신청인은 본건 수입화물에 대하여 자기 이름으로 신용장을 개설하였고 자기 이름으로 운임 46,574.40달러를 신청인의 선박관리인인 Lofty Ltd.에게 송금한 사실, (증인 설○○에 의하면 동 운임 중 상당 부분은 피신청인이 준비하였다고 진술하고 있음) 본건 화물의 하역비를 피신청인의 이름으로 지급한 사실(위 증인의 증언에 의하면 그 일부를 피신청인이 준비했다) 등을 종합하여 보면 비록 피신청인 회사가 본건 항해용선계약서에 서명한 사실이 없었다 하더라도 본건 항해용선계약의 내용을 실행함으로써 신청인과 피신청인간에는 본건 항해용선계약의 체결이 있었다고 인정하지 않을 수 없다.

② 또한 피신청인과 신청외 ○○상사간에 본건 화물의 수입에 관한 수입대행계약을 체결한 사실과 수입화물의 운송을 위한 선박의 수배 등을 ○○상사가 행하기로 한 사실은 인정되나 위와 같은 계약내용은 피신청인과 ○○상사간의 약정일 뿐 그 내용을 사전에 신청인에게 알려주었다는 입증이 없는 본건에 있어서는 수입대행 관계에 기본 법리에 따라서 자기의 명의를 대여해 준 피신청인이 항해용선계약에 따른 체선료를 부담할 책임이 있다 할 것이다.

③ 위 항해용선계약서 제 8 조는 신청인의 주장과 같이 규정하고 있으나, 한편 항해용선계약서 제32조에 의하면 체선료는 정박기간 계산서 등이 제시된 후 30일 이내에 서울에서 지급한다고 규정되어 있으며 정박기간 계산서 등은 선적 또는 양하작업이 완료되기 이전에는 제시가 불가능한 것이므로 본건 화물이 하역될 당시에 있어서는 신청인의 체선료 청구권은 아직 변제기가 도래하지 않았다고 할 것이다. 따라서 변제기 미도래의 채권에 대하여는 법률상 신청인이 화물에 대한 유치권을 행사할 수는 없는 것이므로 신청인이 유치권을 행사하지 않았다고 하여 이를 유치권의 포기로 간주될 수 없다고 할 것이다.

④ 따라서 피신청인은 신청인이 주장하고 있는 체선료를 지급할 의무가 있다 할 것인바. 그러나 신청인은 피신청인의 주장과 같이 본건 용선계약의 당사자가 누구인지 여부 및 용선계약에 관련된 회사들이 피신청인으로부터 용선계약체결에 대한 권리의 위임을 받고 행위한 것인지에 대하여 주의를 게을리 하였으며 또한 용선계약서가 서명되지 아니한 채 본건 화물의 운송을 실행하면서 본건 화물의 선적과 하역이 완료된 후에도 정박기간 계산서 등을 피신청인에게 송부조차도 하지 않음으로써 피신청인이 본건 체선료의 발생 여부 및 지급 여부 등에 대하여 잘못인식을 하게 하였고 이로 인하여 피신청인이 실수입자인 ○○상사에 대하여 즉시 채권확보 등의 조치를 취하지 못하게 한 과실이 있다고 하지 않을 수 없다.

위와 같은 사정을 고려하여 볼 때 피신청인은 계약체결과정에 있어서의 과실과 피신청인의 손해의 확대에 기여한 과실이 있다고 하지 않을 수 없으므로 이에 따른 과실상계를 함이 상당하며 과실의 정도는 20%로 인정함이 타당하다 할 것이다.

(5) 결　론

신청인이 청구하고 있는 선적항과 하역항에서의 체선료 미화 74,437.50달러는 신청인이 제출한 증거에 의하여 인정되며 따라서 피신청인은 동 금액에 대하여 20%의 과실상계를 한 미화 59,550달러를 지급할 의무가 있으며 이에 덧붙여 동 체선료의 지급일이 경과한 1990년 10월 2일부터 본건 중재판정일까지는 연 6%의 상사법정이율에 따른 이자를 지급하고 그 다음날부터 완제일까지는 연 2할 5푼에 따른 이자를 지급하여야 할 것이다. 신청인의 나머지 청구는 기각한다. 중재인 전원의 일치된 견해에 의하여 위와 같이 판정한다.

CHAPTER

9

항해용선계약 분쟁사례

제 1 절 선적 및 양륙에 관한 사례

1-1 화물제공의무

1) 선측에서 화물제공의무[1)]

(1) 요 지

일반적으로 선적작업에 관련한 면책조항은 실제적인 선적작업 자체에만 적용되는 것이며, 용선자가 화물을 부두로 이송하는 과정에는 적용되지 않는다.

(2) 사실관계

용선계약에서 스트라이크, 서리(frost), 기타 불가항력적 사유에 의해 선적작업이 방해받았을 경우 용선자는 동 지연에 대하여 면책된다고 규정하고 있었다. 그런데 서리로 인하여 용선자가 화물을 부두까지 가져오는 데 장기간의 지연이 발생했으며, 용선자는 자신의 면책을 주장하였다.

1) Grant & Co. v. Coverdale (1884) 9 App.Cas.470.

(3) 판 결

서리가 선적작업 자체를 방해한 것이 아니라 화물의 이송을 방해한 것이므로 용선자는 용선계약상 면책을 주장할 수 없다.

(4) 시 사 점

일반적으로 선적작업과 관련한 용선자의 면책사유는 상당히 제한적으로 해석된다. 즉 용선자가 선박의 선측인 부두에 화물을 준비해 두어야 하는 의무는 절대적인 것이며, 이에 따라 화물을 선적지로의 이송 과정 중에 면책사유가 발생했다 하더라도 용선자는 면책을 주장할 수 없다. 다만, 당해 항구의 관습상 인근산지로부터 바로 본선에 선적되는 경우에는 동 화물 이송기간도 선적작업의 일부로 간주되어 면책사유로 인한 지연에 대하여 면책을 주장할 수 있다.

2) 만재화물의 선적(1)[2)]

(1) 요 지

일반적으로 용선자는 본선에 만재화물(Full & Complete cargo)을 선적하여야 하며, 용선계약서에서 기술된 본선의 적재톤수만의 선적으로는 불충분하다.

(2) 사실관계

용선계약상 용선자는 만재화물의 선적의무를 규정하고 있었고, 본선의 적재능력은 "the burden of 261 tons or thereabouts"라로 기재되어 있었다. 용선자는 용선계약상 적재톤을 초과한 336톤의 화물을 선적했으나, 당시 본선은 400톤까지도 선적할 수 있었다.

(3) 판 결

본선의 만재화물량은 400톤이고, 이에 따라 용선자는 선주에 대하여 선적부족분 64톤에 대하여 부적운임(dead-freight)을 지급하여야 한다.

(4) 시 사 점

선장은 용선자가 만재화물을 선적할 수 있도록 적절한 적부계획(stowage plan)을 마련해야 할 의무를 부담해야 한다. 그러나 화물의 특성상 선창 내에 손

---

2) Hunter V. Fry (1819) 2B. & Ald. 421.

실공간(broken space)이 생겨 선주의 운임손실이 발생했을 경우에 용선자는 선주의 손실을 보상하여야 한다. 한편 "about"의 의미와 관련하여, 과거에는 5%의 과부족을 용인하였으나, 최근에는 3%의 과부족까지만 용인하는 것으로 해석되고 있다.

3) 만재화물의 선적(2)[3]

(1) 요 지

용선자의 만재화물 선적의무에는 최소차이허용원칙(De minimis rule)이 적용될 수 있다. 또한 선적 작업이 완료되지 않는 한, 용선자는 정박기간이 종료될 때까지 본선의 대기를 명령할 수 있는 권리가 있다.

(2) 사실관계

용선계약에서 용선자는 만재화물을 선적해야 할 의무를 규정하고 있었고, 본선의 만재화물량은 12,600MT이었다. 용선자는 12월말경 화물 12,588톤을 선적하고, 다음해 1월에 발행된 선하증권이 필요하여 40분만 작업하면 선적 가능한 잔량 12톤의 선적을 고의적으로 지체하였고, 다음해 1월 2일에 가서야 비로소 선적을 완료하였다. 선적완료시점에서 정박기간이 종료되지 않았다. 선주는 부족 선적된 12톤은 최소차이허용원칙에 해당되므로 12,588톤을 선적할 시점에서 이미 선적이 완료되었다고 주장하면서 용선자의 고의적인 선적지연에 대하여 초과정박손해배상금 또는 지체배상금(damage for detention)을 청구하였다.

(3) 판 결

상업적인 견지에서 부족 선적된 12톤은 최소차이허용원칙의 적용범위를 벗어나는 것이기 때문에 용선자는 선주에게 초과정박손해배상금을 지급할 의무가 없다.

(4) 시 사 점

최소차이허용원칙이란 계약을 해석함에 있어 사소한 차이나 미미한 위반사항은 허용된다는 원칙이다. 사소한 차이나 미미한 위반사항의 정도는 상황에 따라 달리 판단된다. 본 건에서는 0.1% 정도의 차이는 최소차이허용원칙의 적

---

3) Margaronis Navigation Agency v. Henry W. Peabody (1965) 1 Q.B.430.

용범위에 해당되지 않는다고 보았다. 또한 정박기간은 용선자에게 화물의 선적과 양륙을 위하여 허용되어진 시간이므로 동 기간 내에서 용선자는 아무리 작업을 지연시키더라도 선주는 손해배상을 청구할 수 없다. 그러나 만약 정박기간이 확정되지 않는 관습적 조속하역(C.Q.D)조건의 계약이었다면, 용선자의 고의적인 작업지연은 당연히 클레임의 대상이 될 수 있다.

1-2 정박기간

1) 파 업[4)]

(1) 요 지

용선계약상 파업은 동정파업(sympathetic strike)을 포함한다. 여기서 동정파업이라 함은 파업을 하고 있는 노동자를 돕고 지원하기 위하여 다른 직장의 근로자가 행하는 동맹파업을 말한다. 즉 파업은 반드시 사용자에 대한 불만의 결과로 노동자들이 전반적으로 일치된 작업거부를 할 때만을 지칭하는 것은 아니다.

(2) 사실관계

용선계약에서 파업에 의한 작업 손실은 정박기간에 산입되지 않는다고 명기되어 있었다. 본선은 석탄을 선적하고 양하항인 프랑스에 입항하였으나 당시 프랑스 탄광 근로자들의 파업에 동조하기 위해 부두하역인부들이 석탄 수송선에 대한 작업거부를 개시하였다. 그러나 하역인부들은 자신들의 사용자, 선주, 용선자, 수화주 등에 대해서는 어떠한 불만도 없었다.

(3) 판 결

하역인부들의 동정파업도 용선계약상 파업에 포함되며, 따라서 그로 인한 작업지연도 당연히 정박기간에서 제외된다

(4) 시 사 점

19세기까지만 해도 파업은 단순히 노동현장에서 사용자에 대한 임금투쟁만을 의미했다. 사회가 점차 복잡해지면서 근로자의 파업원인은 임금인상 이외에 작업조건의 개선 등을 포함하게 되었고, 또한 전쟁위험지역으로의 항해를 거부

4) The Laga (1966) 1.Ll.R.582.

하는 선원들의 행위 등도 파업의 개념에 포함되게 되었다. 즉 20세기 초에 들어 파업의 의미는 근로자들의 사용자에 대한 불만의 결과로서 나타나는 전반적으로 일치된 작업거부로 확대되었다. 그런데 본 판례의 경우, 부두노동자들이 그들의 사용자에 대한 불만은 없었으나, 단지 광산노동자들의 파업을 돕기 위해 동정파업을 했다는 점에서 과연 이것도 파업의 범주에 포함되느냐 하는 것이 쟁점이었다. 법원은 이러한 동정파업도 파업의 범주에 포함시킴으로써 그 범위를 확대하여 적용하였다.

2) 하역준비완료통지[5]

(1) 요 지

조만간 하역준비가 완료될 것이라는 하역준비완료통지(Notice of Readiness: N/R)는 유효한 통지라고 볼 수 없다.

(2) 사건 개요

10월 28일 09:00에 선장은 본선이 10월 29일 하역준비가 완료될 것임을 통보했다.

(3) 판 결

본선이 비록 10월 28일 실제로 하역준비가 되어 있다고 하더라도 선장의 그러한 하역준비완료통보는 무효이다. 그것은 장래의 준비였고, 용선자에게 본선이 현재 준비가 되어 있지 않음을 알려준 것에 불과하다.

(4) 시 사 점

하역준비완료통지의 목적은 화주나 용선자에게 본선이 그러한 통지를 하는 시점에서 실제적으로 하역준비가 되어 있음을 알려 주는 것이고, 또한 정박기간이 개시되는 기준시점을 제시하는 것이다. 따라서 어떠한 사유로 본선이 도착당시 하역준비가 되어 있지 않은 상태에서 그러한 통보를 했을 경우 실제적인 준비가 된 상태에서 반드시 재차 통지를 해야 한다.

5) Christensen v. Hindustan steel (1971) 1 Ll.R. 395, 1 W.L.R.1369.

3) 검 역 필[6)]

(1) 요 지

본선의 검역이 선적작업에 영향을 주지 않고 언제라도 받을 수 있는 것이라면 본선이 검역을 필하지 않더라도 선적준비가 완료되었다고 보아야 한다.

(2) 사실관계

본선은 2월 19일 01:00시에 선적항에 도착하자마자 하역준비완료통지(Notice of Readiness: N/R)을 제시했다. 그러나, 2월 24일 13:20분에 본선은 부두에 접안하여 16:00시에 검역을 필하고 선적을 개시하였다.

(3) 판 결

본선이 하역준비완료통지를 제시할 당시 검역을 필하지 않았으나, 선적작업에 지장을 초래하지 않고도 검역을 필할 수 있는 상태에 있었으므로 본선도착 즉시 제시한 하역준비완료통지는 하자 없이 유효하다.

(4) 시 사 점

일반적으로 용선계약상 본선이 유효한 하역준비완료통지를 제시하기 위해서는 "검역필(Free pratique)"하여야 한다는 규정을 두는 경우가 많다. 그러나 최근에는 많은 항만에서 통신에 의한 검역이 가능하고, 또한 불가능하다 하더라도 검역 자체가 단순한 절차로 취급되어 상당한 시간을 요하는 것이 아니므로 비록 용선계약상 "검역필"이 규정되어 있어도 본선이 검역을 필하지 않았다는 이유로 하역준비완료통지 자체를 문제 삼을 수 없다는 것이 최근 판례의 경향이다.

그러나 항만에 따라서는 검역이 반드시 본선 접안 이후에 이루어지고 또한 그 절차가 상당히 까다로운 경우 용선자는 검역미필을 이유로 하역준비완료통지의 무효를 주장할 가능성이 충분히 있다. 따라서 BIMCO에서는 선적 및 양륙지역에 이러한 특수한 항만이 포함되어 있을 경우 용선계약상 정박기간(laytime) 조항에서 "검역필"조건을 삭제할 것을 권고하고 있다.

---

6) The Delian Sprit (1972) 2 Q.B. 103.

4) 선석용선계약상의 도착선[7)]

(1) 요 지

선석용선계약(Berth C/P)이란 선적 또는 양륙지점이 선석이나 부두와 같이 비교적 좁은 지점으로 지정된 경우를 말한다. 동 조건하에서 본선은 용선자가 지정한 부두에 실제적으로 접안해야만 도착선이 된다.

(2) 사실관계

용선계약상 본선은 "one or two safe ports East Canada or New foundland, place or places as ordered by charterers and/or shipper"로 항해하도록 되어 있었다. 용선자는 Miramichi항구를 지정했으며, 본선이 그곳에 도착하자 용선자는 다시 동 항구 내에 있는 Millbank를 선적장소로 지정했다. 그러나 당시 선석부족으로 본선은 6일간 대기해야 했고, 이에 선주는 용선자에게 체선료를 청구했다.

(3) 판 결

본 계약은 Berth C/P로 간주되므로 본선이 용선자가 지정한 부두에 실질적으로 도달하기 전에는 착선이 될 수 없고, 이에 따라 선주는 체선료를 청구할 수 없다.

(4) 시 사 점

최근에는 이러한 Berth C/P의 경우 대부분 "WIBON(Wether in Berth or Not)조항"을 추가하여 접안대기기간을 정박기간에 산입시키고 있다. 그러나 동 조항 역시 접안대기장소가 항구의 상업구역 내에 위치하여야 효력을 발생하며, 또한 스트라이크 등과 같은 면책조항의 제약을 받을 수 있으므로 선주는 "time lost in waiting for berth to count as loading (discharging) time이나 demurrage in respect of all time waiting"의 문언을 기재하고 있다.

5) 항구용선계약상의 도착선[8)]

(1) 요 지

항구용선계약(Port C/P)이란 선적 또는 양륙지점이 특정항구로 지정된 경우

---

7) Stag line v. Board of Trade (1950) 2 K.B. 194.

8) The Johanna oldendorff (1974) A.C. 479.

를 말한다. Berth C/P의 경우에는 도착선의 판단에 있어서 별다른 어려움이 없지만, Port C/P의 경우에는 선적 또는 양륙지점이 항구와 같이 넓은 지점으로 지정되어 있으므로 선박이 그 곳에 도착하였는지 여부의 판단에 어려움이 있다. 즉 지정된 항구 중에 어느 지점까지 도달해야 도착선으로 인정되는지가 모호하기 때문이다.

Port C/P하에서는 선박이 부두로 직항하지 못할 경우 용선자가 즉각적이고도 효과적인 처분할 수 있는 장소(at the immediate and effective disposition of the charterer)에 선박이 도착하면 도착선으로 간주된다. 따라서 본선이 다른 선박들이 통상적으로 정박하는 정박지(anchorage)에 도착하면 특별한 사정이 없는 한 도착선으로 인정된다.

(2) 사실관계

Port C/P하에서 곡물을 운송하는 선박이 Liverpool항의 정박지에 도착했다. 그 정박지는 양륙항의 선석으로부터 약 17마일이나 떨어져 있었으나, 접안대기 중인 선박들이 통상적으로 정박하는 장소였다.

(3) 판 결

본선은 용선자의 즉각적이고도 효과적인 처분권 하에 있으므로 정박지에 도착함과 동시에 도착선이 되었다.

(4) 시 사 점

정박기간이 개시되기 위해서는, 첫째 선박이 목적인 선적 또는 양륙지점에 도착하여야 하고, 둘째 선적 또는 양륙이 준비를 완료하고 있어야 하고, 셋째 하역준비완료통지를 발송해야 한다. 본 판례는 위 첫번째 문제, 즉 선박의 목적지에의 도착여부와 관련한 것으로서, 도착선이 되기 위해서는 다음의 2가지 조건이 충족되어야 한다. 첫째, 선박이 항구의 지리적 경계 내에(within the port) 들어와 있어야 하고, 둘째, 선석(berth)이 비게 되면 즉시 선석으로 이동할 수 있도록 용선자의 즉각적이고도 효과적인 처분권하에 있어야 한다.

6) 부적격한 하역준비완료통지[9)]

(1) 요 지

유효한 하역준비완료통지가 이루어지지 않았다고 하더라도, 정박기간이 개시될 수 있다.

(2) 사실관계

이 사건 선박 Happy Day호는 우크라이나 오데사(Odessa)항으로부터 인도의 코친(Cochin)항까지 23,000톤의 밀을 운송하기로 하는 항해용선계약에 투입되었다. 선박이 양륙지에 도착하였으나, 밀물 시점을 놓쳐 즉시 항만에 입항할 수 없었음에 불구하고, 1998. 9. 25.(금)자에 선장은 외항에서 전신으로 하역준비완료통지를 송부하였다.

이 사건 항해용선계약은 선석용선계약(Berth C/P)이었고, 선석에는 체선이 없었기 때문에 선장이 송부한 하역준비완료통지는 원칙상 조기통지이므로 무효가 된다. 선박은 다음날 항만에 입항할 수 있었고, 접안하여 하역작업을 개시하였다. 그런데 선주의 화물에 대한 유치권행사 등의 이유로 3개월이 경과된 12월경 양륙작업이 종료되었고, 선주는 용선자에게 체선료를 청구하였다. 이에 용선자는 유효한 하역준비완료통지가 없었기 때문에 정박기간은 개시되지 않았고, 오히려 조출료의 지급을 선주에게 요청하였다.

(3) 판 결

중재판정부는 용선자의 주장을 부인하고 선주의 체선료 청구가 정당하고 판정하였다. 용선자는 중재판정의 취소소송을 상업재판소에 제기하였다.

상업재판소는 유효한 하역준비완료통지가 제시되지 않은 상태에서 양륙작업이 개시된 경우, 조기통지에 대한 용선자 또는 그 대리인의 인식(knowledge)이나 동의(consent)가 있었거나 또는 이의제기(protest)나 권리유보(reservation)가 없었다고 하더라도 정박기간은 개시되지 않는다고 판결함으로써 용선자의 주장을 인정하였다. 즉 상업재판소는 선주가 주장이 인정되려면 용선계약서에 "어떠한 경우에도 양륙작업이 개시될 때 정박기간은 개시된다(in any event laytime commences when discharge begins)"라는 명시적 문언이 있어야 한다고 판시하였다.

---

9) Glencore Grain Ltd. v. Flacker Shipping Ltd (The Happy Day) [2002] 2 Lloyd' s Rep.487.

선주는 항소법원에 항소하였다.

항소법원은 다시 선주의 주장을 인정하였다. 즉 항소법원은 부적격한 하역준비완료통지가 제시되었다고 하더라도 ① 선박의 도착 이전에 완전한 형식을 갖춘 하역준비완료통지가 용선자에게 제시될 것, ② 선박이 용선계약상 지정장소에 도착하여 용선자의 지시와 인식(order/knowledge of the charterers)에 따라 양륙준비가 되어 있다는 것이 인정될 것, ③ 하역준비완료통지의 효력에 관한 용선자의 이의제기나 권리유보 없이 양륙작업이 개시될 것 등 세 가지 요건이 충족된 경우 정박기간은 개시된다고 판결하였다. 즉 위 세 가지 요건이 충족된다면, 용선자는 이미 제시된 하역준비완료통지의 효력에 관한 일체의 권리를 포기한 것으로 간주된다는 것이다.

(4) 시 사 점

조기에 이루어진 하역준비완료통지에 대하여 용선자가 이의제기를 하지 않고, 하역작업에 협조한 경우, 용선자는 적법한 하역준비완료통지를 재차 요구할 수 있는 권리를 포기한 것으로 인정되니 주의해야 한다.

7) 호천하역일[10)]

(1) 요 지

호천하역일(Weather working days)이란 날씨가 작업을 허용하는 하역일(작업일)을 의미한다.

(2) 사실관계

용선계약에서 화물의 양륙작업에 대한 정박기간은 수일간의 호천하역일로 규정되어 있었다. 양륙작업 중에 작업이 불가할 정도의 폭우가 간간이 쏟아졌다. 그러나 동 기간 중 날씨가 좋아졌다 하더라도 작업준비가 되어있지 않으므로 폭우로 인한 실제적인 하역중단은 없었다. 따라서 선주는 폭우가 내린 시간도 정박기간에 포함되어야 한다고 주장하였다.

(3) 판 결

호천하역일은 기상상태를 고려하여 정박기간을 계산하고자 하는 취지이다.

10) Compania Naviera Azuero S.A. v. British Oil and Cake Mills ltd. [1957] 2 Q.B.293.

따라서 우천으로 인해 실제적인 지연이 있었는지의 여부를 불문하고 우천기간은 정박기간에서 제외된다.

(4) 시 사 점

호천하역일하에서는 본선이 부두정체(Berth congestion)로 인하여 접안 대기 중에 폭우가 내린 경우라 하더라도 그 폭우기간은 정박기간에서 제외되는 것으로 해석되어 용선자에게 유리한 조건이다. 그러나 호천하역일을 호천허용일(weather permitting day)로 바꾸면 상황은 달라진다. 이때는 폭우가 내렸어도 그것이 선적 또는 양륙 작업을 실제적으로 방해하지 않았다면, 정박기간은 중단되지 않고 계속되어 선주에게 유리한 조건이 된다.

한편 호천하역일에서 호천(weather)는 우천뿐만 아니라 결빙, 지진, 눈, 폭풍 등의 자연현상까지 포함한다. 이러한 호천은 본선의 선적 또는 양륙장소에만 국한되며, 그 밖의 육상운송 구간은 포함하지 않는다. 즉 내륙 산지에서 부두까지 화물을 수송하는 철도구간에서 홍수가 일어나 선적작업이 지연된 경우에는 선적장소의 호천이 아니므로 정박기간의 중단사유가 되지 않는다.

8) 관습적조속하역(C.Q.D.)조건상의 체선료 청구권[11)]

(1) 요 지

용선계약상 정박기간에 대하여 관습적조속하역(Customary Quick Dispatch: C.Q.D.)으로 약정된 경우에는 정박기간이 확정된 것으로 볼 수 없다.

(2) 사실관계

용선계약상 화물의 양륙조건이 "with customary steamship dispatch"라고 되어 있었다. 본선이 정상적으로 화물을 양륙하였다면, 5일 정도면 완료할 수 있었으나, 항만정체로 인하여 7일이 소요되었다. 이에 선주는 2일에 대한 체선료를 청구하였다.

(3) 판 결

선주는 체선료를 청구할 권리가 없다.

11) Hulthen v. Stewart (1903) A.C. 389.

(4) 시 사 점

본 사건에서 선주는 관습적조속하역이라 함은 본선이 화물을 양륙할 수 있는 능력에 주안점을 둔 것으로서 5일이면 충분히 양륙될 수 있는 화물량임을 감안할 때 정박기간이 5일로 확정된 것이라고 주장하였다. 그러나 법원은 선주의 주장을 일축하고, 동 계약조항은 정박기간이 확정되지 않은 것이며, 이에 따라 양륙이 지연된 사유가 항만정체임을 감안할 때 용선자는 합리적 기간(reasonable time) 내에 작업을 완료했다고 판시했다.

정박기간이 확정된 경우에 용선자는 약정 정박기간 내에 선적 또는 양륙작업을 종료하지 못하고 그 기간을 도과하여 선박을 정박시키는 기간에 대하여는 체선료(demurrage)를 지급해야 한다. 반면 이 사건과 같이 정박기간이 확정된 경우가 아닌 경우에 용선자는 합리적 기간 내에 선적 또는 양륙작업을 종료하지 못하였다면 초과정박손해배상금(damages for detention)을 지급해야 한다. 그러므로 체선료의 법적 성질은 약정손해배상금(agreed damages)이고, 초과정박손해배상금의 법적 성질은 불확정손해배상금(unliquidated damages)이다. 초과정박손해배상금의 경우 선주의 실제 손해액이 되지만, 실무상 체선료와 같은 금액으로 인정되는 것이 통상이다.

9) 정박기간 확정의 효력(1)[12)]

(1) 요 지

정박기간이 확정된 경우 용선계약에서 규정하고 있는 면책사유로 인하여 화물의 선적 또는 양륙이 지연된 것이 아니라면 어떠한 경우에도 정박기간은 중단되지 아니한다.

(2) 사실관계

용선계약상 정박기간이 6일로 확정되어 있었는데, 양륙항에서의 항만하역업자의 부족으로 양륙에 13일이 소요되었다.

(3) 판 결

항만하역업자의 부족이 용선계약상 면책사유에 해당되지 아니하고, 또한

12) William Alexander & Sons v. Aktieselskabet Dampskibet Hansa (1920) A.C. 88.

그러한 하역업자의 부족이 선주의 과실이 아닌 한 용선자는 7일간의 지연에 대하여 체선료를 지급하여야 한다.

(4) 시 사 점

정박기간이 확정된 용선계약에서 용선자는 그러한 약정된 정박기간의 도과에 대하여 절대적인 책임(체선료의 지급)을 부담해야 한다. 다만, 예외적으로 선적 또는 양륙의 지연이 용선계약에 기재된 정박기간의 중단사유에 기인하거나, 선주 또는 고용인의 과실에 기인한 경우에는 그러하지 아니하다. 즉 흔히 용선계약상 불가항력 사유(force majeure event) 발생시 정박기간에 영향을 미치는 것으로 생각하기 쉬우나, 정박기간이 중단되기 위해서는 그러한 의사를 용선계약서상 명백히 기재하여야 한다.

10) 정박기간 확정의 효력(2)[13)]

(1) 요 지

정박기간이 확정된 계약이라 하더라도 본선의 지연이 선주의 과실에 기인한 경우에는 용선자가 책임을 지지 않는다.

(2) 사실관계

선적작업 도중에 선주는 연료수급을 위해 본선을 다른 부두로 이안(shifting)시켰으며 그 기간 중 선적작업이 중단되었다.

(3) 판 결

본선이 선주의 편의를 위해 이안하였으므로 그 기간은 체선료 계산에서 공제되어야 한다.

(4) 시 사 점

확정된 정박기간 내에 선적작업이 종료되지 못하여 본선이 일단 체선상태(on demurrage)에 들어가면, 그 이후로는 일체의 면책사유가 적용됨이 없이 계속해서 체선료가 발생되는데, 이를 소위 "once on demurrage, always on demurrage"이라 한다. 이러한 엄격한 원칙의 예외가 선주, 혹은 그 고용인의 과실에 의한 하

13) Ropner Shipping Co. v. Cleeves Western Valley Anthracite Collieries (1927) 1 K.B.879.

역지연인바, 이러한 지연이 발생한 경우 본선이 체선상태에 있어도 체선료의 발생은 중단된다.

11) 정박기간 확정의 효력(3)[14)]

(1) 요 지

본선이 일단 체선상태에 들어가면 본선의 하역지연책임을 면제시키는 면책조항은 일체 적용되지 않는다. 다만 명백히 그러한 중단 사유를 명기한 경우는 예외로 한다.

(2) 사실관계

용선계약에서 동맹파업의 발생기간은 정박기간으로 계산하지 아니한다는 동맹파업조항을 규정하고 있었나. 본선이 화물의 양륙을 개시하여 허용된 정박기간이 종료된 이후에 동맹파업이 발생하여 양륙작업이 불가하였다

(3) 판 결

용선계약상 동맹파업조항은 체선료의 지급을 면제시킬 정도로 명백히 기술되지 않았다. 따라서 용선자는 동맹파업이 발생된 전체기간에 대하여 체선료를 지급할 책임이 있다.

(4) 시 사 점

본선이 체선상태에 들어갔다는 사실 자체만으로도 이미 용선자가 계약 위반을 한 것으로 간주된다. 따라서 그러한 위반에도 불구하고 체선료의 지급에 대한 면책사유를 명확히 명시하지 않는 한, 체선상태 이후에는 일체의 면책사유가 허용되지 아니하므로 하역지연에 대하여 책임을 부담하여야 한다.

1-3 선적작업의 종료[15)]

1) 요 지

체선료의 발생시점은 화물의 선적이 완료된 시점이다.

14) Compania Naviera Aeolus V. Union of India (1964) A.C. 868.

15) Argonaut Navigation Co., Ltd. V. Ministry of Food (1949) 1 K.B. 572.

2) 사실관계

곡물을 수송함에 있어서 본선의 구조상이나 선적항의 규정상 화물은 자루에 넣어서 적재되어야 했다. 허용된 정박기간의 종료 이전에 밀의 선적은 완료되었으나, 본선에서의 자루넣기(Bagging)는 정박기간의 종료 이후에도 계속되었다.

3) 판 결

선적작업은 선상에서의 자루넣기 및 적재(Stowing) 모두를 포함한다. 따라서 용선자는 자루넣기에 소요된 전체 기간에 대해 체선료 지급책임이 있다.

4) 시 사 점

선적작업의 종료라 함은 화물의 선창내 투입만 의미하는 것이 아니라, 예정화물을 무사히 운송하는데 필요한 자루넣기, 적재, 묶기(lashing) 등의 작업까지 모두 완료한 것을 의미한다. 가령 묶기 작업이 본선의 선원에 의해 수행되더라도 동 작업의 종료시까지 선적작업은 종료된 것으로 간주하지 않는다.

1-4 F.I.O.조건

1) 문제의 제기

F.I.O.조건은 특단의 사정이 없는 한 화물의 선적 및 양륙업무에 관련된 비용에 한정된 것이라기보다는 위험과 책임까지 포함되는 약정이라는 것이 실무에서는 관행화되어 있다.[16] 따라서 F.I.O.조건으로 체결된 항해용선계약에서 화물의 선적 또는 양륙과정 중에 화물 손해가 발행한 경우, 선주와 용선자 사이의 법률관계에 있어서는 동 조건이 유효하므로 그러한 화물 손해에 대하여 선주는 당연 면책된다.

그러나 용선계약부 선하증권이 발행되어 용선자가 아닌 제 3 자가 선하증

16) 항해용선계약에서 가장 널리 이용되고 있는 표준계약서식인 젠콘(GENCON, 1994) 제 5 조(a)에서는 "선주는 위험과 책임과 비용에 대하여 전혀 부담하지 않고, 화물은 용선자에 의하여 선창에 내려져서 선적되고, 적부되고, 골라지고, 양륙되어야 한다(The cargo shall be brought into the holds, loaded, stowed and/or trimmed, tallied, lashed and/or secured and taken from the holds and discharged by the charterers, free of risk, liability and expense whatsoever to the owner)" 라고 구체적이고 명확하게 규정하고 있다.

권을 소지하고 있는 경우, 양자간의 법률관계에서도 선하증권에 편입된 항해용선계약상 F.I.O.조건이 유효한 것인가에 대하여는 논란이 되어 왔다. 즉 헤이그-비스비규칙 제 1 조 (b)호[17]에서 용선계약부 선하증권이 제 3 자에게 양도되는 시점부터 동 규칙이 적용된다고 규정하고 있으므로 동 규칙상 F.I.O.조건이 선주와 선하증권소지인과의 법률관계에서 유효한 것인가가 문제된다는 것이다.

F.I.O.조건의 효력에 관한 각국 법원의 입장을 살펴보면, 헤이그-비스비규칙 제 3 조 2항[18]에서 규정하고 있는 운송인의 화물취급상 주의의무는 화물관계자에게 전가할 수 없는 것이므로 F.I.O.조건은 동 조항에 어긋나고, 이에 운송인의 책임을 면제 또는 감경하는 조건을 금지하는 동 규칙 제 3 조 8항[19]에 의하여 무효로 된다는 견해와 동 규칙 제 3 조 2항은 강행규정이 아니라 임의규정으로서 계약당사자 사이에 합의를 거쳐 그러한 책임을 화물관계자에게 이전할 수 있으므로 F.I.O.조건은 동 규칙 제 3 조 제 8 항에 의하여 무효로 되지 아니한다는 견해로 갈려져 있다.

이 문제에 관하여 영국 최고법원이 The Jordan Ⅱ 사건[20]에서 후자의 견해를 쫒아 F.I.O.조건은 헤이그-비스비규칙 제 규정에 위반되지 아니하고 유효하다는 입장을 명확히 재확인함으로써 본 판결이 해운업계 및 무역업계에 시사하는 바가 크다.

17) Article Ⅰ(b). 'Contract of carriage' applies only to contracts of carriage covered by a bill of lading or any similar document of title, in so far as such document relates to the carriage of goods by sea, including any bill of lading or any similar document as aforesaid issued under or pursuant to a charter party from the moment at which such bill of lading or similar document of title regulates the relations between a carrier and a holder of the same.

18) Article Ⅲ(2). The carrier shall properly and carefully load, handle, stow, carry, keep, care for, and discharge the goods carried.

19) Article Ⅲ(8). Any clause, covenant, or agreement in a contract of carriage relieving the carrier or the ship from liability for loss or damage to, or in connection with, goods arising from negligence, fault, or failure in the duties and obligations provided in this article or lessening such liability otherwise than as provided in these Rules, shall be null and void and of no effect. A benefit of insurance in favour of the carrier or similar clause shall be deemed to be a clause relieving the carrier from liability.

20) Jindal Iron and Steel Co Ltd and others v. Islamic Solidarity Shipping Co Jordan Inc.[2005] 1 Lloyd's Rep.57(H.L.).

2) 사건개요와 판결

(1) 사건개요

이 사건의 원고 A(매도인) Jindal Iron and Steel Co Ltd.는 원고 B(매수인) Hiasana S.A에게 철재코일을 C.I.F.조건으로 매각하였다. 이에 원고 A는 원고 C (용선자) TCI Trans Commodities AG.에게 화물의 운송을 의뢰하였고, 다시 원고 C는 Jordan Ⅱ호의 선주인 피고 The Islamic Solidarity Shipping Co Jordan Inc.와 1997년 12월 4일자에 인도 봄베이에서 스페인 모트릴까지 철재 코일을 해상운송하기로 하는 항해용선계약을 체결하였다. 따라서 원고 A와 원고 C는 재항해용선계약의 관계에 있었다.

피고는 1998년 1월 2일자에 봄베이에서 화물을 수령 및 선적한 후, 2장의 선하증권을 발행하였다. 선하증권은 일반항해용선 표준용선계약서식 젠콘(Gencon)하에서 사용되는 콘젠빌(Congenbill)양식으로 발행되어, 원고 A는 송하인으로, 원고 B는 수하인으로서 각각 기재되었다. 한편 선하증권 전면에 "운임은 1997년 12월 4일자 용선계약에 따라 지급되었다(freight was payable as per charter-party dated 4.12.97)"라는 기재가 있었다. 또한 그 이면 1조에서 "뒷면에 기재된 용선계약상 모든 조건, 조항, 재량, 면책이 이 선하증권에 편입된다(all terms and conditions, liberties and exceptions of the Charterparty, dated as overleaf, are herewith incorporated)"라고 하는 소위, 편입조항이 규정되었고, 제 2 조 일반지상약관(General Paramount Clause)에서는 헤이그-비스비규칙이 준거법으로 지정되었다.

항해용선계약서는 철광석전용 표준용선계약서식인 "1983년판 스테머(Stemmor)" 를 기준용선계약서로 채택하였으며, 다음과 같은 계약조건이 규정되어 있었다. 첫째, 제 3 조에서 운임은 F.I.O.S.T.(Free In and Out Stowed and Trimmed)조건으로 미터톤당 미화로 지급된다. 둘째, 제17조에서 송하인 · 용선자 · 수하인은 자신의 비용으로 화물을 선박에 선적, 고르기, 양륙해야 한다(Shippers/ Charterers/Receivers to put the cargo on board, trim and discharge cargo free of expense to the vessel).

선박은 1998년 2월경 목적항 모트릴에 도착하여 철재 코일을 양륙하였다. 그런데 화물에 손상이 발견되어, 화물관계자 원고 A·B·C는 선적 및 양륙과정에서 부적절한 화물취급으로 인하여 화물에 손상이 발생되었다고 주장하면서 피고에게 손해배상을 요구하였고, 피고는 위 항해용선계약상 F.I.O.조건에 따라 화물취급과정에서 발생된 비용과 화물손상은 용선자, 수하인, 송하인의 책임이라고 약정하였으므로 자신은 면책이라고 항변하였다. 이에 용선자인 원고 C는 항해용선계약에 기초하여, 그리고 송하인인 원고 A와 수하인인 원고 B는 선하증권계약에 기초하여 선주인 피고를 상대로 손해배상청구소송을 제기하였다.

따라서 이 사건에서는 선하증권에 유효하게 편입된 항해용선계약상 제 3 조 및 제17조 규정, 즉 선주는 화물의 선적 및 양륙상의 책임으로부터 무관하다는 F.I.O.약정이 헤이그-비스비규칙 제 3 조 2항의 운송인의 화물취급상 주의의무 규정에 반하고, 이에 제 3 조 8항의 강행규정에 의하여 운송인의 의무와 책임을 경감하는 당사자 사이의 특약으로 보아 무효로 되는지 그 여부가 쟁점으로 되었다.

(2) 판 결

제 1 심법원은 “F.I.O.S.T.조건에 있어서는 화물의 손상이 운송인 또는 그 사용인이나 대리인의 작위 또는 부작위에 의하여 초래되지 않는 한, 피고 선주는 용선계약 및 선하증권 하에서 화물의 선적·양륙·적부과정에서 발생된 화물의 손상에 대하여 책임을 부담하지 아니한다”고 판결하였다. 이에 원고는 “헤이그-비스비규칙 제 3 조 2항에 따라 화물을 적절하고, 주의 깊게 선적, 적부, 양륙해야 하는 것은 피고의 의무이고, 동 규칙 제 3 조 8항에서 이러한 운송인의 의무를 면제하거나, 경감시키는 어떠한 약정은 무효라고 규정하고 있으므로 운송인의 화물취급상 책임을 화물관계자에게 이전시키려는 취지로 선하증권에 편입된 용선계약상 F.I.O.S.T.조건은 아무런 효력이 없다”고 주장하면서 항소법원에 항소하였다.

항소법원은 “헤이그-비스비 제 3 조 2항에서 규정된 화물취급상 주의의무를 선주로부터 용선자에게 이전하는 것이 해상운송계약 당사자의 의도인 경우, 그 내용은 해상운송계약서에 명시적으로 기재되어야 한다. 즉 용선자가 화물취급 관련 비용을 지급하기로 합의하였다고 하여 부적절한 화물취급상 책임까지도 부담하기로 합의하였다고 추정되지 아니 한다. 통상의 F.I.O.S.T.조건은 화물취급상 책임을 용선자에게 이전시키는 것이지만, 운송계약서에 단순히 약자로 기재된 경우에 항상 그와 같이 해석되지 아니한다. 이 사건 용선계약 제 3 조 운임약관에서 선주 ‘무관(free)’이라는 문구의 본질적인 의미는 ‘비용(cost)’을 부담하지 않는다는 것이기 때문에 이것을 화물취급상 의무와 책임까지 포함되는 것으로 확대해석해야 할 이유가 없다. 그러나 이 사건 용선계약서 제17조 규정은 비용뿐만 아니라 화물취급상 의무와 책임까지 포함되는 약정으로서 용선자는 자신의 비용과 책임으로 화물을 선적하고 양륙해야 한다. 또한 헤이그-비스비규칙에서는 화물의 선적과 양륙에 대하여 선주가 책임을 지지 아니한다는 약정을 금지하는 어떠한 규정도 없으며, 동 규칙 제 3 조 2항도 단순히 운송인은 화물을 적절하고 주의 깊게 선적 및 양륙한다고 규정하고 있으므로 선주가 그러한 의무를 부담하기로 약정한 경우에만 화물취급상 책임을 부담해야 한다. 즉 송하인과 수하인은 선주가 선적과 양륙에 관여하지 않는 한, 선주를 상대로 손해배상을 청구할 수 없다. 이 사건 용선계약상 제 3 조와 제17조 문언에 따르면, 화물취급과 관련된 선주의 책임을 경감하기 위한 취지로 인정되고, 이러한 문언은 선하증권에 포함된 운송계약에 유효하게 편입되었다. 결론적으로 송하인, 수하인, 용선자 측의 선적 및 양륙상 주의의무 위반에 대하여 선주가 책임을 부담해야 한다고 볼 수 없다. 특히 선하증권소지인 원고 A와 원고 B는 화물손상이 피고, 또는 그 사용인이나 대리인의 작위 또는 부작위에 의하여 초래되지 아니 하는 한, 선하증권계약을 기초로 피고에게 손해배상을 청구할 수 없다"라고 판시하여 원고의 항소를 기각하였다.[21)]

용선자 원고 C는 소송의 진행을 포기하였다.[22)] 그러나 송하인 원고 A와 수하인 원고 B는 이 사건 항해용선계약 제 3 조와 제17조의 문언이 화물의 선적 및 양륙과 관련된 책임을 선주로부터 용선자, 송하인, 수하인 측에게 이전하는 효력을 갖는다고 본 하급심의 판결을 인정했지만, "헤이그-비스비규칙 제 3 조 제 2 항의 규정에 따르면 화물취급상 주의의무를 운송인에게 부과하고 있고, 이와 관련된 책임을 이전시키는 항해용선계약 제 3 조와 제17조 규정은 헤이그-비스비규칙 제 3 조 제 8 항에 의하여 무효이다"라고 하면서 최고법원에 상고하였다.

최고법원은 보통법상 화물을 선적하고, 적부하며, 양륙해야 할 의무는 선주에게 있다고 추정되지만, Pyrene v. Scindiam Navigation사건 판결[23)]에 의하여 헤

---

21) Jindal Iron and Steel Co Ltd and others v. Islamic Solidarity Shipping Co Jordan Inc.[2003] 2 Lloyd' s Rep.87.(C.A.)

22) 이 사건에서 항해용선자가 상고를 포기한 이유는 항소법원이 용선계약하에서 F.I.O.조건은 당연히 유효하고, 단지 선하증권계약하에서 헤이그-비스비규칙 제 3 조 8항에 따라 그 효력에 대한 다툼이 있을 수 있다는 점을 고려하여 송하인과 수하인에게만 최고법원에 상고를 허락하였기 때문이다.

이그규칙 제 3 조 제 2 항의 규정에도 불구하고 계약자유의 원칙에 따라 화물취급상 책임을 계약당사자 사이에 합의를 거쳐 화물관계자에게 이전할 수 있으며, 또한 G. H. Renton & Co. v. Palmyra Trading Corporation of Panama사건 판결[24]에 의하여 화물취급상 책임을 화물관계자에게 이전하기로 하는 합의는 헤이그-비스비규칙 제 3 조 8 항의 강행규정에 의하여 무효로 되지 아니한다고 하면서 상고를 기각하였다.

3) 국내외 판결예(判決例)

(1) F.I.O.조건을 무효로 보는 견해

F.I.O.조건에 대한 미국판례의 입장은 과거에는 영국법원과 동일한 입장에 있었다.[25] 그러나 현재에는 미국해상운송법 제 3 조 2항에 규정된 운송인의 의무가 타인에게 위임불가한 의무(non-delegable duty)이고, 이에 F.I.O.조건은 운송인의 책임경감금지를 규정하고 있는 동 법 제 3 조 8항에 따라 무효라고 보고 있다.[26] F.I.O.조건의 효력을 부인하고 있는 미국판례 중에서 주의 깊게 보아야 할 판례는 Associate Metals and Minerals v. The Arktis Sky사건이다. 그 이유는 The Jordan Ⅱ 사건에서 원고가 이 사건을 근거로 제시하면서 최고법원으로 하여금 선례를 깨야 한다고 주장하였기 때문이다.

이 사건 화물인 철재 코일은 스페인 빌바오항에서 미국 뉴저지의 엘리자베스항까지 운송을 위하여 이 사건 선박 Arktis Sky호에 선적되었다. 선하증권에는 F.I.O.S.조건을 규정하고 있었다. 송하인은 선적항에서 화물의 선적, 적부, 묶기를 위하여 하역업자를 수배하였다. 선박이 목적항에 도착하였으나, 선적지에서의 부적절한 적부로 인한 화물 손상이 발견되었다. 화주는 선주를 상대로 손해배상을 청구하는 소송을 제기하였다.

지방법원은 선하증권상의 F.I.O.S.조건은 부적절한 화물취급으로 인한 비용과 책임을 운송인으로부터 송하인, 수하인에게 이전하기로 하는 약정으로서 이

23) [1954] 1 Lloyd' s Rep.321.; [1954] 2 Q.B. 402.

24) (The Caspiana), (H.L.) [1956] 2 Lloyd' s Rep.379; [1957] A.C.149.

25) Atlas Assurance Co. v. Harper Robinson Shipping Co. 508 F.2d 1381 (9 Cir.1975);Sumimoto Corp. of America v. M/V Sie Kim 632 F. Supp. 824 (S.D.N.Y. 1985);Sigri Carbon Corp. v. Lykes Bros. Steamship Co. 655 F. Supp. 1435 (W.D Ky. 1987)

26) Associate Metals and Minerals v. The Arktis Sky 978 F.2d 47 (2 Cir. 1992) ; Tubacex Inc. v. M/V Risan 45 F.3d. 951 (5 Cir. 1995)

것은 계약당사자를 유효하게 구속하며, 미국해상운송법에도 위반되지 아니한다고 판결하였다. 이것은 Sumimoto Corp. of America v. M/V Sie Kim사건[27]과 Sigri Carbon Corp. v. Lykes Bros. Steamship Co.사건[28]의 판결을 따른 것이었다. 화주는 다시 미국연방항소법원에 항소하였다.

미국연방항소법원은 미국해상운송법 제 3 조 2항하에서 화물을 적절하고 주의 깊게 선적하고 적부해야 하는 운송인의 의무는 위임불가(non-delegable)하다고 보았다. 법원은 "미국해상운송법상 부적절한 화물의 보관상 책임으로부터 운송인이 면책되는 것을 금지하고 있기 때문에 F.I.O.S.조건에 따라 운송인이 보호받을 수 없다. 운송인에게 부과된 의무 중 하나는 화물을 적절하고 주의 깊게 선적 및 적부하는 것이고, 이 의무를 화주에게 전가하는 약정은 미국해상법상 무효이다. 그러한 약정은 운송인이 자신의 의무를 이행함에 있어서 부주의 또는 태만으로 말미암아 발생한 화물의 손해에 대하여 책임을 면제시키려는 시도이기 때문이다"라고 판결하였다.

(2) F.I.O.조건을 유효로 보는 견해

The Jordan Ⅱ(2005)사건에서 Steyn 판사에 따르면, 호주법원은 Shipping Corporation of India v. Gamlen Chemical Co. A/Asia Pry. Ltd.사건[29]과 Hunter Grain Pty. Ltd. v. Hyundai Merchant Marine Co., Ltd.사건[30]에서 영국법원의 선례를 따라 F.I.O.조건을 무효로 판결한 바 있으며, 뉴질랜드법원, 파키스탄법원, 인도법원도 영국법원의 해석원칙을 좇고 있다.[31]

우리나라 법원의 입장을 살펴보면, 다음에서 보는 바와 같이 F.I.O.조건의 효력을 인정하고 있는 것으로 판단된다. 먼저, 서울지방법원은 "해상운송거래상 관행으로 되고 있는 F.I.O.특약은 운송인이 운송물의 선적, 적부, 양하에 대하여 책임을 지지 아니한다는 특약으로서 운송인과 송하인, 수하인 사이에 운송용역의 조건이 아니라 그 범위를 한정함에 불과한 것이므로 상법 제 788 조 1

27) 632 F. Supp. 824 (S.D.N.Y. 1985).

28) 655 F. Supp. 1435 (W.D Ky. 1987).

29) [1980] 147 C.L.R. 142.

30) [1993] 228 A.L.R. 507.

31) 뉴질랜드의 판례로는 Internaional Ore & Fertilizer v. East Coast Fertilizer Co., Ltd. [1987] 1 N.Z.L.R. 9. 가 있고, 파키스탄의 판례로는 East and West Stemship Co., Hossain Brothers [1968] 20. P.L.D.S.C. 15.가 있으며, 인도의 판례로는 The New India Assurance Co. Ltd. v. M/S Splosna Plovba [1986] A.I.R. Ker. 176.이 있다.

항[32]에 규정된 운송인의 의무와 책임을 경감하는 당사자 사이의 특약을 무효로 하는 동법 제790조[33]의 규정에 실질적으로 위반되지 아니한다"라고 판시한 바 있다.[34] 또 다른 사건에서 서울지방법원은 "이 사건 운송계약이 위와 같이 F.I.O.조건으로 체결된 이상 이 사건 시멘트의 선적작업에 있어 소나기가 올 경우에 대비하여 방수포를 준비하는 등 화물손상방지를 위한 예방조치는 송하인 자신의 비용과 책임으로 하여야 할 것으로서 운송인이나 선박사용인들에게 그와 같은 의무가 있다고 할 수 없으며, 그밖에 달리 피고들이나 위 선박사용인에게 과실이 있다고 인정할 수 있는 아무런 증거가 없다. 원고는 이 사건 화물의 손상은 하역인부들의 과실이 아닌 선원들의 과실로 인한 것이므로 그 사용자인 피고들에게 책임이 있다고 주장하나, F.I.O.조건하에는 송하인인 하주가 자신의 비용과 책임으로 하역업자 등을 선정하여 선적작업을 하는 것임은 위에서 인정한 바와 같으므로, 설사 선원들이 선적작업의 일부를 담당하였다고 하더라도 선적작업을 하는 한에 있어서는 그 선원들은 하주 측의 피용자라 할 것이고, 선창에 이미 적재된 시멘트가 선적 도중 내린 소나기에 젖지 않도록 선창의 해치커버를 닫아주는 것은 선원 등 선박사용인의 임무라고 본다 하더라도 이 사건 선박의 해치커버를 닫는데 30~40분의 시간이 소요됨은 위에서 인정한 바와 같으므로 선적도중 갑자기 소나기가 쏟아져 선원들이 해치커버를 닫는 사이에 선적된 화물의 일부가 비에 젖었다하여 이를 위 선원들의 과실로 인한 것이라고 할 수는 없다고 할 것이므로 원고의 위 주장도 이유 없다. 그렇다면 피고들의 피용자로서의 선박사용인들에게 과실이 있음으로 전제로 한 원고의 피고들에 대한 이 사건 청구는 이유 없어 기각하기로 한다"라고 판시하였다.[35]

---

32) 제788조 1항. 선박소유자는 자기 또는 선원 기타의 선박사용인이 운송물의 수령, 선적, 적부, 운송, 보관, 양륙에 관하여 주의를 해태함으로 인하여 생긴 운송물의 멸실, 훼손 또는 연착에 관한 손해를 배상할 책임이 있다.

33) 제790조. 전(前)3조의 규정에 반하여 선박소유자의 의무 또는 책임을 경감하는 당사자 간의 특약은 효력이 없다.

34) 서울지방법원(1986.12.26. 선고 86가합506판결).

35) 서울지방법원(1996.9.24. 선고 93가단10222판결); 이 사건의 사실관계는 다음과 같다. 시멘트매매계약을 체결한 매도인은 피고 A 운송인과의 사이에 중국 얀타이항에서 한국 군산항까지 화물을 운송하기로 하는 항해용선계약을 체결하였다. 이때 항해용선계약에는 F.I.O.조건이 규정하고 있었다. 피고는 선적항에서 화물을 선적한 후, 매도인에게 선하증권을 발행·교부하고, 매수인은 거래은행을 통하여 위 선하증권을 양도받았다. 한편 선적항에서 화물 선적 중에 강풍을 동반한 소나기가 내렸으나, 선원이 해치뚜껑을 닫는데 시간이 소요되어 화물이 비에 젖어 손상되었다. 이에 매수인에게 보험금을 지급하고 대위권을 취득한 적하보험자는 원고로서 운송인인 피고 A와 선주인 피고 B에 대하여 화물손상방지를 위한 충분한 예방조치를 취하지 아

한편 우리 대법원은 F.I.O.조건의 효력이 쟁점으로 된 사건은 아니었으나, 용선자가 선적과 양륙에 대한 비용을 부담한다는 조건하에서도 운송인은 여전히 운송물의 선적과 양륙에 대한 의무를 부담한다고 판시함으로써 미국법원의 입장에 있는 듯한 판결을 내린 바 있다. 즉 상법 제788조 1항에 규정된 화물의 선적, 적부, 양륙 등에 관한 선주의 주의의무는 화주측에 위임불가하다는 것이다.[36)]

4) 시 사 점

대량산화물을 주운송 대상으로 하는 부정기선해운에서는 화물관계자가 자신의 하역설비를 육상에 갖추고, 항만의 관습이나 화물의 성질에 대하여도 선주보다 더 많은 지식을 갖고 있는 경우가 많기 때문에 쌍방의 이익을 위하여 F.I.O.조건이 관행적으로 사용되고 있다. 따라서 운송인의 화물취급상 주의의무를 규정하고 있는 헤이그-비스비규칙 제 3 조 2항을 해석함에 있어 동 의무가 일률적으로 운송인에게 있다고 보는 엄격한 접근방법을 채택하기보다는 계약자유의 원칙을 허용하는 유연한 접근방법이 실무관행과 조화된다. 또한 F.I.O. 조건에 따라 화물관계자가 자신의 위험과 비용으로 화물을 선적 및 양륙하기로 약정한 이상 그들이 지명한 피용자의 작위 또는 부작위에 의하여 발생된 화물의 손해에 대하여는 선주가 아닌 운송인이 책임을 부담하는 것이 공평한 접근방법이다. 따라서 The Jordan Ⅱ사건에서 최고법원의 판결은 용선계약 실무관행과 조화되며, 공평의 원칙을 준수한 것으로 평가할 수 있다.

그러나 용선계약체결과정에서 F.I.O.조건에 대하여 사전에 알 수 없는 선하증권소지자 보호관점에서 다음 두 가지의 효력요건을 적용해야 한다. 첫째, 용선계약서에 단순히 "F.I.O." 등과 약자로 기재되어서는 아니되고, 화물취급상

니한 과실을 물어 손해배상을 청구하였다.

36) 대법원(2003. 1. 10. 선고 2000다70064 판결). 이 사건에서 대법원은 "운송계약이 성립한 때 운송인은 일정한 장소에서 운송물을 수령하여 이를 목적지로 운송한 다음 약정한 시기에 운송물을 수하인에게 인도할 의무를 지는데, 운송인은 그 운송을 위한 화물의 적부(積付)에 있어 선장·선원 내지 하역업자로 하여금 화물이 서로 부딪치거나, 혼합되지 않도록 그리고 선박의 동요 등으로부터 손해를 입지 않도록 하는 적절한 조치와 함께 운송물을 적당하게 선창 내에 배치하여야 하고, 가사 적부가 독립된 하역업자나 송하인의 지시에 의하여 이루어졌다고 하더라도 운송인은 그러한 적부가 운송에 적합한지의 여부를 살펴보고, 운송을 위하여 인도 받은 화물의 성질을 알고 그 화물의 성격이 요구하는 바에 따라 적부를 하여야 하는 등의 방법으로 손해를 방지하기 위한 적절한 예방조치를 강구하여야 할 주의의무가 있다" 라고 판결하였다.

비용과 책임의 분담에 관한 계약당사자 사이의 약정내용이 명시적으로 용선계약서에 기재되어야 한다. 둘째, F.I.O.조건이 선하증권에 유효하게 편입되어야 한다. 즉 편입조항이 선하증권상에 명확하고 포괄적으로 기재되어 있고, 용선계약서 체결일자가 선하증권에 특정되어 있으며, 편입된 계약내용이 선하증권과 조화를 이루는 경우에 한하여 F.I.O.조건은 유효하다고 판단된다.

1-5 양륙항의 지정[37)]

1) 요 지

용선자가 양륙항의 지정에 실패했다고 하여 선장이 스스로 양륙항을 지정하여 본선을 도착선으로 만들 권리는 없다.

2) 사실관계

용선자는 용선계약서상 양륙항을 지정할 의무가 있었다. 1968년 12월 31일에 용선자는 선장에게 Weser강으로 항진할 것을 지시했고, 1969년 1월 2일에 본선은 Weser강에서 25miles 떨어진 Weser light에 도착하였다. 이후 용선자로부터 양륙항에 대한 구체적인 지시가 없자, 선장은 본선을 Weser강에 있는 Bremerhaven항으로 항진시켜 그곳에서 하역준비완료통지를 발송했다.

3) 판 결

본선은 Bremerhaven항에서 착선으로 간주될 수 없으며, 이에 따라 선장의 발송한 하역준비완료통지는 무효이다.

4) 시 사 점

용선계약상에 양륙예정지역이 수 개로 지정된 경우, 용선자는 합리적인 기간(Reasonable time) 내에 양륙항을 특정해야 하는 의무가 있다. 만약 용선자가 이를 위반한 경우에 선장은 수 개의 양륙항 중에 어느 한 곳을 선택하여 항해할 수 있다. 또한 용선계약에서 용선자이 양륙항 지정시한을 특정한 경우, 용선자

37) The Timna (1971) 2 Ll.R.91.

가 동 시한 이내에 양륙항을 지정하지 않으면 이는 계약상 조건(condition)의 위반이 되어 선주는 계약을 파기하고 손해배상을 청구할 수 있다.

1-6 화물인도의무

1) 인접안전항조항[38)]

(1) 요 지

본선이 계약상 목적지에 충분히 근접한 지점에 도착했는지의 여부는 당시 정황을 고려하여 판단하여야 한다.

(2) 사실관계

용선계약상 본선의 양륙지는 “Pnom-Pehn or so near thereto as she may safely get”로 표기되어 있었다. 당시 정치적 상황으로 본선의 원래 목적지인 Pnom-Penh에 입항이 불가능해지자 선주는 그곳으로부터 약 250마일 떨어진 Saigon에서 화물을 양륙하였다.

(3) 판 결

당시 상황을 고려해 볼 때 Saigon은 Pnom-Penh항이 인접안전항(so near therto)에 해당되는 것으로 보이므로, 선주는 계약상 의무를 이행했다.

(4) 시 사 점

이 사건에 있어 문제가 된 것은 인접항의 범위를 어느 정도까지 볼 것인가 이다. 법원은 250마일이라는 절대적 거리만 고려한다면, 분명히 인접항의 범주에 들지 않는 것이나, 이것은 유럽이나 지중해의 항구들에 적용되는 개념이고, Pnom-Penh이 위치한 남지나해 지역의 특성을 고려할 때는 인접항에 해당된다고 보았다.

---

38) The Athamas (1963) 1 Ll.R. 287.

2) 화물인도지점[39)]

(1) 요　지

선주는 화물의 인도를 선측까지만 이행해야 할 의무를 부담하는 것이 원칙이다.

(2) 사실관계

용선계약서에서 산화물(bulk cargo)의 양륙은 부선인도조건(Overside into lighters)로 규정되어 있었다. 수하인은 부선을 제 시간에 본선에 착부시켰으나, 화물의 인도에 충분한 하역인부를 부선상에 고용하지 않았다. 선주는 그로 인한 지연에 대하여 손해배상을 청구하였다.

(3) 판　결

선주는 화물을 부선상에 올려놓을 책임까지 부담하지 않는다. 선주의 의무는 화물을 본선 난간에 올려놓아 부선에서 화물을 인도해 갈 수 있도록 해 주는 것에 불과하다. 따라서 수하인은 부선상 인력부족으로 인한 본선 지연에 대해 책임이 있다.

(4) 시 사 점

이 판례는 선적과 양륙작업의 근본원칙을 제시하는 것이다. 즉 선주는 본선에서, 화주는 부선에서 각기 자신의 역할을 담당하고 화물의 인도는 그 두 역할의 교차점인 본선 난간에서 이루어짐을 밝힌 것이다. 근래에 와서는 F.I.O.조건(Free In and Out) 등의 도입으로 이러한 역할 분담의 폭을 명확히 하고 있다.

3) 화물 불인도시 손해배상금[40)]

(1) 요　지

화물이 인도되지 않았을 때, 선주의 손해배상금은 양륙지에서의 화물시장가격에 의하여 산정하여야 한다.

39) Petersen v. Freebody [1895] 2 QB 294.
40) Rodocanachi v. Milburn (1886) 18 Q.B.D. 67.

(2) 사실관계

항해도중 화물이 선장의 과실에 의해 멸실되었다. 동 사고에 선주의 책임이 있음이 판명되었으며 화물 불인도에 대한 소송이 제기되었다.

(3) 판　결

손해배상금은 멸실된 화물이 무사히 목적지에 도착하였다면 양륙지에서 받을 수 있는 시장가격에 의해 산정되어야 한다. 단, 동 배상금액에서 화주가 지급하지 않은 미지급운임 전액은 공제되어야 한다.

(4) 시 사 점

이 사건에 있어 문제가 되었던 점은 화물 멸실로 인한 손해액 산정이다. 화주가 화물은 80원에 사서 90원에 재매매하는 계약을 체결해 놓고 있었고, 당시 화물의 시장가격은 100원이었다고 가정하자. 이 사건에서 선주는 화물이 무사히 도착하였더라도 화주가 받을 수 있는 금액은 90원이므로 화주의 실손해액인 90원만을 보상하고자 했다. 그러나 법원은 시장가격인 100원의 배상을 판결한 것이다. 반면 화물의 시장가격이 100원인데 만일 화주가 130원의 재매매계약을 체결하였다면 선주의 배상금액은 130원이 아니라 100원이 된다.

1-7 선적지연[41]

1) 판정요지

(1) 신청인은 해상운송사업자로 선박 V호로 피신청인의 화물 cotton seed meal 3,389.200메트릭톤을 중국의 난동항에서 한국의 울산항까지 운송하기로 하기 위한 항해용선계약을 피신청인과 체결하였다. 본건 선박은 하역인부와 하역장비의 수배가 지연되거나 충분치 못하여 선적작업이 지연되었으며, 실제 선적된 화물의 수량은 3,369.20M/T이었다. 선적항에서 하역인부와 하역장비를 포함한 소위 "갱"을 수배하여 선적작업이행책임은 송하인인 피신청인에게 있다.

신청인은 본건 선박에 1일 2갱의 하역인부와 장비가 제공되었다면 1일 1,000M/T씩 3.369일이면 선적작업을 완료할 수 있었음에도 불구하고 실제로 선

41) 대한상사중재원 제00111-0054호.

적작업에 소요된 시간은 14.458일이 소요되었으며, 이는 피신청인의 책임있는 사유로 발생한 것이므로, 선적 총지연시간 11.089일에 대하여 1일 미화 2,800달러의 비율에 따른 지체상금 도합 미화 31,049.83달러의 지급을 청구하고 있다. 이에 대해 피신청인은 본건 용선계약과 같은 "CQD"조건인 경우에는 용선자의 책임있는 사유로 인한 지연 외에 당해 항만의 사정에 의해 지연된 경우에는 지체배상금은 청구할 수 없는바, 본건의 경우에는 난통항의 혼잡과 당시 중국의 춘절기간에 하역인부를 구할 수 없었기 때문에 선적지연이 발생하였으므로 청구에 응할 수 없다고 다툰다. 따라서 본건 분쟁의 요지는 화물에 대한 선적작업의 지연이 피신청인의 책임인지 아니면 항만에 의하여 발생한 것인지의 여부에 있다고 할 것이다.

(2) "CQD"조건하에서는 항만의 사정이나 선주의 사정으로 인한 선적등의 지연에 대하여는 용선자가 책임을 부담하지 않으나, 용선자의 고의 또는 과실이나 태만 등으로 선적 등의 지연발생시는 용선자는 그러한 지연에 대하여 선주의 손해를 배상할 책임이 있다. 본건 선박에 대한 용선계약에 의하면 안전한 부두에 접안기간이 시작된다고 할 것이므로 접안전 혼잡 등 항만사정은 본건 선박의 선적과 관련한 "CQD"조건과는 직접적인 관련이 없다고 할 것이다. 일반적으로 선박이 선적한 경우에는 가능한 한 빠른 시일 내에 선적작업을 완료할 것을 기대하고 허용된다고 할 것이며, 부두접안을 하였음에도 이행되지 않은 경우에는 항만당국의 효율적인 수단을 강구하는 것이 일반적이며 항만이 혼잡한 경우에는 더욱 그러하다 할 것이다. 또한 선박이 접안한 부두에는 부두의 하역용량에 적합한 하역 인부와 하역장비가 배치되어 항상 가동할 수 있는 상태에 있다고 추정된다. 본건 선박이 신다부두에서 접안 상태로의 대기 사실은 중요한 사실이다. 따라서 "CQD"조건하에서도 부두에 접안한 이상 합리적인 기간내에 선적이 완료되도록 모든 노력을 기울일 의무가 있다고 할 것이다.

피신청인은 본건 선박이 신다부두에 접안한 이후 중국의 춘절을 맞아 하역인부의 수배가 어려웠고 또한 항만당국이 먼저 입항한 다른 선박에 우선적인 선적편의를 제공하였으므로 지연발생한 것이라는 항변에 대해 살펴본다. 선박의 크기와 선적된 화물량을 고려하고, 춘절로 인한 하역인부 수배의 어려움을 일부 인정하더라도 항만의 사정과 관습에 따른 지연이 아닌 용선자의 책임있는 사유로 예외적인 선적지연에 해당한다고 인정된다. 또한 하역인부를 포함한 "갱"의 배정은 하역담당회사가 화주의 요청에 따라 배정하며, 공휴일에도 반드시 불가능하지는 않다. 중국의 춘절기간 동안 하역인부 수배에 관하여 살펴보면, 본건 선적작업이 춘절 2일 후 부터 다시 시작된 점에 비추어 1주일간의 하역인부 수배가 불가능하다는 피신청인의 주장은 수긍하기 어렵고, 장기적인 휴일관습이 합리적이라고 보기 어렵다. 다만 춘절 1일 전날을 포함한 3일간은 하역인부를 구하기 어려운 합리적인 관습기간이기는 하나, 선적작업이 정상적으로 진행되었더라면 그 이전까지 완료되었을 것임이 명백하므로 위 춘절휴일은 정박기간 산정함에 영향을 미치지 않는다.

지연손해금은 총정박기간이 2000. 1. 28. 06:00부터 2. 11. 09:00까지의 14일 3시간(14.125)이며, 동기간에서 정상적인 선적이 이루어졌다면 소요되었을 정박기간 3.369일을 공제하면 10.756일이 피신청인의 책임있는 사유로 인한 선적지연에 해당한다. 따라서 위 기간에 대한 1일 미화 2,800달러의 비율에 따른 미화 30,116.86달러의 지연손해금을 지급할 의무가 있다고 할 것이다.

(3) 따라서 피신청인은 신청인에 대하여 미화 30,116.80달러 및 이에 대한 지연이자의 지급을 명하고, 신청인의 나머지 청구는 기각하기로 하며, 중재비용은 피신청인의 부담으로 하여 주문과 같이 판정한다.

2) 판정내용

(1) 판정주문

① 피신청인은 신청인에게 대하여 미화 30,116.80달러 및 위 금에 대하여 2000. 2. 12.부터 본 중재 판정일까지는 연 6%, 판정일 이후 위 금 완제일까지는 연 25%의 비율에 따른 이자를 지급하라.

② 신청인의 나머지 청구는 이를 기각한다.

③ 중재비용은 피신청인의 부담으로 한다.

(2) 신청취지

① 피신청인은 신청인에게 미화 31,049.83달러 및 이에 대한 이 사건 중재신청서 부본 송달일 까지는 연 6푼의, 본 중재신청서 부본 송달 익일부터 완제

일까지는 연 2할 5푼의 비율에 의한 금원을 지급하라.

② 중재비용은 피신청인의 부담으로 한다.

3) 판정이유

(1) 본건 분쟁의 요지

당사자간에 다툼이 없는 사실과 당사자들이 제출한 증거에 의하여 인정되는 사실 및 당사자들의 변론의 전취지에 의하면 이 사건 분쟁의 요지는 다음과 같다.

신청인은 해상운송 사업자로서 1999. 12. 19. 선박 V호(이하 본건 선박이라 한다)로 피신청인의 화물 cotton seed meal 3,389.200메트릭톤을 중국의 난동항에서 한국의 울산항까지 운송하기 위한 항해용선계약을 피신청인과 체결하였다. 동 용선계약은 선적항을 "1SB 1SP Nantong, PRC"로, 선적/양하 rate를 "CQD/CQD"로, detention charge는 1일 미화 2,800달라의 비율로 하되 detention time에 대하여는 "GENCON 1-8 CLS"를 적용한다는 취지로 규정되어 있다.

본건 선박은 2000. 1. 16. 중국의 난통항에 도착하여 항만의 폭주로 접안을 대기하다가 동년 1. 27. 21:00에 난통한 신다부두에 접안함으로써 위 용선계약서가 규정하고 있는 안전한 부두에 접안하는 조건을 충족하는 선적지에의 도착선(arrived ship)이 되었으나, 하역인부와 하역장비의 수배가 지연되거나 충분치 못하여 선적작업이 지연되었으며 동년 2. 11. 09:00에야 선적이 완료되었다. 본건 선박에 실제 선적된 화물의 수량은 3,369.20M/T이었다.

선적항에서 하역인부와 하역장비(crane)를 포함한 소위 "갱(gang)"을 수배하여 선적작업을 이행하여야 할 책임은 송하인인 피신청인에게 있으며, 난통항 신다부두에서의 정상적인 1일 "갱"당 선적량은 500M/T 정도이고 동 부두에서 본건 선박의 1일 정상적인 선적량은 최소한 1,000메트릭톤은 된다고 인정되며, 난통항 신다부두는 대형선박 12척의 동시접안이 가능한 부두이다.

신청인은 본건 선박에 1일 2갱의 하역인부와 장비가 제공되었다면 1일 1,000M/T씩 3.369일이면 선적작업을 완료할 수 있었음에도 불구하고 실제로 선적작업에 소요된 시간은 부두접안시부터 선적작업 완료시까지 14.458일(14일 11시간)이 소요되었으며, 이러한 지연은 피신청인의 책임있는 사유로 인하여 신직을 위한 "갱"을 정상적으로 수배하지 않음으로써 발생한 것이므로 피신청인에게 용선계약의 내용에 따라 선적 총지연시간 11.089일에 대하여 1일 미화 2,800불의 비율에 따른 지체배상금(detention charge) 도합 미화 31,049.83불의 지급을 청구하고 있다.

이에 대하여 피신청인은 본 건 용선계약에서와 같이 선적작업에 있어서 소위 "CQD"(quick customary dispatch)조건인 경우에는 용선자의 책임있는 사유로 인하여 지연이 발생하는 경우 이외에 당해 항만의 사정에 의하여 지연되는 경우에는 선적 등의 지체로 인한 지체배상금은 청구를 할 수 없는바, 본건의 경우에는 난통항의 혼잡과 당시 중국의 춘절(구정)기간에 하역인부를 구할 수 없었기 때문에 선적의 지연이 발생한 것이므로 청구에 응할 수 없다고 다툰다.

따라서 본건 중재에 있어서 분쟁의 요지는 본건 화물에 대한 선적작업의 지연이 과연 피신청인의 책임 있는 사유에 의하여 발생한 것인가 아니면 항만의 사정에 의하여 발생한 것인가의 여부에 있다고 할 것이다.

(2) 판 단

선적 또는 양하작업에 있어서 소위 "CQD"라 함은 선적 또는 양하가 완료되어야 할 기간 또는 하역 비율을 특정하지 않고 용선자가 당시 특정 항만에 있어서 제반 사정이 허용되는 범위 내에서 합리적인 시간 내에 가능한 빨리 최선을 다하여 선적 또는 양하작업을 완료하여야 하는 하역기간에 관한 조건을 의미한다고 할 것이며, "CQD"조건하에서는 항만의 사정이나 선주의 사정으로 인한 선적들의 지연에 대하여는 용선자가 책임을 부담하지 않으나 용선자의 고의 또는 과실이나 태만 등으로 선적 등의 지연이 발생하는 경우에는 용선자는 그러한 지연에 대하여 선주의 손해를 배상할 책임을 부담한다고 할 것이다.

본건 선박이 선적항에 도착하였을 당시 난통항과 신다부두는 항만의 혼잡으로 인하여 난통항에 도착한 선박이 상당한 기간동안 부두접안을 하지 못하고 대기하였던 사실이 인정되고 "CQD"조건에 있어서 이러한 접안대기 기간은 선적을 위한 정박기간(laytime)에 산입할 수 없다 할 것이나, 본건 선박에 대한 용선계약에 의하면 안전한 부두에 접안한 때로부터 정박기간이 시작된다고 할 것이므로 신다부두에 접안하기 이전의 혼잡 등 항만사정은 본건 선박의 선적과 관련된 "CQD" 조건과는 직접적인 관련이 없다고 할 것이다.

일반적으로 선박이 선적을 위하여 어느 특정한 부두에 일단 접안이 허용된 경우에는 지체함이 없이 가능한 빠른 시일 내에 선적작업을 완료할 것을 기대하고 허용된다고 할 것이며 만일 부두접안을 하였음에도 불구하고 선적작업이 이행되지 않는 경우에는 항만당국의 이안명령이 내려지는 등 부두의 효율적인 사용을 위한 수단이 강구되는 것이 일반적이며 특히 부두 접안을 대기하고 있는 선박으로 인하여 항만이 혼잡한 경우에는 더욱 그러하다고 할 것이다. 또한 선박이 접안한 부두에는 특별한 사정이 없는 한 일반적으로 당해 부두의 특수성이나 하역용량에 적합한 하역인부와 하역장비가 배치되어 항상 가동할 수 있는 상태에 있다고 추정된다. 본건에 있어서 선박이 선적을 위하여 신다부두에 접안을 한 상태로 대기하였다는 사실은 본 건에 있어서 중요한 사실이라 하지 않을 수 없다. 따라서 "CQD" 조건하에서도 선박이 일단 선적을 위하여 부두에 접안을 한 이상 용선자는 합리적인 기간 내에 선적이 완료되도록 모든 노력을 기울일 의무가 있다고 할 것이다.

피신청인은 본건 선박이 신다부두에 접안한 이후 2000. 2. 5.(음력 1. 1.)부터 시작되는 중국의 최대 명절인 춘절을 맞아 2. 11.까지 1주일간의 춘절 휴일로 인하여 하역인부의 수배가 어려웠고 또한 항만당국이 난통항에 본건 선박보다 2주전에 입항한 다른 선박에게 우선적인 선적 편의를 제공하였기 때문에 지연이 발생한 것이라고 항변하므로 이에 관하여 살펴본다.

본건 선박과 거의 같은 시기에 신다부두에 접안한 P호에 관하여 살펴보면, 동 선박은 2000. 1. 2. 난통항에 도착하여 동 년 1. 15. 야오강 부두에 접안하여 1. 16.부터 동년 1. 27. 19:25까지 약 550톤의 화물을 선적한 후 동 부두를 이안하여 동년 1. 27. 20:40에서 21:06 사이에 신다부두에 접안하였으며, 동 선박은 동년 1. 28. 06:00부터 선적을 시작하여 기상상태로 인한 선적중단을 제외하고는 선적을 계속하였고 동년 2. 3. 10:30에 선적을 완료한 사실과 동 선박의 총톤수는 20,969톤이며, 신다부두에서 동 선박에 선적된 화물은 본건 선박에 선적된 화물과 동일한 화물로서 약 8,450메트릭톤에 상당한 사실이 인정된다. 한편 본건 선박은 총톤수 4,911톤으로서 2000. 1. 18. 난통항에 도착하여 접안을 대기하다가 동 년 1. 27. 18:30에서 21:00 사이에 신다부두에 접안을 한 후 "갱"이 수배되지 않아 선적을 대기하다가 동 년 1. 28. 20:00부터 2. 1. 18:00까지 1개이 "갱"만을 수배하여 선적작업을 시작하였으며 그 이후 동 년 2. 3.까지 기상상태로 선적작업이 중단된 기간을 제외한 기간에도 전술한 선박은 선적작업을 계속하였으나 본건 선박은 "갱"이 전혀 수배되지 않아 선적작업을 할 수 없었던 사실과 동년 2. 7. 07:00부터 다시 선적을 시작하여 동 년 2. 11. 09:00에 선적을 완료한 사실을 인정할 수 있다. 또한 2000. 2. 12. 12:30에서 13:30분 사이에 신다부두에 접안한 D호는 총톤수 5,358톤의 선박으로서 동일 19:30부터 본건 선박과 동일한 화물의 선적을 시작 동 년 2. 17. 03:30분에 완료하여 약 4일 14시간이 소요된 사실을 알 수 있다. 동일한 부두에 거의 동시에 접안한 2척의 선박에 있어서 전술한 선박은 접안한 때로부터 약 6일 7시간 동안에 화물 8,450톤을 선적완료 할 수 있었음에 반하여 본건 선박은 동일한 화물 3,369톤을 14일 11시간에 걸쳐서 선적을 완료하였고, 본건 선박과 비슷한 규모의 D호는 4일 14시간에 선적을 완료한 사실 등에 비추어 보면, 선박의 크기와 선적된 화물량을 고려하더라도 또한 중국의 춘절로 인한 하역인부 수배의 어려움을 일부 인정한다 하더라도 항만의 사정과 관습에 따른 지연이 아닌 용선자의 책임있는 사유로 인한 예외적인 선적지연에 해당한다고 인정된다.

또한 하역인부를 포함한 "갱"의 배정은 항만당국의 지배하에 있는 것이 아니라 하역담당 회사가 화주의 요청에 따라 배정하며 공휴일에도 반드시 하역인부의 배정이 불가능하지 않음을 인정할 수 있다.

중국의 춘절기간 동안의 하역인부 수배에 관하여 살펴보면, 본건 선박의 선적작업이 춘절 2일 후인 2000. 2. 7. 07:00경부터 다시 시작된 점에 비추어 볼 때 1주일간의 춘절 휴일 동안에는 하역인부의 수배가 불가능하거나 매우 어렵다는 피신청인의 주장은 수긍하기 어려울 뿐 아니라 이러한 장기적인 휴일관습이 존재한다고 하더라도 합리적인 관습이라고 인정하기도 어렵다. 다만 중국에 있어서 춘절이 최대 명절인 사실이 인정되며 따라서 춘절 1일 전날을 포함한 3일간은 하역인부를 구하기 어려운 합리적인 관습적 기간으로 인정하는 것이 적당하다고 보여지긴 하나 본건 선박에 대한 선적작업이 정상적으로 진행되었더라면 춘절 휴일로 인정할 수 있는 날짜 이전에 선적작업이 완료되었을 것임이 명백하다고 보여지는 본건에 있어서 춘절휴일은 선적을 위한 정박기간을 산정함에 있어서 영향을 미치지 않는다고 할 것이다.

한편 지연손해금의 계산은 다음과 같다.

본건 용선계약이 준용하고 있는 젠콘 용선계약 형식에 의하면 12:00 이후에 하역준비가 완료된 선박의 경우에는 정박기간의 시작은 다음날 06:00부터 시작한다고 규정하고 있으므로 2000. 1. 27. 21:00에 신다부두에 접안한 본 건 선박은 동년 1. 28. 06:00부터 선적을 위한 정박기간이 계산된다고 할 것이며, 2000. 1. 30.이 일요일로서 공휴일에 해당하나 정박기간에 관한 사실진술서에 의하면 동 공휴일에도 선적작업을 진행한 사실을 인정할 수 있으므로 젠콘용선계약형식의 규정에 따라 동 공휴일도 정박기간의 계산에 있어서 산입하기로 한다.

본건 선박의 선적기간을 위와 같은 기준에 따라 계산하면 총정박기간은 2000. 1. 28. 06:00부터 2. 11. 09:00까지의 14일 3시간(14.125)이며, 동 기간에서 정상적인 선적이 이루어졌다면 소요되었을 정박기간 3.369일을 공제하면 10.756일이 피신청인의 책임있는 사유로 인한 선적지연에 해당한다. 따라서 위 기간에 대한 1일 미화 2,800달러의 비율에 따른 미화 30,116.80달러의 지연 손해금을 지급할 의무가 있다고 할 것이다.

(3) 결 론

따라서 피신청인은 신청인에 대하여 미화 30,116.80달러 및 이에 대하여 선적이 완료된 다음날인 2000. 2. 12.부터 본 중재 판정일까지는 연 6% 그 이후부터 완제일까지는 연 25%의 비율에 따른 이자와 지급을 명하고, 신청인의 나머지 청구는 기각하기로 하며, 중재비용은 피신청인의 부담으로 하여 주문과 같이 판정한다.

1-8 화물손해배상책임과 보험자대위[42)]

1) 판정요지

(1) 우선 이 건이 중재인의 판정에 의해서 해결될 수 있는 성질의 것인가에 대하여 살펴본다. 다툼의 당사자 사이에 서면으로 작성된 중재조항이 있는 경우에는 법원의 재판관할권이 배제되고, 중재판정에 의하여 해결하여야 할 것이다. 우선 중재합의가 서면에 의해 작성되었는지 보면 본건 용선계약서에 서면으로 명기되어 있다. 신청인은 중재외 L상사회사의 적하보험자로서 정당하게

42) 대한상사중재원 제00111-0114호.

대위받아 중재합의에 따라 중재신청하여 중재심리를 정당하게 진행한 것이다.

(2) 신청인은 L상사회사와 이 건 운송물에 대하여 해상적하보험계약을 체결한 보험자이고, 피신청인은 L상사회사와 운송계약을 체결한 해상운송인이라고 주장하고 있고, 피신청인은 이 건의 신청인의 상대방이 될 수 없고 어떠한 책임도 질 수 없다고 주장한다. 그런데, 신청인은 L상사회사의 적하보험자로 정당하게 대위받았으므로 이 건 당사자로서 적격하다. 용선계약에서 용선자와 계약을 체결한 상대는 선주임이 틀림없을진대, 이 건 용선계약서에 아무리 선주로서 서명한다는 문언이 없다고 하여도 용선자의 표기가 있으므로 용선자의 상대방인 선주로 피신청인을 꼽을 수밖에 없다. 한편 피신청인은 실제운송인인 선주의 대리인으로 서명하였다고 주장하나, 용선계약서에 문언으로 기재되지 않은 이상 실제 선주와 피신청인 사이의 내면적인 계약관계일 뿐이다. 따라서 피신청인은 그로써 제 3 자에게 대항할 수 없다. 피신청인은 M해운회사와의 용선계약을 근거로 운송중개인임을 주장하나, 더러 동일자에 동일선박에 의한 운송계약을 이중으로 체결한 것으로 볼 수밖에 없고, 해상운임청구서에 의해 커미션을 실제선주로 받았으므로 용선중개인이라는 주장도 내면적 거래상황일 뿐이다. 위의 내용을 종합하면 피신청인은 이 건 운송물의 운송인으로 그 책임을 회피할 수 없다.

피신청인은 이 건 선박이 불가항력의 상황에서 발생된 천재지변과 같은 명확한 해난사고이므로 운송인인 선주는 당연히 면책되어야 한다고 주장한다. 천재지변은 자연현상에 의한 재해로서 일반적으로 예견하기 곤란하고, 예견하였더라도 그 결과의 발생을 방지할 수 없는 것을 말하는 것이다. 또 이 선박이 사고 당시 황천항해를 하였으므로 바다 고유의 위험에 의한 사고임을 주장하고 있으나, 바다 고유의 위험은 통상 예견되지 않고, 또 인간의 힘이나 능력으로 사전에 예방할 수 없을 정도의 불규칙한 해상의 재난을 의미한다.

이에 대하여 피신청인은 항해일지와 기상자료에서는 약 2주 동안에 4번의 폭풍주의보를 들고 있으나, 이 건 사고가 발생한 동해안의 겨울철의 날씨는 항상 높은 파도와 강풍을 동반하고, 피항할 장소가 없어서 상당한 위험 속에서 항해를 계속할 수밖에 없는 해역이므로 예견할 수 있는 것으로 그에 대비한 모든 조치를 다하였어야 한다. 이에 대하여 피신청인은 선급검사보고서 등을 들어 위의 상황에 대비한 조치를 다하였다고 하나, 이에 따르면 검사 당시 하역장치

검사는 하지 않은 것으로 되어 있고, 운송인은 언제라도 발항할 때 감항능력을 갖추도록 노력하여야 한다. 이 건 사고가 용접부분이 매우 약하여 지주대가 데릭붐을 충분히 지탱하지 못하여 발생하였다는 신청인의 주장에 대하여, 피신청인은 용접기술의 발달로 강도를 더욱 더 강화시킨다고 주장하나 어떠한 증거도 제시하지 않고 있다. 따라서, 피신청인은 출항하기에 앞서 충분한 조치를 하였어야 하는데 이 건 선박은 그렇다고 볼 수 없다. 더욱이 사고지점 바다의 날씨는 폭풍이나 태풍상태는 아니었음이 분명하다. 이상을 종합하면, 이 건 사고손해는 항해 중 데릭붐의 지지대가 파손되었고, 그것이 방수포를 찢어 그를 통하여 바닷물이 젖은 손해를 입었다고 판단된다. 한편 운송인은 예견할 수 있는 상황에 모든 조치를 다하였어야 한다, 따라서 용선계약서 제 8 조의 규정에 의해 이 건 사고는 선박의 결함으로 발생한 것이므로 피신청인이 책임이 있다고 판단된다.

신청인측과 피신청인측이 공동으로 참여하여 조사되어 신뢰할 수 있는 검정보고서에 의하면, 이 건 바닷물에 젖어 입은 녹에 의한 손상은 모두 512피스이다. 신청인측에서는 녹슨 철판 2,601피스 모두를 손해액 산정대상으로 삼고 있으나, 고유의 하자부분까지 손해액의 산정대상으로 삼는 것은 지나치다고 할 수밖에 없다. 신청인측과 피신청인측이 모두 사고발생과 512피스가 심하게 녹슨 사실도 확인하였으므로 이것은 클레임으로 간주할 수 있으나, 이외의 화물사고에 대해서는 양륙후 3일 이내에 어떠한 클레임도 제기하지 않았다(선하증권 약관 제12조). 따라서 512피스의 철판의 녹만을 이 건 손해액의 산정대상으로 한다. 한편 손해액 산정방식은 신청인과 피신청인의 방식이 일치하여 다툼이 없으므로 녹제거비용을 톤당 7만원으로 인정하여 계산한 금 41,466,880원을 신청인의 손해액으로 산정한다.

(3) 따라서 피신청인은 신청인에게 금 41,466,880원 및 이에 대한 지연손해금을 지급할 의무가 있다 할 것이고, 신청인의 나머지 청구는 이유없어 기각하기로 하며, 중재비용 부담에 관하여는 주문과 같이 판정한다(피신청인은 신청인의 중재대상이 아니라는 소수의견 있음).

2) 판정내용

(1) 판정주문

① 피신청인은 신청인에게 금 41,466,880원 및 이에 대하여 1999년 12월 28일부터 2000년 12월 15일까지는 연 6푼의, 그 다음 날부터 완제일까지는 연 2할 5푼의 각 비율에 의한 금원을 지급하라.

② 신청인의 나머지 청구를 기각한다.

③ 중재비용은 이를 2등분하여 그 1은 신청인의, 나머지 1은 피신청인의 각 부담으로 한다.

(2) 신청취지

① 피신청인은 신청인에게 금 212,605,840원 및 이에 대한 1999년 12월 28일부터 이 사건 신청서 부본을 송달받은 날까지는 연 6푼, 그 다음 날부터 완제일까지는 연 2할 5푼의 각 비율에 의한 금원을 지급하라.

② 신청비용은 피신청인의 부담으로 한다.

3) 판정이유

(1) 중재절차진행의 적격성

우선 이 사건이 중재인의 판정에 의하여 해결될 수 있는 성질의 것인가(중재판정의 당사자 적격)에 대하여 살펴보기로 한다. 중재는 당사자 사이의 합의로 사법상의 분쟁을 법원의 재판에 의하지 아니고 중재인의 판정에 의하여 해결하는 절차를 말한다(중재법 제 3 조 제 1 호). 중재합의는 계약에서의 분쟁인지의 여부에 관계없이 일정한 법률관계에 관하여 당사자 사이에 이미 발생하였거나 장래 발생할 수 있는 분쟁의 전부 또는 일부를 중재에 의하여 해결하도록 하는 당사자 사이의 합의를 말하며(중재법 제 3 조 제 2 호), 이 중재합의는 독립된 합의 또는 계약 가운데 중재조합의 형식에 의하여(중재법 제 8 조 제 1 항) 서면으로 이루어져야 한다(중재법 제 8 조 제 2 항). 따라서 당사자들이 서명한 문서에 중재합의가 있는 경우, 서신 · 전보 · 전신 및 모사전송 그 밖의 통신수단에 의하여 교환된 문서에 중재합의가 포함되어 있는 경우 그리고 한 쪽의 당사자가 당사자 사이에 교환된 문서의 내용에 중재합의가 있는 것으로 주장하고 상대방 당사자가 이를 다투지 않는 경우에는 중재합의가 있는 것으로 본다(중재법 제 8 조 제 3

항). 그리고 중재합의의 대상인 분쟁에 관하여 소가 제기된 경우에 피고가 중재합의 존재의 항변을 하는 때에는 법원은 그 소를 각하하여야 하며(중재법 제9조 제1항), 중재판정은 당사자에 대하여 법원의 확정판결과 동일한 효력을 가진다(중재법 제35조).

그러므로 다툼의 당사자 사이에 서면으로 작성된 중재조항이 있는 경우에는 법원의 재판관할권이 배제되고 중재판정에 따라 분쟁을 해결하여야 할 것이다. 우선 중재합의가 서면에 의하여 작성되었는지에 대하여 살펴보면, 당사자 사이에 체결된 용선계약서(갑 제2호증, Fixture Note, 1st Dec. 1999) 제17조에 중재는 서울에서 갖되, 한국의 해상법을 적용한다는 조항이 서면으로 명기되어 있다.

신청인은 중재의 L상사회사의 적하보험자로서 L상사회사로부터 정당하게 대위받어(갑 제8호증) 중재합의에 따라 중재신청 하여 본 중재판정부가 중재에 관한 법규와 절차에 따라 이미 세 차례에 걸쳐 중재심리를 정당하게 진행하였기 때문에 본 중재에 의한 해결을 배제할 근거는 없다고 본다.

(2) 해상운송계약의 당사자

신청인은 L상사회사와 이 건 운송물에 관하여 해상적하보험계약을 체결한 보험자이고, 피신청인은 L상사회사와 이 건 운송물에 관하여 운송계약을 체결한 해상운송인이라고 주장하고 있고, 피신청인은 이 건의 신청인인 L화재해상보험의 상대방이 될 수 없고 또한 이 건과 관련하여 어떠한 책임도 질 수 없다고 주장한다.

그런데 신청인은 L상사회사의 적하보험자로서 L상사회사로부터 정당하게 대위받어(각 제8호증), 계약당사자로서의 자격을 얻었으므로 이 건의 당사자로서 적격하다. 한편, 신청인과 피신청인이 합의하여 작성한 용선계약서(갑 제2호증, Fixture Note, 1st Dec. 1999)의 서명을 살펴보면, 용선자로서(as Charterer) L상사회사가 서명하였고 그 계약의 상대자로서 아무 표기 없이 범한상선(For and on behalf of Pan Korea Line Corporation)이 서명하였다. 용선계약에서 용선자와 계약을 체결하는 상대는 선주임이 틀림없을진대, 이 건 용선계약서에 아무리 선주로서(as Owner) 서명한다는 문언이 없다고 하여도 용선자의 표기(as Charterer)가 있으므로 용선자의 계약상대방인 선주(as Owner)로 피신청인을 꼽을 수밖에 없다.

아울러 이 건 용선계약서에 따르면 서명된 용선계약서에 기재한 조항 이외의 것은 The Gencon Charterparty를 적용한다고 되어 있는데, The Gencon Charterparty도 용선자의 계약상대방은 선주로 인쇄되어 있다. 이렇게 볼 때 피신청인은 선주의 지위를 벗어날 수 없으며, 이 건 운송계약의 운송인으로 운송에 대한 책임을 회피할 수 없음은 마땅하다.

한편 피신청인은 실제운송인인 선주의 대리인으로서 운송계약서 작성과 서명을 하였다고 주장하나(을 제 7 호증), 용선계약서에 이러한 내용이 문언으로 기재되어 있지 않는 이상 실제선주와 피신청인 사이의 내면적인 계약관계일 뿐이다. 따라서 피신청인은 그로써 제 3 자에게 대항할 수는 없다고 본다. 또한 M 해운회사와 체결한 용선계약서(을 제 6 호증)에 의하여 용선중개인임을 주장하고 있으나, 이 용선계약만으로는 피신청인이 용선중개인이라는 사실을 찾아 볼 수 없을 뿐더러 동일자에 동일선박에 의한 운송계약을 이중으로 체결한 것으로 밖에는 판단할 수 없다. 또한 해상운임청구서(을 제11호증)와 한국외환은행의 지급지시서(을 제12호증)에 의하여 커미션을 실제선주로부터 받았으므로 용선중개인이라고 주장하나, 이도 신청인과 실제선주 사이의 내면적인 거래상황일 뿐이며 제 3 자에게 대항할 만한 근거는 되지 못한다고 본다.

위의 내용을 종합하여 판단하건대 피신청인은 이 건 운송물의 운송인으로서 그 책임을 회피할 수 없다.

(3) 손해배상책임

피신청인은 이 건 선박이 불가항력의 상황에서 발생된 천재지변(Act of God)과 같은 명확한 해난사고임으로 운송인인 선주는 당연히 면책되어야 한다고 주장한다. 그런데 이른바 천재지변(Act of God)은 자연현상에 의한 재해로서 일반적으로 예견하는 것이 곤란하고, 예견하였더라도 그 결과의 발생을 방지할 수 없는 것을 말하는 것으로, 사람이 사전에 어떠한 주의를 다하여 방지하려 했어도 방지할 수 없는 그런 원인이어야 한다. 그러므로 운송인이 보통 할 수 있는 그런 주의와 노력을 다하였다면 피할 수 있는 그런 원인이라면 운송인은 면책될 수 없다. 또 이 건 선박이 사고당시 황천항해를 하였으므로 바다고유의 위험에 의한 사고임을 자중하고 있으나, 바다고유의 위험은 특정계절, 특정지역에서 통상 예상되지 않고 또 인간의 힘이나 능력으로 사전에 예방할 수 없을 정도의 불규칙한 해상의 재난을 의미한다.

이에 대하여 피신청인은 선박항해일지(을 제 1 호증)상에 항해당시의 풍력계급이 6또는 7이고, 1999년 12월 5일부터 19일까지의 동해안의 기상자료(을 제 3 호증)에서는 약 2주 동안에 4번의 폭풍주의보가 있었다는 사실을 들고 있다. 그러나 이 건 선박의 사고가 발생한 동해안의 겨울철(매년 10월부터 다음 해 3월까지)의 해상날씨는 항상 높은 파도와 강풍을 동반하고 있고, 또한 이 지역에서는 항해 중에 강풍이 발생하였을 때는 선박이 피박 또는 피항할 장소가 없어서 상당한 위험 속에서 항해를 계속할 수밖에 없는 해역이다(피신청인 답변서-1). 그렇다면 이 건 운송인은 출항하기에 앞서 항해 중의 강풍과 그에 대비한 피박과 피항 등이 어렵다는 상황은 예견할 수 있는 것이므로 그에 대비한 모든 조치를 다하였어야 할 것이다.

이에 대하여 피신청인은 한국선급이 1998년 2월 11일 발생한 선급증서(을 제 4 호증), 1999년 7월 2일에 수행한 선급검사보고서(을 제18호증) 그리고 1999년 7월 10일부터 22일까지 수행한 선급검사보고서(을 제19호증)를 들어 위의 상황을 대비한 조치를 다하였다고 한다. 그러나 선급검사보고서에 따르면 검사당시 하역장치검사(Cargo Gear Survey)는 하지 않은 것으로 되어 있다. 선급검사가 선박의 감항능력을 확고하게 보장하는 것이 아님은 분명하며, 운송인은 언제라도 발항할 때 선박이 감항능력을 갖추도록 노력을 다하여야 한다.

또한 이 건 사고가 데릭붐의 지주대를 용접함으로써 그 용접부분이 매우 약하여 지주대가 데릭붐을 충분히 지탱하지 못하여 발생되었다(중재신청서와 갑 제13호증)는 신청인의 주장에 대하여, 용접기술의 발달로 말미암아 용접한 부위의 강도를 15%~20% 정도 더욱 더 강화시킨다고 주장하나 이에 대해 어떠한 증거도 제시하지 않고 있다.

따라서 피신청인은 운송인으로서 이 건 선박이 선적항을 출항하기에 앞서 통상 겨울철 동해안의 폭풍이 예상되는 상황임으로 이에 대항할 만한 충분한 조치를 다 하였어야 하는데 이 건 선박의 경우는 그렇다고는 볼 수 없다. 더욱이 이 건 선박의 항해일지(을 제 1 호증)에 따를 때, 사고시점에서의 바다의 날씨는 폭풍이나 태풍의 상태는 아니었음이 분명하다. 즉 선장이 진술한 해난보고서(을 제 1 호증)에 따르면, 사고발생시점이 1999년 12월 9일 08시, 10일 21시 40분 그리고 11일 24시로 되어 있는데, 데릭붐의 지지대가 파손된 시점은 10일 21시

40분으로 이 당시 해상의 날씨는 사고시점의 앞뒤를 살펴보건대 비교적 평온한 상태(Moderate Breeze & Cloudy with Sea High)이었음이 판명된다(을 제1호증 Deck Log).

이상을 종합하여 살펴볼 때, 이 건 사고손해는 이 건 선박의 항해 중 데릭 붐의 지지대가 파손되었고 그것이 화물창의 해치커버를 덮는 방수포를 찢어 그 찢어진 방수포를 통하여 바닷물이 들어가 화물이 바닷물에 젖는 손해를 입었다고 판단된다(을 제 16 호증 Survey Report 7. Cause of Damage 참조). 한편 운송인은 위에 적은 바와 같이 출항하기에 앞서 항해 중의 강풍과 그에 대비한 피박과 피항 등이 어렵다는 상황은 예견할 수 있는 것이므로 그에 대비한 모든 조치를 다하였어야 할 것이다. 따라서 용선계약서 제 8 조에 "선박소유자는 선박의 결함이나 하자로 말미암아 발생한 화물손해에 대하여 책임을 진다(Owners to be responsible for cargo damages caused by vessel's defects)"라고 규정하고 있음으로, 피신청인은 이 건 사고는 선박의 결함으로 말미암아 발생한 것으로 이 사고에 대한 책임이 있다고 판단된다.

(4) 손해배상금액

이 건 선박이 도착항인 부산항에 입항한 1999년 12월 13일자의 바로 다음날인 12월 14일 본선을 방문하여 조사되었던 피신청인측의 손해검정보고서(을 제 15 호증)에는 이 건 신청인측인 수하인을 대리하여 'K'와 적하보험자를 대리하여 'D'가 공동으로 수행한 것으로 적고 있다(6.1 The survey was jointly conducted with a surveyor to Messrs. 'K' on behalf of the consignee and 'D' on behalf of the cargo underwriter). 한편 신청인측의 요청에 의하여 이루어진 동화검정의 손해조사는 1999년 12월 16일과 17일에 본선을 방문하였고 피신청인측에서 입회한 기록은 없다. 따라서 신청인측과 피신청인측이 공동으로 참여하여 조사된 검정보고서가 더욱 이 건에서는 신뢰할 수 있다고 본다.

이 검정보고서(을 제15호증)에 따르면 이 건의 바닷물에 젖어 입은 녹에 의한 손상은 모두 512피스이다. 신청인 측의 검정보고서에서는 선적되었던 철판 2,601피스 모두가 녹이 슬었음으로 녹슨 철판 모두에 대해서 손해액의 산정대상으로 삼고 있으나 이는 무리한 계산이다. 왜냐하면 이미 철판을 본선에서 인수할 때에 녹이 슬어 있었고(갑 제 5 호증 검정보고서 첨부 Mate's Receipt), 철판의 성질로 보아 시간이 경과하면 그 녹은 자연적으로 심해질 것이기 때문이다. 포장되지 않은 철제화물의 운송 중(특히 적재시와 양륙시) 조금씩 굽거나 흠이 생기는 것이라든가 녹이 스는 것을 어떻게 할 수 없는 고유의 하자이며 이런 부분까지 손해액의 산정대상으로 삼는다는 것은 지나치다고 할 수밖에 없다.

한편 이 건 선박의 선하증권 약관 제12조에 따르면 화물의 멸실이나 손상에 대하여 선하증권에 의하여 화물을 인도하여야 사람에게 화물이 넘겨지기 전 또는 넘겨질 때 화물의 인도 장소에서 서면으로 그 사실을 통지하거나, 화물의 멸실 또는 손상이 외관으로 보아 분명하지 않은 때는 3일 이내에 그 사실을 운송인에게 통지하도록 되어 있다. 이미 앞에서도 말한 바와 같이 이 건 선박이 도착항인 부산항에 입항한 1999년 12월 13일자의 바로 다음 날인 12월 14일 신청인 측과 피신청인 측이 함께 본선을 방문하여 조사하였으며, 신청인측과 피신청인측 모두 같이 사고발생의 사실을 확인하였을 뿐만 아니라, 512피스가 심하게 녹슨 사실도 확인하였으며, 이것은 클레임의 제기로 간주할 수 있다.

그러나 이후 신청인 측으로부터 이 건 화물의 양륙이 이루어진 뒤 3일 이내에 앞에 적은 512피스 이외의 화물사고에 대해 어떠한 클레임도 피신청인에게 제기하지 않았다. 다시 말하면 피신청인은 이 건 철판 512피스가 바닷물에 의하여 녹슬었었다는 사실을 인정한 채로 화물을 인수하였다고 추정된다. 설사 피신청인 측의 요청으로 이루어진 검정보고서에 따라 피신청인측에게 클레임을 제기하였다고 주장할 수는 있으나, 이는 인정할 만한 근거가 되지 못한다. 왜냐하면, 동 보고서는 위에 적은 3일 안에 클레임의 제기서류로 피신청인 측에게 전달된 바를 증명할 수 없기 때문이다. 따라서 이 건 화물인 철판 2,601피스 가운데, 신청인 측과 피신청인 측 모두 참여하여 검사할 때 인정된 512피스의 철판의 녹만을 이 건 손해액의 산정대상으로 한다.

(5) 결　론

따라서 피신청인은 신청인에게 금 41,466,880원 및 이에 대하여 1999년 12월 28일부터 이 사건 중재신청서 송달일인 2000. 12. 15.까지는 연 6푼의, 그 다음날부터 완제일까지는 연 2할 5푼의 각 비율에 의한 금원을 지급할 의무가 있다 할 것이고, 신청인의 나머지 청구는 이유 없어 기각하기로 하며, 중재비용 부담에 관하여는 중재규칙 제61조를 적용하여 주문과 같이 판정한다.

4) 소수의견

(1) 의견 골자

피신청인은 이 건 운송 계약의 운송인으로 볼 수 없으므로 신청인의 청구를 기각하여야 한다.

(2) 의견 제출 이유

판정문은 다음과 같은 판정이유를 내세워 피신청인이 이 건 운송계약의 운송인으로서 운송사고의 책임을 부담하도록 하였다.

첫째, 신청인과 피신청인이 합의하여 작성한 용선계약서(갑 제 2 호증, Fixture Note, 1st Dec. 1999)의 서명을 살펴보면, 용선자로서(as Charterer) L상사회사(L International Corp.)가 서명하였고 그 계약의 상대자로서 아무 표기 없이 B상선(For and on behalf of B Korea Line Corporation)이 서명하였다. 용선계약에서 용선자와 계약을 체결하는 상대는 선주 또는 그 대리인임이 틀림 없을진대, 이 건 용선계약서에 아무리 선주로서(as Owner) 서명한다는 문언이 없다고 하여도 용선자의 표기(as Charterer)가 있으므로 용선자의 계약상대방인 선주(as Owner)로 피신청인을 꼽을 수밖에 없다.

둘째, 이 건 용선계약서에 따르면 서명된 용선계약서에 기재한 조항 이외의 것은 The Gencon Charterparty를 적용한다고 되어 있는데, The Gencon Charterparty도 용선자의 계약상대방은 선주로 인쇄되어 있다. 이렇게 볼 때 피신청인은 선주의 지위를 벗어날 수 없다.

셋째, 피신청인은 실제 운송인인 선주의 대리인으로서 운송계약서 작성과 서명을 하였다고 주장하나(을 제 7 호증), 용선계약서에 이러한 내용이 문언으로 기재되어 있지 않는 이상 실제선주와 피신청인 사이의 내면적인 계약관계일 뿐이다. 따라서 피신청인을 그로써 제 3 자에게 대항할 수 없다고 본다.

넷째, M해운회사와 체결한 용선계약서(을 제 6 호증)에 의하여 용선중개인임을 주장하고 있으나, 이 용선계약만으로는 피신청인이 용선중개인이라는 사실을 찾아볼 수 없을 뿐더러 동일자에 동일선박에 의한 운송계약을 이중으로 작성한 것으로 밖에는 판단할 수 없다.

다섯째, 해상운임청구서(을 제11호증)와 한국외환은행의 지급지시서(을 제12호증)에 의하여 커미션을 실제선주로부터 받았으므로 용선 중개인이라고 주장하나, 이도 신청인과 실제선주 사이의 내면적인 거래상황일 뿐이며 제 3 자에게 대항할 만한 근거는 되지 못한다고 본다.

이상 판정이유에 대하여 본 중재인은 다음과 같이 의견을 달리한다.

첫째, 판정문은 용선계약에서 용선자와 계약을 체결하는 상대는 선주 또는 그 대리인이 틀림없다고 주장하나, 이는 용선계약서와 성약서(Fixture Note)를 혼동한 결과로서 성약서는 실무적으로 용선계약서(Charter Party)가 체결되기 이전 합의 결과를 문서화한 것이다. 성약서는 통상 브로커(broker)로 부르는 중개인이 작성하며 어느 한쪽을 대신하여 중개인이 서명할 수 있다. 이 경우 중개인은 "For and on behalf of "라는 문구를 삽입하게 된다. 다만 이 건 성약서에서 "For and on behalf of " 다음에 선주를 명시하지 않았으므로 이 문구 다음에 명기되고 서명한 주체인 피신청인을 선주라고 판정문은 해석한 것이다. 그러나 용선계약서가 아닌 성약서에서 피신청인이 선주(as Owner)라고 명확히 밝히지 않는 한 피신청인이 선주인지 아닌지는 사실관계에 의해서 밝혀야 한다. 한편 성약서 내용 중 운송과 관련하여 대리점 지정권을 선주에게 부여(OWNER'S AGENT AT BOTH ENDS)하고 있는바, 운송물의 적·양하지에서 관련 대리점을 지정한 측이 선주이다.

둘째, 판정문은 서명된 용선계약서에 기재한 조항 이외의 것은 The Gencon Charter Party를 적용한다고 되어 있는데 이 Charter Party도 용선자의 계약상대방은 선주로 인쇄되어 있으므로 피신청인은 선주의 지위를 벗어날 수 없다고 주장하였으나 이는 잘못된 주장이다. 우선 The Gencon Charter Party는 해상운송계약을 원활하게 하기 위한 표준계약서식이다. 성약서에서 "ALL OTHER TERMS AND CONDITIONS TO BE APPLIED TO GENCON C/P REVISED IN 1976"이라고 한 것은 성약서에 근거해 작성하게 될 용선계약서가 GENCON 표준서식을 채택하겠다는 "Subject to"조항으로 해석하는 것이 마땅하다. 따라서 성약서에 근거해서 통상체결하게 되는 용선계약서의 당사자는 성약서의 서명과 반드시 일치하는 것은 아니다.

셋째, 판정문은 용선계약서(실제는 성약서임)에 피신청인이 실제 운송인인 선주의 대리인으로서 서명했다는 내용이 문언으로 기재되어 있지 않는 한 제 3 자에 대항할 수 없다고 했으나, 이 점은 앞에서도 설명한 바와 같이 성약서에 단순히 서명했다는 이유만으로 선주로 간주할 수 없음은 명백하다.

넷째, 판정문은 M해운회사와 체결한 용선계약서(을 제6호증)에 의해 피신청인의 용선중개인임을 주장한 것은 확인할 수 없다고 했는데 그렇다고 해서 피신청인이 선주라는 주장이 성립하는 것도 아니다.

다섯째, 판정문은 피신청인이 운임을 청구했으므로 제3자에게 선주가 아니라고 대항할 수 없다고 하였으나, 해상운임은 실선주가 아니라도 대리점이 또는 중개인이 청구하여 선주에게 송금할 수 있으며 실제로 피신청인이 운임을 수령하여 선박소유자인 D해운회사에 송금하였으므로 피신청인이 Owner라는 결정적 증거가 되지 못한다.

이상 판정이유에 대한 의견 이외에 신청인의 다른 주장에 대해서도 본 중재인은 다음과 같이 의견을 제시한다.

첫째, 피신청인은 해운법상 해상화물 운송사업의 면허만 있을 뿐이지 해상중개업면허가 없다는 신청인의 주장은 피신청인이 중개인이 아니라 owner임을 입증하는 근거가 될 수 없고 단순히 피신청인의 중개업무가 합법적이 아님을 의미한다고 보아야 할 것이다.

둘째, 피신청인은 L상사회사와의 사이에 용선계약을 체결한 후 D해운회사를 자신의 용선계약에 대한 이행보조자로 사용했다는 신청인의 주장은 다음과 같은 사실에서 타당성을 결여하고 있다.

① 피신청인이 이행보조자로서 역할을 수행한 거증자료(예컨대 피신청인명의 항해지시서, 피신청인 서명 B/I, 피신청인 명의로 된 서식의 B/I 발급 등)가 제시되지 않았다.

② 이 건 화물손상사고 처리와 관련하여 피신청인은 중재신청 이전 D해운회사이나 신청인으로부터 아무런 역할 분담을 요청받은 바 없다.

결론적으로 신청인이 피신청인에게 제기한 중재사건은 제시된 거증자료가 피신청인이 선주 또는 그 이행 보조자임을 입증하지 못하고 있고 또한 해상화물운송사고의 처리 특성상 본 중재 이전 신청인이 피신청인으로 하여금 화물손상과 관련하여 피신청인의 책임을 상기하지 않은 점에서 피신청인은 신청인의 중재 대상이 아니다.

제 2 절 운임에 관한 사례

2-1 후급운임[43)]

1) 요 지

운임지급기한이 화물인도시점으로 규정되어 있다면, 화물이 실제로 인도되어야만 운임수취권이 발생한다.

2) 사실관계

Honduras에서 London까지의 항해용선계약에서 운임지급시점은 "on the right and true delivery of the homeward bound cargo"라고 규정되어 있었다. 본선은 항해 중 계약상 면책사유인 황천으로 인해 St. Kitts에 좌초되었으며, 난파선과 화물은 화주의 승인 없이 모두 경매 처분되었다. 선주는 화물처분 금액 중 운임을 공제한 잔액만을 화주에게 지급하였다. 용선자는 운임후급조건상 화물이 목적지에서 실제로 인도되지 않았으므로 선주에게는 운임수취권이 없다고 하면서 운임의 반환을 청구하였다.

3) 판 결

본선이 면책사유에 의하여 항해가 불가능해졌음에도 불구하고 화물의 실제적 인도가 없는 한 선주에게는 운임수취권리가 없다.

4) 시 사 점

운임이란 화물운송의 대가로 지불되는 것이므로 계약서상 다른 규정이 없는 한, 운임은 화물인도 시점에서 지급되는 것이 원칙이다. 따라서 본선이 항해 중 풍랑 등으로 화물과 함께 멸실되었을 경우 선주의 운임청구권은 소멸되며, 멸실시까지의 비율운임(prorata freight)을 청구할 권리도 없다. 다만 본선이 양륙항으로 항진도중 해난사고를 만나 피난항으로 이로하게 되었고, 항해속행이 불

43) Hunter v. Prinsep (1808) 103 E.R. 818, 10 East 378.

가하여 수하인이 동 피난항에서 목적지까지 자신의 화물을 가져갈 경우 선주는 피난항까지의 비율운임을 청구할 수 있다.

최근에는 일정비율의 운임은 선지급되고, 나머지를 화물인도시 정산하는 계약도 많이 볼 수 있다. 또한 선주는 용선계약서상 운임조항에 "cargo lost or not lost조항"을 추가하여 해난사고로 인한 화물의 멸실 여부에 관계없이 자신의 운임수취권을 보존받도록 하고 있다.

2-2 화물손상시 운임수취권[44)]

1) 요 지

선주는 비록 화물을 손상된 상태로 인도하여도 전액의 운임을 수취할 권리가 있다.

2) 사실관계

항해 중에 선장의 태만으로 인하여 화물인 석탄에 손상이 발생되어 운임에도 미치지 못하는 가치로 저하되었다. 용선자는 화물수취를 포기하고 운임지불도 거부하였다.

3) 판 결

용선자는 화물손상에 대한 선주의 손해배상의무와는 별개로 운임을 지급하여야 할 의무를 부담한다.

4) 시 사 점

화물의 감량이나 손상 등의 발생시 흔히들 운임이나 용선료를 공제하는 경우가 있는데, 이는 용선자의 계약위반으로 간주된다. 한편 선주는 용선자나 화주 등이 화물 손상을 이유로 운임을 공제한 경우, 1년이 경과한 시점에서 운임청구소송이나 중재를 개시하는 경우가 있다. 그 이유는 용선자나 화주로부터 화물손상에 대하여 반대청구(counter claim)를 받을 우려가 있기 때문이다. 선주

44) Dakin v. Oxley (1864) 15 CB (NS).

는 헤이그규칙 또는 헤이그-비스비규칙에서 화물손해에 대한 제소기간을 1년으로 규정하고 있으므로 동 시효가 만료된 이후에 운임청구소송이나 중재를 하게 된다.

2-3 선복운임[45)]

1) 요 지

선복운임(lumpsum freight)이란 실제로 적재화물의 톤수로 정해지는 운임이 아니라 적재화물의 전량에 대하여 항해당 일정한 금액으로 정해지는 운임을 말한다. 선복운임의 경우에 선주는 전체 화물이 아니라 화물의 일부만 인도하여도 운임전액에 대하여 수취권을 갖는다.

2) 사실관계

용선계약에서 운임은 선복운임으로서 화물 인도시점에서 지급되며, 해상고유의 위험(perils of the sea)으로 발생한 화물손해에 대하여 선주는 면책된다고 규정하고 있었다. 양륙항 도착 당시 황천으로 인해 화물은 본선과 함께 전손되었다. 화물의 일부가 해안으로 밀려왔으며 선장은 선적량의 2/3를 수거하였다.

3) 판 결

화물이 일부 인도되었음에도 불구하고 선주는 선복운임 전액을 수취할 권리를 갖는다.

4) 시 사 점

위 상황은 환적과 비슷한 성격이다. 즉 선주가 만일 바지선을 수배하여 화물을 모선으로부터 환적하여 인도한 경우, 수하인은 운임지급을 거절할 수 없듯이 본건의 경우 바람과 파도의 힘을 이용해 환적이 된 것이기에, 일단 화물이 인도된 이상 수화주는 운임지급을 거절할 수 없다는 것이다. 또한 선적된 화물 중 1/3의 멸실은 용선계약상 면책조항에서 규정하고 있는 해상고유의 위험에

45) William Thomas & sons v. Harrowing steamship Co.

의한 것이었으므로 수하인은 이에 상응하는 운임의 감액도 요구할 수 없다.

2-4 선급운임[46)]

1) 요 지

선급운임(prepaid freight)의 경우 화주는 화물의 전손에도 불구하고 선주에게 기지급한 운임의 반환청구권을 가지지 못한다.

2) 사실관계

Liverpool에서 Maraham까지 항해했다가 다시 회항하는 용선계약이 체결되었다. 본선이 Maraham에 도착 당시 화주는 선급운임을 지급하였으며, 본선은 Liverpool로 회항하던 중에 나포되어 멸실되었다.

3) 판 결

화주는 선급운임의 반환을 청구할 수 없다.

2-5 비율운임[47)]

1) 요 지

비율운임(Prorata freight)이 지급되기 위해서는 용선계약서에 그러한 규정이 있거나 또는 제반 상황상 그러한 것으로 추정될 수 있는 경우로 제한된다.

2) 사실관계

본선이 Tampa에서 Hamburug로 항해하던 중에 전쟁이 발발하여 함부르크로 가는 것이 불가능해졌다. 따라서 중간항인 Runcon으로 이로하여 화물을 양륙하고, 선주는 동 구간까지의 비율운임을 청구하였다.

---

46) De Silvale V. Kendall (1815) 4 M. & S. 37.

47) St. Enoch shipping co., Ltd. V. Phosphate Mining co. (1916) 2 KB 624.

3) 판 결

항해가 완료되지 않았기 때문에 선주에게는 운임청구권이 없다.

4) 시 사 점

선주가 비율운임을 청구하기 위해서는 반드시 용선자나 수하인과 합의가 있어야 한다. 즉 원래의 용선계약 내용을 수정하여 화물을 중간항에서 양륙하고, 그곳에서 목적지까지는 용선자가 수송하기로 하는 대신 선주는 중간항까지의 비율운임을 합의하여 수령하여야 한다. 근래에 와서는 양륙항에서의 갑작스러운 문제 발생시 선주의 재량으로 원래의 양륙지와 인접한 곳에서 화물을 양륙할 수 있다는 "인접안전항조항(or so near thereto as she may safely get and lie always afloat)"을 추가로 규정하고 있다.

제 3 절 선하증권에 관한 사례

3-1 파손화물보상장[48)]

1) 요 지

화물의 수령 또는 선적 당시 외관상태가 양호하지 못함에도 불구하고 무고장 선하증권(Clean B/L)을 발급하고 송하인으로부터 받은 파손화물보상장(Letter of Indemnity)은 법원에서 그 효력을 인정되지 아니한다.

2) 사실관계

100배럴(Barrel)의 오렌지 주스를 Titania호에 의해 London에서 Hamburg까지 운송하는 계약이 체결되었다. 선적 도중에 오렌지쥬스를 담은 통이 낡아서 새고 있다는 사실을 알면서도 선주의 대리점은 송하인으로부터 파손화물보상장을 발급받는 조건으로 무고장 선하증권을 발급하였다. 양륙항에서 화물이 인도

48) Brown, Jenkinson v. Percy Dalton (1957) 2 Q.B. 621.

되었을 때, 수하인은 화물에 손상이 있음을 발견하여 적하보험자로부터 보험금을 받았다. 이후 적하보험자는 선주를 상대로 구상권 대위에 의하여 손해배상을 청구하였다. 선주는 무고장 선하증권을 발행하였기 때문에 1차적인 책임이 자신에게 있으므로 적하보험자에게 손해를 배상한 뒤, 파손화물보상장을 근거로 송하인을 상대로 소송을 제기하였다.

3) 판 결

선주가 화물에 손상이 있었음을 알고 있었음에도 불구하고 무고장 선하증권을 발행한 것은 선하증권소지인을 속이려는 의도가 있었음이 명백하다. 따라서 본 사건에서 파손화물보상장은 선하증권소지인을 기만하기 위해 송하인과 운송인이 공모하는 서류이므로 송하인이 자신의 약속을 이행하지 않더라도 선주는 법에 호소할 수 없다.

4) 시 사 점

무고장 선하증권을 발행하는 대가로 발행된 파손화물보상장의 유효성을 부인되므로 선주는 법적 보호를 받을 수 없다. 그러나 파손화물보상장의 효력이 언제나 부인되는 것은 아니고, 선주의 명백한 고의성이 있는 경우에만 그러하다.

예를 들어 화물의 외관상 분명한 하자가 있음에도 불구하고 무고장 선하증권을 발급하는 대신에 수취한 파손화물보상장은 그 효력이 없지만, 선주가 선의로 사소한 화물의 결함으로 인식한 상태에서 수취한 파손화물보상장은 신의성실의 원칙에 따라 법에 의해 보호받을 수 있다. 즉 포장상태가 다소 불충분한 것으로 선주는 추정했으나, 송하인이 그렇지 않음을 보장하며 파손화물보상장을 교부했을 때, 또는 화물에 대한 아주 미세한 하자가 있었으나 송하인이 상품의 가치에 영향을 미치지는 않을 것을 보장하며 파손화물보상장을 교부했을 때에는 그 효력이 인정될 수 있다.

3-2 부지문언[49)]

1) 요 지

항해용선계약에서 일반적으로 사용되는 CONGENBILL양식에는 중량, 수량 등이 선주에게 알려지지 않았다는 부지문구가 인쇄되어 있는바, 동 문구는 선하증권에 기재된 선적량을 선주측이 실제로 알고 있지 않는 한, 선적량에 대한 표시라고 볼 수 없음으로 부족인도에 대하여 면책된다.

2) 사실관계

염화칼륨 25,000톤(10% More or less in the owner's option)을 운송하기 위한 항해용선계약이 체결되었다. Ventspils에서 화물이 선적된 후, 3장의 선하증권이 발행되었는데, 총선적량은 24,024.70톤이었다. 최종목적지인 일본에서 화물이 양륙된 후, 한 장의 선하증권상 2,705톤의 화물이 부족함이 발견되었다.

문제의 선하증권은 CONGENBILL 양식으로 발행되었고, 화물의 수량이 11,000톤이라고 기재되었으며, 전면에 화물의 중량, 용적, 품질, 상태, 가액이 운송인에게 알려지지 않았다는 부지문구를 포함하고 있었다. 또한 동 선하증권은 지상약관에 따라 헤이그규칙이 적용되었다. 이 사건에서 원고(항해용선자이자 동시에 송하인)는 발행된 선하증권은 헤이그규칙 제 3 조 4항에 따라 운송인이 선하증권에 기재된 대로 화물을 수령한 것에 대한 추정적 증거이므로 선주가 화물의 부족인도에 대하여 손해배상책임이 있다고 하면서 소송을 제기하였다.

3) 판 결

법원은 "중량이 알려지지 않음(weight …… unknown)"이라는 문구가 기재된 선하증권은 화물 11,000톤이 선적되었다는 사실에 대한 표시(representation)가 아니므로 헤이그규칙 제 3 조 4항에 의한 추정적 증거가 될 수 없고, 이에 운송인은 면책이라고 판결하였다.

---

49) The Mata K[1998] 2 LLR 614.

4) 시 사 점

선하증권은 화물수령증의 기능을 한다. 따라서 선주는 화물을 수령 또는 선적할 당시 화물의 명세와 수량을 선하증권에 기재하고, 그러한 기재와 동일한 상태로 화물을 수하인에게 인도해야 할 의무를 진다.

컨테이너운송에 있어서 FCL(Full Container load)화물의 경우, 송하인이 직접 컨테이너에 화물을 적입(stuffing)하게 되므로 선주는 컨테이너 내부에 적입된 화물의 명세와 수량 등을 직접 확인할 수 없다. 따라서 선주는 송하인이 신고한 대로 선하증권 앞면에 기재하고, 그러한 기재사항에 대해서는 책임을 지지 않겠다는 선언을 선하증권 이면에 기재하게 되는데, 이를 부지약관(unknown clause)이라 한다.

그런데 선하증권 전면에 화물의 명세와 수량이 기재된 경우에는 선하증권의 해석에 있어 수기(手記) 또는 타이핑한 것이 인쇄약관보다 우선한다는 "수기문언 우선의 원칙"에 따라 이면에 기재된 부지약관만으로 운송인은 완전한 보호를 받을 수 없으므로 전면에 추가로 "……이 들어 있다고 함(said to contain)" 혹은 "송하인이 적재하고 수량을 셈(shipper's load and count)" 등의 부지문구를 기재한다.

여기서 부지문구가 기재된 선하증권 하에서 수하인에게 실제 인도된 화물의 명세와 수량이 선하증권에 기재된 것과 다를 때 운송인의 책임은 어떻게 되는가라는 부지문구의 효력이 문제된다. 각국 판례에 따르면, FCL화물의 경우에는 부지문구의 효력을 일반적으로 인정하고 있다. 즉 송하인이 직접 적입 및 봉인한 컨테이너를 선주가 그대로 수하인에게 인도한 경우, 수하인이 컨테이너를 개봉할 때 내용물이 선하증권상 기재와 다르더라도 선주는 책임을 지지 아니한다.

산화물운송을 위하여 체결되는 항해용선계약에서 주로 사용되는 CONGEN-BILL도 동일한 부지문구를 포함하고 있는데, 이 경우에도 컨테이너운송의 경우와 같이 부지문구가 유효한 것인가가 논란이 되어 왔다. 이 사건에서 법원은 그 효력을 인정하였다. 즉 법원은 부지문구를 규정하고 있는 선하증권은 실제로 선적된 중량을 표시하고 있다는 점이 증명되지 않는 한, 화물 중량에 대한 표시라고 볼 수 없으므로 추정적 증거에 관한 헤이그규칙 제 3 조 4항의 규정은 적용될 수 없다고 보았던 The Atlas사건 판결[50]을 따른 것이다.

그런데 부지문구가 기재되었다고 하더라도 선하증권이 실제로 선적된 중량을 표시하고 있다는 점이 증명된 경우에는 본 판결은 달라질 수 있다. 예를 들어 선장이 선적된 화물의 중량을 실제로 알고 있었다는 사실을 입증하는 본선 서류를 화주 측에서 제시한다면, 선주는 금반언의 원칙에 따라 부지문구에 의존할 수 없게 된다.

3-3 서 명[51]

1) 요 지

선하증권상 화물량이 실제선적량과 다르게 기재된 경우 선장이 선하증권에 서명을 거부할 수 있는 권리가 있는가와 관련하여 용선자는 실제선적된 정확한 화물량을 선장에게 제출하여야 할 묵시적 담보(implied warranty)의무를 위반하였으므로 선하증권에 서명을 거부한 선장의 행위는 합당한 것이며, 이에 용선자는 그로 인해 지연된 손해를 선주에게 배상하여야 한다.

2) 계약관계

제20조(a)에서 "Bills of lading shall be signed by the Master as presented …… the Charterer shall indemnify the owner against all consequences or liabilities which may arise from any inconsistency which may arise from any irregularity in papers supplied by the Charterer or its agent"라고 기재되어 있었다.

3) 사실관계

항해용선된 Boukadoura호는 1986년 9월 14일 Yanbu항에서 연료유(fuel oil)를 선적하였다. 용선자이자 송하인은 선장에게 542,479배럴이 선적되었음이 기재된 선하증권에 서명을 요구하였다. 그러나 본선측 검수인과 일항사의 계산은 537,401배럴이었다. 이에 선장은 용선자에게 본선의 계산에 따른 화물량이 기재

---

50) Noble Resources Ltd v Cavalier Shipping Corporation(The Atlas) [1996] 1 Lloyd's Rep.642.

51) The Boukadoura (1989) 1 Ll. R. 393.

된 선하증권에 서명하겠다고 주장하였으나, 용선자는 이를 거절하였다. 화물량에 대한 검사가 다시 이루어졌고, 그로 인해 본선의 출항이 지연되었다. 그리고 재측정결과, 본선에서 측정한 수량이 맞았다.

4) 판 결

용선자가 부정확한 선하증권을 선장에게 제출하였고, 이는 항해용선계약 제20조(a)항의 부정행위(irregularity)에 해당된다. 따라서 이러한 선하증권에 서명을 거부한 선장의 행동은 지극히 합당하다. 즉 용선자는 정확한 화물량이 기재된 선하증권을 제공하여야 할 묵시적 담보를 위반했으므로 출항지연으로 인한 선주의 손해를 배상할 책임이 있다.

5) 시 사 점

선하증권에 기재된 화물량이 실제 선적량과 상이할 경우, 선장은 선하증권에 서명을 거부할 수 있는 권리가 인정되고, 그로 인해 발생한 손해(통상적으로 출항지연으로 인한 시간손실)에 대해서도 용선자로부터 배상받을 수 있다. 항해용선계약에서 선장이 선하증권에 서명을 거부할 수 있는 사유로는 용선계약서와 불일치하는 조건이 있을 경우, 용선계약서에서 규정하고 있는 항해구역을 벗어나는 양륙항이 기재된 경우, 화물의 상태를 잘못 기재한 경우, 선적일자가 잘못 기재된 경우(back date B/L), 실제선적량과 다른 경우, 갑판적재화물임에도 선창적재화물이라고 기재된 경우 등이다.

3-4 제시지연[52)]

1) 요 지

선적작업이 완료된 후 용선자가 선장의 서명을 위한 선하증권의 제시를 지체함으로 본선의 출항이 지연된 경우에는 비록 본선이 허용된 정박기간 이내에 선적작업이 종료되었다고 하더라도 용선자는 본선의 출항지연에 대한 책임을 져야 한다.

52) Nolisement V. Bunge y Born (1917) 1 KB 160.

2) 사실관계

본선이 선적을 완료하였을 때, 정박기간은 19일이 남아 있었다. 그러나 선적이 완료될 때까지 용선자는 양륙항을 결정하지 못하여 선장에게 서명을 위한 선하증권을 제시하지 못했다. 결국 본선은 선적작업이 완료된 날로부터 3일 후에 출항하게 되어, 선주는 용선자에게 출항이 지연된 시간만큼 초과정박손해배상금을 청구하였다.

3) 판 결

본선의 선적작업이 완료되면 용선자는 즉시 선장에게 선하증권의 서명을 요구하여야 한다. 따라서 용선자는 약정된 정박기간의 종료 이전에 선적작업이 완료되었다고 하여 선하증권의 제시를 위하여 선박을 대기시킬 권리가 없다.

4) 시 사 점

용선자는 선적작업의 종료 이후, 제반 비용의 정산, 선하증권의 작성과 제시 등을 위하여 추가시간을 요하게 되며, 선주는 동 기간이 합리적인 기간이라면 그로 인한 본선의 출항 지연에 대하여 초과정박손해배상금을 청구할 수 없다. 즉 선적작업의 종료 후에도 용선자에게는 합리적인 추가시간(reasonable additional time)이 부여된다. 따라서 동 시간 이내에 용선자는 선하증권의 제시 등 자신의 모든 의무를 완료하여야 하며, 이를 위반한 때에는 아직 허용된 정박기간이 만료되지 않았다고 하더라도 본선의 출항지연에 대하여 책임을 져야 한다. 정박기간은 용선자에게 제반 업무를 위해 부여된 시간이 아니라 화물의 선적 및 양륙을 위해서만 부여된 시간이기 때문이다.

반면 선적 혹은 양륙작업이 완료되고 용선자가 선하증권의 제시 등 모든 의무를 다한 경우에는 그 이후에 발생한 본선의 출항지연에 대하여 용선자는 책임을 지지 않는다. 예를 들면 본선의 선적작업 완료 후 항구의 결빙으로 인해 6개월간 출항할 수 없는 경우에도 용선자는 면책된다. 또한 선적작업이 완료되었으나, 세관에 화재가 발생하여 통관이 지연된 경우에도 그로 인한 본선의 출항지연에 대하여 용선자는 면책된다.

3-5 선하증권에 편입된 용선계약의 특정

영국법원은 편입조항이 선하증권에 기재된 경우, 용선계약 체결일자가 누락되었다고 하더라도 당사자에게 용선계약의 편입을 부인하려는 의사가 있었다고 추정되지 않는다고 보아 편입조항을 무효로 간주하지 않는다. 이러한 완화된 입장에 있어서는 물품운송에 다수의 용선계약이 관여된 경우에 어느 용선계약이 선하증권에 편입된 것으로 판단해야 하는가라는 용선계약의 특정이 문제로 남게 된다.

영국판례의 입장은 선주가 당사자인 원용선계약(Head Charter)이 편입되었다는 본 판례와 재용선자가 당사자인 재용선계약(Sub-Charter)이 편입되었다고 본 판례로 나누어져 있다.

1) 원용선계약이 인정된 사례

(1) The San Nicholas 사건[53)]

① 사실관계

라이베리아 국적 San Nicholas호의 선주는 1972년 2월 4일자에 용선자(A)와 브라질에서 미국간 당밀을 운송하기로 하는 항해용선계약을 체결하였다. 항해용선계약서 제13조는 영국법 준거조항을, 제18조는 런던중재조항을 각각 규정하고 있었다. 동일 날짜에 용선자(A)는 용선자(B)와 원용선계약과 동일한 조건으로 항해용선계약을 체결하였고, 다시 동일 날짜에 용선자(B)는 용선자(C)와 동일 항해에 대하여 항해용선계약을 체결하였다. 용선자(B)와 용선자(C)가 체결한 항해용선계약서 제19조는 선박국적법 준거조항, 즉 라이베리아법을 준거법으로 규정하고 있었다.

1972년 2월 21일자에 화물이 선적되었고, 선장이 서명한 선하증권에 "본 화물은 운임률과 지급조건을 제외하고 용선계약의 모든 조건에 따라 운송되며, 용선계약 조건은 본 화물에 대한 이해당사자의 권리를 지배한다"라는 편입조항이 규정되었으나, 용선계약 체결일자는 누락되었다.

1972년 5월 6일자에 본선은 양륙항으로 항해 중 침몰하여 화물이 멸실되었

53) Pacific Molasses Co. and United Molasses Trading Co. Ltd. v Entre Rios Compania Naviera S.A.(The San Nicholas) [1976] 1 Lloyd' s Rep.8.

다. 용선자(B)와 용선자(C)는 원용선계약이 선하증권에 편입되었으므로 영국법 준거조항에 따라 영국법원에서 선주를 상대로 소송을 제기하였다. 선주는 선하증권에 용선계약 체결일자가 표시되어 있지 않으므로 편입조항은 무효이고, 원용선계약에 의해 영국법이 준거법이라는 원고의 주장은 기각되어야 한다고 항변하였다.

② 판 결

제 1 심법원과 제 2 심법원 모두 원용선계약이 선하증권에 편입되었다고 하면서 원고의 주장을 인정하였다. 즉 법원은 “선하증권에 편입된 용선계약이 표시되지 않은 이유는 선장이 선적항에서 선하증권을 발행할 당시 용선계약 체결일자와 용선계약 당사자를 알 수 없었기 때문이므로 편입조항이 무효로 되지 않는다. 또한 Scrutton on Charterparties and Bill of Lading에 따르면, 편입조항이 언급하는 용선계약은 원용선계약이며, 그 이유는 선하증권의 서명자가 선주이기 때문이다. 따라서 선주가 체결한 원용선계약이 선하증권에 편입되었다”라고 판시하였다.

(2) The Sevonia Team 사건[54)]

① 사실관계

Sevonia Team호의 선주는 1976년 6월 17일자에 용선자(A)와 페르시안걸프에서 미국 동안간 원유를 운송하기로 하는 항해용선계약을 체결하였다. 한편 위 항해용선계약이 체결하기 전인 1974년 9월 23일자에 용선자(A)는 용선자(B)와 연속항해용선계약(consecutive voyage charter)을 체결하였고, 이 계약서에는 용선자(B)의 포괄용선계약서에 따른다는 규정이 있었다. 즉 용선자(A)는 용선자(B)와 체결한 연속항해용선계약을 이행하기 위하여 선주와 항해용선계약을 체결한 것이다.

1976년 6월 21일자에 본선은 89,936톤의 원유를 선적하였고, 선장이 서명한 선하증권에는 목적지에서 운임이 지급된다는 문언과 편입조항이 포함되어 있었으나, 용선계약 체결일자가 누락되었다. 1976년 7월 26일자에 본선은 미국 메인(Maine)에 도착하여, 동년 8월 13일자에 양륙작업을 종료하였다. 선주는 용선계약에 따라 후급운임 USD684,091를 용선자(A)에게 청구하였으나, 그 일부인

54) K/S A/S Seateam & Co. v Iran National Oil Co. and Others (The Sevonia Team) [1983] 2 Lloyd's Rep. 640.

USD333,410만 지급되자 수하인에게 잔여운임을 청구하는 소송을 제기하였다.

그러나 수하인은 선하증권에 편입된 용선계약이 표시되지 않았기 때문에 원용선계약과 재용선계약 모두 선하증권에 편입되지 않았고, 자신은 계약당사자가 아닌 선주에게 잔여운임을 지급할 책임이 없다고 항변하자, 결국 선주는 영국법원에 소송을 제기하였다.

② 판 결

법원은 The San Nicholas 사건[55]의 판결을 인용하면서, "선하증권의 편입조항이 언급하는 용선계약은 원용선계약을 의미한다는 것이 기본원칙(normal rule)이다. 또한 이 사건에서 선주와 용선자(A) 간에 체결된 원용선계약은 항해용선계약이므로 선하증권에 편입되기에 전체적으로 적절(wholly apposite)한 반면, 용선자(A)와 용선자(B) 간에 체결된 연속항해용선계약은 포괄적 규정이므로 선하증권에 편입되기에 적절하지 않다. 따라서 수하인은 선하증권에 편입된 원용선계약상 상대방인 선주에게 잔여운임을 지급해야 할 책임이 있다"고 판결하였다.

(3) The Nai Matteini 사건[56]

① 사실관계

선주는 1976년 7월 13일자에 용선자(A)와 체결된 연속항해용선계약에 의거하여 페르시안걸프에서 유럽간 원유 운송을 위해 선박 Nai Matteini를 투입하기로 약정하였다. 동 계약서 35조에서 모든 분쟁은 중재로 해결하며, 준거법을 이탈리아법으로 규정하고 있었다. 용선자(A)는 1981년 4월 30일자에 용선자(B)와 페르시안 걸프에서 유럽간 원유를 운송하는 항해용선계약을 체결하였다. 항해용선계약 제24조는 런던중재조항과 영국법준거조항을 규정하고 있었다.

1981년 5월 15자에 원유가 선적된 후, 용선계약조건에 따라 운임은 후지급된다는 문언과 "용선계약상 모든 조건과 면책이 편입된다"는 편입조항이 포함된 선하증권이 발급되었으나, 용선계약 체결일자는 선하증권에 표시되지 않았다.

---

55) Pacific Molasses Co. and United Molasses Trading Co. Ltd. v Entre Rios Compania Naviera S.A.(The San Nicholas) [1976] 1 Lloyd' s Rep.8.

56) Navigazione Alta Italia SpA v. Svenska Petroleum AB (The Nai Matteini) [1988] 1 Lloyd' s Rep. 452.

본선은 1981년 6월 25일자에 지정 양륙항에서 화물의 양륙을 완료하였으나, 수하인은 2,305톤(시가 USD558,027)의 부족인도를 주장하였다. 수하인은 런던중재절차의 개시를 선주에게 통지하였다. 선주는 원용선계약서에서 런던중재조항을 규정하지 않았으므로 런던중재의 중단을 청구하는 소송을 제기하였다.

② 판 결

법원은 앞서 언급한 The San Nicholas 사건과 The Sevonia Team 사건의 판결을 인용하면서, "선하증권에 용선계약 체결일자가 기재되지 않은 경우 기본원칙은 원용선계약을 편입한다는 것이 선하증권계약 당사자의 추정된 의사로 보며, 이 사건과 같이 원용선계약이 연속항해용선계약이라도 이 원칙이 그대로 적용된다. 따라서 재용선계약상 런던중재조항은 선하증권에 편입되지 않았다"라고 판시함으로써 선주의 주장을 인정하였다.

2) 재용선계약이 인정된 사례

(1) The Sonja 사건[57]

① 사실관계

일반화물선 Sonja호의 선주는 용선자(A)와 정기용선계약을 체결하였다. 용선자(A)는 용선자(B)와 정박기간조항과 체선료조항를 규정하고 있는 항해용선계약을 체결하였다. 다시 용선자(B)는 용선자(C)와 선복임대차계약(tonnage space charter)을 체결하였는데, 이 계약서의 명칭은 용선계약서(charterparty)라고 표시되어 있었다. 선적항에서 본선에 목재가 적재된 후, 용선자(B)는 용선자(C)에게 선하증권을 발행하였다. 동 선하증권에는 "under conditions as per charterparty"라는 편입조항이 규정되었고, 서명란에는 용선자(A)가 운송인으로서 기재되었다.

화물이 목적항에 도착하자 용선자(A)는 정박기간과 체선료 규정이 포함된 항해용선계약이 선하증권에 편입되었다고 하면서 선적항에서 발생된 체선료를 수하인에게 청구하였으나, 수하인이 지급을 거절하자 선박에 적재된 화물에 대하여 유치권을 행사하였다. 이에 수하인은 선하증권에 편입된 용선계약은 선복임대차계약이고, 동 계약서에는 정박기간과 체선료 규정이 포함되어 있지 않으므로 선주의 유치권 행사는 부당하다고 항변하면서 소송이 제기되었다.

57) Lignell v. Samuelson & Co. Ltd. (The Sonja) [1921] 9 Lloyd' s Rep. 361.

② 판 결

법원은 "선주의 화물에 대한 유치권은 선하증권에서 규정하고 있는 경우에만 행사될 수 있다. 선하증권에서 언급하고 있는 용선계약서는 용선자(B)와 용선자(C)가 체결한 선복임대차계약이다. 그런데 동 계약서는 선주의 유치권을 인정하는 어떠한 규정도 포함하고 있지 않다. 따라서 선주가 미지급 체선료를 회수하기 위한 목적으로 수하인의 화물에 대하여 유치권을 행사하는 것은 부당하다"라고 판시하였다.

(2) The SLS Everest 사건[58)]

① 사실관계

SLS Everest호의 파나마 선주는 용선자(A)와 정기용선계약을 체결하였다. 용선자(A)는 용선자(B)와 카사브랑카에서 치타공까지 인광석을 운송하기로 하는 항해용선계약을 체결하였고, 이 계약서는 영국중재법(1950)에 따라 런던에서 해결한다는 중재조항을 규정하고 있었다. 선적항에서 인광석 9,000톤을 본선에 선적 후, 선장은 선주를 대신하여 선하증권에 서명하였다. 이 선하증권의 편입조항은 "면책조항을 포함하여 운임과 기타조건은……에 따른다(Freight and other conditions as per……including the exoneration clause)"라고 규정되어 있었다. 즉 편입조항에는 용선계약(charterparty)이라는 문언도 없었고, 용선계약 체결일자도 누락되어 있었다.

본선은 선적항을 출발한 지 얼마 후, 기관실로 해수가 유입되어 침몰하였고, 화물손해도 발생하였다. 선주는 런던에 있는 선체보험자에게 전손보험금을 청구하였다. 용선자(B)는 선주에게 화물손해배상을 청구하는 한편, 자신의 채권을 확보하기 위해 선체보험자가 선주에게 지급할 보험금의 지급중지명령을 영국법원에 신청하였다. 선주는 영국법원이 재판관할권이 없다고 항변하였다.

② 판 결

제 1 심 법원과 제 2 심 법원은 "편입조항의 운임(freight)이라는 문언상 편입된 용선계약은 항해용선계약을 의미하며, 이것은 용선자(A)와 용선자(B)가 체결한 재용선계약이라는 점을 필연적으로 암시한다. The San Nicholas사건 판결에 따라 원용선계약이 선하증권에 편입되어야 하지만, 이 사건에서는 원용선계약

58) Bangladesh Chemical Industries Corporation v. Henry Stephens Shipping Co. Ltd. and Tex-Dilan Shipping Co. Ltd.(The SLS Everest) C.A. [1981] 2 Lloyd' s Rep. 389.

이 정기용선계약이므로 항해용선계약인 재용선계약이 편입된다. 선하증권에 편입된 재용선계약을 전체적으로 고려할 때 영국법이 준거법으로 인정되므로 영국법원은 자산동결을 명령할 수 있는 재판관할권을 갖는다"라고 판시하였다.

(3) The Heidberg 사건[59)]

① 사실관계

Heidberg호의 선주와 용선자(A)는 정기용선계약을 체결하였다. 이 계약의 협상은 전화로 이루어 졌는데, 양 당사자는 중요사항만 합의하고, 세부사항은 선주가 제시한 견본용선계약서(영국법준거조항과 런던중재조항 포함)에 따르기로 하였고, 이 내용은 성약확인서에 의해 확정되었다. 한편 용선자(A)는 용선자(B)와 프랑스에서 네덜란드까지 옥수수 2,500톤을 최소 6항차/최대 12항차를 운송히기로 약정하는 장기운송계약(C.O.A)을 체결하였다. 동 계약서는 파리중재조항을 규정하고 있었고, 용선자(A)는 이 계약을 이행하기 위하여 정기용선으로 확보한 Heidberg호를 투입하였다.

용선자(B)는 영국에 소재하고 있는 매수인에게 C.I.F.조건으로 옥수수를 매도하고, 프랑스 보험자와 적하보험계약을 체결하였다. 옥수수 2,550톤이 선적된 후, 화물의 송하인인 용선자(B)에게 선하증권이 발행되었다. 이 선하증권에는 중재조항을 포함하여 용선계약상 모든 조건이 편입된다는 편입조항이 포함되어 있었으나, 용선계약 체결일자가 기재되지 않았다. 한편 선하증권의 발행되는 시점에서, 파리중재조항을 포함하고 있는 용선자(A)와 용선자(B)간 장기운송계약서는 서명이 완료되었으나, 런던중재조항을 포함하고 있는 선주와 용선자(A)간 정기용선계약은 구두로만 합의된 상태였다.

선적항을 떠난 본선은 프랑스 지롱드강 부근에서 잔교(jetty)와 충돌하였고, 그로 인해 화재가 발생하였다. 화재진압과정에서 선박에 적재된 화물에 침수손해가 발생하였다. 본선은 구조선에 의해 구조된 후, 수리를 위해 선적항으로 회항하였고, 정상화물은 타선박으로 환적되어 목적항으로 운송되었다.

한편 충돌사고로부터 며칠 후, 매수인은 원본 선하증권을 포함한 선적서류와 상환으로 물품대금을 지급하고, 적하보험자는 매수인에게 분손보험금을 지

59) Partenreederei M/S Heidberg and Vega Reederei Friedrich Dauber v. Grosvenor and Feed Co. Ltd. and Union Nationale des Cooperatives Agricoles and Assurance Mutuelles Agricoles (The Heidberg) [1994] 2 Lloyd' s Rep. 287.

급하였다. 대위권을 취득한 적하보험자는 재용선계약이 선하증권에 편입되었다고 하면서 선주를 상대로 화물손해배상금을 청구하는 파리중재를 개시하였고, 중재판정부는 적하보험자의 청구를 인정하였다. 반면 선주는 선하증권에 편입된 용선계약은 원용선계약이고, 따라서 당사자간 분쟁은 런던중재로 해결해야 한다고 주장하면서 런던지방법원에 소송을 제기하였다.

② 판 결

런던지방법원은 선하증권의 발행시점에서 구두로 체결된 용선계약상 중재조항이 선하증권에 편입되지 않는다고 본 파리중재판정부의 결정에 구속됨을 승인하였다.

다만, 영국법원은 용선계약의 특정에 관하여 다음과 같이 상세한 부수적 의견(obiter dictum)을 개진하였는데, "선례의 참조 결과, 선하증권에 편입된 용선계약은 원용선계약이 아니라, 재용선계약인 장기운송계약이다. 원용선계약이 선하증권에 편입된다는 영국법상 기본원칙은 선주가 운임이나 체선료를 수취할 목적으로 화물에 대한 유치권을 확보하기 위해 편입조항이 규정된 경우에만 적용된다. 선하증권에 편입된 용선계약을 특정하는 경우, 쌍무계약이라는 선하증권의 법적 성질을 고려하여 선하증권을 발행하고 서명하는 선장의 의사와 선하증권 문언의 초안을 작성하고 선장에게 선하증권의 서명을 요청하는 송하인의 의사에 동일한 무게가 주어져야 한다. 이 사건의 경우 장기운송계약을 편입하고자 하는 상업적 요구가 있었다. 특히, 중요한 점은 선하증권 문면에서 운임이 용선계약에 따라 지급된다(freight payable as per charterparty)라고 명시적 규정을 두고 있다는 사실이다. 동 조항에 의거하여 용선자(B)는 용선계약에 따라 운임을 지급해야 하는바, 여기서 의미하는 용선계약을 원용선계약이라 해석하는 것은 송하인이 원용선계약의 내용을 전혀 알지 못한다는 점, 그리고 자신이 체결한 계약과 상이한 내용을 규정하고 있다는 점을 고려할 때 부당하다. 따라서 재용선계약인 장기운송계약이 선하증권에 편입되었다"라고 판시하였다.

(4) The Vinson 사건[60)]

① 사실관계

선주는 용선자(A)와 공동운항협정(pool arrangement)을 체결하고, Vinson호를

60) QBD (Comm Court) [2005] 677 LMLN. 1.

용선자(A)에게 Ecotime99 용선계약서에 의거하여 정기용선하였다. 공동운항협정서와 Ecotime99 용선계약서는 뉴욕중재조항을 규정하고 있었다. 용선자(A)는 Vinson호를 용선자(B)에게 Baltime 용선계약서에 따라 정기용선하였고, 동 계약서에는 런던중재조항을 규정하고 있었다. 용선자(B)는 다시 용선자(C)와 장기운송계약을 체결하였다. 선주는 화물을 수령한 후, 운송인으로서 CONGENBILL 발행하였다. 동 선하증권 이면에는 중재조항을 포함하여 모든 용선계약조건이 편입된다는 편입조항이 규정되어 있었으나, 전면에 용선계약 체결일자가 기재되지 않았다.

수하인은 화물이 손상된 상태로 인도되자, 편입된 용선계약서는 용선자(A)와 용선자(B)간에 체결된 Baltime 용선계약서이므로 동 계약서에서 규정하고 있는 런던중재조항에 따라 런던에서 선주를 상대로 중재절차를 개시하였다. 런던중재판정부는 수하인의 주장을 받아들여 편입된 용선계약서는 Baltime 용선계약서라고 판정하였다. 이에 선주는 자신이 당사자인 Ecotime99 용선계약서가 선하증권에 편입되어야 하고, 이에 런던중재가 아닌 뉴욕중재로 분쟁을 해결되어야 한다고 주장하면서 법원에 소송을 제기하였다.

② 판 결

법원은 "영국법상 편입된 용선계약이 선하증권에 표시되지 않은 경우, 원용선계약이 편입된다고 추정하는 경향이 있으나, 이러한 추정은 The SLS Everest 사건의 판결에 따르면 불변의 원칙이라고 볼 수 없다. 이 사건에서 원용선계약서는 주로 공동운항문제를 다루고 있기 때문에 원용선계약서보다는 용선자(A)와 용선자(B) 간에 체결된 재용선계약서가 선하증권에 편입되기에 가장 적절(most appropriate)하다. 이에 선하증권에 편입된 용선계약서는 Baltime 용선계약서이다"라고 판시함으로써 선주의 청구를 기각하였다.

3) 시 사 점

선하증권에 편입되는 용선계약 체결일자 등이 기재되지 않아 모호한 편입조항이 규정된 경우, 용선계약의 특정에 관한 영국법의 기본원칙은 다음과 같다.

첫째, 선하증권에 편입된 용선계약이 표시되지 않았다고 하더라도 편입조항은 무효로 되지 않으며, 이때 편입된 용선계약은 통상 선주가 계약운송인이 되므로 그가 당사자인 원용선계약이 편입된 것으로 추정한다.

둘째, 편입된 것으로 추정된 원용선계약이 정기용선계약인 경우에 항해용선계약 또는 유사계약(장기운송계약, 연속항해용선계약, 선복임대차계약 등)이 재용선계약으로 존재하고 있다면, 이 계약이 편입된 것으로 확정한다.

따라서 분쟁예방 차원에서 용선계약부 선하증권이 발행되는 경우, 해상운송계약 당사자는 용선계약 체결일자를 반드시 선하증권에 기재함으로써 용선계약의 특정에 관하여 확실성과 예측성을 확보해야 한다.

제 4 절 장기운송계약에 관한 사례

4-1 장기운송계약의 불이행[61]

1) 판정요지

(1) 신청외 D펄프회사는 미국산 우드 조달위해 자회사를 설립하였으나, 운영에 실패하여 T주식회사에 매도하기로 하였다. 매매금은 1,000여만 달러로 그 중 500만 달러는 먼저 지급하고 나머지는 10년간 우드를 독점공급하면서 공급가액을 합의된 액수만큼 낮추어 공급하는 방법으로 구두합의하였다. T주식회사의 실질소유자인 K씨는 위 회사인수와 우드공급을 위해 피신청인회사를 설립하였다. 양사는 우드공급계약, 자산매수 인수계약을 체결하였고, D펄프회사와 피신청인간의 위 공급계약은 피신청인의 인도조건으로 되어 있으므로 이를 위해 피신청인은 신청인이 신조나용선하여 제공하는 선박 두 척에 대하여 장기용선계약을 체결하였다. 이 계약은 D펄프회사가 피신청인의 장기용선계약상 의무이행에 대해 보증함을 조건으로 하고 있다. D펄프회사는 피신청인으로부터 1994년과 1995년에 200,000 BDMT에 못미치는 구매를 했고 독점계약권을 침해하여, 피신청인은 약정미달 공급분에 대한 손해배상과, 장래손해를 구하는 추가배상청구를 중재법원에 제기하였다. 이에 중재인은 공급가격조정액으로 미화 2,741,341달러와 계약파기에 따른 손해배상금 미화 550만달러를 지급하도록

61) 대한상사중재원 제98113-0002호.

판정하였다. 피신청인은 D펄프회사와 위 공급계약을 해지하였으나 신청인에게 통보하지 아니하고 1996년 9월중 장기용선계약에 따르는 본계약 체결의사가 있다고 하였다. 신청인이 피신청인에게 계약이행을 문의하였으나 답신이 없어 신조선 두 척에 관한 용선계약을 해지하였다. 신청인은 계약이행보증서에 터잡아 D펄프회사와 장기해송계약을 맺었으나, D펄프회사는 부도로 해지한 뒤 다시 합의를 하여 M선적에 대해 장기해송계약을 체결하였다. 신청인은 피신청인을 대위하여 D펄프회사가 공급계약을 위배한 손해배상금을 정리채권으로 신고하였다.

(2) 위 사실에 의해 별다른 사정이 없는 한 피신청인은 신청인에 대하여 장기용선계약의 불이행에 따라 운용되지 않고 있는 M선박에 대해 손해배상책임이 있다 할 것인바, 아래에서 보듯이 피신청인의 주장은 이유 없으므로 피신청인은 손해배상책임이 있다. 1) 피신청인은 장기운송계약의 실질 당사자는 D펄프회사와 신청인이고 피신청인은 당사자가 아니라고 하나 피신청인이 계약내용을 주도한 점, 피신청인의 이름이 들어갈 계약서 여러 곳에 D펄프회사가 기재된 것은 조선금융을 위해 쓰인 점에 비추어 당사자가 아니라고 볼 근거는 없다. 2) 피신청인은 이 건 장기용선계약이 가계약이어서 구속력이 없다고 하나, 본계약이라 할 것이고, 나아가 제 3 자 용선 위한 협의는 손해를 줄이려는 것으로 계약의 본질에 해당하지 않는다. 3) 피신청인은 이건 장기용선계약은 D펄프회사의 우드장기공급계약의 실효로 조건이 불성취하여 실효된 것이라고 주장한다. 그러나, 위 공급계약의 존속이 장기용선계약을 좌우한다고 규정하지 않으므로 위 주장은 이유 없다. 4) 피신청인은 합의서에 근거하여 신청인의청구는 불제소의 합의에 반하는 것이라고 주장하나, 문면상 피신청인의 장기용선계약책임을 면제하는 것으로 볼 수 없고 불제소합의가 아님이 분명하므로 피신청인의 위 주장은 이유 없다. 5) 피신청인은 신청인의 청구는 장기공급계약의 파탄을 알고도 자신의 위험부담 아래 선박 건조하여 손해를 자초하였으므로 신의칙에 위반한 권리남용이라고 주장한다. 그러나 피신청인은 D펄프회사에 대한 중재신청도 통지 않았고, 본계약 체결의사가 있다고 하였고, 완공한 것이 경제적인 까닭에 위 주장은 이유 없다. 6) 피신청인은 신청인이 피청구인에 대한 청구권포기로 면제한 것으로 보아야 한다고 주장하나, 사실 인정증거와 법리도

없어 이 주장 또한 전혀 이유 없다. 손해액에 관하여 살펴본다. 이 사건 장기용선계약은 하루당 용선료는 미화 16,675.56달러임이 인정된다. 영업관리비와 영업이율의 인상예정도 고려해야 한다. 그리고 차감되어야 할 시장요율에 대해서는 증명될 수 없으므로, 이 사건 선박과 유사한 선박의 운임률을 적용할 수밖에 없다. 운송계약은 15년이나 위 우드공급계약은 10년이므로 10년을 한도로 일실이익을 판단한다. 장기용선계약 체결에 있어 피신청인 사업의 취약성 등에 대한 대처를 하지 못한 신청인의 과실도 있어 분담 몫은 30%로 봄이 타당하다. 피신청인은 M선적에 대해 경제적 지분권만큼의 공제액을 주장하나, 일실용선료의 산정에 지분가액은 가외로 고려할 여지가 없다고 할 것이다.

(3) 피신청인은 신청인에게 미화 5,885,208.7달러 및 이에 대한 지연이자의 범위 내에서 인용하고, 나머지청구는 기각하며 중재비용은 이를 7분하여 그 중 6은 신청인의 나머지 1은 피신청인의 각 부담으로 하기로 한다.

2) 판정내용

(1) 판정주문

① 피신청인은 신청인에게 미화 5,885,208.70달러 및 그 가운데 미화 599,009.53달러에 대하여는 1998. 2. 2.부터, 나머지 미화 5,286,199.17달러에 대하여는 1999. 2. 2.부터 완제일까지 연 6푼의 비율에 의한 각 금원을 지급하라.

② 신청인의 나머지 청구를 기각한다. 3. 중재비용은 이를 7분하여 그중 6은 신청인의, 나머지 1은 피신청인의 각 부담으로 한다.

(2) 신청취지

① 피신청인은 신청인에게 미화 45,000,000달러 및 이에 대한 1997. 2. 1.부터 이 사건 중재신청서의 송달일까지 연 6푼의, 그 다음날부터 완제일까지 연 2할 5푼의 각 비율에 의한 금원을 지급하라.

② 중재비용은 피신청인의 부담으로 한다.

3) 판정이유

(1) 기초적 사실

이 사건 기록에 드러난 제 증거자료와 증인 심문결과 및 심문의 전 취지를 종합하여 이 중재판정부가 인정하는 기초적 사실은 다음과 같다.

① 사안의 전반적 배경과 선박의 건조 및 용선계약

Ⓐ 신청외 D펄프회사는 1990년경 미국산 우드를 직접 조달하기 위하여 미국 알라배마주 현지에 자회사를 설립하였으나, 그 운영에 실패한 나머지 1987년경부터 우드를 공급하여 오던 T주식회사에게 1993년 말경 당초 미화 1,000만 달러가 투자되었으나, 당시 자산가치가 미화 200만 달러에 못 미치는 위 자회사를 미화 1,000여만 달러에 매수하되 그중 미화 500만 달러는 먼저 지급하고 나머지 519만 달러는 T주식회사가 10년간 우드를 동해에 독점 공급하면서 공급가액을 합의된 액수만큼씩 낮추어 공급하는 방법으로 갚도록 제안하여 구두합의에 이르렀고 T주식회사의 실질적 소유자인 K씨는 위 회사인수와 공급을 위하여 미국 루이지애나주에 피신청인 회사를 설립하였다. 양사는 1994. 1. 22.자로 우드공급계약, 1994. 1. 25.자로 자산매수 계약을 각 체결하였다.

Ⓑ D펄프회사와 피신청인간의 장기공급계약은 피신청인이 운송인도하는 조건으로 되어 있으므로 피신청인은 신청인이 신조 나용선하여 제공하는 선박 2척을 신청인으로부터 장기용선하기로 하여 신청인과 피신청인은 1995. 3. 27.자로 장기용선계약(갑 제1호증의 1)을 체결하였는바 인도 후 15년간의 장기용선계약기간을 갖는 이 계약은 D펄프회사가 피신청인의 장기용선계약상의 의무이행을 신청인에 대하여 보증함을 조건으로 건조하기로 하며 따로 합의하는 운항원가 산정기준에 따라 용선요율을 산정하기로 되어 있었고 이 계약서는 운항원가 산정기준합의서(갑 제1호증의 4)가 체결된 1995. 6. 9.에 맺은 장기용선계약(갑 제1호증의 3)에 의해 대체되었다.

② 선박건조의 경과 및 공급계약의 파탄

Ⓐ 위 공급계약과 장기용선계약을 바탕으로 한 신조선 계약은 1995. 6. 14. 체결되었고 1996. 5. 3. 제1호선(H-041호, 뒤에 M호로 명명), 1996. 8. 7. 제2호선(H-042호, 뒤에 N호로 명명) 건조가 각각 착공된 뒤 1997. 1. 31. 및 1997. 4. 25. 각 준공을 마쳐 1996. 11. 29.자 나용선계약에 따라 신청인에게 인도되었다. 한편,

신조선 착공에 앞서 D펄프회사는 1995. 4. 신청인과 사이에 계약이행 보증서를 체결하여 신조선 두 척 중 선투입된 선박 한척에 관하여 용선료 지급의무를 포함하여 피신청인이 신청인에게 부담하는 모든 용선계약상의 의무이행을 보증하고 피신청인이 장기용선계약상의 의무를 2개월 이상 불이행할 경우 신청인의 요청에 따라 D펄프회사는 위 선박에 대한 피신청인의 법적 지위를 인수할 의무가 있다는 취지의 약정을 하였고 추가선박 한척에 관하여는 불가항력사유가 없는 한 보증된 선박과 같이 추가선박이 운항되도록 협조한다고 약정하였다.

Ⓑ D펄프회사는 피신청인으로부터 1994년과 1995년에 200,000BDMT에 못 미치는 구매를 하였으며 1995. 5. 중에는 피신청인의 독점공급권을 침해하여 일본의 공급원으로부터 구매하는가 하면 1996년에는 88,410BDMT 만을 구매한 채 추가구매를 거절함으로써 계약을 이행하지 않을 뜻을 분명히 하였으므로 피신청인은 1996. 3. 28. D펄프회사를 상대로 하여 1996년도분 약정 미달 공급분에 관한 손해배상을 구하는 중재신청을 International Court of Arbitration에 제기하였고 뒤이어 1996. 7. 23. 계약파기를 이유로 계약기간 동안의 장래의 손해를 구하는 추가배상청구를 같은 중재법원에 제기하였다. D펄프회사와 피신청인간에는 1994. 3. 30.자 공급계약외에 같은 날짜로 뒤에 소급 작성된 또 하나의 공급계약이 있고 전자는 연간최소구매량이 30만 BDMT임에 반해 후자는 20만 BDMT이고 후자에는 전자에 들어 있던 손해배상예정액에 관한 규정이 빠져 있는 바, 위 사건의 중재인은 후자만이 당사자를 기속하는 계약이라는 중간판정을 낸 뒤 D펄프회사에 대해 피신청인에게 미화 2,741,341달러를 공급가격조정액으로 지급할 것을 명하고 나아가 계약파기에 따른 손해배상금으로 미화 550만달러 및 연리 10%의 지연손해금을 지급하도록 판정하였다.

③ 장기용선계약에 관한 경과

Ⓐ 피신청인은 D펄프회사와의 계약관계가 파탄에 이르러 중재신청을 한 뒤로도 신청인에게 그와 같은 사실을 알리지 아니한 채 있다가 1996. 6. 12. 및 7. 8.자로 신청인에게 조선중인 선박의 건조를 중단하는 경우의 손해명세를 알려달라고 하여(갑 제10호증) 그 답신을 받은 뒤 앞에 본 추가중재신청시 선박건조에 따른 손해배상을 구하였다(이 청구는 뒤에 취하됨).

Ⓑ 한편 피신청인은 1996. 7. 23. D펄프회사와의 공급계약을 해하였으나(D펄프회사 또한 1996. 10. 26. 같은 계약을 해지하였음), 이 점을 신청인에게 통보하지

아니하였을 뿐더러, 신청인은 1996. 8. 19. D펄프회사로부터 피신청인이 제기한 중재신청을 통보받고 그 서신을 피신청인에게 보내자 피신청인은 이에 답하는 1996. 8. 30.자 서신에서 장기용선계약에 따르는 이른바 본 계약을 1996. 9.중에 체결할 의사를 가지고 있다고 하였다. 신청인은 1996. 9. 16. 피신청인에게 장기용선계약의 이행의사 등을 문의하였고 연이어 1996. 11. 26., 1997. 1. 15., 1997. 1. 21., 1997. 1. 25., 1997. 1. 28. 회신을 독촉하였으나 피신청인의 답신이 없었으므로 신청인은 1997. 2. 1. 및 1997. 4. 29. 신조선 두 척에 관한 용선계약을 해지하였다.

④ 장기용선계약 해제 이후의 경과

Ⓐ 신청인은 1995. 4. 계약이행보증서(을 제3호증)에 터잡아 1997. 12. 31. D펄프회사와 장기해송계약을 맺어 거양 N호를 투입하여 운송을 하던 중 1998. 4. 14. D펄프회사가 부도사태에 처한 뒤 D펄프회사에 대한 회사정리절차가 개시되었고 D펄프회사의 관리인이 위 운송계약을 해지한 뒤 다시 합의에 이르러 1998. 11. 18.자로 다시 장기해송계약을 체결하여 위 선박을 운용하고 있고 M호는 위 해송계약하에서 거양 N호의 대체선으로 쓴 이외에는 상업적 운용을 하고 있지 못하다.

Ⓑ 신청인은 피신청인을 대위하여 1998. 10. D펄프회사가 공급계약을 위배함으로써 피신청인이 신청인에 대하여 지게 될 손해배상금으로서 D펄프회사가 피신청인에게 지고 있는 채무로서 미화 66,665,952달러를 D펄프회사에 대한 정리채권으로 신고하였으나(신청인제출의 참고자료 15), 이를 관리인이 부인하여 이 채권은 정리채권확정소송에서 가려지게 되어 있다.

(2) 피신청인의 손해배상 책임

앞에 설시한 사실관계에 비추어 보면 별다른 사정이 따로 인정되지 아니하는 한 피신청인은 신청인에 대하여 이 사건 장기용선계약의 불이행에 따라 운용되고 있지 않은 M호에 관한 손해의 배상책임이 있다할 것인바, 아래에서 보듯이 피신청인의 주장이나 항변은 모두 이유 없으므로 피신청인은 신청인에 대하여 손해배상책임이 있다.

(3) 피신청인의 주장 및 항변

① 이 건 장기운송계약의 실질적 당사자는 D펄프회사와 신청인이고 피신

청인은 당사자가 아니다. 피신청인은 D펄프회사가 용선계약상의 자신의 의무를 보증한 점, D펄프회사와 신청인이 계약의 내용을 주도한 점 그리고 영문으로 된 장기용선계약서(을 제 4 호증)의 여러 조문에 들어 있는 피신청인의 이름이 들어갈 자리에 D펄프회사로 표기되어 있는 점들을 근거로 하여 위와 같이 다투나 조선금융을 얻는데 쓰인 위 을 제 4 호증에 적힌 위와 같은 표시는 오기임이 분명하고 피신청인이 들고 있는 사정들은 피신청인이 당사자가 아니라고 볼 근거로 되지 못한다.

② 이 건 장기용선계약은 가계약에 지나지 아니하여 구속력이 없다. 신청인은 1차선 인도에 즈음하여 피신청인에게 본 계약체결을 요구한 바 있으나 그러한 본 계약이 체결된 바 없고, 1997. 1. 15. 피신청인이 제 3 자에의 용선에 동의를 구하여 오고 이에 동의하자 1차 인도선을 D펄프회사와의 장기해송계약에 제공한 터이므로 이 건 장기용선계약은 가계약 상태에서 해지된 것이라는 것이 항변의 요지이다. 그러나 이 사건과 같은 신조선 나용선에 의한 장기용선계약에 있어서는 이 사건 장기용선계약과 같은 계약이 구속력 있는 계약이고, 선박인도에 즈음하여 이른바 본계약이라 하여 세부사항이나 절차를 추가하는 사리임은 이 중재판정부에 현저한 사실이다. 나아가 제 3 자 용선을 위한 협의는 계약이 이행되지 아니함에 따른 손해를 줄이기 위한 노력일 뿐, 그로써 위와 같은 계약의 본질이 좌우되는 것이 아님 또한 분명하다.

③ 이 사건 장기용선계약은 조건의 불성취로 인하여 실효된 것이다. 이 사건 장기용선계약은 피신청인과 D펄프회사간의 우드 장기공급계약의 유효한 존속을 전제로 하는 것이므로 우드 장기공급계약이 실효됨으로써 위 계약 또한 실효되었다고 한다. 그러나 장기용선계약을 보면 어느 곳에도 우드 장기공급계약의 존속이 용선계약의 효력을 좌우한다고 규정되어 있지 아니하므로 이 주장은 근거가 없다. 장기용선계약은 이 사건 선박들의 건조가, "D펄프회사가 신청인에게 피신청인의 장기용선계약 이행보증을 제공하는 것으로 조건으로" 한다고 하고 있으므로, 피신청인의 위 항변은 그와 같은 보증이 없는 채 건조된 이 사건 선박들에 관한 계약책임을 질 수 없다는 취지로 볼 수도 있겠다. 그런데 비록 계약에 위와 같은 맥락으로 조건이란 용어가 쓰였으나 이는 법률상의 조건으로 볼 수가 없을 뿐 아니라 그와 같은 보증은 이 사건 당사자 모두가 노력하여 D펄프회사로부터 얻었어야 할 일인데, 이 건 계약이행보증서(을 제 3 호증)

가 1995. 4.에 체결되고 선박이 건조되어 완공되기에 이르기까지 이 점에 관하여 아무런 이견을 제기한 바 없는 피신청인이 이제와서 위 문언에 기대어 책임을 부인하고자 하는 위 주장은 잘못된 것임이 분명하다.

④ 불제소의 합의에 반하는 청구이다. 피신청인은 1997. 1. 15. 신청인이 제3자와 용선계약을 체결하는데 동의하였는 바(갑 제 6 호증), 이때 합의서(을 제 5 호증)를 만들어 "신청인과 피신청인은 위 갑 제 6 호증과 관련하여 어떠한 법적 문제도 제기하지 않을 것에 상호 동의한다"라고 약정하였다. 피신청인은 위 약정의 취지가 피신청인의 용선계약불이행 책임을 면제하기 위한 취지로 작성된 것이라고 주장하나, 위 약정은 당사자를 구속하고 있는 장기용선계약이 이행되지 아니하는 상태에서 그 계약에 묶여 있는 이 사건 선박을 제 3 자에게 항해용선하기로 합의하고 그렇게 하는데 따르는 어떠한 책임도 피차간에 묻지 아니하기로 한 취지임이 문면상 분명하며 그 약정에 의해 피신청인의 장기용선계약상의 책임을 면제하는 취지가 아님은 지적할 나위도 없다고 할 것이다. 피신청인은 위와 같이 면책주장을 하면서 이는 제소하지 아니하기로 한 약정이라고 하나 위 약정이 주장과 같은 불제소합의가 아님은 분명하고, 가사 그렇지 아니하다고 하더라도 이 사건이 중재약정하에 매여있고 보면 피신청인 주장의 중재불제기 약정은 당사자간에 중재약정을 파기하는 서면약정으로 되어야 할 이치이므로, 위 주장은 어느모로 보나 이유가 없다.

⑤ 신청인의 청구는 신의칙에 위배된 권리남용이므로 부당하다. D펄프회사와 피신청인간의 장기공급계약이 파탄에 이르러 이 사건 용선계약의 이행이 불가능하게 될 사정을 알면서도 신청인은 자신의 위험부담 아래 선박의 건조에 착수하여 손해를 자초하였으므로, 이 사건 청구는 상도의에 어긋난 신의칙 위반이요, 권리남용이라고 한다. 그러나 앞서 인정된 기초사실에서 보듯이 피신청인은 D펄프회사를 상대로 하는 중재신청을 1996. 3.에 하고서도 신청인이 그 점을 1996. 8. 19. D펄프회사로부터 통보받기까지 알리지 아니하였을 뿐 아니라 1996. 8. 7. 2차선 착공이 있은 뒤인 1996. 8. 30.에 서신을 띄워 1996. 9. 중에 이른바 본 계약을 체결할 의사가 있다고 하였고 ICC중재판정부에 낸 서면에서 피신청인은 선박건조를 중단하는 것보다 완공시키는 편이 경제적인 까닭에 피신청인이 선박건조를 하도록 허용하였다고 진술한 터에 비추어 보면 피신청인의 위 주장은 사리와 신의에 반하는 이유 없는 주장임이 분명하다.

⑥ 신청인은 피신청인에 대한 청구권을 포기하고 면제한 것으로 보아야 하므로 이 사건 청구는 부당하다. 피신청인은 ICC중재에서 이 사건 손해를 배상받고자 손해명세를 밝혀 주도록 신청인에게 요청하였으나 신청인이 이를 거부함으로써 이 사건 청구권을 포기한 것이고, 또한 신청인이 D펄프회사에 대한 우드공급권 및 우드 전용선 배선권을 얻음으로써, 이 사건에서 주장하는 손해를 충분히 보상받았으므로 피신청인에 대한 이 사건 청구는 부당하다는 취지로 다투고 있다. 그러나 피신청인 주장과 같은 사실을 인정할 증거가 전혀 없을 뿐 아니라 가사 그러한 사실이 인정된다, 하더라도 그로써 신청인의 권리가 포기되었다거나 청구권이 소멸된 것이라고 볼 수는 없는 법리이므로 이 주장 또한 전혀 이유가 없다.

(4) 손해배상액

① 일실된 계약상의 용선료

갑 제23호증의 1 내지 갑 제32호증 등을 모두어보면 이 사건 장기용선계약에 따른 하루당 용선료는 미화 16,675.56달러임이 인정된다. 위 용선료 계산의 토대가 된 우드 전용선 운항원가 산정기준(갑 제1호증의 5)에는 거기에 특정한 일반관리비와 영업이율을 처음 5년도에만 적용하고 추후 상호합의하에 그 이후분을 정하기로 하고 있으나 갑 제34호증과 갑 제35호증에 비추어 보면 위 금액은 최저한의 금액으로서 추후 물가상승률에 따라 인상할 것을 예정하고 있음이 분명하므로, 용선료산정 목적상 위 금액은 계약기간에 걸쳐 그대로 산입함이 타당하다고 할 것이다.

② 차감되어야 할 시장요율

신청인은 우드 전용선 용선시장이 없어 시장요율이 증명될 수 없으므로 이 사건 선박과 유사한 선박의 운임률을 적용할 수밖에 없고 그러한 요율은 미화 7,915달러라고 주장한다. 그런데 을 제21호증에 따르면 M호에 관한 장기해송계약을 D펄프회사가 불이행함으로써 잃은 하루당 용선료가 미화 14,331.10달러인 것으로 산정하여 신청인 스스로가 이 금액을 기초로 한 손해배상채권을 D펄프회사에 대한 정리채권으로 신고하였음을 알 수 있으므로 적어도 이 금액이 이 사건 선박의 용선료라고 봄이 타당할 것이다.

③ 일실이익의 기간

이 사건 운송계약은 그 기간이 15년으로 되어 있으나 그 사업의 바탕으로 삼은 우드 공급계약의 계약기간이 10년임을 감안하고 이 중재판정부에 현저한 사실인, 용선요율의 주기적 상승 하락 경향에 비추어 보면 위에서 본 바와 같은 현재시점에서의 용선요율의 차이에 따른 장래의 일실이익은 무리하게 잡더라도 10년을 한도로 하여야 할 것으로 판단된다.

④ 손해의 분담

이 사건 장기용선계약의 교섭과 체결에 이어 선박건조계약에 이르는 과정에서 신청인이 주의깊게 검토, 판단하였다면 피신청인의 사업기반의 취약성과 우드공급계약의 불안정성을 인지하고 대처하였어야 할 것으로 보이는 바 그러한 노력의 흔적이 없는 채 위에서 본 계약이행 보증서를 체결한 단계에서 건조될 두 선박 중 한척에 관하여는 피신청인의 의무를 D펄프회사가 모두 인수하기로 보증하기를 거절한 터임에도 불구하고 신청인이 일반적으로 시장이 좁고 다른 용도에 적용하기가 어려운 우드 전용선 두 척 모두를 건조하기로 하였고 이 점이 이 사건의 손해가 발생된 주된 이유로 된 터이므로, 신청인이 구하는 손해액을 정함에 있어서 신청인이 이러한 손해발생에의 기여에 따른 책임을 분담하여야 함이 형평에 맞는 일이라고 할 것이며 이러한 신청인의 분담 몫은 30%로 봄이 옳다고 판단한다.

⑤ 잔존선가액 차감에 관한 피신청인의 주장

피신청인은 장기용선계약 제10조에 따라 용선기간 종료 후 신청인과 피신청인은 M호에 관해 경제적 지분권을 양분하여 갖기로 하였으므로 이 지분권가액만큼이 손해배상액으로부터 공제되어야 한다고 주장한다. 그러나 이 사건 선박의 일실용선료의 산정에는 이 사건 선박의 자본비 가운데 용선계약 종료 이후 갚게 되어 있는 선가의 10%에 상당하는 이른바 balloon이 산입되어 있지 아니한 터인바, balloon가액이 피신청인이 말하는 잔존선가액이 지분가액보다 적다고 볼 수 있는 자료가 없으므로 위 지분가액은 가외로 고려할 여지가 없다고 할 것이다.

⑥ 인용되는 청구금액

위에 설시한 바에 따라 신청인이 입은 1년분 손해액은 미화 855,727.9달러 [(16,675.56-14,331.1) × 365]인바, 이 건 장기용선계약이 해지된 1997. 2. 2.부터

1999. 2. 1.까지 2년분(미화 1,711,455.8달러)은 이미 발생되었고 나머지 8년분은 장래에 발생될 손해이므로 이 장래의 손해의 상사법정이율에 의한 현가를 따져보면 미화 6,695,985.24달러((16,675.56–14,331.1) × 365 × 7.8249)가 되므로 손해액의 합계는 미화 8,407,441.04달러가 된다(위의 현가 및 다음에 보는 지연손해금의 계산에 있어 편의상 1년간의 손해가 연도 말에 발생되는 것으로 보아 처리한다). 이 손해액 가운데 신청인이 분담하여야 할 몫을 제하면 피신청인이 신청인에게 지급하여야 할 손해배상액은 미화 5,885,208.7달러(8,407,441.04 × 0.7)이다.

(5) 결　론

피신청인은 신청인에게 미화 5,885,208.7달러 및 그 가운데 미화 599,009.53달러(855,727.9 × 0.7)에 대하여는 1998. 2. 2.부터, 나머지 미화 5,286,199.17달러에 대하여는 1999. 2. 2.부터 완제일까지 연 6푼의 상사법정비율에 의한 지연손해금을 지급할 의무가 있으므로 이를 인용하고 신청인의 그 나머지 청구는 이유없으므로 기각하기로 하며, 중재비용은 이를 7분하여 그 중 6은 신청인의, 나머지 1은 피신청인의 각 부담으로 하기로 하여 이에 주문과 같이 판정한다.

4-2 물량보장의무[62)]

1) 판정요지

(1) 신청인은 피신청인과 사이에 에틸렌 수송을 위한 장기해상운송계약을 체결하였다. 신청인은 이 건 운송계약체결 전에 S사와 그 소유의 D선박을 정기용선하기로 하고 정기용선계약을 체결하였다. 피신청인은 S사에 대한 신청인의 정기용선계약상 채무이행을 보증하였다. 신청인은 이 건 선박을 투입하여 에틸렌을 운송하였다. 운송을 위하여 신청인은 이 건 선박의 선주인 S사에게 정기용선료를 지불하고 운항비를 지출하였다. 이에 대해 운송계약에 따른 운임을 피신청인이 신청인에게 지급하였다.

(2) 체선료 지급의무에 대하여 살펴본다. 신청인은 운송계약상의 조항에 근거하여 계산한 금액 상당의 체선료를 피신청인이 신청인에게 지급할 의무가 있다고 주장한다. 이에 대해 피신청인은 이 건 운송계약은 화물운송계약의 형

62) 대한상사중재원 제98111-0023호.

식이지만, 실질적으로는 공동운항자의 지위에 있으므로 체선료 약정은 존재할 여지가 없으며, 신청인과 피신청인은 실제 지출한 비용과 수입차액을 나누어 가지면 된다고 주장하고 또한 신청인은 애초부터 체선료를 문제삼지 않기로 하였다고 주장한다. 나아가 피신청인은 운송계약 제10조의 체선료 규정은 제 3 의 화주에 대한 관계에 있어 그로부터 시장상황에 따라 체선료를 받도록 하자는 뜻을 선언하는 내용의 합의에 불과할 뿐 피신청인의 체선료 지급의무의 존재를 인정하는 근거는 될 수 없다고 주장한다.

이 건 운송계약은 에틸렌 운송사업이라는 공동의 사업을 영위할 목적과 동기에서 체결된 사실이 인정된다. 그러나, 운송사업을 공동으로 영위한다는 사실만으로 이 건 운송계약이 신청인과 피신청인 양자간의 채권채무관계를 창설할 수 없다는 피신청인의 주장은 받아들이기 어렵다. 왜냐하면 선박공동운영이라는 사업을 구체적으로 시행하는 수단과 방편으로써 양자의 채권채무를 규정하는 것이 필요하고 또 가능하기 때문이다. 이 건 운송계약은 선박운영사업 영위를 위해 만들어졌지만 방편으로 일반화물계약과 같은 구조를 취하였다. 따라서 피신청인이 신청인에게 체선료 지급채무를 부담하는 것은 당연하고, 운송계약 제10조항도 책임관계를 분명히 하기 위해서 만들어진 것으로 보는 것이 타당하다. 피신청인은 동 조항이 제 3 의 화주와의 관계를 규정한 것이라고 주장하나, 현재의 문언만으로 그런 해석이 불가능하다. 그 외 신청인이 애초부터 체선료를 문제삼지 않기로 하였다든가, 제 3 의 화주로부터 체선료를 실제 받은 후 반분하면 된다는 주장도 제반 사정에 비추어 받아들이지 않는다. 따라서 이 건 운송계약상 피신청인은 신청인에게 직접적으로 체선료 지급의무를 부담하는 것으로 본다.

운송계약 10조는 시장상황을 고려하여 체선료율을 정하였다. 달리 시장상황을 고려한 합의가 없는 상황에서는 양하항에서 피신청인과 S화학회사간의 운송계약상 체선료율이 시장상황을 반영한 것이므로, 이것이 이 건에서도 준용되어야 한다는 신청인의 주장은 받아들임이 상당하다. 그러나, 선적항에서는 별도의 고려가 필요한 바, 실질적으로 유일한 화주인 S화학회사와 운송계약을 체결한 피신청인이 양하항에서의 체선료만 받을 수 있는 계약을 체결하였고, 이 계약 사본이 신청인에게 전해져 숙지한 상황에서 이 건 운송계약이 체결되었다. 사정이 이러하다면, 선적항에서는 체선료를 청구하지 않기로 하는 묵시적

합의가 있었던 것으로 인정함이 상당하다. 신청인은 피신청인이 선적항에서 에틸렌 제조업체로부터 직접 체선료를 받을 수 있는 것이라고 주장하나, 피신청인이 에틸렌 제조업체와 직접운송계약을 체결하지 않은 이 건 운송계약에는 받을 수 있는 방법이 없는 것이다. 따라서 신청인은 피신청인에게 양하항에서만 체선료 청구를 인정하되 정박기간과 체선료율은 피신청인과 S화학회사간 체결된 운송계약에 준하기로 한다. 체선료의 액수는 ASBATANKVOY에서 정한 조건에 따라 계산하여 미화 537,666.66달러가 된다.

물량보장의무 위반으로 인한 손해배상청구에 대하여 본다. 신청인은 이 건 운송계약상 피신청인이 보장한 운송물량에 비해 실제로 제공한 물량은 그에 미치지 못하여 차액물량(9,618.438톤)에 해당하는 만큼의 운임손실을 입었다고 주장하면서 미화 480,921.90달러(9,618.438톤 × 50)를 손해배상으로 청구한다. 이에 대해 피신청인은 이 건 운송계약은 선박공동운영사업을 목적으로 한 것이므로 물량보장의무에 관한 약정이 존재하지 않는다고 주장한다. 판단컨대, 운송계약 제5.2조는 화물을 용선자가 제공하되 총운송물량은 95,000톤 이상 110,000톤 이하가 되어야 한다고 규정하여 문언상으로는 용선자인 피신청인에게 최소물량보장의무를 규정한 것으로 판단된다. 이 건 운송계약이 일반화물운송계약과 같은 구조를 취하면서 선박공동운영사업을 영위하도록 하고 있으므로 피신청인이 신청인에게 직접적인 손해배상채무를 부담하는 것으로 봄이 옳다. 따라서 피신청인은 미화 480,921.90달러를 신청인에게 지급할 책임이 있다고 할 것이다.

적용환율에 대하여 본다. 신청인은 이 건 운송계약상 운임 등이 모두 미화로 지급하도록 되어 있으므로, 정산금 역시 미화 결제를 주장하고 그것이 해운업계의 관례라고 주장한다. 이에 대하여 피신청인은 신청인이 한화나 일화로 지급한 부분에 대해서는 실제로 지급한 화폐로 정산하는 것이 형평에 맞다고 주장한다.

판단컨대, 신청인이 운항비의 지출시 원화나 일화로도 지급하였는데, 최초로 피신청인에게 보낸 정산금청구서에 모두 미화로 환산하여 청구하고 있고 피신청인이 지급화폐 자체에는 아무런 이의를 제기하고 있지 않다. 이에 비추어 보면 당사자간의 특단의 사정이 없는 한 미화로 정산금을 지급하기로 하는 묵시적 합의가 성립하는 것으로 볼 것이다. 문제는 IMF 외환위기 이후 급등한 환율로 원화로 지급한 부분을 미화로 지급하게 되면 신청인은 환차익을 누리는 결과가 되고 피신청인에게는 환차손을 입게 되는 결과가 된다. 사정변경을 근거로 하여 기존의 합의 내용을 달리 변경할지 문제는 종합적으로 고려하여 판단해야 할 것이다. 우선 당사자간에 정산할 채권의 지급화폐에 관하여 미화로 합의가 있는 것으로 본다면, 특별한 사정이 없는 한 합의 구속력을 배제할 수 없다고 봄이 옳을 것이다. 미화가 상대적으로 안정적인 가치를 감안한 것이므로, 환율 급변의 상황에서도 부정할 수 없다. 또한 다른 사정을 종합하면 환율의 급등이 신청인이 환차익을 보는 결과가 되지만 그와 같은 현상은 피신청인이 계약위반으로 초래된 결과 측면도 있고 한편 피신청인이 계약을 불이행하면서 자금활용 이익과 환차익을 누렸던 점을 감안하면, 이 건 정산금 지급채무는 신청인이 구하는 대로 지출 당시의 미화로 환산한 금액을 기준으로 산정하는 것이 상당하다.

(3) 따라서, 피신청인은 신청인에게 위 미화 1,074,427.82달러 및 이에 대한 지연손해금을 지급할 의무가 있다고 할 것이고, 중재비용은 4분하여 그 1은 신청인의 부담으로, 나머지는 피신청인의 부담으로 함이 상당하므로 주문과 같이 판정한다. 신청인의 대상청구는 미화판정의 집행이 불가능한 것이 아니므로 이 부분 청구는 기각한다.

2) 판정내용

(1) 판정주문

① 피신청인은 신청인에게 미화 1,074,427.82달러 및 이에 대한 1998. 3. 8부터 이 사건 중재판정문 송달일까지는 연 6푼의, 그 다음날부터 완제일까지는 연 2할 5푼의 각 비율에 의한 금원을 지급하라.

② 신청인의 나머지 청구를 기각한다.

③ 중재비용은 4분하여 그 1은 신청인의 부담으로 하고 나머지는 피 신청인의 부담으로 한다.

(2) 신청취지

① 피신청인은 신청인에게 미화 1,410,552.62달러 및 이에 대한 1997. 12. 14.부터 이 사건 중재신청서 부본 송달일까지는 연 6푼의, 그 다음날부터 완제

일까지는 연 2할 5푼의 각 비율에 의한 금원을 지급하라. 위 강제집행이 불가능한 경우에는 위 금액을 강제집행일 현재 매매기준율로 환산한 원화금액을 지급하라.

② 중재비용은 피신청인의 부담으로 한다

3) 판정이유

(1) 인정사실

이 건 중재절차에 제출된 증거서류의 각 기재, 증언과 심문의 전취지를 종합하면 다음과 같은 사실을 인정할 수 있다.

신청인은 1996. 5. 17. 피신청인과 사이에 에틸렌 수송을 위한 장 기해상운송계약(이하 "이 건 운송계약"이라고만 한다)을 체결하였다. 그 계약의 중요한 내용은 다음과 같다.

① 용선자: S물산

② 선주: H해운

③ 계약기간: 운송선박이 투입된 날(1996년 7월경)로부터 반환하는 날까지

④ 운송물량: 95,000톤~110,000톤

⑤ 운송선박: D호 외 2 중 선주가 선택하는 선박

⑥ 선적항: 한국의 여수항 또는 일본의 치바항 중 용선자가 선택 하는 항구

⑦ 양하항: 대산항

⑧ 운임: 여수/대산 톤당 미화 50달러 치바/대산 톤당 미화 84달러

⑨ 체선료: 체선료율은 선주와 용선자가 시장상황을 고려하여 합의하여 정한다.

⑩ 손익정산: 계약기간 중 발생하는 이익과 손실을 선주와 용선자가 균등하게 반분하기로 한다.

⑪ 용선조건: 각 항차에는 ASBATANKVOY 용선계약이 적용되나 이 건 운송계약과 내용이 상충되는 경우에는 이 건 운송계약이 우선한다.

신청인은 이 건 운송계약을 체결하기 전인 1996. 4. 30. 이탈리아의 S사로부터 그 소유의 D호(이하 "이 건 선박"이라고만 한다)를 정기용선하기로 하는 정기용선계약을 체결하였다. 위 정기용선 계약에서 피신청인은 위 S사에 대한 신청

인의 위 정기용선계약상의 채무이행을 보증하였다.

신청인은 1996. 7. 9.부터 1997. 12. 14.까지 사이에 이 건 선박을 운송에 투입하여 모두 85,381.562톤의 에틸렌을 운송하였다.

위 운송을 위하여 신청인은 이 건 선박의 선주인 S사에게 정기용선료로 미화 4,854,230.99달러를 지급하였고, 운항비로는 미화 1,423,903.03달러(원화 금 890,793,900원, 미화 201,612.24달러, 일화 20,757,586엔을 지급당시의 환율로 환산한 금액)를 지출하였다. 이에 대하여 피신청인은 이 건 운송계약에 따른 운임으로서 미화 5,147,866.95달러를 신청인에게 지급하였다.

(2) 신청인의 청구에 대한 판단

① 체선료 청구에 대하여

신청인은 이 사건 운송계약 제10조는 피신청인의 체선료지급의무를 규정하고 있고, 제19조에 의하여 적용되는 ASBATANKVOY 용선계약에는 구체적인 체선료 계산방식에 관하여 규정하고 있으므로, 피신청인은 이에 근거하여 계산된 미화 1,209,916.27달러 상당의 체선료를 신청인에게 지급할 의무가 있다고 주장한다. 피신청인은 이에 대하여, 이 건 운송계약은 화물운송계약의 형식을 취하고 있지만 실질적으로는 신청인과 피신청인이 공동운항자의 지위에 있으므로 신청인과 피신청인간에 체선료약정이 존재할 여지가 없으며, 신청인과 피신청인은 실제 지출된 비용과 수입의 차액을 반분하여 나눠 가지면 된다고 주장한다. 따라서 신청인이 현실적으로 체선료 상당의 비용손해를 입은 바 없으므로 체선료의 청구는 불가능하다고 주장한다. 또한 신청인은 애초부터 체선료를 문제삼지 않기로 하였다고 주장한다. 나아가 피신청인은, 이 건 운송계약 제10 조의 체선료에 관한 규정은 공동운영주체인 신청인과 피신청인이 제 3 의 화주에 대한 관계에 있어서 그로부터 시장상황에 따라 체선료를 받도록 하자는 뜻을 선언하는 내용의 합의에 불과할 뿐 피신청인의 체선료 지급의무의 존재를 인정하는 근거는 될 수 없다고 주장한다.

공동운항사업성의 인정여부와 관련하여, 이 건 운송계약은 화물을 확보하고 있으나 선박운용의 경험이 없는 피신청인과 화물은 확보하고 있지 아니하나 선박운용의 경험을 가진 신청인이 서로의 수요를 충족하여 주면서 에틸렌 운송사업이라는 공동의 사업을 영위할 목적과 동기에서 체결된 사실이 인정된다.

따라서 이 건 운송계약을 해석함에 있어서는 선박의 공동운영이라는 사업정신을 바탕으로 하고 그에 기하여 개별 계약조항을 해석하여야 할 것으로 본다. 그러나 운송사업을 공동으로 영위한다고 하는 사실만으로 이 건 운송계약이 신청인과 피신청인 양자간의 채권·채무관계를 창설할 수 없다고 하는 피신청인의 주장은 받아들이기 어렵다. 왜냐하면 선박공동운영이라는 사업을 구체적으로 시행하는 수단과 방편으로써 양자의 채권·채무를 규정하는 것이 필요하고 또 가능하기 때문이다. 피신청인의 주장대로 신청인과 피신청인이 공동운항자라 한다면, 이 건 운송계약이 피신청인에게 신청인에 대한 운임지급의무를 규정한 것을 이해할 수 없게 된다. 또한 공동운항자라 본다면 정기용선료와 운항비를 신청인이 단독으로 부담해 온 이유도 설명되지 아니한다.

체선료 지급의무의 존부와 관련하여, 이 건 운송계약은 선박공동운영사업을 영위하기 위하여 만들어졌지만 양 당사자는 그와 같은 공동사업을 시행하기 위한 방편으로 이 건 운송계약을 일반 화물운송계약과 같은 구조를 취하도록 하였다. 즉 신청인을 선주로 정하고 피신청인을 용선자로 정하여 신청인은 화물운송의 의무를 부담하고 그에 따른 책임을 부담하는 한편 피신청인은 운임을 지급하기로 하는 것이 그 기본적인 의무사항으로 되어 있다. 이와 같은 기본적인 구조를 인정한다면 특단의 사유가 없는 한 용선자인 피신청인이 선주인 신청인에게 일반 화물운송계약에서처럼 체선료 지급의무를 부담하는 것은 당연하고, 이 건 운송계약 제10조는 그와 같은 의미에서 피신청인의 신청인에 대한 체선료 지급의무를 규정하기 위한 조항으로 보는 것이 타당하다. 더구나 이 건 운송계약이 최종적으로 완성되기 전에 양 당사자간에 교신된 초안의 내용을 보면 원래 제10조에는 "용선자는 신속한 선적 및 하역을 위하여 모든 노력을 다한다"라고 되어 있었다. "용선자는 신속한 선적 및 하역을 위하여 모든 노력을 다한다"라는 문언은 방식은 다르지만 기본적으로 선주와 용선자간의 선박체선에 관한 책임관계를 분명히 하기 위한 것임이 분명하다. 이와 같은 계약체결의 경위를 살펴보면 위 제10조는 제 3 의 화주를 염두에 두고 만들어진 것이 아니라 신청인과 피신청인간의 체선에 대한 책임관계를 분명히 하기 위하여 만들어진 것으로 보는 것이 타당하다. 이 건 운송계약에 용선조건으로 적용하기로 한 ASBATANKVOY 용선계약에도 용선자의 체선료 지급의무를 규정하고 있는데, 이 건 운송계약 제10조의 문언이 그와 같은 ASBATANKVOY 용선계약상의 체선료 지급의무조항을 배제하는 조항이라고 보기도 어렵다.

피신청인은 위 제10조는 제 3 의 화주로부터 시장의 상황에 따른 체선료를 받도록 하자는 뜻에서 규정한 것이라 주장한다. 그러나 피신청인이 주장하는 바와 같은 해석이 가능하기 위하여는 그와 같은 뜻이 보다 분명히 드러날 수 있도록 분명한 문언을 사용하였어야 할 것이다. 현재의 문언만으로 피신청인이 주장하는 바와 같은 해석은 불가능하다고 본다. 이 건 운송계약이 체결되기 전인 1996. 2. 29.에 체결된 실화주인 신청외 S화학회사와의 계약에서 피신청인은 S화학회사으로부터 체선료를 받기로 하고 구체적인 정박기간과 체선료율을 정해 둔 바도 있다. 이 건 운송계약상 거의 유일한 화주라고 할 수 있는 S화학회사에 대하여 체선료 지급의무와 체선료율을 미리 정하여 놓은 상황에서 다시 신청인과 피신청인간에 장차 실화주에 적용할 체선료율을 시장상황에 따라 정하자는 합의를 하였다는 것은 설득력이 떨어진다.

그 외 피신청인은 신청인이 애초부터 체선료를 받지 않기로 전제하고 이 건 운송계약을 체결하였다든가 제 3 의 화주로부터 체선료를 실제로 받은 후 이를 반분하면 된다고 주장하고 있으나 위에서 인정한 제반사정에 비추어 이와 같은 주장은 받아들이지 않는다.

따라서 이 건 운송계약상 피신청인은 신청인에게 직접적인 체선료 지급의무를 부담하는 것으로 본다.

체선료의 액수와 관련하여, 이 건 운송계약 제10조는 "시장상황을 고려하여" 체선료율을 정하기로 하였다. 그런데 피신청인이 제출한 S화학회사와의 용선계약에 의하면 피신청인은 양하항에서만 S화학주식회사로부터 체선료를 받기로 되어 있고 선적항에서는 아예 체선료를 받을 근거 규정이 없다. 피신청인은 화주와 지속적 관계를 유지하여야 하는 에틸렌 수송의 특성상 화주에게 체선료를 청구하는 것은 현실적으로 어렵고 관례상 받지 못하는 것으로 간주된다고 주장한다. 피신청인은 S화학회사으로부터 양하항에서 체선료를 받기로 합의는 되어 있으나 이는 체선료를 진정으로 받을 뜻에서 정한 것이 아니라 하역을 독려하기 위한 압력용에 불과하다고 주장한다. 이에 대하여 신청인은, 피신청인과 S화학주식회사간의 운송계약상 양하항에서의 허용정박기간을 30시간으로 하고 체선료율을 하루당 미화 12,000달러로 정해 놓은 것이 "시장상황"을 반영한 것이므로 이것이 이 건 운송계약상의 체선료율을 정하는 데에도 준용되어야 한다고 주장한다.

달리 "시장상황을 고려한 합의"가 없는 상황에서 양하항에서의 체선료 계산을 위하여 신청인의 주장을 받아들임이 상당하다. 그러나 선적항에서의 체선료채권에 관하여는 별도의 고려가 필요하다. 실질적으로 유일한 화주인 S화학회사와 운송계약을 체결한 피신청인이 양하항인 대산항에서의 체선료만을 받을 수 있는 계약을 체결하였고 이 계약은 신청인에게 사본이 전하여졌다. 신청인은 이 건 운송계약 체결 당시 S화학회사와 피신청인간의 운송계약의 내용을 숙지한 상황에서 이 건 운송계약을 체결하였다. 사정이 이와 같다면 시장상황을 고려하여 합의에 의하여 체선료율을 정하기로 한 이 건 운송계약의 정신에 비추어 볼 때 신청인은 피신청인에 대하여 선적항에서의 체선료는 청구하지 않기로 하는 묵시적인 합의가 있었던 것으로 인정함이 상당하다.

신청인은, 피신청인이 선적항에서 에틸렌 제조업체로부터 직접 체선료를 받을 수도 있을 것이라는 취지로 주장한다. 그러나 선적항에서의 체선료는 S화학회사가 에틸렌 제조업체와의 에틸렌 매매계약에서 체선료를 받아낼 수 있는 근거규정을 두는 것은 가능하겠으나, 피신청인이 에틸렌 제조업체와 직접적인 운송계약을 체결하지 않은 이 건에서는 결국 피신청인이 에틸렌 제조업체로부터 선적항에서의 체선료를 직접 받을 수 있는 방법은 없었던 것으로 보인다. 따라서 이 건에서는 신청인이 청구하는 체선료 중 선적항에서의 체선료청구는 인정하지 아니하고 양하항에서의 체선료만을 인정하되 정박기간과 체선료율은 피신청인과 S화학회사간에 체결된 운송계약에 준하기로 한다. 체선료의 액수를 계산함에 있어서는 ASBATANKVOY에서 정한 조건에 따라 계산하여야 할 것이다. 그런데 이에 관하여는 감정인 K씨의 체선료에 대한 감정서를 근거로 하되, 정박기간의 개시시점에 대하여는 항구 밖의 도선점에 도착한 시점으로 하고, 정박기간 중 접안 및 적·양하를 지연시켜 체선료 감액요건에 해당하게 하는 악천후는 없었던 것으로 보는 것이 상당하다. 따라서 피신청인이 신청인에게 지급하여야 할 체선료는 양하항에서의 체선료인 미화 537,666.66달러가 된다.

② 물량보장의무 위반으로 인한 손해배상청구에 대하여

신청인은 이 건 운송계약상 피신청인이 최소한 95,000톤의 운송물량을 보장하였는데, 실제로 피신청인이 제공한 물량은 85,381.562톤에 불과하여 그 차액물량(9,618.438톤)에 해당하는 만큼의 운임손실을 입었다고 주장하면서 미화

480,921.90달러(9,618.438톤 × 50)를 손해배상으로 청구하고 있다(당사자들은 이를 "부적운임"이라고 표현하고 있으나, 정확한 표현이 아니므로 이 판정문에서는 위 용어를 사용하지 아니한다). 이에 대하여 피신청인은 신청인의 체선료 청구에 있어서와 마찬가지로 이 건 운송계약은 선박공동운영사업을 목적으로 한 것이므로 신청인과 피신청인간에는 물량보장의무에 관한 약정이 존재하지 아니한다고 주장한다.

앞서 본 대로 신청인과 피신청인이 선박공동운영을 목적으로 한 사업의 동반자간이라 하더라도 그와 같은 공동사업을 운영하는 방식으로서 양자간에 물량보장의무에 관한 규정을 두는 것이 반드시 불가능한 것으로 보이지는 아니한다. 이 건 운송계약 제 5.2 조는 화물은 용선자가 제공하되, "총운송물량은 95,000톤 이상 110,000톤 이하가 되어야 한다"고 규정하여 문언상으로는 용선자인 피신청인에게 최소물량 보장의무를 규정한 것으로 판단된다. 이 건 운송계약이 성사되게 된 주된 이유가 선박의 운용경험을 가진 신청인과 화물을 확보한 피신청인간의 이해관계가 맞아 떨어졌기 때문이다. 따라서 신청인으로서는 선박운항에 만전을 기하여 운항중 화물의 멸실이나 손상 없이 운송하여 운임을 정상적으로 회수할 수 있도록 만전을 기할 의무가 있는 반면에, 화물을 확보한 피신청인으로서는 보장물량을 약정대로 공급하여 일정액 이상의 운임수입을 보장하여 줄 책무가 있었던 것으로 봄이 상당하다. 피신청인은 S화학회사간의 운송계약에 물량보장에 관한 조항을 두어 그 위반시 손해배상을 청구할 수 있도록 되어 있는데, 이러한 상황에서 신청인이 피신청인에 대하여 손해배상을 청구할 수 없다고 한다면 부당한 결과가 된다.

피신청인은 제 3 의 화주로부터 받은 물량보장의무 위반으로 인한 손해배상액을 신청인과 반분하기만 하면 된다고 주장하나, 이 건 운송계약이 일반 화물운송계약과 같은 구조를 취하면서 선박공동운영사업을 영위하도록 하고 있으므로 피신청인이 신청인에 대하여 직접적인 손해배상채무를 부담하는 것으로 봄이 옳다. 따라서 피신청인은 최소물량에 미달한 9,618.438톤에 해당하는 손해배상을 청구할 수 있다 할 것인바, 신청인이 구하는 범위 내에서 이를 인정하기로 하여 피신청인은 미화 480,921.90달러(9,618.438 × 50)를 지급하여야 할 책임이 있다 할 것이다.

③ 적용환율에 대하여

신청인은 이 건 운송계약상 운임이나 정기용선료, 체선료 등이 모두 미화로 지급하도록 되어 있으므로 정산금 역시 미화로 결제되어야 한다고 주장하고 그것이 해운업계의 관례라고 주장한다. 이에 대하여 피신청인은 신청인이 미화가 아닌 한화나 일화로 지급한 부분에 대하여는 실제로 지급한 화폐로 정산하는 것이 형평에 맞다고 주장한다.

신청인은 운항비의 지출시 경우에 따라 원화나 일화로도 지급하였는데 1996. 12. 23. 최초로 피신청인에 보낸 정산금청구서에서는 위 금원을 모두 지급당시의 미화로 환산하여 다른 금액과 합산 또는 감산하여 정산금을 청구하고 있다. 신청인이 이러한 계산방식을 취한 것은 이 건 운송계약상의 운임이나 정기용선료, 체선료, 중개수수료 등이 모두 미화로 되어 있음을 감안하여 동일한 화폐로 청구한 것으로 보인다. 이에 대하여 피신청인은 지급화폐 자체에 대하여는 아무런 이의를 제기하고 있지 않다. 이에 비추어 보면 당사자간에는 특단의 사정이 없는 한 미화로 정산금을 지급하기로 하는 묵시적인 합의가 성립한 것으로 볼 것이다. 이와 같은 미화에 의한 정산금지급의 원칙은 이 건 운송계약상의 다른 항목이 모두 미화로 되어 있었기 때문에 피신청인으로서도 정산금 계산에 편리하기도 하여 이의 없이 받아들여졌던 것으로 보인다.

문제는 소위 IMF 외한위기 이후 급등한 환율로 인하여 원화로 지급된 부분을 미화로 지급하게 되면 신청인은 환차익을 누리는 결과가 되고 피신청인은 반대로 환차손을 입게 되는 결과가 되는데, 이와 같은 경우에도 위와 같은 합의의 효력이 계속하여 구속력을 가지는 것으로 볼 것인가의 문제가 있다. 이와 같은 사정변경을 근거로 하여 기존의 합의내용을 달리 변경할지 하는 문제는 환율의 변경이라는 사정뿐만 아니라, 그간의 당사자간의 계약이행과정과 이건 분쟁에 이른 경위 등을 종합적으로 고려하여 판단하여야 할 것이다.

우선, 당사자간에 정산금 채권의 지급화폐에 관하여 미화로 하기로 합의가 있는 것으로 본다면 단순히 환율이 어느 일방에 유리하게 인상되었다 하여도 특별한 사정이 없는 한 그와 같은 합의의 구속력을 배제할 수 없다고 봄이 옳을 것이다. 그 이유는 지급화폐를 미화로 하기로 약정한 것은 미화가 상대적으로 안정적인 가치를 가지고 있다는 점을 감안하여서이므로 그러한 약정의 취지는 환율급변 상황에서도 존중되어야 하기 때문이다. 따라서 원화의 환율이 급등하였다 하여 그 사유만으로 미화로 지급키로 한 합의를 부정할 수는 없다.

더구나 신청인은 정기용선료로 미화 4,854,230.99달러를 지급하였고 운항비로 원화 890,793,900원, 일화 20,757,586엔, 미화 201,612.24달러(운항비의 미화 환산액은 1,423,903.03달러가 된다)를 지출하였는데, 그동안 피신청인으로부터는 운임으로 미화 5,147,866.95달러를 받았을 뿐이다. 앞서 본대로 피신청인은 그동안 체선료와 물량보장의무 위반으로 인한 손해배상금으로 도합 미화 1,018,588.56달러를 지급하였어야 하는데, 피신청인이 이를 지급하지 않았으므로 신청인은 그로 인한 자금활용 등의 기회를 상실한 손해를 입은 사실이 인정된다. 이상의 사정을 종합하면 환율의 급등으로 신청인이 운항비를 미화로 청구하는 경우 환차익을 보는 결과가 되지만 그와 같은 현상은 피신청인의 계약위반으로 말미암아 초래된 결과라는 측면도 있고 한편으로는 피신청인이 계약을 불이행하면서 자금활용의 이익과 환차익을 누려왔던 점을 감안하면 정산금 지급화폐를 미화로 한 합의를 번복할 만한 사정은 되지 못하는 것으로 봄이 상당하다.

따라서 이 건 정산금의 지급채무는 신청인이 구하는 대로 지출당시의 미화로 환산한 금액을 기준으로 산정하는 것이 상당하다.

④ 소 결 론

피신청인의 지급채무액을 감안하여 이 건 운송계약 제10조에 따른 정산금을 계산하면 다음과 같이 된다.

Ⓐ 신청인이 부담한 금액: 도합 미화 6,278,134.02달러

(i) 정기용선료: 미화 4,854,230.99달러

(ii) 운항비: 미화 1,423,903.03달러

Ⓑ 피신청인이 부담한 금액(운임): 미화 5,147,866.95달러

Ⓒ 신청인이 초과 부담한 금액[Ⓐ)-Ⓑ]: 미화 1,130,267.07달러

Ⓓ 신청인이 피신청인으로부터 받을 채권액 : 도합 미화 1,018,588.56달러

(i) 체선료: 미화 537,666.66달러

(ii) 물량보장의무 위반으로 인한 손해배상: 미화 480,921.90달러

Ⓔ 정산금청구액[(Ⓒ + Ⓓ) × 1/2]: 미화 1,074,427.82달러

(3) 결 론

따라서 피신청인은 신청인에게 위 미화 1,074,427.82달러 및 이에 대한 최종정산서 송부일로부터 30일을 경과한 1998. 3. 8.부터 이 건 중재판정문 송달일

까지는 연 6푼의 비율에 의한, 그 다음날부터 완제일까지는 연 2할5푼의 각 비율에 의한 금원을 지급할 의무가 있다 할 것이고, 중재비용은 4분하여 그 1은 신청인의 부담으로, 나머지는 피신청인의 부담으로 함이 상당하므로 이에 주문과 같이 판정한다. 신청인의 대상청구는 미화판정의 집행이 불가능한 것으로 보이지 아니하므로 이 부분 청구는 기각한다.

CHAPTER

10

정기용선계약 분쟁사례

제 1 절 선박명세에 관한 사례

1-1 선박의 위치[1)]

1) 요 지

용선계약서에 기재된 선박의 현재위치에 대한 정보는 용선계약상 조건이다.

2) 사실관계

용선계약서에 본선 위치는 영국을 향해서 Pitch Pine항구를 출항 혹은 출항예정(now sailed or about to sail from Pitch to UK)이라고 기술되어 있었다. 동 계약이 체결된 일자가 3월 29일이었으나 본선이 Pitch Pine 항구를 실제로 출항한 일자는 4월 23일이었다. 용선자는 선주가 본선의 위치를 속였음을 이유로 계약을 파기하였으며, 선주는 용선계약서에서 출항 혹은 출항예정이라고 기재되어 있으므로 계약위반이 아니라고 주장하였다.

1) Bentsen v. Taylor [1893] 2 Q.B. 274.

3) 판 결

계약당시 본선의 위치를 나타내는 "Now sailed or about to sail from Pitch to UK"라는 조항은 조건으로서 선주가 이를 지키지 못하였으므로 용선자는 계약을 파기할 수 있다.

4) 시 사 점

이 사건에서 조만간 출항할 것이라는 문구는 막연한 뜻이 아니라 본선이 부두에서 제반 작업 및 수속을 종료하고 즉시 떠날 것이라는 의미로 해석되어야 하므로 선주가 계약일자로부터 25일이나 늦게 출항한 것은 명백한 조건위반으로 해석한 것이다.

1-2 치적지의 변경[2)]

1) 요 지

정기용선계약에 있어서 선주가 본선을 매각처분하더라도 본선의 치적지(flag)가 변경되어서는 아니 된다는 묵시적인 합의가 있다.

2) 사실관계

영국적 선박인 City of Hamburg호가 12개월간 정기용선되었으나, 선박의 국적은 용선계약서에 기재되어 있지 아니하였다. 본선이 인도되고 얼마 후, 본선은 그리스 선주에게 매각되었다. 용선자는 본선 치적지의 변경은 계약 위반이며 그로 인해 자신이 입게 된 손실을 선주에게 청구하였다.

3) 판 결

용선계약 중에 선박의 매각 그 자체는 계약위반이 되지 않는다. 그러나 선박은 용선계약 기간동안 계약상 합의된 바대로 용선자에게 서비스를 제공해야 한다는 묵시적 조건이 있으므로 치적지의 변경은 그러한 묵시적 조건의 위반이 된다.

2) Isaacs V. McAllum [1921] 6 Ll.L.Rep. 289.

4) 시 사 점

용선계약상 치적지는 조건이다. 따라서 용선계약 기간 중에 치적지가 변경되면 용선자는 용선계약을 취소할 수 있고, 그로 인한 손해를 선주에게 청구할 수 있다. 그런데 이 사건에서 용선자는 계약취소권을 행사하지 아니하고, 다만 손해배상만을 청구하였고, 법원은 용선자의 청구를 인정하였다.

1-3 연료소모량[3)]

1) 요 지

용선계약서에 기재된 선박의 연료소모량과 실제 연료소모량 간에 차이가 있다고 하여도 용선자가 그로 인한 손해를 입지 않는 한, 용선자는 선주의 계약위반으로 발생한 손해를 용선료에서 공제할 수 없다.

2) 사실관계

용선자는 NYPE 용선계약서에 의거하여 The Leon호를 약 5년간 정기용선하여 운항하여 왔다. 그런데 1981년 중반부터 본선의 연료소모량에 의심을 가진 용선자는 선주에게 갑판 및 기관일지를 제시해 줄 것을 계속 요청하였다. 이러한 용선자의 요구가 선주에게 거부되던 중, 1982년 8월 벨기에 Antwerp에서 본선 선장과 기관장은 벙커공급업자에게 주문량보다 적게 벙커를 공급받은 후, 용선자에게 전량에 대한 청구서를 보내고, 차액을 자신에게 현금으로 지급해 줄 것을 벙커공급업자에게 요구하였다. 그러나 벙커공급업자는 이를 거절하고, 이 사실을 용선자에게 통보하였다.

그 후 용선자는 선주에게 위 본선일지를 제시해 줄 것을 강력히 요청하였으나, 선주가 이에 응하지 않자 1982년 10월 15일 제노아(Genoa)에서 본선일지를 제공받을 수 있는 법원 명령을 취득하였다. 선주는 1982년 10월까지 용선기간에 해당하는 갑판 및 기관일지를 제공하였고, 용선자는 이에 대한 검정인의 분석을 의뢰하였다.

1984년 1월 27일, 용선료 지급일에 용선자는 본선의 연료소모 과다로 인한

---

3) The Leon [1985] 2 Ll.R.470.

USD 296,624.38의 클레임을 선주에게 제기하고, 금번 용선료에서 USD197,119.46을 차감하고, 남은 차액은 다음번 용선료에서 차감하겠다고 선주에게 통지하였다. 1984년 1월 30일 용선자의 변호사는 선주의 변호사에게 검정인의 보고서를 동봉한 서한을 발송하면서, 문제의 클레임금액(FO관련 USD144,038.19, DO관련 USD152,586.19)은 용선자가 본선에 공급한 벙커 중 일부가 외부로 유출되었거나, 또는 실제로 본선에 공급되지 않았던 것이라고 주장하였다. 선주는 1월 27일에 지급되어야 할 용선료는 어떠한 공제 없이 전액 지급되어야 한다고 주장하여 분쟁이 발생되었다.

3) 판 결

중재판정부는 용선계약서에 기재된 선박의 연료소모량과 실제 연료소모량 간에 차이가 있다는 추정적 증거(Prima Facie Case)를 용선자가 제시하였으므로 USD296,624.38에 이를 때까지 용선료와 상계처리할 수 있는 권리를 갖는다고 판정하였다. 그러나 지방법원은 연료소모량의 차이로 인하여 용선자가 단 1분의 본선 사용을 상실하지 않았으므로 연료소모량의 차이가 있다는 증거가 있다고 하여 그 차이로 인한 손해를 용선료에서 공제할 수 없다고 판결하였다.

4) 시 사 점

용선자의 용선료 공제는 첫째, 용선계약서에 명시적으로 이를 허용할 경우 둘째, 준거법상 용선자에게 그러한 권리를 부여한 경우에만 가능하다. 첫째의 경우는 NYPE C/P 제15조에서 규정된 오프하이어(off-hire)에 의한 경우와 그밖에 용선료의 공제권을 특별히 규정한 경우를 말한다. 둘째의 경우는 영국법상 용선자 귀책사유가 아닌 선주 귀책사유로 용선자가 용선선박의 사용기회를 일정기간이라도 박탈당하였을 경우이다. 즉 정기용선계약이란 용선자가 일정기간 동안 선박을 사용하는 대가로 약정된 용선료를 선주에 지급하는 계약인바, 이러한 용선자의 선박사용권이 방해 받았을 경우에 한하여 용선자는 용선료의 지급중지의 권한을 갖는다. 이는 결국 선주로 하여금 조속히 선박을 원래 상태로 복원하도록 강제하는 효과를 가진다.

1-4 Without Guarantee의 효력[4)]

1) 요 지

용선계약서의 선박명세조항 말미에 "All details about without guarantee"라는 문구가 사용된 경우 용선자는 성능미달(under performance)클레임을 제기할 수 없다.

2) 사실관계

용선계약서 제26조에 선박의 명세가 나열되었고, 그 말미에 "All details about given in good faith without guarantee"라는 문구가 삽입되어 있었다. 용선자는 용선계약 중 발생된 속력저하 및 연료초과소모로 인한 손해를 선주에게 청구하였으나, 선주는 용선계약 제26조의 "without guarantee" 문구에 의하여 선박의 속력과 연료소모량에 절대적인 보증을 하지 않았다는 이유로 용선자의 청구를 거절하였다.

3) 판 결

선주와 용선자의 분쟁은 먼저 런던 중재에 회부되었고, 중재인은 "without guarantee" 문구가 삽입되었다는 이유만으로 용선계약서상 선박성능과 실제성능 간에 차이에 대하여 선주가 면책된다고 볼 수 없다고 판정하였다. 선주는 중재판정에 불복하여 영국 지방법원에 중재판정의 취소소송을 제기하였다. 법원은 "without guarantee" 문구 삽입된 경우, 용선계약 체결시점에서 선주가 선박명세를 표시함에 있어서 신의를 위반하였다는 사실을 용선자가 입증하지 않는 한 선박명세에 대한 표시는 담보(warranty)사항이 아니기 때문에 용선자는 성능미달클레임을 제기할 수 없다고 판결하였다.

4) 시 사 점

용선계약서상 선박명세조항에 "without guarantee" 문구가 삽입되면 그러한 선박명세는 담보사항이 아닌 것으로 해석되어 실제로 선박성능이 그에 미치지 못하더라도 용선자는 그로 인한 손해를 선주에게 청구할 수 없다. 이러한 영국

4) The Lipa [2001] 2 Lloyd' s Rep.17.

법원의 입장은 용선기간의 경우에도 동일하게 적용된다. 용선계약서상 용선기간의 표시에 "Without guarantee"라는 문구가 삽입된 경우, 용선계약 체결시점에서 용선기간에 대한 용선자의 추정이 합리적 근거(reasonable ground)에 따른 것이 아니라는 점을 선주가 입증하지 못하는 한, 선주는 용선자에게 조기반선 또는 지연반선으로 인한 손해배상을 청구할 수 없다.[5)]

제 2 절 선박인도와 반환에 관한 사례

2-1 감항능력의무 위반[6)]

1) 요 지

감항능력의무 위반은 계약의 조건(Condition)이 아니므로 용선자는 그를 이유로 용선계약을 취소할 수 없다.

2) 계약 관계

(1) 제 1 조

The owners let, and the charterers hire the vessel for a period of 24 calendar months (with one month more or less at charterers' option), from the time (not a Sunday or a legal Holiday unless taken over) the vessel is delivered and placed at the disposal of the charterers. She being in every way fitted for ordinary cargo service.

(2) 제 3 조

The owners to provide and pay for all provisions and wages, for insurance of the vessel, for all deck and engine-room stores and maintain her in a thoroughly efficient state in hull and machinery during service.

---

5) Lendoudis Evangelos II [1997] 1 Lloyd' s Rep. 404.

6) Hong Kong Fir Shipping v. Kawasaki Kisen Kaisha (1962) 2 Q.B. 26.

(3) 제13조

The owners only to be responsible for delay in delivery of the vessel or for delay during the currency of the charter and for loss or damage to goods on board, if such delay or loss has been caused by want of due diligence on the part of the owners or their manager in making the vessel seaworthy and fitted for the voyage or any other personal act or omission or default of the owners or their manager or their servants.

3) 사실관계

Hongkong Fir호는 24개월간 정기용선되었다. 인도시에 선박의 기관은 적절한 상태에 있었으나, 기관사의 정원이 부족하였고 또한 그 자격도 미달되었다. 그 결과로 최초의 항해에서 연속기관의 고장이 발생하여 항해 중에 5주간의 오프하이어가 발생하였고, 또한 오사카에서 15주간 수리가 필요하였다. 이에 용선자는 취항준비를 완료하기 전에 감항능력 있는 선박을 제공하여야 할 의무를 선주가 위반하였다고 하여 용선계약의 취소를 통보하고 계약위반에 따른 손해배상을 청구하였다. 이에 선주는 용선자의 계약취소가 위법행위라고 항변하였다.

4) 판 결

선주는 자격미달의 기관사를 승선시켰기 때문에 감항능력의무를 위반하였고, 자격미달의 기관사를 선임함에 있어서 상당한 주의를 게을리 하였으므로 제13조의 면책약관에 의한 보호를 받을 수 없다. 한편 감항능력조항은 계약상 조건(condition)이 아니므로 감항능력의무 위반을 이유로 용선자는 계약을 취소할 수 없고, 다만 감항능력의무의 위반으로 인하여 용선계약이 더 이상 수행되어질 수 없을 정도, 즉 계약의 근본(root of the contract)에 영향이 미칠 경우에 한하여 계약을 취소할 수 있다. 이 사건의 경우, 선주의 의무위반이 선박의 도착을 현저하게 지연시켰다 할지라도 이 지연이 정기용선계약의 근본을 파괴할 정도는 아니므로 용선자의 계약취소는 위법이다.

5) 시 사 점

용선계약서상 당사자의 의무를 규정하는 계약내용(contractual term)은 그 중요성의 정도에 따라 조건(condition), 담보(warranty), 중간내용(intermediate term)으로 구분되며, 그 위반의 효과는 다음과 같이 상이하다.

첫째, 조건은 계약의 근본이 되는 계약내용(예를 들어 선박의 위치, 예상선적가능일 등)으로서, 일방이 이를 위반시 타방은 위반의 경중을 불문하고 계약을 취소할 수 있고, 손해배상을 청구할 수 있다.

둘째, 담보는 계약의 근본에는 이르지 않는 정도의 계약내용으로서 일방이 이것을 위반하더라도 타방은 계약을 취소할 수는 없고, 단순히 위반으로 인하여 발생한 손해배상만을 청구할 수 있다.

셋째, 중간내용은 감항능력유지의무와 같이 상황에 따라 조건이 될 수도 있고, 담보가 될 수도 있는 계약내용으로서 일방이 계약조항을 위반하더라도 계약의 취소를 언제나 주장할 수 있는 것이 아니라, 이 위반이 계약의 중대한 조건에 해당되는 경우에 한하여만 계약을 취소할 수 있다.

2-2 인도시점에서 선창상태[7)]

1) 요 지

정기용선자는 용선기간 동안 선창의 상태가 곡물을 선적하기에 적합하도록 청결한 상태에 있어야 함을 요구할 수 있는 권리를 선박의 인도시점에서 명시적으로 유보해야 한다. 만약 그러한 권리의 유보를 하지 않은 경우에는 선창상태에 관한 청구권을 포기한 것으로 추정된다.

2) 사실관계

선박인도 후 정기용선자가 첫 번째로 운송한 화물은 철광석이었고 두 번째 운송할 화물은 유채씨앗(rapeseed in bulk)이었다. 유채씨앗 선적을 위하여 실시한 검선에서 선박인도 이전에 본선이 수행한 석탄의 잔존물이 발견되어, 이를

---

7) Bottiglieri di Navigazione SpA v Cosco Qingdao Ocean Shipping Company(The Bunga Saga Lima)[2005] EWHC 244 Q.B.D.

제거하기 위한 시간 손실과 비용이 발생되었다. 정기용선자는 시간손실은 용선료중단(off-hire) 사유에 해당되며, 나아가 청소비용도 용선료에서 공제할 수 있다고 주장하였다.

한편 선주와 용선자 사이에 합의된 주요 계약조건은 다음과 같다.

(1) Line 21: "Vessel on her delivery to be ready to receive cargo with clean swept holds and tight, staunch and in every way fitted for the cargo as per clause 29…"

(2) Clause 46 – Cleaning clause: "On delivery at the first load port Vessel's holds to be clean and suitable to load Charterers' intended cargo to Shipper's surveyor's satisfaction."

(3) Amendment 5: Clause 46: "Cleaning clause, add at end: It is understood that on delivery or upon arrival 1st loading port vessel to be clean per grain standard up to independent surveyor's satisfaction."

(4) Clause 92 – Inermediate Hold Cleaning: "Upon completion of discharge of each cargo, the crew shall render customary assistance in cleaning cargo holds in preparation of next loading. The crew will endeavour to effect such cleaning as best as possible……the owners shall not be responsible fro any consequences arising from the fact that the crew has been employed in the cleaning and the vessel shall always remain on hire."

(5) Clause 13 – Fixture Note: "Owners warrant that vessel's holds on delivery or arrival first load port to be cleaned, swept washed down with freshwater, dried up free from rust leaks, scale, free from salt and free from residue of previous cargo and in every respects ready to load up to the satisfaction of the local surveyor. Should vessel fail to pass hold inspection Owners to arrange cleaning at their time and expense and the vessel to be off-hire from the time of failure until survey passed in all holds and any extra or directly related expenses incurred to be for Owners account.

3) 판 결

중재인은 인도 당시 정기용선자와 선주가 선창의 상태가 더러웠고, 곡물선적에 적합해야 한다는 요건에도 부합하지 않았다는 것을 알았다는 사실에 주목했다. 따라서 중재인은 정기용선자가 첫 번째 선적항에서 선창청소가 이루어져야 한다고 주장하지 않았기 때문에— 비록 철광석은 선창창소 없이도 선적될 수 있었음에도 불구하고- 시간손실과 비용에 대한 청구권을 상실했다고 판정하였다.

법원은 중재인의 결정에 동의하였다. 법원은 위 성약서 제13조 및 제46조 제 5 항에 의해 첫 번째 선적항에서만 곡물선적에 적합한 선박을 인도해야 하는 선주의 의무가 있고, 나아가 제92조에서 용선기간 동안 선원이 직접 행하는 중도선창청소(intermediate hold cleaning)로 인해 발생되는 어떠한 결과에 대해서 선주는 면책된다는 점을 들어 정기용선자는 두 번째 화물의 선적항에서 발생된 시간손실과 비용을 선주에게 청구할 수 없다고 판결하였다.

4) 시 사 점

이 판결에 따르면 정기용선자는 선창상태에 대한 청구권을 선박인도 후, 첫 번째 선적항에서만 행사할 수 있고, 그러한 권리를 행사하지 않은 경우 계약위반에 대한 권리를 포기한 것으로 추정된다. 따라서 정기용선자는 선박의 인도시점에서 선창의 상태가 곡물선적에 적합해야 함을 요구해야 하며, 그와 관련된 권리를 유보한다는 점을 선주에게 명확히 통지해 두어야 한다.

또한 용선계약서에 "Acceptance of delivery of the vessel by charterers shall not constitute any waiver of Owner's obligations under this charter party"의 문구를 삽입하는 것이 필요하다.

2-3 조기반선

1) 조기반선(1)[8)]

(1) 요 지

선박이 용선기간 중 엔진고장을 일으켜 수리 중에 있을 경우, 용선자가 용

8) The Alaskan Trader [1983] 1 Ll. R.315.

선기간 만료 전에 용선계약을 해지할 수 있는지의 여부와 관련하여 선주는 계약의 계속적 이행을 강제해야 할 합리적인 금전적 이익이 없다면 용선자의 반선을 받아들여야 하며, 조기반선으로 인한 손해배상만을 청구할 수 있다.

(2) 사실관계

1979년 10월 9일 선주는 "24months 15days more or less"의 용선기간으로 용선자에게 Alaskan Trader호를 정기용선하였다. 1980년 10월 9일 운항도중 본선은 엔진고장이 발생하여 수리기간은 수개월이 예상되었다. 이에 용선자는 용선계약의 해지를 통보하였다. 본선의 수리는 1981년 4월 7일에 완료되었다. 이후 선주는 용선자에게 본선이 용선자의 처분상태에 있음(the vessel was again at the charterers disposal)을 통보하였고, 용선자는 용선계약이 이미 해지되었다고 판단하여 선장에게 어떠한 지시도 내리지 않았다.

그러나 선주는 용선계약의 해지 주장을 거절하였고, 용선기간의 만료일인 1981년 12월 5일까지 본선을 계선하였다. 용선자는 용선기간 만료일까지 용선기간의 해지와는 별도로 용선료를 계속하여 지급하였고, 용선기간 만료 후, 위 용선료의 반환을 청구하였다.

(3) 판 결

선주는 용선자의 용선계약의 해지를 받아들이고, 그로 인한 손해배상을 용선자에게 청구하는 것이 용선기간의 만료시점까지 계약을 유지하는 것보다 합법적인 이익을 얻을 수 있으므로 용선자의 조기반선을 거절할 수 없다. 그러므로 선주는 위 기간 동안 지급된 용선료를 용선자에게 반환해 주어야 하며, 다만 용선자의 조기반선으로 인한 손해를 청구할 수 있다.

(4) 시 사 점

용선자가 용선계약을 이행할 의사가 없음을 분명히 표시하고, 용선기간 만료 전에 본선을 반선하는 경우, 선주는 반선을 거부하고 계약의 이행을 요구하거나, 아니면 채무불이행에 대하여 손해배상의 청구를 선택적으로 주장할 수 있다.

그러나 용선자의 반선사유가 전쟁 등과 같이 외적 위험에 의하여 계약의 목적을 달성할 수 없는 경우에 선주는 반선거부권을 주장할 수 없고, 손해배상만 청구할 수 있다. 이때 용선자의 손해배상의 범위는 본선의 반선시점부터 용선기간의 만료일까지가 될 것이며, 용선자가 계약위반을 하지 않았더라면 선주가 얻게 될 기대이익에서 선주의 손해경감을 통하여 얻게 된 이익을 공제한 금액이 손해배상금이 된다.

2) 조기반선(2)[9)]

(1) 요 지

조기반선으로 인한 선주의 손해배상금 산정시 조기반선 이후에 발생된 특정사유가 고려되어야 한다.

(2) 사실관계

1998. 7. 10.자 선주인 Golden Strait Corporation(이하, 선주)은 M/V "Golden Victory"호에 대하여 용선자인 Nippon Yusen Kubishka Kaisha(이하, 용선자)와의 사이에 7년 정기용선계약을 체결하였다. 용선자가 최소한 선박을 사용해야 할 용선기간은 2005. 12. 6.자이다. 한편 용선계약서 제33조에서 USA/UK/Iraq에서 전쟁이 발발하는 경우 선주 혹은 용선자 모두 계약을 종료할 수 있는 권리가 있다고 명시하고 있었다.

2001. 12. 14.자 용선자는 선주에게 본선을 일방적으로 반선하면서 용선계약의 이행거절(repudiation of charter)을 통보하였고, 2001. 12. 17.자 선주는 용선자의 이행거절을 수락하여 동일자로 용선계약이 종료되었다. 한편 2003.3. 미국/이라크간 전쟁이 발발하였다.

선주는 이행거절을 수락한 2001. 12. 17.부터 2005. 12. 5.까지 발생한 손실에 대하여 클레임을 제기하였다. 이에 용선자는 2003. 3. 걸프전쟁이 발발하였고, 용선계약 제33조에 따라 용선계약을 종료할 권리를 가지고 있으므로 손해배상금의 산정기간은 2001. 12. 17.부터 걸프전쟁 발발 시점인 2003. 3.까지만 한정되어야 한다고 주장하였다.

(3) 판 결

이 사건에서 쟁점은 손해배상금 산정시점을 계약위반시점(2001년)을 기준으

9) Golden Strait Corporation v Nippon Yusen Kubishka Kaisha [2007] UKHL 12.

로 할 것인가, 아니면 걸프전쟁이 발생한 사실을 감안하여 2003년에 용선자가 계약을 종료할 권리가 있었으므로 2001년부터 2003년까지만 제한할 것인가이다. 영국 최고법원은 조기반선으로 인한 손해배상금의 산정시 걸프전쟁 발생으로 용선계약이 종료될 수 있었을 것이라는 특정사유도 감안되어야 한다고 보아 용선자의 청구를 인정하였다.

(4) 시 사 점

영국법 하에서 계약의 이행거절이나 일방이 계약을 해지하는 경우, 손해배상의 기본 원칙은 계약대로 계약을 수행하는 것으로 가정하여 계약 위반자가 상대방을 계약이 이행하였을 경우의 상태로 복원시켜 주는 것이다. 그러나 동 판결에 의하여 손해배상금은 계약위반 이후에 발생한 특정 사유도 감안하여 산정되어야 할 것이다.

2-4 지연반선

1) 지연반선(1)[10)]

(1) 요 지

용선계약서상 선박의 반선시기에 대한 기간이 설정된 경우 용선자는 반드시 그 기간 내에 본선을 반선시켜야 하며 이를 위반할 경우 그 다음부터는 시장시세에 따른 용선료를 지불하여야 한다.

(2) 사실관계

본선은 3월 8일부터 6개월 동안(± 20일 용선자 옵션조건) 기간용선되었다. 두 개의 항차를 수행한 후 8월 2일에 본선은 세 번째 항차를 개시했는데, 동 항차를 수행할 경우 본선의 예상 반선시기는 10월 중순이었으며, 실제로 본선은 10월 7일에 반선되었다. 선주는 본선 인도부터 6개월 20일 경과시점인 9월 28일까지는 용선계약상 용선료를 계산하고, 이후부터 10월 7일까지는 계약상 용선료보다 높은 시장시세에 따라 지급되어야 한다고 주장하였다.

10) The Dione (1975) 1 Ll.R. 115.

(3) 판 결

용선계약서에서 용선기간에 대하여 20일의 마진을 명시하고 있다. 따라서 용선자는 본선을 최장 6개월 20일까지는 반선하여야 할 의무가 있음에도 불구하고 이를 위반하였으므로 9월 28일 이후에는 시장시세에 따라 용선료를 지급함이 마땅하다 할 것이다.

(4) 시 사 점

용선기간에 ± 20일 등과 같이 명시적인 여유기간을 규정한 경우 본선은 반드시 상기 여유기간 내에 반선되어야 하며 이를 위반할 경우 클레임의 대상이 된다. 따라서 용선자는 명시적 여유기간을 고려하여 허용된 용선기간 이내에 항해가 종료될 수 있도록 최종항해를 수배하여야 한다.

만약 용선자가 지시한 최종항해를 수행함으로써 선박의 반선이 용선기간을 초과하여 이루어질 것으로 예상되는 경우, 선주는 용선자의 최종항해 지시를 거부하고, 용선자에게 용선기간 이내에 반선이 이루어 질수 있는 다른 항해를 지시하도록 요청할 수 있다. 용선자가 이를 거부할 경우 선주는 용선자에게 손해배상을 청구할 수 있다. 이때 용선자의 정당한 최종항해지시를 합법적 최종항해(legitimate last voyage)라 하며, 반대의 경우를 불법적 최종항해(illegitimate last voyage)라고 한다.

2) 지연반선(2)[11]

(1) 요 지

특별한 사정이 없는 한 지연반선으로 인한 선주의 기대이익 상실은 정기용선자로 부터 회수할 수 없다.

(2) 사실관계

2003년 9월, 이 사건 선박 Achilleas호의 선주는 동 선박에 대하여 용선자 Transfield와 기간 5~7개월, 용선료 일당 USD16,450을 조건으로 정기용선계약을 체결하였다. 용선계약상 용선자는 본선을 2004년 5월 2일까지 반선하여야 했다. 용선자는 20일전 / 15일전 / 10일전 반선통보를 하면서 반선은 2004년 4월 30부

11) Transfield Shipping Inc v. Mercator Shipping Inc.(The Achilleas) [2006] EWHC 3030.; [2007] EWHC Civ 901.; [2008] UKHL 48; [2007] 1 Lloyd's Rep 19 (HC) ; [2007] 2 Lloyd's Rep.555(CA.).

터 5월 2일까지라고 하였다. 이에 선주는 2004년 4월 21일 신규 용선자와 정기 용선계약을 체결하였는데, 기간은 4~6개월, 용선료는 일당 USD39,500, 인도일/취소일(Lay/Can)은 2004년 4월 28일부터 5월 8일로 하였다.

그런데 용선자는 최종 선적항에서 선적지연으로 인하여 선박을 2004년 5월 11일에서야 반선하였다. 반선이 지연되는 동안 시황이 폭락하여 신규 용선자는 취소일까지 선박이 인도되지 않았다는 이유로 용선료의 인하를 요구하였고, 선주는 당시 시장용선료를 고려하여 일당 USD8,000이 감액된 USD31,500로 인하하여 주었다.

선주는 지연반선으로 인한 약 USD1,365,000[(US8,000 × 180일(차항의 용선기간)-(중개수수료/커미션)]의 손해배상을 용선자에게 청구하였다.

용선자는 선주의 손해배상청구를 거절하였다. 즉 자신은 반선지연일수 약 9일에 대해서만 책임이 있고, 손해배상액도 동 일수에 시장용선료와 계약용선료의 차액을 곱한 약 USD158,000이 되어야 한다고 항변하였다.

(3) 판　결

중재판정부는 선주가 입은 신규 용선계약상 기대이익의 상실이 지연반선이라는 계약위반으로 인한 당사자의 예견된 결과(not unlikely result)라는 이유로 선주의 손해배상청구가 정당하다고 판정하였다. 그러자 용선자는 지방법원에 중재판정의 취소청구소송을 제기하였다.

지방법원과 항소법원도 선주가 입은 기대이익의 상실은 본질적으로 용선자의 계약 위반으로 발생된 것이고, 용선자는 선주의 신규계약의 긴박성에 대하여 충분히 인식하고 있었기 때문에 용선자로부터 전액 회수할 수 있다고 판결하여 중재판정을 지지하였다. 용선자는 다시 최고법원에 상소하였다.

최고법원은 선주가 입은 기대이익의 상실이 적기에 선박을 반선하지 않은 용선자의 계약위반에 의한 예견된 결과로 인정되지 않는다고 하면서 중재판정과 하급법원의 판결을 기각하였다. 즉 선주의 손해는 이례적이거나 비정상적인 성질의 것이며, 계약당사자가 예상할 수 없는 것이라고 하여, 결국 용선자의 상소를 인정하였다.

(4) 시 사 점

이 사건에서 최고법원은 지연반선으로 인한 손해배상액의 산정시 전통적인 원칙을 적용하였다. 즉 계약위반자는 용선계약의 체결시점을 기준으로 당사자들에 의하여 예견된 손해(damages which were contemplated by parties at the time the charterparty was agreed)에 대해서만 책임을 부담한다는 것이다. 다시 말해 특별한 인식이 없는 한(in the absence of special knowledge), 계약위반자는 문제의 계약위반으로 발생될 수 있을 것이라는 손해, 즉 계약위반시 통상의 과정에서 일반적으로 발생되는 손해에 대해서만 책임을 부담하게 된다.

이 사건 정기용선계약이 체결된 2003년 9월, 선주와 용선자 모두 9일간의 반선지연이 이러한 심각한 손해를 유발할 것인가에 대하여 상당한 인식이 있었다고 볼 수 없다. 선주의 심각한 손해는 결국 해운시장의 급락과 그로 인한 상업적 압력에서 기인된 것이므로 법원이 선주의 청구를 인정하지 않은 것이다.

2-5 최종항해의 적법성12)

1) 요　지

최종항해(final voyage)의 지시시점에서 용선자가 본선이 용선기간 이내에 반선될 수 없음을 인지하고 있었다면, 이러한 지시는 불법적인 것이므로 선주는 용선계약을 취소할 수 있다.

2) 사실관계

1987년 12월 30일 선주 X와 용선자 Y는 NYPE서식에 따라 Gregos호의 정기용선계약을 체결하였다. 용선계약서에서 용선기간은 Y의 임의에 의한 약 50일에서 최장 70일로 규정되어 있었다. 또한 제 8 조에는 "The captain shall prosecute his voyages with the utmost despatch. The Captain(although appointed by the Owners) shall be under the orders and directions of the Charterers as regards employment and agency……"라고 규정되었고, 제11조에는 "The charterers shall furnish the captain from time to time with all requisite instructions and sailing directions……"라고 규정되었다. 본선의 인도는 1988년 1월 8일에 이루어졌고

12) The gregos [1995] 1. Ll. R. 1.

70일 후인 3월 18일이 최종기일로써 반선되어져야 했다.

1988년 2월 9일 Y는 마지막 항차로 오리노코강의 파루아(Palua)에서 프랑스 지중해연안 마르세이유 서쪽에 위치한 포스(Fos)로 운항할 것을 선장에게 지시하였다. 그 시점에서 판단했을 때 본 항차는 용선계약의 최종기일인 3월 18일까지 완료될 것이 확실시 되었다. 그러나 3일 후에 다른 선박이 오리노코강에서 교사되어 장기간에 걸쳐 항로가 폐쇄됨으로써 본선도 체선될 수밖에 없었다. 이에 본선은 2월 25일이 되서야 선적항인 파루아에 도착하였다. X는 마지막 항해가 순조롭게 진행된다고 하더라도 2일 내지 4일의 반선지연이 예상됨으로 용선기간 내에 반선이 이루어질 수 있도록 다른 적법한 항해지시(legitimate order)를 할 것을 Y에게 거듭 요청하였지만 Y는 위 2월 9일자 항해지시에 따를 것을 주장하였다.

X는 Y의 거절을 계약의 이행거절(repudiation)로 보고, X는 Y와의 용선계약보다 높은 용선료로 소외 나비오스(Navios)와 대체용선계약의 교섭에 착수하였다. 그러나 X와 Y는 최종적으로 청구권유보합의(without prejudice agreement)를 체결하여 본선은 Y의 지시대로 항해하였고, 반선은 최종기일을 8일 지연한 3월 26일에 이루어졌다. 한편 청구권유보합의의 내용은 추후 소송에서 Y의 항해지시가 적법한 것이 아닌 것으로 판결이 날 경우, X는 소외 나비오스와의 대체용선계약상 용선료와 Y와의 용선계약상 용선료의 차액에 상당하는 금액을 Y로부터 수령할 권리를 취득한다는 것이었다.

3) 판 결

첫째, 용선자의 항해지시의 적법성 여부에 관하여 법원은 "최종항해지시의 적법성에 관한 판단시점은 최종항해를 개시하기 직전이다. 따라서 본 건에서는 2월25일이 용선자의 항해지시의 적법성 여부가 판단되어야 할 시점이 되는바, 이 시점에서 선박의 반선이 용선기간 내에 이루어질 것이라고 기대할 수 없었으므로 용선자의 항해지시는 적법하지 않다"라고 판결하였다.

둘째, 불법적인 항해지시를 이유로 한 선주의 계약파기권 여부에 관하여 법원은 "용선자의 불법적인 항해지시는 용선계약 위반이 된다. 그러나 이러한 위반은 치유가 가능하므로 불법적인 행해지시를 주었다는 행위만으로 용선계약이 취소되지 않는다. 다만, 최종항해의 지시시점에서 용선자가 용선기간이내에 반선할 수 없음을 인식하고, 합법적인 항해지시를 거절한 경우에는 선주의 용선계약 취소권이 인정된다"고 판결하였다.

4) 시 사 점

용선기간 내에 선박의 반선이 이루어지지 않은 경우, 용선자는 선주의 손실을 보상해야 한다. 용선자의 책임범위는 최종항해의 적법성 유무에 따라 결정되며, 만약 적법한 최종항해로 인한 경우에는 용선계약상 용선료로, 위법한 최종항해로 인한 경우에는 용선계약상 용선료와 반선당시 시장용선료 중 높은 금액으로 책임을 져야 한다.

최종항해지시의 적법성 여부에 관한 분쟁을 예방하기 위해서는 다음과 문구를 용선계약서에 삽입할 필요가 있다. 즉 "At any time within ( ) days of the expiry of the period of this charter (the terminal date) the charterers may order the vessel on a final laden voyage. Unless, at the time such order is given, there is no realistic expectation that the vessel may be redelivered by the terminal date following the performance of such final voyage, owners shall be obliged to perform the voyage as ordered"와 같이 최종항해에 통지시기를 사전에 특정하는 것이다.

2-6 반선 연료량[13)]

1) 요 지

용선계약서에서 선주는 반드시 잔존연료(remaining bunker)를 인수하고, 그 대금을 지급하여야 한다고 규정하고 있는 경우, 용선자는 연료차액 이득을 위해 당해 용선계약의 목적상 불필요한 과다한 양의 연료를 공급해서는 아니된다.

2) 사실관계

용선계약서에 선주는 잔존연료를 인수하고 그 대금을 지급하여야 한다고

13) The captain diamantis The Mammoth Bulk Carriers Ltd. V. Holland Bulk Transport B.V. (1978) 1 Ll. R. 346(C.A.).

규정되어 있었다. 용선자는 본선이 연료가 가득 채워진 상태로 반선되도록 추가연료를 보급할 것을 통보했으나, 선주는 그렇게 많은 양의 연료가 필요하지 않았다. 따라서 선주는 선장에게 용선자의 전량연료 보급지시를 거부하라고 지시했다.

3) 판　　결

용선자는 당해 용선계약 수행에 직접적으로 필요한 연료 외에는 보급할 권한이 없다. 반선시 본선은 인접 연료보급항으로 항행할 수 있는 최소한의 연료를 보유하고 있었으므로 선장이 용선자의 추가연료지시를 거부한 행위는 정당하다.

4) 시 사 점

통상 용선계약서에서 인도시와 동일한 연료량으로 반선되어야 한다고 규정하고 있으나, 이 사건에서는 이러한 규정이 없음으로 인하여 분쟁이 발생한 것이다. 이 판결은 용선자가 연료비 차이로 인한 이득을 보기 위해 선주에게 필요하지 않은 과다한 연료를 공급했다는 사실에 주목하여 선주의 주장을 인정한 것이다. 따라서 용선자는 최종항해 수행 직전에 당해 항해에 필요한 연료량, 비상연료량 등을 고려하여 적절한 연료량을 보급해야 한다.

제 3 절　용선료에 관한 사례

3-1 용선료의 지연지급과 선박회수[14)]

1) 요　　지

용선자가 용선료의 지급기한을 넘겨 용선료를 지급하였다고 하더라도 선주의 선박회수권에는 영향을 미치지는 않는다.

---

14) Mardorf Peach & Co. v. Attica Sea Carriers Corporation of Liberia (1977) 1 Ll. R 315.

2) 사실관계

용선자는 Laconia호를 선주로부터 정기용선하였다. 용선계약 제 5 조에서 "Hire is to be paid for the balance day by day, as it becomes due, if so required by Owners, unless bank guarantee, or on any breach of this Charter Party, the Owner shall be at liberty to withdraw the vessel from the service of the Charterers, without prejudice to any claim they(the owners) may otherwise have on the Charterers"라고 규정되었다.

1970년 4월 12일 일요일이 용선료의 지급기한이었으나, 은행이 토요일과 일요일에는 업무를 하지 않으므로 1970년 4월 10일 오후 3시까지가 실질적인 지급기한이었다. 그러나 용선자는 당일에 용선료를 지급하지 않았다. 4월 13일 오후 3시경 선주의 은행은 용선자의 은행으로부터 용선료를 받아 선주에게 이 사실을 통보하였으나, 선주는 자신의 은행에게 용선료를 되돌려 보내라고 지시하였다. 그리고 동일 오후 6시경에 선주는 용선자의 계약 위반을 들어 용선자에게 선박의 회수를 통지하였다.

3) 판　　결

제 5 조에 따라 용선료가 지급기한 내에 지급되지 않을 경우, 선주가 본선을 회수할 수 있는 권리를 갖는 명백하다. 그리고 지급기한이 경과한 후, 용선자가 용선료를 지급하였다고 하더라도, 선주가 선박회수권을 포기하지 않는 한, 용선자는 계약의 계속을 주장할 수 없다. 설령 선주의 은행이 용선료를 수취하였다고 하여 동 은행이 선주의 권리를 가졌다고 할 수 없으므로 선주가 선박회수권을 포기한 것이 아니다. 용선료의 지급의무는 절대적인 것이며, 하루라도 지연되는 한 선주의 선박회수권 행사는 정당하다.

4) 시 사 점

용선계약상 유예조항(grace period clause또는 Anti-technicality clause)이 규정되어 있지 않는 한, 하루라도 용선료가 지급기한보다 늦게 지급되면 선주는 즉시 선박회수권을 행사할 수 있다. 그러나 주의해야 할 사항은 다음과 같다.

첫째, 선박회수의 통지는 최단기간(1~2일) 이내에 용선자에게 통지해야 하며, 동 기간이 지나면 선박을 회수할 수 없다.

둘째, 용선자에게 통보시 선박회수(Withdraw)라는 문구를 분명히 사용해야 한다. 셋째, 용선료가 늦게라도 입금되었을 경우, 이를 수취해서는 안 되며, 용선자에게 반환해야 한다. 수취하지 않고 은행에 그대로 넣어두는 것도 수취한 걸로 간주되므로, 단기간 내에 용선자에게 용선료의 수취거부를 통보해야 한다.

3-2 재재운임에 대한 유치권[15)]

1) 요 지

용선자의 용선료 미지급을 이유로 재재용선자(Sub-sub-charterer)가 재용선자(Sub-charterer)에게 지급해야 할 재재운임(Sub-Sub Freight)에 대한 선주의 유치권은 정당하다.

2) 사실관계

선주인 Care Shipping은 Cebu호에 대하여 1979년 10월 18일, 용선자인 Naviera Tolteca와 정기용선계약을 체결하여, 위 선박을 동년 11월 22일 인도하였다. 용선계약서 제18조에는 "That the owners shall have a lien upon all cargoes and all sub-freights for any amounts due under this charter including general average contributions"라고 규정되었다.

용선자 Naviera Tolteca는 1980년 3월 3일, 재용선자 Lamsco와 정기용선계약을 체결하여 1980년 3월 28일 동 선박을 인도하였다. 재용선자는 다시 1981년 7월 3일, 재재용선자 Itagrain Export S.A.와 일항차용선계약(One trip-charter)을 체결하였다. 선주는 용선자가 용선료를 지급하지 않자, 정기용선계약상 위 제18조 유치권조항을 들어 재재용선자인 Itagrain Export S.A.에게 재용선자인 Lamsco에게 지급하여야 할 용선료를 자신에게 직접 지급할 것을 요구하였다. 또한 재용선자인 Lamsco에게도 위와 유사한 유치권을 통보하였다.

15) The Cebu (1983) 1 Ll.R. 302.

3) 판 결

재재용선자가 재용선자에게 지급하여야 할 용선료가 재용선자에게 귀속하는지 아니면 선주에게 귀속되는지 여부가 쟁점으로 되었다. 법원은 선주와 용선자 간의 용선계약상 제18조 유치권조항에서 규정하고 있는 재운임은 항해용선계약상 운임뿐만 아니라 정기용선계약상 용선료까지 포함하는 개념이고, 또한 재운임이라는 용어는 재재운임까지 포함하는 것이라고 하였다. 따라서 선주의 재재용선료에 대한 유치권행사는 정당하다고 판결하였다.

4) 시 사 점

재운임에 대한 유치권은 화물이나 선박에 대한 유치권과는 그 성질이 다르다. 즉 화물이나 선박에 대한 유치권은 어떠한 채권을 확보하기 위해 그러한 화물이나 선박을 유치하는 것이지만, 재운임에 대한 유치권은 선주가 용선자로부터 받지 못하고 있는 용선료를 용선자와 재용선관계에 있는 재용선자에게 선주의 권리를 행사하는 것으로서 일종의 대위권적인 성질을 갖는다고 할 수 있다.

3-3 용선자의 재산압류[16)]

1) 요 지

법원의 판결 이전에 용선자가 재산을 해외로 도피시킬 위험이 있는 경우 법원은 판결 전에 채무자의 재산을 동결시킬 수 있다.

2) 사건 개요

용선자가 용선료의 지급기한을 도과하여도 용선료를 지급하지 않았다. 선주가 용선자의 재산상태를 조사해 본 결과, 용선자는 용선료지급능력이 없음을 확인했다. 선주는 이를 용선자의 이행거절로 간주하고, 즉시 소송을 제기함과 동시에 용선자가 재용선자로부터 수령한 운임의 동결을 법원에 신청하였다.

16) Mareva Compania Naviera v International Bulk Carriers [1975] 2 Ll. R. 509.

3) 판 결

소송 중에 용선자가 재산을 해외로 도피시킴으로써 판결에 따른 집행할 재산이 없어질 위험이 있어 채권자의 권리를 부당하게 침해할 수 있으므로 판결 이전에 채무자 재산의 동결을 허용하였다.

4) 시 사 점

과거 영국법하에서는 채권자가 법원의 판결 전에는 채무자의 재산권을 압류할 수 없었으므로 채무자들은 판결 전에 재산을 당해 법원의 관할구역 밖으로 이전시킴으로 하여 법원 판결의 집행을 불가능하게 했다. 그러나 이 판결에 따라 채무자의 재산도피의 위험이 있을 시 법원에 신청하여 재산을 가압류하는 것을 "마레바인정션(mareva injunction)"이라고 하게 되었으며, 이는 영국법계를 따르고 있는 홍콩, 싱가포르 등에서도 통용된다.

3-4 용선료 공제권[17)]

1) 요 지

용선자는 선주에게 지급해야 할 용선료에서 자신의 클레임을 공제할 수 있다.

2) 사실관계

용선자는 본선의 속력저하로 인한 손해를 용선료에서 공제하였다.

3) 판 결

선주가 부당하게 용선자의 선박사용권을 박탈한 경우, 용선자는 그러한 박탈기간에 해당되는 금액을 용선료에서 공제할 수 있다. 따라서 본선 속력저하만큼 용선자는 본선의 사용권을 박탈당했으므로 용선자는 그로 인한 시간손해를 용선료에서 공제할 수 있다. 그러나 용선자의 그러한 권리는 선주의 다른 과실에 대해서는 적용되지 않는다. 즉 본선과실로 화물 손상이 발생했다 하더라도 용선사는 그를 이유로 용선료 공제권리를 가질 수 없다.

17) The Nanfri [1978] 2 Ll. R. 132.

4) 시 사 점

종래에는 용선료를 운임과 동일하게 취급하여 오프하이어를 제외하고는 일체의 공제권이 허용되지 않았다. 따라서 본선 귀책사유로 본선이 지연되더라도 그 사유가 오프하이어조항에 열거되어 있지 않다면 용선자는 그러한 지연으로 인한 손해를 용선료에서 공제할 수 없으며, 일단 용선료 전액을 지급하고 추후 클레임을 통해 선주로부터 배상받는 형식을 취해야 한다. 즉 오프하이어조항에서 규정된 사유가 아닌 본선의 부당한 지연에 대해 용선자가 그로 인한 손해를 용선료에서 공제하게 되면 오히려 용선자가 계약위반이 되어 선주는 본선의 선박회수권을 가지게 된다.

그러나 이러한 절대적인 용선료지급 의무가 이 사건 판결로 인하여 대폭 완화되게 되었다. 즉 용선자는 선박사용권을 박탈당한 기간만큼 그 손해를 용선료에서 공제할 수 있게 된 것이다. 이는 일견 당연한 듯 보이나 용선료를 사전에 공제하는 것과 사후에 클레임을 통해 회수하는 것과는 실무상 큰 차이가 있다. 근래에 들어서는 선박의 속력 저하, 선원노동연맹의 보이코트에 의한 지연, 본선 귀책사유에 의한 선박압류 등과 같이 용선자가 선박사용권을 박탈당한 시간손해를 사전에 용선료에서 공제할 수 있는 근거가 마련되었다.

3-5 오프하이어

1) 오프하이어(1)[18)]

(1) 요 지

선박이 완전히 효율적인 상태(Full efficient state)를 회복한 시점부터 용선료는 중단되지 아니한다.

(2) 사실관계

항차용선(Trip T/C)에 의해 Marika M호는 정기용선자에게 인도되어, Bahrain에 7월 17일 04:15에 도착하여 7월 18일 09:20에 접안될 예정이었으나, 7월 17일 09:09에 좌초되었다. 본선은 7월 27일 16:09에 이초되었으나, 8월 6일 16:25까지 접안대기를 해야 했다.

---

18) The Marika M [1981] 2 Ll. R. 622.

용선자는 본선이 좌초되지 않았더라면 접안하였을 기간에 대해서는 별도로 하고, 선박이 이초된 시점인 7월 27일부터 8월 6일까지 기간 동안 용선료중단을 주장하면서 동 기간에 대한 용선료의 지급을 거절하여 분쟁이 발생하였다.

이 사건 용선계약서는 수정된 NYPE(1946)로서, 제15조에는 "That in the event of the loss of time from……grounding……or by any other cause preventing the full working of the vessel the payment of hire shall cease for time thereby lost" 라고 규정되었다.

또한 제45조에는 "If during the currency of this charter-party, vessel deviates or puts back whilst on voyage or there is any loss of time caused by accident, breakdown — hire shall not be paid for the time so lost and the cost of extra fuel consumed and other expenses incurred shall be for owners' account until vessel is in the same position or in charterers' option at a point equidistant from where deviation took place but nearer her destination and voyage is resumed therefrom" 라고 규정되었다.

(3) 판 결

선박이 이초된 시점부터 정기용선자의 처분(Charterer's disposition)하에 있고, 선박으로서 완전히 효율적인 상태를 유지하고 있다고 볼 수 있다. 실질적인 시간손해의 원인(real cause of loss of time)은 오프하이어로 인한 것이 아니라 Bahrain의 엄격한 항만운영시스템으로 인한 체선이므로 정기용선자의 주장은 기각된다.

(4) 시 사 점

오프하이어의 기간을 산정하는 기준은 종래 "순상실기간 오프하이어약관(Baltime 제11조 A. the payment of hire shall cease until she be again in an efficient state to resume her service)과 "기간 오프하이어약관(NYPE 제15조. the payment of hire shall cease for the time thereby lost)"으로 구별되었으나, 이 판결에 따라 양자를 구별해야 하는 실익이 없어졌다.

즉 Baltime의 경우에는 선박이 어떠한 사유로 오프하이어가 개시되었다 하더라도 당해 선박이 효율적인 상태를 다시 회복하는 시점에 종료된다는 규정이 명문화되어 있으나, NYPE에서는 이러한 조항이 규정되어 있지 않았기 때문에 해석상 문제가 되어 왔다. 그러나 법원은 위 조항을 순상실기간으로 해석함으로써 양자의 차이는 없어졌다고 볼 수 있다.

2) 오프하이어(2)[19]

(1) 요 지

오프하이어조항 중 "Deficiency of Men"의 의미는 숫자적 Deficiency 이지 선원들의 작업거부까지를 포함하는 것은 아니다.

(2) 사실관계

1943년 12월 16일 본선은 영국의 New Castle에서 출항할 예정이었으나, 선원들은 호위(Convoy)를 요구하며 출항을 거부하였다. 7일간의 지연이 발생한 이후 결국 선원들은 호위 없이 출항하는 것에 동의를 하였다.

용선계약서 제11조에는 "본선의 입거수리나 본선 효율성을 유지하기 위한 필요조치, 선원이나 선용품의 결핍(Deficiency of men or owners store), 기관고장, 선체손상 혹은 기타사고(other accidents)로 인해 본선의 작업이 24시간 이상 연속해서 방해받았을 경우 본선이 요구된 서비스를 즉시 수행치 못해 손실된 시간만큼 용선료는 지급되지 않는다"고 규정되었고, 제34조에는 "제11조에 불구하고 선원의 확보나 보충(to get or to complete a crew)의 실패로 인한 시간손실 발생시에는 용선료는 지급되지 않는다"고 규정되었다.

한편 제13조에는 "선주는 전면적이거나 부분적인 스트라이크, 공장폐쇄, 휴업 혹은 노동자(선장, 선원 포함)의 억압 등으로 인한 손실이나 손상에 대해 책임이 없다"고 규정되었다.

용선자는 선원들의 출항거부행위는 위 제11조의 인원의 결핍 혹은 본선의 사용을 방해하는 기타사고에 해당될 뿐만 아니라 그 부속조항인 선원의 확보 또는 보충의 실패에도 해당되므로 동 기간 중 용선료는 지급될 수 없다고 주장하였다.

(3) 판 결

선원의 결핍의 의미는 선원들의 숫자 부족을 뜻하는 것으로 선원들의 출항

19) The Ilissos Royal Greek Government v. Minister of Transport [1949] 1 K.B. 525.

거부는 오프하이어 사유가 되지 않는다. 선원들의 의도적인 출항거부 행위는 제11조의 기타사고(other accident)에도 해당되지 않는다. 따라서 용선자는 출항지연 기간 중 용선료 지급의무를 면할 수 없다.

(4) 시 사 점

선원의 출항 거부로 지연이 발생하였으나, 용선계약상 오프하이어 사유에 해당되지 않아 용선자는 동 기간 동안 발생된 용선료를 지급해야 한다. 다만 선원들의 호위 요구가 부당한 것이었다면 용선자는 용선계약서 제 8 조의 "신속항행(utmost dispatch)의무"의 위반을 들어 선주에게 손해배상청구가 가능하다. 따라서 전쟁위험지역으로 배선할 경우에는 선원들의 출항 또는 입항 거부시 용선료 지급이 중단된다는 별도의 합의가 필요하다.

3) 오프하이어(3)[20)]

(1) 요 지

정기용선계약에서 선박의 불감항으로 인해 화물손해가 발생하였고, 그로 인하여 양륙작업이 지연되었다고 하더라도 선박이 용선자가 요구하는 서비스를 수행할 수 있는 효율적인 상태에 있는 한 오프하이어를 주장할 수 없다.

(2) 사실관계

정기용선으로 확보된 본선이 미국 걸프에서 Algiers로 곡물을 수송하던 중 선창커버(Hatch cover)의 결함으로 화물에 침수손해가 발생하였다. 이 손해로 인하여 양륙작업이 예상보다 15일 더 길어져 용선자는 선주에게 추가 15일 동안의 오프하이어를 주장하면서 그에 상당하는 용선료를 공제하였다.

용선계약서 제15조에는 "In the event of the loss of time from……Detention by average accidents to ship or cargo……or by any other cause preventing the full working of the vessel, the payment of hire shall cease for the time thereby lost."라고 규정되었다.

(3) 판 결

화물의 손해가 양륙작업을 지연시켰다 하더라도, 양륙작업 중 선박은 모든

20) The Mareva A.S. [1977] 1.Ll.R.368.

면에서 용선자가 요구하는 서비스를 수행할 수 있는 효율적인 상태로 있었기 때문에 오프하이어가 아니다.

제 4 절 기타 사례

4-1 화물손해의 배상책임

1) 용선계약상 책임주체[21)]

(1) 사건개요

불충분한 묶기(Insufficient lashing)에 의해 화물손해가 발생하였을 경우, 묶기에 있어서 불감항(unseaworthiness)이 존재한다 하더라도 화물취급상 책임의 주체는 용선계약서 관련규정에 따라 결정된다.

(2) 사실관계

Imvros호는 브라질에서 더반 그리고 극동까지 목재를 운송하기로 하는 일항차용선에 투입되었다. 화물 중의 일부는 용선자의 화물감독의 지시하에 갑판위에 적재되었고, 이때 본선 선원이 묶기작업을 수행하였다. 그러나 갑판적 화물의 묶기상태는 적절하지 않은 상태였다. 따라서 항해 도중에 화물의 일부가 멸실되었고, 선박도 손상을 입었다. 용선자는 불충분한 묶기가 선원의 자질부족, 즉 선박의 불감항에 의한 것이라고 주장하였다.

용선계약서 제 8 조에는 "Charterers are to load, stow. Lash the cargo at their expense under the supervision of the Captain. Additional Clauses allowed deck stowage, stated expressly (including express reference to issues of seaworthiness) that the safety of the cargo, stowage and securing was the charterers' responsibility and provided that although lashing/unlashing was to be carried by the crew, the crew were to considered the charterers' servants for this purpose"라고 규정되어 있었다.

---

21) The Imvros [1999] 1 Ll.R. 848.

(3) 판　결

선주와 용선자 간의 화물취급에 대한 책임관계는 용선계약서에 명기된 조항에 의해 결정된다. 여기서 제8조에서 화물취급은 용선자의 책임이라는 점을 명백히 규정하고 있으므로 화물과 선박손해에 대하여 용선자는 책임을 져야 한다.

(4) 시 사 점

감항능력 주의의무는 다음의 세 가지를 포함하는데, 첫째 ship seaworthiness(선박이 안전하게 항해를 할 수 있게 할 것), 둘째 Navigability(필요한 선원의 승선, 선박의장과 필요품의 보급), 셋째 Cargoworthiness(선창, 냉장실 기타 운송물을 적재할 선박의 부분을 운송물의 수령, 운송과 보존을 위하여 적합한 상태에 둘 것)이다.

그런데 감항능력 주의의무는 통상 선주의 절대적인 의무로 이해되지만, 이들 중 부적절한 화물의 취급으로 인하여 발생된 화물손해에 대하여 선주가 무조건 책임을 부담하는 것이 아니라, 관련 용선계약서조항(NYPE 제8조 및 Interclub NYPE agreement)에 의거하여 책임관계가 결정된다.

2) 선하증권상 책임주체(1)[22]

(1) 요　지

장기간의 정기용선계약이라 하더라도 용선계약의 목적이 용선자 화물의 수송이며 이를 위해 본선과 선원이 부수적으로 제공되었다면, 선주는 선주가 발행한 선하증권에 구속된다.

(2) 사실관계

정기용선계약상 선장은 선하증권의 서명권한을 부여받고 있었다. 화물의 적재불량으로 화물손해가 발생하자 화주는 선장이 서명한 B/L에 의거 선주에게 책임을 물었다. 선주는 화물손해가 용선자의 운항과정에서 발생했음을 들어 자신의 면책을 주장하였다.

(3) 판　결

이 용선계약은 나용선계약의 성격이 보이지 않으므로 선주는 선장의 행위(선하증권의 서명)에 대해 책임을 면할 수 없다.

22) Sandeman v. Scurr (1866) LR 2 QB 86.

(4) 시 사 점

정기용선계약에서 선장은 선주의 피용인이고, 나용선계약인 경우 선장은 용선자의 피용인이다. 그러나 장기간의 정기용선계약의 경우, 선주는 본선과 의사소통이 용이하지 않고, 용선자가 주도적으로 본선을 운항했을 경우에도 선주는 선장이 용선자의 지시에 의거 수행한 제반행위(선하증권의 서명 등)에 대해 제 3 자에게 책임을 지는가가 논쟁이 되어 왔다. 이때 용선계약의 목적이 본선 자체의 임대에 있으며, 선장이나 선원의 서비스가 부가적인 것이면 나용선계약이 되어 선주는 정기용선기간 중 제 3 자에 대한 선장의 행위에 대하여 책임을 부담하지 않는다.

그러나 용선계약의 목적이 용선자 화물의 수송이며 이를 위해 본선과 선원이 부수적으로 제공되었다면, 선주는 제 3 자에 대한 선장의 행위에 대하여 면책을 주장할 수 없다. 즉 용선자가 본선을 사용하긴 하나 선주는 선장이나 선원을 통해 본선에 대한 점유를 계속하고 있는 것으로 간주되기 때문이다.

3) 선하증권상 책임주체(2)[23)]

(1) 요 지

영국법상 선주와 용선자 사이에 계약관계가 정기용선계약인 경우에는 당해 선박을 점유, 관리, 운항하며 선장을 지휘, 감독하는 자는 선주이므로 선장이 선하증권을 발행하는 경우, 선하증권계약상의 운송인은 선주로 추정되는 것이 원칙이다. 또한 선하증권에 디마이즈약관 또는 운송인확정약관이 규정되어 있는 경우에는 동 약관의 효력을 인정하여 선주를 운송인으로 인정한다. 그러나 이 사건에서 최고법원은 선하증권의 유통성 보호 관점에서 전통적인 원칙에서 탈피하여 선하증권 문면상의 로고, 서명권자 등을 강조하여 정기용선자를 운송인으로 보았다.

(2) 사실관계

선주는 본선은 정기용선자 CPS(Continental Pacific Shipping)에게 정기용선하였다. 본선은 1995년에 말레이시아에서 안티워프에까지 합판 등을 싣고 왕복운항하는 운송에 투입되었다. 발행된 선하증권은 정기용선자의 서식으로서 그 전면

23) Homburg Houtimport B.V. v Agrosin Private Ltd and Others(The Starsin) [2003] 1 Lloyd' s Rep. 571.

에는 정기용선자의 성명과 로고 등이 표기되어 있었다. 선하증권 서명란에는 "As agent for CPS(The Carrier) United Pansar Sdn, Bhd.)"라고 기재됨으로써 운송인인 CPS를 대리하여 현지대리인이 서명하였다. 선하증권 이면에는 디마이즈약관이 규정되어 있었다. 그런데 본선이 목적항에 도착하자, 화물의 누손이 발견되었다. 그런데, 정기용선자가 도산하자, 화주는 선주에 대하여 선하증권상 계약위반을 이유로 손해배상청구소송을 제기하였다.

(3) 판 결

화주는 발행된 선하증권에 정기용선자의 로고가 있고, 정기용선자를 대리하여 대리점이 서명하기는 하였지만, 선하증권 이면에 선주가 운송인이라는 디마이즈약관이 있으므로 선주가 운송인이라고 주장하였다.

제 1 심법원은 디마이즈약관은 무효이므로 정기용선자가 운송인이라고 보았다. 즉 법원은 선하증권상 운송인의 확정문제는 선하증권 전체를 고려하여 해석되어야 하며, 전면의 기재가 이면의 디마이즈약관보다 우선한다고 판단하였다. 그러나, 항소법원은 디마이즈약관의 효력을 인정함으로써 선주가 운송인이라고 보았다.

최고법원은 다음과 같은 이유로 제 1 심법원의 판결과 동일하게 정기용선자가 운송인이라고 보았다.

① 계약당사자가 CPS를 운송인이라고 상정한 것은 선하증권의 로고, 서명란의 "as carrier"라는 기재로부터 분명하다.

② 선하증권상 수기로 된 서명은 인쇄문언에 우선한다. 특별히 부가된 문언은 특별한 합의를 나타내는 것이기 때문에 그 효력이 인정되어야 한다.

③ 합리적인 선하증권의 독자는 선하증권 이면보다는 전면에 중점을 둘 것이다.

④ 1993년에 국제상업회의소(ICC)가 개정한 화환신용장통일규칙(UCP 500)에 따르면, 운송인의 성명이 선하증권 전면에 반드시 기재되어야 하며, 은행은 선하증권의 이면조항을 심사할 의무가 없다고 규정하고 있다.

(4) 시 사 점

선박이 정기용선되고 정기용선자가 화주와 운송계약을 체결한 경우, 운송계약상 책임주체가 선주와 정기용선자 중에 누가 되는 것인지에 대하여 많은 논란이 있어 왔다. 그런데 이 사건에서 최고법원은 선하증권의 유통성을 강조하여 선하증권상의 문면 등이 운송인 확정에 대한 지표로서 작용됨을 명확히 하였다. 즉 선하증권의 소지인은 선하증권의 이면을 보지 않고 전면만을 보고 내용을 판단할 것이므로 이면보다 전면에 비중을 두어 운송인을 확정해야 한다는 것이다.

한편 우리나라 법원은 1991년 폴사도스 사건에서 정기용선의 법적 성질이 임대차와 유사하다고 보아 정기용선자를 운송인으로 보았다(대법원 1992. 2. 25. 선고 91다14215 판결).

4-2 사용약관과 보상약관

1) 사용약관과 항로지시권[24)]

(1) 요 지

정기용선계약에서 용선자는 선박, 선원, 화물의 안전을 해치지 않는 한 용선선박을 자유롭게 사용할 수 있다. 따라서 용선자는 화물운송을 위해 특정항만 A에서 특정항만 B까지 항행할 것을 선장에게 당연히 명령할 수 있다. 그러나 항해의 개시시점에서 어떠한 항로를 이용하라는 항로지시권까지 용선자에게 있는가에 대해서는 명확하지 않다. 다시 말하여 정기용선계약의 상업성을 강조하여 용선자의 항로지시권을 인정하는 견해와 반대로 항로선정의 문제는 선박, 선원, 화물의 안전에 대해 책임을 지는 선장의 항해상 재량권에 해당된다는 견해가 대립되어 왔다.

이 점과 관련하여 2000년 12월 영국 최고법원(The House of Lord)은 항로에 관한 용선자의 지시는 선박의 사용에 관한 것이며, 선장은 이러한 용선자의 지시가 선박의 안전에 위험을 끼칠 수 있는 합리적 이유를 갖고 있지 않는 이상 용선자의 지시에 따라야 한다고 판결하였다.

(2) 사실관계

이 사건 Whistler사는 Hill Harmony호(1985년 건조, 24,683DWT, 건화물선)의 관리선주(disponent owner)로서 실제선주 COSCO사로부터 11개월에서 13개월 동안

---

24) Whistler International v Kawasaki Kisen Kaisha (The Hill Harmony) [2001] 1 Lloyd's Rep. 147.

정기용선계약에 의거 동 선박을 확보하였다. 동 정기용선계약 중 Whistler사는 용선자 KKK(Kawasaki Kisen Kaisha)에게 최소 7개월에서 최대 9개월간 용선자재량조건(Min. 7months/Max. 9months in charterer's option)으로 동 선박을 재용선하였다. 동 재용선계약 중 KKK사는 Tokai Shipping사와 Vancouver/Shiogama간 태평양횡단항로에 동 선박을 투입하기로 하는 항차정기용선계약(trip time charter)을 두 번에 걸쳐 체결하였다.

이 항차정기용선계약의 수행을 위해 KKK사와 Tokai Shipping사는 기상정보 제공자 Ocean Route사로부터 대권항로가 최적항로라는 권고를 받아 선장에게 이에 따를 것을 지시하였다. 그러나 선장은 동 항차를 수행하기 이전에 Benicia/Tsukumi간 항해에서 대권항로를 이용하여 심각한 황천손상을 경험한 바 있어 정기용선자의 항로지시를 거부하고, 대권항로와 비교하여 원거리인 항정선항로를 이용하였다.

동 항차정기용선계약이 종결되자, 재용선자 Tokai Shipping사는 항정선항로를 이용함으로써 약11.7일이 추가로 소요되었다는 판단에서 시간 손실과 연료비를 포함 총 89,800달러를 KKK사에게 지급해야 할 용선료에서 공제하였다. 결국 KKK사도 Tokai Shipping사가 공제한 동일한 금액을 지급해야 할 용선료에서 공제하였다. 이에 Whistler사는 KKK사에게 공제된 용선료의 반환을 청구하는 소송을 제기하였다.

한편 Whistler사(이하, 선주)와 KKK사(이하, 용선자) 간에 합의한 표준정기용선계약서 NYPE(New York Produce Exchange, 1946판)상 주요 계약조건은 다음과 같다.

① 선장은 최대한 신속하게 항행하여야 하고, 본선 선원과 장비를 활용하여 모든 관습상의 지원을 제공하여야 한다. 선장은……사용과 대리와 관련하여 용선자의 명령과 지시를 따라야 한다(The captain shall prosecute his voyage with the utmost despatch, and shall render all customary assistance with the ship's crew and equipment. The captain……shall be under the orders and directions of the charterers as regards employment and agency).

② 용선자는 필요한 모든 명령과 항해지시를 선장에게 제시해야 한다(The charterer were to furnish the master with all requisite instructions and sailing directions).

③ 본 용선계약중 항해상 과실은 어떠한 경우에도 상호간에 면책된다(Errors in navigation throughout this Charter Party, always mutually excepted).

④ 선장, 항해사, 선원이 그들의 의무 이행을 거부한 결과로 시간손실이 발생하는 경우 용선료의 지급은 중단된다. 또한 그러한 중단기간 동안 소모된 연료비를 포함한 직접경비는 선주 부담으로 한다(In the event of loss of time…… caused by……reason of the refusal of the master or officier or crew to perform their duties……the hire shall be suspended……and direct expenses incurred including bunkers consumed during such period of suspension shall be for the owner's account).

⑤ 본 용선계약서는 선박의 항해에 있어서 선장이 행한 작위, 해태, 과실에 대해 선주는 면책된다는 헤이그-비스비규칙 제 4 조 2항(a)의 규정을 편입한다(It incorporated the Hague Rules and, in particular, the provision of Article Ⅳ Rule 2(a), under which the owners were not liable for the act, neglect or default of the master in the navigation of the ship).

⑥ 본 용선계약상 분쟁은 런던에서 영국법에 따라 중재로 해결한다(It is subject to English Law and arbitration in London).

(3) 판　결

용선자는 선장이 용선계약서의 규정에 반하여 최대한 신속하게 항행해야 할 의무를 이행하지 않았고, 대권항로를 이용하라는 자신의 항로지시를 따르지 않았기 때문에 선주는 명백히 용선계약을 위반하였다고 주장하였다. 반면 선주는 용선자의 항로지시가 용선계약서에서 규정하고 있는 선박의 "사용(employment)"과 무관하며, 오히려 동 지시는 "항해(navigation)"와 관련된 사항이기 때문에 선장의 결정에 우선할 수 없다고 항변하였다. 또한 항해와 관련된 결정에서 선장의 과실이 있더라도 용선계약서에 편입된 헤이그-비스비 규칙 제 4 조 2항(a)의 규정에 의하여 선주는 면책이라고 항변하였다. 따라서 본 사건의 쟁점은 용선자의 항로지시가 용선계약서에 규정하고 있는 사용약관에 의거 선주를 법률적으로 구속할 수 있는가 아니면 선장의 항해상 재량권(navigational discretion)에 해당되는가라는 점이다.

선주와 용선자의 분쟁은 용선계약조건에 의거 런던 중재에 회부되었다. 그 결과, 중재인의 과반수 이상이 과거 경험에 근거하여 항정선항로를 이용한 선장의 결정은 정당하지 않다고 보아 용선자의 주장을 인정하였다. 중재판정부는 사건의 발생시점인 1994년 3월부터 5월 동안 북미-극동간 항해에서 기상정보제공자 Ocean Route사로부터 항로 권고를 받은 모든 선박들이 대권항로를 이용하였다는 사실에 주목하였다. 따라서 동 중재판정부는 선주가 최대한 신속하게 항행해야 할 의무와 선박의 사용과 관련하여 용선자의 지시를 따라야 하는 의무를 위반하였고, 항로지시는 항해의 계획(the planning of voyage)에 해당되므로 헤이그-비스비규칙 제 4 조 2항(a)의 규정에 의한 선주의 항해과실 면책 항변은 이유 없다고 판정하였다. 선주는 중재판정에 불복하고 지방법원(the High Court)에 소송을 제기했다.

지방법원은 대권항로와 항정선항로 중 어느 것을 이용하여 태평양을 횡단할 것인가에 대한 결정은 선박의 "사용"이 아닌 "항해"와 관련된 문제라고 판시함으로써 선주의 주장을 인정하였다. 용선자는 항소법원(the Court of Appeal)에 항소하였다.

항소법원은 선장이 대권항로를 이용하지 않고 항정선항로를 이용한 것은 선의(good faith)로 안전을 고려한 판단이므로 항해와 관련된 결정이었다고 판결하여 용선자의 항소를 기각하였다. 용선자는 다시 최고법원에 상고하였다.

최고법원은 다음과 같은 이유로 용선자 상고를 인정하였다.

① 북방 대권항로는 직통항로였고, 여타 항로가 통상의 항로였다는 증거는 없다. 선장이 남방 항정선항로를 이용할 수밖에 없었다는 사실은 합리적 당위성을 결여하고 있다. 대권항로로 항해하라는 용선자의 지시는 선박의 "사용"과 관련된 명령이다.

② 용선계약서상 "사용"과 "항해"의 용어는 선박의 운영상 상이한 의미를 갖는다. 즉 "사용"이라 함은 선박의 수익력을 활용한다는 경제적 측면을 강조하며, "항해"라 함은 선박의 "조정(seamanship)"과 관련된 문제이다.

③ 선장은 선박, 선원, 화물의 안전에 대하여 책임을 진다. 용선자가 지시한 항로가 선박, 선원, 화물 등의 안전을 위협한다고 판단되는 경우 선장은 그러한 지시를 거부할 권리가 있다.

④ 선주는 용선계약서에서 규정하고 있는 신속항행의무를 위반하였다. 또한 용선자의 항로지시를 따르지 않은 선장의 결단은 용선계약상 면책사유인 항해상 또는 관리상 과실이 아니며, 선박의 조정과 관련된 문제도 아니다.

⑤ 따라서 신속항행의무와 사용약관에 관한 중재판정은 법률저 관전에서 오해의 소지가 없고, 적절하다.

(4) 시 사 점

최고법원 판결은 용선자의 항로지시가 안전과 해당 용선계약상 명시적 조건이 최우선적 고려요인임을 조건(subject to overriding factors of safety and the express terms of the relevant charter party)으로 항해가 아닌 사용의 문제라고 명확한 가이드라인을 제시하였다. 이 판결에 따라 용선자는 용선료와 연료비를 절감할 수 있는 단거리 항로를 선정하여 이를 따르도록 선장에게 지시할 수 있고, 선장이 합당한 항해상의 이유 없이 자신이 지시한 항로보다 장거리로 항해한 경우 그로 인한 손해를 선주에게 청구가 가능하다.

이 판결은 정기용선계약의 본질을 고려하여 용선자의 상업적 이익에 우선권을 부여한 것으로서 향후 선주와 용선자간 분쟁 해석에 있어서 새로운 시각으로 접근해야 함을 시사한다. 그러나 본 판결이 지나치게 정기용선계약의 상업성만을 강조하고 있다고 보는 일부 견해가 있다. 예를 들어 용선자가 기상상태를 고려하지 않고 자신의 이익만을 고려하여 배선계획을 수립한 경우에도 선장이 일차적으로 이를 따라야 한다는 것은 선주 입장에서 불합리하다. 따라서 용선자의 부적절한 항로지시로 인해 선박의 손해가 발생한 경우 용선자는 그로 인한 손해를 선주에게 보상한다는 특별약관을 용선계약서에 명시할 필요가 있다.

2) 보상약관[25]

(1) 요 지

용선계약상 보상약관(indemnity clause)에 의해 용선자는 선장이 그의 지시에 의거 선하증권을 서명함에 따른 결과에 대해 책임을 져야 한다.

(2) 사실관계

용선계약서에서 용선자는 선장의 선하증권 서명에 따른 결과에 대해 선주를 면책시킬 것을 규정하고 있었다. 선장은 용선자의 지시에 따라 선하증권에 서명을 하였다. 동 선하증권에는 용선계약서에서 규정하고 있는 선원과실에 대한 선주면책조항이 누락되어 있었다. 그런데 항해 중에 선원의 과실로 공동해손이 발생하였으나, 선주는 선하증권에 선원과실에 대한 면책조항이 누락됨으

25) Milburn v. Jamaica Fruit Importing and Trading (1900) 2 Q.B.540.

로 인해 화주로부터 공동해손분담금을 청구할 수 없었다.

(3) 판 결

선주의 손실은 용선자의 지시에 따른 선하증권 서명으로 발생한 것이므로 용선자가 화주 대신에 공동해손분담금을 배상하여야 한다. 즉 용선자는 용선계약 내용보다 불리한 선하증권에 선장이 서명할 것을 지시했기 때문이다.

(4) 시 사 점

선장은 용선자가 제시하는 선하증권 내용이 용선계약 내용보다 선주책임을 가중시킨다는 이유로 서명자체를 거부할 수 없고, 추후 그로 인한 손해에 대해 배상청구만 가능하다.

그러나 경우에 따라 선장은 용선자의 선하증권에 서명을 거부하여야 할 경우가 있는 바, 대표적인 것이 화물상태를 잘못 표시한 선하증권이다. 즉 명백한 화물손상이 있음에도 불구하고 용선자가 "Apparent good order and condition"으로 기재된 무사고 선하증권(Clean B/L)에 대한 서명을 하게 되면 추후 화주로부터의 클레임은 물론 용선자를 상대로 한 배상청구에도 커다란 제약을 받을 수 있기 때문이다.

4-3 전자서신에 의한 중재통지[26)]

1) 요 지

전자서신(e-mail)은 영국 중재법 제76조에서 규정하고 있는 중재통지를 위한 효과적 방법 중 하나로 인정되며, 따라서 동 법 제14조 제 4 항에 의하여 중재인의 선임을 요청하는 전자서신이 상대방에 전달된 순간부터 중재절차가 개시된다. 또한 전자서신이 상대방의 책임자, 즉 중재업무 담당자에게 전달되었는가 여부는 중요하지 않고, 다만 상대방의 전자서신주소로 실제 전달되었다면 통지의 효력이 발생한다.

26) Bernuth Lines Ltd. v. High Seas Shipping Ltd.("The Eastern Navigator") [2006] 1 Lloyd' s Rep. 537.

2) 사실관계

2004년 8월 18일, Eastern Navigator호의 선주인 High Seas Shipping Ltd.는 동 선박에 대하여 정기용선자인 Bernuth Lines Ltd.(Bermuda)와 NYPE(New York Produce Exchange) 표준용선계약서를 토대로 미국 마이애미(Miami)에서 인도되어, 니카라과(Nicaragua)까지 약 6일간의 일항차 정기용선계약(time charter trip)을 체결하였다.

당사자가 체결한 용선계약서 제45조는 다음의 런던중재조항(London Arbitration Clause)을 규정하고 있었다. 제 1 항은 "본 용선계약상 발생되는 모든 분쟁은 런던에서 중재로 해결되며, 이후 당사자 간에 단독중재인에 대한 합의가 이루어지지 않을 경우에는 발틱해운거래소(Baltic Shipping Exchange)의 회원이면서 런던 해운시장에서 종사하고 있는 2인의 중재인을 각각 선임하고, 선임된 중재인들이 의장중재인(umpire) 1인을 선임하여 총 3인 중재로 해결한다"라고 규정하였다. 제 2 항은 "각 당사자의 청구금액이 USD50,000을 초과하지 않는 분쟁의 경우에는, 런던해사중재인협회(London Maritime Arbitrators Association: 이하, LMAA)의 단독 중재인에 의한 소액분쟁절차(Small Claim Procedure)에 따라 진행된다"라고 규정하였다.

당사자 사이에 분쟁은 용선계약상 정기용선자의 지시에 대한 선장 거부의 적법성 여부에서 시작되었다. 즉 용선선박은 화물의 양륙을 목적으로 니카라과의 엘 브러프(El Bluff)항에 입항할 예정이었으나, 선박의 도착 당시 수심이 낮아 선장은 안전상의 이유로 입항을 거절하였고, 결국 화물은 인근에 있는 산안드레스항(San Andres)에서 정기용선자가 확보한 대체선으로 환적되었다.

2004년 9월 1일, 선주는 용선계약서에 정기용선자의 대리인으로 명시되어 있는 마이애미의 Bernuth Agencies에게 용선료 USD34,100의 지급을 요청하는 청구서를 우편으로 발송하였다. 2004년 9월 7일, 정기용선자는 선장의 부당한 입항거절로 인한 시간손실과 대체선의 용선료에 해당하는 USD93,384.77의 반대청구를 제기하였다. 2004년 9월 13일과 9월 16일에 걸쳐, 선주는 Bernuth Agencies의 실무담당자와 대표이사에게 청구서가 첨부된 전자서신을 재차 발송하였다.

2005년 3월 22일, 선주의 미국 변호사는 Bernuth Agencies의 대표이사에게 용선료 공제의 부당성을 강조하고, 중재판정에 대한 지급보증서의 제공을 요청하는 전문을 발송하였다. 이 전문에는 2005년 3월 25일까지 정기용선자의 답변이 없는 경우, 지급보증서를 확보하기 위한 법적 절차가 개시될 것이라는 내용도 포함되어 있었다.

2005년 5월 5일, 선주의 영국 변호사는 기존과는 달리 정기용선자의 대리인인 Bernuth Agencies가 아닌 2005년판 로이드해사주소록(Lloyd's Maritime Directory)에 등록된 Bernuth Lines Ltd.의 단일 전자서신주소인 info@bernuth.com.으로 전자서신을 보냈다. 이 전자서신에는 수신자의 상당한 주의를 요구하기 위하여 "매우 중요함(High Importance)"이라는 표시가 있었고, 용선계약서 제45조 (2)항에 규정된 소액분쟁절차에 따라 선주가 지명한 단독중재인에 대하여 동의를 요청하는 내용이 포함되어 있었다.

정기용선자의 아무런 답변이 없자, 중재절차는 계속 진행되었다. 이후 수 개월간에 걸쳐, ① 2005년 6월 7일, 선주의 변호사가 LMAA에게 보낸 청구서(claim submission), ② 단독중재인의 지명에 관한 LMAA의 확인서, ③ 2005년 6월 13일, LMAA 소액분쟁절차에 따라 지명된 단독중재인의 수락서 및 정기용선사자에 대한 28일내 답변서(defence submission)의 제출 명령, ④ 2005년 7월 12일, 선주의 변호사가 중재인에 대하여 "7일내 답변서의 제출을 요구하는 최종명령(peremptory order)"의 요청서 및 이에 대한 정기용선자의 답변을 요구하는 중재인의 요청서, ⑤ 2005년 7월 14일, 정기용선자에게 2005년 7월 22일까지 답변서의 제출을 요구하는 중재인의 최종명령, ⑥ 2005년 7월 22일, 중재인에 대하여 판정을 요구하는 선주의 변호사로부터의 요청서, ⑦ 2005년 7월 25일, 판정을 진행할 것이라는 중재인의 확인서 등을 포함하는 다수의 전자서신이 info@bernuth.com으로 발송되었다. 한편 선주의 변호사가 발송한 전자문서에 대하여 정기용선자의 수신확인(confirmation of receipts)이 이루어졌다.

2005년 7월 29일, 중재인은 정기용선자에게 이자와 비용을 포함하여 USD 40,220.93을 선주에게 지급하라고 판정하였다. 중재인은 판정문에서 "피청구인인 정기용선자로부터 어떠한 답변서가 제출되지 아니하였다. 그러나 정기용선자가 중재절차의 진행에 대하여 알고 있었다고 확신하며, 답변서의 제출을 위하여 합리적인 시간이 부여되었으므로 판정을 진행할 수 있다"라는 점을 명확히 밝혔다. 다만, 어떠한 근거로 정기용선자가 중재절차가 진행되고 있음을 알고 있었다는 결론에 도달한 근거에 대해서는 언급이 없었다. 판정문은 이전과 동일하게 info@bernuth.com.으로 송부되었고, 우편으로도 송달되었다.

2005년 8월 12일, 우편으로 판정문을 수령한 정기용선자는 중재인과 선주에게 자신도 모르는 사이에 중재가 진행되었다는 사실에 놀라움을 표시하면서, 이전의 전자서신들은 정기용선자의 정기선사업부의 선적예약사무소(cargo booing office)가 수령한 것으로 보이며, 담당직원이 전자서신들을 스팸메일로 오인하여 모두 무시해 버린 것으로 추정된다는 내용의 전문을 보냈다.

2005년 8월 15일, 정기용선자는 선주를 상대로 USD93,384.77의 지급을 청구하는 새로운 중재절차를 개시하였다. 또한 정기용선자는 중재절차상 적절한 통지를 받지 못하였다고 주장하면서 상업재판소(commercial court)에 중재판정의 불복(challenging the award)을 신청하였다.

3) 당사자 주장과 쟁점

이 사건 원고인 정기용선자는 영국중재법 제76조에서 규정하고 있는 "제반 효과적 방법"에 의하여 중재개시의 통지가 이루어지지 않았다고 주장하면서, 동 법 제68조 제 2 항에 따라 중재판정의 취소소송을 제기하였다. 여기서, 영국중재법 제76조 제 3 항은 중재개시의 통지에 관하여 당사자 간에 합의가 없는 경우, "특정인에 대한 통지나 서류의 송달은 모든 효과적인 방법으로 할 수 있다(A notice or other document may be served on a person by any effective means)"라고 규정하고, 다시 제 4 항에서 "통지 또는 기타 서류가 우편으로(by post) 수령인의 최후로 알려진 주된 영업소에 전달된 경우 또는 수령인이 법인이라면 등록지 또는 본점(registered or principal office)에 전달된 경우에는 효과적인 방법에 의해 중재개시의 통지가 이루어진 것으로 본다"라고 규정하고 있다.

또한 정기용선자는 이 사건 용선계약서상 중재조항이 규정하고 있는 LMAA 소액분쟁절차(2002) 제 5 조 제(i)항에서 전자서신에 의한 제반 교신이나 통지를 허용하고 있으나, 이 사건의 중재절차의 개신 이전에 자신이 USD50,000을 초과하는 반대청구를 제기하였기 때문에 소액분쟁절차가 적용되지 않는다고 주장하였다. 여기서, LMAA 소액분쟁절차 제 5 조 제(i)항은 "본 절차상 모든 교신이나 통지는 서신, 텔렉스, 팩스 또는 전자서신으로 이루어질 수 있다(All communications or notifications under this procedure may be by letter, telex, telefax or e-mail)"라고 규정하고 있다.

반면 이 사건 피고인 선주는 2005년 5월 5일자 전자서신에 의한 중재개시의 통지는 영국중재법 제76조의 규정에 따른 효과적인 통지에 해당한다고 항변하였다. 또한, 정기용선자가 USD50,000을 초과하는 반대청구를 중재에 회부하지 않았기 때문에 LMAA 소액분쟁절차가 적용되며, 이에 전자서신에 의한 중재절차의 개시통지는 적법하다고 항변하였다.

따라서 전자서신이 동 법 제76조 규정상 중재절차의 개시통지에 관한 효과적인 방법으로 인정되는가가 핵심쟁점이 된다. 또한 LMAA 소액분쟁절차가 이 사건에 적용되는가와 전자서신에 의한 교신이나 통지를 규정하고 있는 소액분쟁절차 제 5 조 제(i)항에 따라 중재절차의 개시통지도 전자서신으로 가능한 것인가가 부수쟁점이 된다.

4) 판　　결

(1) 중재절차상 요구되는 제반 통지나 서류의 송달은 어떠한 방법을 이용하든 관계없다. 수령인에게 통지나 서류를 전달하는 데 효과적이라고 인정된 통신수단이라는 조건을 충족하는 경우, 우편, 팩스, 전자서신 등 어떠한 통신수단을 이용할 수 있다. 가령, 전사서신에 의하여 통지나 서류의 송달이 이루어진 경우, 발신인이 전자서신을 보냈다는 사실만으로 족하지 않고, 실제로 의도한 수령인의 전자서신주소로 전달되어야 하고, 수령인의 정보시스템에 의한 수신거절이 없어야 한다. 따라서 발신인은 수령인의 수신이 있었다는 사실, 즉 수신확인을 증명해야 한다.

(2) 증거에 비추어 볼 때, 전 세계로 광고된 정기용선자의 유일한 전자서신주소로 중재절차의 개시통보가 이루어지고, 그에 대한 수령인의 확인이 있었다. 선례인 The Pendrecht(MV. Stoomv Maats De Maas v. Nippon Yusen Kaisha [1980] 2 Lloyd's Rep. 56.)사건 판결에 따르면, 중재업무를 관장하는 관리부서 또는 법제부서에 전자서신이 전달되지 않았다고 하더라도, 그러한 전사서신에 의한 송달은 유효하다. 또한 전사서신에 의한 통지가 유효하기 위하여, 수령인의 전사서신주소가 해당분쟁을 관장하는 담당자의 전자서신주소라는 사실이 발송자에게 사전에 알려져야 할 필요도 없다.

(3) LMAA 소액분쟁절차를 규정하고 있는 용선계약서 중재조항 제45조 제 2 항은 중재과정에서(in arbitration) 어느 일방에 의한 총분쟁금액이 USD50,000을 초과하지 않는 경우에만 적용된다. 청구인은 중재절차의 개시 전에 USD50,000을 초과하는 피청구인의 반대청구가 제기되었다고 하더라도, 소액분쟁절차에 의거하여 중재를 개시할 수 있는 권한을 갖는다. 그러나 피청구인이 소액분쟁절차에 따라 단독중재인에 대한 동의를 요청하는 청구인의 통지를 수령한 즉시, USD50,000을 초과하는 반대청구를 중재에 회부한 경우에는 소액분쟁절차가 더 이상 적용되지 않는다. 따라서 이 사건에서 정기용선자는 USD50,000을 초과하는 반대청구를 중재에 회부하지 않았으므로, 당사자간의 모든 중재는 소액분쟁절차에 따라 해결된다.

(4) LMAA 소액분쟁절차 제 5 조 제(i)항의 적절한 해석상, 중재개시의 통지를 포함하여 소액분쟁절차상 모든 교신이나 통지는 서신, 텔렉스, 팩스 또는 전자서신에 의하여 이루어질 수 있다.

(5) 따라서 전자서신에 의한 중재개시의 통지는 유효하므로, 영국중재법 제68조 제 2 항에서 규정하고 있는 중재절차상 심각한 위법을 이유로 한 정기용선자의 중재판정에 대한 취소청구는 기각된다.

5) 시 사 점

용선계약서의 중재조항에 중재절차상 제반 통지 또는 서류의 송달은 전자서신으로 이루어질 수 있다는 내용과 송달이 이루어져야 하는 당사자의 전자서신주소를 명확히 기재해야 한다. 또한 수령된 전자서신의 올바른 처리를 위한 내부절차를 확립해야 한다. 즉 기업의 모든 직원들은 대표전자주소로 전달되는 전자서신에 대하여 지속적인 관심을 갖고, 수령한 전자서신의 실무담당자에게 신속하게 전달해야 한다.

4-4 하역회사에 의한 선체손상[27]

1) 판정요지

본건 정기용선계약 제31조에 의하면 용선자가 하역인부들의 과실로 인한 선체손상에 대하여 책임을 부담하기 위해서는 첫째, 선장이 용선자나 그 대리인에게 서면통지를 해야 하고, 둘째, 사고발생으로부터 24시간 내에 사고를 야기한 당사자에게 선장이 손해발생통지를 보내야만 하는 것으로 되어 있다.

그런데 증거에 의하면 사고발생 후 최소한 3일 내지 5일이 경과한 시점에서 "Stevedore Damage Report(선체손상보고서)"가 작성된 사실을 인정할 수 있으므로 신청인의 청구는 정기용선계약 제31조에 규정된 요건을 구비하지 못한 것으로써 이를 받아들일 수 없고, 이에 대하여 위 제31조에 규정된 요건들은 상업석 요구사항이라는 신청인의 주장도 받아들일 수 없다.

2) 판정내용

(1) 판정주문

① 신청인의 청구를 기각한다.

② 중재비용은 신청인의 부담으로 한다.

(2) 신청취지

① 피신청인은 신청인에게 한화 이천사백오십육만오천오백육십팔원 및 1994년. 9. 7.부터 이 사건 중재신청서 부본 송달일까지는 연 6푼의, 그 다음날로부터 완제일까지는 연 2할5푼의 각 비율에 의한 금원을 지급하라.

② 중재비용은 피신청인의 부담으로 한다.

3) 판정이유

(1) 중재조항

당사자 사이에 체결된 1994. 8. 2.자 중재합의서에 의하면 신청인과 피신청인은 1993. 6. 22.자로 체결된 용선계약과 관련하여 발생된 분쟁에 대하여 용선계약에 정해진 London 중재 대신에 서울에서 대한상사중재원의 중재에 의하여

---

27) 대한상사중재원 제96112-0004호.

이를 해결하기로 합의하였는바, 이에 따라 본 중재판정부는 본건 중재신청에 대하여 다음과 같이 판정한다.

(2) 사실관계 및 증거자료

갑 제 2 호증(정기용선계약서), 갑 제 3 호증(하역사보고서), 갑 제 4 호증(검정보고서 사본) 및 증인 L의 증언 및 변론의 전 취지에 의하면, 신청인과 피신청인은 1993. 6. 22. R호(이하 "본선"이라 한다)에 대한 정기용선계약을 체결한 사실, 본선에 대한 정기용선계약기간 중인 1994. 6. 15.부터 1996. 6. 22. 사이에 본선은 우무다(Umuda)항에서 하역작업 중이었는바, 하역작업 중 본선의 여러 부분에 손상사고가 발생한 사실, 동 사고로 인한 수리비가 한화 24,565,568원으로 검정된 사실을 인정할 수 있다.

(3) 신청인의 주장 및 피신청인의 주장의 요약

신청인은 하역작업 중 발생된 사고로 인하여 본선에 손해가 간 경우, 이에 대한 손해배상책임은 용선자인 피신청인이 이를 부담하여야 함에도 불구하고 피신청인은 그간 수차에 걸친 청구에도 불구하고 아직 이행하지 않고 있기 때문에 본건 중재신청에 이르게 된 것이라고 한다.

피신청인은 이에 대하여 본건 용선계약상 하역인부의 과실로 인하여 본선에 선체손상이 간 경우, 사고발생으로부터 24시간 내에 이를 용선자 또는 용선자의 대리인에게 서면으로 통보해야 함에도 불구하고 신청인이 이러한 조치를 취하지 않았으므로 신청인의 청구는 부당하다고 한다.

(4) 판　　단

본건 정기용선계약(갑 제 1 호증) 제31조에 의하면 "Charterers are not be responsible for stevedore damages to the vessel unless notice in writing is given by the master to Charterers or their agents and provided that notice of such damages has been served by the Master on the party causing such damage within 24 hours of occurrence of such damages"라고 되어 있는바, 동 조항에 의하면 용선자가 하역인부들의 과실로 인한 선체손상에 대하여 책임을 부담하기 위하여는 첫째, 선장이 용선자나 그 대리인에게 서면통지를 해야 하고, 둘째, 사고발생으로부터 24시간 내에 사고를 야기한 당사자에게 선장이 손해발생통지를 보내야만 하

는 것으로 되어 있다.

본건에 있어서 신청인이 제출한 증거에 의하면 신청인이 위 용선계약 제31조에 규정된 두 가지 요건을 이행했다는 점을 인정할 만한 증거가 없고, 오히려 갑 제3호증에 의하면 사고 발생 후 최소한 3일 내지 5일이 경과한 시점에서 "Stevedore Damage Report"가 작성된 사실을 인정할 수 있는바, 그렇다면 신청인의 청구는 용선계약 제31조에 규정된 요건을 구비하지 못한 것으로써 이를 받아들일 수 없는 것이다.

신청인은 용선계약 제31조에 규정된 두 가지 요건들이 상업적인 요구사항이라고 주장하며 갑 제7호증을 이에 대한 보강증거로 제출하고 있으나, 신청인이 제출한 갑 제7호증에 의하면 동 중재판정에서도 하역인부에 의한 선체손상에 대한 손해배상책임을 묻기 위해서는 본건 용선계약과 유사한 요건이 충족되어야 하는데, 그러한 요건이 충족되었다는 점을 인정하고 있는 바(갑 제7호증 제4면 참조), 그렇다면 신청인이 제출한 증거자체에 의하더라도 신청인이 본건 용선계약 제31조에 규정된 요건이 상업적 요구사항에 불과하다는 주장은 이를 받아들일 수 없다고 하겠다.

(5) 결　　어

따라서 신청인의 청구를 기각하며 중재비용 역시 패소자인 신청인이 이를 부담하기로 하여 주문과 같이 판정한다.

참고문헌

1. 국내문헌

김인현, 「해상법연구」, 삼우사, 2002.

대한상사중재원, 「해사중재 판정사례집」, 2003.

방희석, 「국제운송론」, 박영사, 2005.

범양상선, 「해운실무」, 2006.

심재두, 「해상운송법」, 길안사, 1997.

오원석, 「국제운송론」, 박영사, 2007.

엄윤대, 「선하증권론」, 한국해사문제연구소, 2006.

이호정, 「영국계약법」, 경문사, 2003.

임석민, 「해상화물운송계약론」, 삼영사, 1998.

임석민, 「국제운송론」,삼영사, 2009.

한국해사문제연구소, 「용선계약과 해상물건운송계약」, 1993.

________________ , 「해운실무교육자료」 , 2004.

한국해양수산개발원(KMI), 「2009년 세계해운 전망과 대응방안」, 2008.

한진해운, 「부정기선의 이론과 실제」, 2001.

해운산업연구원, 「해운경영론 Ⅱ」, 1993.

고유경, "선하증권에 관한 소고", [한국해법회지], 한국해법학회, 1995.10.

김동훈, "정기용선계약하에서 발행된 선하증권에 대한 계약책임의 귀속주체" , 「관대논문집」 , 관동대학교, 1990.

문광명, "Bill of Lading FIOST Clause: Is it Surviving The Hague Rules?", 「한국해법학회지」, 제28권 제 1 호, 한국해법학회, 2006.

방희석·이원정, "용선계약 선하증권의 보통법상 적용사례에 관한 고찰", 「중재」, 제304호, 대한상사중재원, 2002.

방희석·이원정, "해상운송계약상 양위약관의 효력에 관한 고찰", 「국제상학」, 제17권 제3호, 한국국제상학회, 2002.12.

양정호, "국제물품운송에 관한 UNCITRAL 협약초안의 주요 쟁점에 관한 연구", 「해운물

류연구」, 제39호, 한국해운물류학회, 2003.12.
이광희, "한국해운 성장동인으로서의 용선에 관한 연구", 한국해양대학교 박사학위논문, 1999.
이순우, "용선계약상 중재조항이 선하증권에도 자동 삽입되는가?", [중재], 대한상사중재원, 2000.
이원정 · 방희석, "항해용선계약상 F.I.O.조건 판결사례연구", 「국제상학」, 제22권 제1호, 한국국제상학회, 2007.3
이원정, "세부사항 합의조건부 용선계약의 효력", 「국제상학」, 제21권 제3호, 한국국제상학회, 2006.9.
______, "선하증권에 편입된 용선계약의 특정" 「항만경제학회지」, 제25집 제1호, 한국항만경제학회, 2009.3.
______, "전자서신에 의한 중재통지의 효력", 「인터넷전자상거래연구」, 제9권 제1호, 한국인터넷전자상거래학회, 2009.3.
임동철, "선주책임제한제도의 발전과 1976년 해사채권책임제한조약", 「한국해운학회지」,
정완용, "개정 상법상의 선주책임제한제도", 「한국해운학회지」, Vol.19, 한국해운학회, 1994,
한낙현, "용선계약 선하증권상의 중재조항의 효력에 관한 연구", 「국제상학」, 제21권 제4호, 한국국제상학회, 2006.12.

2. 외국문헌

Alan Abraham Mocatta et al, Scrutton on Charter Parties and Bills of Lading, Sweet & Maxwell, 1977.
British Maritime Law Association, Response to Questionnaire Prepaired by CMI Working Group on Issues of Transport Law, 1999.
Clyde & Co, Examining Bills of Lading and Key Shipping Documents, 2000.
Colinvaux, R. P., Carver's Carriage of Goods by Sea, 9th ed., Stevens & Sons, 1952.
Cooke, Julian and Kimball, John D., Voyage Charter, 1st edition, Lloyd's London Press Ltd., 1993.
Goldrein, Iain and Turner, Pauel, Ship Sale and Purchase, 3th edition, Lloyd's of London Press Limited, 1998.
Gorton, Lars and Ihre, Rolf and Sandevärn, Arne, Shipbroking and Chartering Practice, 5th edition, Lloyd's of London Press Limited, 1995.
Gregersen, S., GENCON 1976/1994, BIMCO Seminar Shipping in the new Millennium at Istanbul, 2001.

Ivamy, E. R. Hardy, Carriage of Goods by Sea, 12th ed., London & Edinburgh, 1989.

Ivamy, E.R. Hardy, Casebook on Shipping Law. 1987.

Jasper Ridley, The Law of the Carriage of Goods by Land, Sea and Air, 6th ed., Shaw & Sons Ltd., 1982

Julian Cooke, Voyage Charters, Lloyd's of London Press Ltd., 1993.

L. Gorton, Shipbroking and Chartering Practice, Holmes & Sons Limited, 1978.

Lopez, Norman J., Bes' Chartering and Shipping Terms, 11st edition, Baker & Harward ltd., 1992.

M.Wilford, T.Coghlin, J.D.Kimball, Time Charter, Lloyd's of London Press Ltd., 1995.

Mocatta, A.A., M. J. Mustill & S. C. Boyd, Scrutton on Charter Parties and Bill of Lading, 19th ed., Sweet & Maxwell Ltd., 1984.

Packard, William V., Sea-Trading, Vol.3, A Fairplay Publication, 1995.

Paul Todd, Contracts for the Carriage of Goods by Sea, BSP Professional Books, 1988,

R.M. Goode, Commercial Law, Penguin Books, 1982.

Schnitzer, S., Understanding International Trade Law, Law Matters Publishing, 2005.

Schoenbaum, Thomas J., Admirality and Maritime Law, 3rd edition, West Group, 2001.

Sullivan, E., The Marine Encyclopaedic Dictionary, LLP, 1988.

T.J. Schoenbaum, Admiralty and Maritime Law, St. Paul Minnesota, 1994.

Tetley, W., Marine Cargo Claim, 3rd ed., Blais, 1988.

The Baltic Exchange, The Baltic Code : Guidance for brokers in the Baltic Exchange Market, 2003.

Treitel, G., The law of Contract, 7th edition, Steven & Sons, 1987.

UNCTAD, Charter Parties : A Comparative Analysis, 1990.

UNCTAD, Charter Parties, 1979.

University of Helsinki, Transport in Foreign Trade, 2002.

Wilford, Michael and Coghlin, Terence and Kimball, John D., Time Charter, 4th edition, Lloyd's London Press Ltd., 1995.

Wilson, John F., Carriage of Goods by Sea, Pitman Publishing, 1993.

Alex Andrew et al., "Routeing Direction-Striking a commercial Balance", Richards Butler, Monthly Newsletter, 2001.3.

Anderson, H. Edwin, "Subject to Details and Charter Party Negotiation," Tulane Maritime Law Journal, Vol.26, 2001.

Beare, Stuart, "Liability regimes ; Where we are, how we go there, and where we are going", Lloyd's Maritime and Commercial Law Quarterly 308, 2002.

Brian Davenport, "Rhumb Line or Great Circle?-That is a question of Navigation", Lloyd's

Maritime and Commercial Law Quarterly 502, 1998.

Caldwell, C., "Case Note; Jindal Iron and Steel Co Ltd and others v. Islamic Solidarity Shipping Co Jordan Inc.[2004] UKHL 49," Australian and New Zealand Maritime Law Journal, Vol.19, 2005.

Comite Maritime International, "Issues of Transport Law", CMI News Letter No.2, pp.2-3, 1999.

Enonchong, Nelson, "Contracting Carrier, Himalaya Clauses and Tort in the House of Lord ; The Starsin", Lloyd's Maritime and Commercial Law Quarterly, pp. 311-316, 2003.

F. M. B. Reynolds, "Demise clause in Bills of Lading" , Journal of Business Law, 1982.

Gee, Steven, "Construing Contracts with Mistake in Them," Lloyd's Maritime and Commercial Law Quarterly, pp.214-218, 2001.

Hetherington, Stuart, "Fixing or Unfixing a Charter Party", Australian and New Zealand Maritime Law Journal, Vol.1, 1991.

Holman Fenwick & Willian, "The Hill Harmony : Re-routeing the law", Shipping Newsletter, 2001. 3.

Ince & Co, "Carrier's bills or owner's bills, and who has title to sue in respect of progressive damage to cargo - The House of Lord adopts a common sense approach", Shipping law update, Vol.10, pp.2-3, 2003.

Ince & Co, 「Shipping Law Update」, Issue. 12, 2004.

Karali, Miranda and Smith, Charles, "Identity of Carrier : Conundrum finally resolved," BLG Shipping and International Trade Notes, Barlow Lyde & Gilbert, pp.1-3, 2003.

Lorenzon, F., & Jocelyn G. Wilson, "The Jordan Ⅱ: a foregone conclusion or missed opportunity?", Shipping & Trade Law, Vol.5, LLP Professional Publishing, 2004.

Margolis, Robert, "Validity of the Demise Clause under the Japanese Law and the Consequences for Enforcement abroad of Claim under the Japanese Bills of Lading", Lloyd's Maritime and Commercial Law Quarterly, pp.164-175, 1993.

Pritchett, R. W., "The demise Clause in American Courts," Lloyd's Maritime and Commercial Law Quarterly, pp.387-394, 1980.

R.W Pritchett, "The demise clause in American court", Lloyd's Maritime and Commercial Law, 1980.

Richardsbutler, 「Monthly Shipping Law Bulletin」, 2004.2.

Satori, Kazuo, "The Starsin- Or the Beginning of the Demise of the Demise Clause", The JSE Bulletin, No.47, The Japan Shipping Exchange, pp.14-21, 2003.

Satori, Kazuo, "The Supreme Court Ruling in the Jasmine: Translation and Comment," The JSE Bulletin, No.37, The Japan Shipping Exchange, pp.1-6, 1998.

Standard P&I Club, P&I Class and Correspondents 2001/02, 2001.

Stig Gregersen, "GENCON 1976/1994", BIMCO Seminar Shipping in the new Millennium at Istanbul, 2001.

Swanson, H. Peter, "Case Comment: Jindal Iron and Steel Co Ltd and others v. Islamic Solidarity Shipping Co Jordan Inc.(the "Jordan Ⅱ")[2005] 1 Lloyd's Law Report(H.L.)", Bernard & Parter, 2005.

Tetley, William, "Case Comment: The House of Lords Decision in The Starsin", Journal of Maritime Law and Commerce, Vol.35, pp.121-139, 2004.

Tetley, William, "The Demise of the Demise Clause?", McGill Law Journal, Vol.44, pp.807-848, 1999.

The American Club, "Bill of Lading: Placing Commonsense above Principle", Currents, Vol. 17, pp.10-11, 2003.

The Maritime Law Association of the United States, 「Amicus Curiae for U.S. Titan, Inc. v. Guaingzhou Zhen Hua Shipping Co., Ltd」, Vol.98, 2001.

The Swedish Club, "Bill of Lading," The Swedish Club Letter, Vol.1, pp.22-23, 2004.

UNCITRAL, "Draft convention on the carriage of goods[wholly or partly] [by sea]"(UN doc. A/CN.9/WG.III/WP.56), 2005.

사례목록

1. 영미 법원 판결사례

Argonaut Navigation Co., Ltd. V. Ministry of Food [1949] 1 K.B. 572.

Associate Metals and Minerals v. The Arktis Sky 978 F.2d 47 (2 Cir. 1992).

Atlas Assurance Co. v. Harper Robinson Shipping Co. 508 F.2d 1381 (9 Cir.1975).

Bangladesh Chemical Industries Corporation v. Henry Stephens Shipping Co. Ltd. and Tex-Dilan Shipping Co. Ltd.(The SLS Everest) C.A. [1981] 2 Lloyd's Rep. 389.

Bentsen v. Taylor [1893] 2 Q.B. 274.

Bottiglieri di Navigazione SpA v Cosco Qingdao Ocean Shipping Company (The Bunga Saga Lima) [2005] EWHC 244 Q.B.D.

Brown, Jenkinson v. Percy Dalton [1957] 2 Q.B. 621.

Bernuth Lines Ltd. v. High Seas Shipping Ltd.(The Eastern Navigator) [2006] 1 Lloyd's Rep. 537.

Christensen v. Hindustan steel [1971] 1 Ll.R. 395, 1 W.L.R.1369.

Compania Naviera Aeolus V. Union of India [1964[A.C. 868.

Compania Naviera Azuero S.A. v. British Oil and Cake Mills ltd. [1957] 2 Q.B.293.

CPC Consolidated Pool Carriers G.M.B.H. v. CTM Cia Transmediterranea S.A.(CPC Gallia) [1994] 1 Lloyd's Rep.68.

Dakin v. Oxley (1864) 15 CB (NS).

De Silvale V. Kendall (1815) 4 M. & S. 37.

G. H. Renton & Co. v. Palmyra Trading Corporation of Panama (The Caspiana), (H.L.) [1956] 2 Lloyd's Rep.379.

Golden Strait Corporation v Nippon Yusen Kubishka Kaisha [2007] UKHL 12.

Grant & Co. v. Coverdale (1884) 9 App.Cas.470

Great Circle Line Ltd v. Matheson & Co. 681 F.2d 121 (2d Cir. 1982).

Homburg Houtimport B.V. v Agrosin Private Ltd and Others(The Starsin) [2003] 1 Lloyd's Rep. 571.

Hong Kong Fir Shipping v. Kawasaki Kisen Kaisha [1962] 2 Q.B. 26.

Hulthen v. Stewart (1903) A.C. 389.

Hunter Grain Pty. Ltd. v. Hyundai Merchant Marine Co., Ltd. [1993] 228 A.L.R. 507.

Hunter V. Fry (1819) 2B. & Ald. 421.

Hunter v. Prinsep (1808) 103 E.R. 818, 10 East 378.

Interocean Shipping Co. v. National Shipping & Trading Corp. 462 F.2d 673 (2d Cir.1972).

Isaacs v. McAllum [1921] 6 L1.L.Rep. 289.

Jindal Iron and Steel Co Ltd and others v. Islamic Solidarity Shipping Co Jordan Inc. [2005] 1 Lloyd's Rep.57(H.L.).

K/S A/S Seateam & Co. v Iran National Oil Co. and Others (The Sevonia Team) [1983] 2 Lloyd's Rep. 640.

Lendoudis Evangelos II [1997] 1 Lloyd's Rep. 404.

Lidgett v Williams [1845] 4 Hare 456.

Lignell v. Samuelson & Co. Ltd. (The Sonja) [1921] 9 Lloyd's Rep. 361.

Manatee Towing Co. v. Oceanbulk Maritime S.A.(The Bay Ridge) [1999] 2 Lloyd's Rep.227.

Mardorf Peach & Co. v. Attica Sea Carriers Corporation of Liberia (1977) 1 Ll. R 315.

Mareva Compania Naviera v International Bulk Carriers [1975] 2 Ll. R. 509.

Margaronis Navigation Agency v. Henry W. Peabody [1965] 1 Q.B.430.

Messina & Co. v. Polskie Linie Oceaniczne [1995] 2 Lloyd's Rep.566.

Milburn v. Jamaica Fruit Importing and Trading (1900) 2 Q.B.540.

Navigazione Alta Italia SpA v. Svenska Petroleum AB (The Nai Matteini) [1988] 1 Lloyd's Rep. 452.

Noble Resources Ltd v Cavalier Shipping Corporation(The Atlas) [1996] 1 Lloyd's Rep.642.

Nolisement V. Bunge y Born (1917) 1 KB 160.

Partenreederei M/S Heidberg and Vega Reederei Friedrich Dauber v. Grosvenor and Feed Co. Ltd. and Union Nationale des Cooperatives Agricoles and Assurance Mutuelles Agricoles (The Heidberg) [1994] 2 Lloyd's Rep. 287.

Pacific Molasses v. Entre Rios [1976] 1 Lloyd's Rep 8.

Pacific Molasses Co. and United Molasses Trading Co. Ltd. v Entre Rios Compania Naviera S.A.(The San Nicholas) [1976] 1 Lloyd's Rep.8.

Petersen v. Freebody [1895] 2 QB 294.

P.T. Meyer & Fednav Ltd.(The Baronia) SMA Award No.3002 (1993).

Pyrene v. Scindiam Navigation [1954] 1 Lloyd's Rep.321.

Rodocanachi v. Milburn (1886) 18 Q.B.D. 67.

Ropner Shipping Co. v. Cleeves Western Valley Anthracite Collieries (1927) 1 K.B.879.

Samos Shipping Enterprises Ltd. v. Eckhardt & Co. K.G. [1985] 1 Lloyd's Rep.378.

Sandeman v. Scurr [1866] LR 2 QB 86.

Shipping Corporation of India v. Gamlen Chemical Co. A/Asia Pry. Ltd. [1980] 147 C.L.R. 142.

Sigri Carbon Corp. v. Lykes Bros. Steamship Co. 655 F. Supp. 1435 (W.D Ky. 1987).

Sigri Carbon Corp. v. Lykes Bros. Steamship Co. 655 F. Supp. 1435 (W.D Ky. 1987).

Sotiros Shipping Inc. v. Sameiet Solholt [1981] 2 Lloyd's Rep.574.

St. Enoch shipping co., Ltd. V. Phosphate Mining co. (1916) 2 KB 624.

Stag line v. Board of Trade (1950) 2 K.B. 194.

Star Steamship Society v. Beogradska Plovidba(Junior K) [1988] 2 Lloyd's Rep.583(Q.B.).

Sumimoto Corp. of America v. M/V Sie Kim 632 F. Supp. 824 (S.D.N.Y. 1985).

Sumimoto Corp. of America v. M/V Sie Kim 632 F. Supp. 824 (S.D.N.Y. 1985).

Tankexpress v. Compagnie Financiere Belge des Petroles (1949) A.C. 76.

The Alaskan Trader [1983] 1 Ll. R.315.

The Aries (1977) 1 Ll. R. 334.

The Athamas (1963) 1 Ll.R. 287.

The Boukadoura (1989) 1 Ll. R. 393.

The captain diamantis The Mammoth Bulk Carriers Ltd. V. Holland Bulk Transport B.V. [1978] 1 Ll. R. 346(C.A.).

The Cebu (1983) 1 Ll.R. 302.

The Delian Sprit (1972) 2 Q.B. 103.

The Dione [1975] 1 Ll.R. 115.

The gregos [1995] 1. Ll. R. 1.

The Imvros [1999] 1 Ll.R. 848.

The Johanna oldendorff (1974) A.C. 479.

The Laga (1966) 1.Ll.R.582.

The Leon [1985] 2 Ll.R.470.

The Lipa [2001] 2 Lloyd's Rep.17.

The llissos Royal Greek Government v. Minister of Transport (1949) 1 K.B. 525.

The Mareva A.S. [1977] 1.Ll.R.368.

The Marika M [1981] 2 Ll. R. 622.

The Mata K[1998] 2 LLR 614.

The Miramar [1984] 2 Lloyd's Rep.129.

The Nanfri [1978] 2 Ll. R. 132.

The Reardon Smith Line v Black Sea and Baltic General Insurance(1939) A.C. 562.

The Timna (1971) 2 Ll.R.91.

The Varenna [1983] 2 Lloyd's Rep.593.

The Vinson QBD (Comm Court) [2005] 677 LMLN. 1.

Thoresen & Co(Bangkok). Limited v. Fathom Marine Co. Limited & Ohters [2004] EWHC 167.

Transfield Shipping Inc v. Mercator Shipping Inc.(The Achilleas) [2006] EWHC 3030. ; [2007] EWHC Civ 901. ; [2008] UKHL 48.

Tubacex Inc. v. M/V Risan 45 F.3d. 951 (5 Cir. 1995).

U.S. Titan, Inc v. Guangzhou Zhen Hua Shipping Co. 241 F.3d 135 (2d Cir. 2001).

Whistler International v Kawasaki Kisen Kaisha (The Hill Harmony) [2001] 1 Lloyd's Rep. 147.

William Alexander & Sons v. Aktieselskabet Dampskibet Hansa (1920) A.C. 88.

2. 우리나라 법원 판결사례

서울지방법원(1986.12.26. 선고 86가합506판결)

서울지방법원(1996.9.24. 선고 93가단10222판결)

대법원(2003.1.10.선고 2000다70064 판결)

3. 대한상사중재원 판정사례

대한상사중재원 제91제12호

대한상사중재원 제96112-0004호

대한상사중재원 제97111-0027호

대한상사중재원 제97113-0015호

대한상사중재원 제98113-0002호

대한상사중재원 제98111-0023호

대한상사중재원 제99111-0047호

대한상사중재원 제00111-0054호

대한상사중재원 제00111-0114호

부　록

APPENDIX · APPENDIX · APPENDIX · APPENDIX · APPENDIX

부 · 록

1. 헤이그규칙(1924)
2. 헤이그비스비규칙(1968)
3. GENCON(1994)
4. NYPE(1993)
5. BALTIME(2001)
6. CONGENBILL(1994)
7. CONGENBILL(2007)
8. BARECON(2001)

부 록

1

International Convention for the Unification of Certain Rules of Law relating to Bills of Lading ("Hague Rules"), and Protocol of Signature

(Brussels, 25 August 1924)

The President of the German Republic, the President of the Argentine Republic, His Majesty the King of the Belgians, the President of the Republic of Chile, the President of the Republic of Cuba, His Majesty the King of Denmark and Iceland, His Majesty the King of Spain, the Head of the Estonian State, the President of the United States of America, the President of the Republic of Finland, the President of the French Republic, His Majesty the King of the United Kingdom of Great Britain and Ireland and of the British Dominions beyond the Seas, Emperor of India, His Most Supreme Highness the Governor of the Kingdom of Hungary, His Majesty the King of Italy, His Majesty the Emperor of Japan, the President of the

Latvian Republic, the President of the Republic of Mexico, His Majesty the King of Norway, Her Majesty the Queen of the Netherlands, the President of the Republic of Peru, the President of the Polish Republic, the President of the Portuguese Republic, His Majesty the King of Romania, His Majesty the King of the Serbs, Croats and Slovenes, His Majesty the King of Sweden, and the President of the Republic of Uruguay,

HAVING RECOGNIZED the utility of fixing by agreement certain uniform rules of law relating to bills of lading,

HAVE DECIDED to conclude a convention with this object and have appointed the following Plenipotentiaries:

WHO, duly authorized thereto, have agreed as follows:

Article 1

In this Convention the following words are employed with the meanings set out below:

(a) "Carrier" includes the owner or the charterer who enters into a contract of carriage with a shipper.

(b) "Contract of carriage" applies only to contracts of carriage covered by a bill of lading or any similar document of title, in so far as such document relates to the

carriage of goods by sea, including any bill of lading or any similar document as aforesaid issued under or pursuant to a charter party from the moment at which such bill of lading or similar document of title regulates the relations between a carrier and a holder of the same.

(c) "Goods" includes goods, wares, merchandise and articles of every kind whatsoever except live animals and cargo which by the contract of carriage in stated as being carried on deck and is so carried.

(d) "Ship" means any vessel used for the carriage of goods by sea.

(e) "Carriage of goods" covers the period from the time when the goods are loaded on to the time they are discharged from the ship.

Article 2

Subject to the provisions of Article 6, under every contract of carriage of goods by sea the carrier, in relation to the loading, handling, stowage, carriage, custody, care and discharge of such goods, shall be subject to the responsibilities and liabilities, and entitled to the rights and immunities hereinafter set forth. Article 3

1. The carrier shall be bound before and at the beginning of the voyage to exercise due diligence to:

(a) Make the ship seaworthy.

(b) Properly man, equip and supply the ship.

(c) Make the holds, refrigerating and cool chambers, and all other parts of the ship in which goods are carried, fit and safe for their reception, carriage and preservation.

2. Subject to the provisions of Article 4, the carrier shall properly and carefully load, handle, stow, carry, keep, care for, and discharge the goods carried.

3. After receiving the goods into his charge the carrier or the master or agent of the carrier shall, on demand of the shipper, issue to the shipper a bill of lading showing among other things:

(a) The leading marks necessary for identification of the goods as the same are furnished in writing by the shipper before the loading of such goods starts, provided such marks are stamped or otherwise shown clearly upon the goods if uncovered, or on the cases or coverings in which such goods are contained, in such a manner as should ordinarily remain legible until the end of the voyage.

(b) Either the number of packages or pieces, or the quantity, or weight, as the case may be, as furnished in writing by the shipper.

(c) The apparent order and condition of the goods.

Provided that no carrier, master or agent of the carrier shall be bound to state or show in the bill of lading any marks, number, quantity, or weight which he has reasonable ground for suspecting not accurately to represent the goods actually received, or which he has had no reasonable means of checking.

4. Such a bill of lading shall be prima facie evidence of the receipt by the carrier of the goods as therein described in accordance with paragraph 3(a), (b) and (c).

5. The shipper shall be deemed to have guaranteed to the carrier the accuracy at the time of shipment of the marks, number, quantity and weight, as furnished by him, and the shipper shall indemnity the carrier against all loss, damages and expenses arising or resulting from inaccuracies in such particulars. The right of the carrier to such indemnity shall in no way limit his responsibility and liability under the contract of carriage to any person other than the shipper.

6. Unless notice of loss or damage and the general nature of such loss or damage be given in writing to the carrier or his agent at the port of discharge before or at the time of the removal of the goods into the custody of the person entitled to delivery thereof under the contract of carriage, or, if the loss or damage be not apparent, within three days, such removal shall be prima facie evidence of the delivery by the carrier of the goods as described in the bill of lading.

If the loss or damage is not apparent, the notice must be given within three days of the delivery of the goods.

The notice in writing need not be given if the state of the goods has, at the time of their receipt, been the subject of joint survey or inspection.

In any event the carrier and the ship shall be discharged from all liability in respect of loss or damage unless suit is brought within one year after delivery of the goods or the date when the goods should have been delivered.

In the case of any actual or apprehended loss or damage the carrier and the receiver shall give all reasonable facilities to each other for inspecting and tallying the goods.

7. After the goods are loaded the bill of lading to be issued by the carrier, master, or agent of the carrier, to the shipper shall, if the shipper so demands, be a "shipped" bill of lading, provided that if the shipper shall have previously taken up any document of

title to such goods, he shall surrender the same as against the issue of the "shipped" bill of lading, but at the option of the carrier such document of title may be noted at the port of shipment by the carrier, master, or agent with the name or names of the ship or ships upon which the goods have been shipped and the date or dates of shipment, and when so noted, if it shows the particulars mentioned in paragraph 3 of Article 3, shall for the purpose of this Article be deemed to constitute a "shipped" bill of lading.

8. Any clause, covenant, or agreement in a contract of carriage relieving the carrier or the ship from liability for loss or damage to, or in connexion with, goods arising from negligence, fault, or failure in the duties and obligations provided in this Article or lessening such liability otherwise than as provided in this Convention, shall be null and void and of no effect. A benefit of insurance in favour of the carrier or similar clause shall be deemed to be a clause relieving the carrier from liability.

Article 4

1. Neither the carrier nor the ship shall be liable for loss or damage arising or resulting from unseaworthiness unless caused by want of due diligence on the part of the carrier to make the ship seaworthy and to secure that the ship is properly manned, equipped and supplied, and to make the holds, refrigerating and cool chambers and all other parts of the ship in which goods are carried fit and safe for their reception, carriage and preservation in accordance with the provisions of paragraph 1 of Article 3. Whenever loss or damage has resulted from unseaworthiness the burden of proving the exercise of due diligence shall be on the carrier or other person claiming exemption under this Article.

2. Neither the carrier nor the ship shall be responsible for loss or damage arising or resulting from:

(a) Act, neglect, or default of the master, mariner, pilot, or the servants of the carrier in the navigation or in the management of the ship.

(b) Fire, unless caused by the actual fault or privity of the carrier.

(c) Perils, dangers and accidents of the sea or other navigable waters.

(d) Act of God.

(e) Act of war.

(f) Act of public enemies.

(g) Arrest or restraint or princes, rulers or people, or seizure under legal process.

(h) Quarantine restrictions.

(i) Act or omission of the shipper or owner of the goods, his agent or representative.

(j) Strikes or lockouts or stoppage or restraint of labour from whatever cause, whether partial or general.

(k) Riots and civil commotions.

(l) Saving or attempting to save life or property at sea.

(m) Wastage in bulk or weight or any other loss or damage arising from inherent defect, quality or vice of the goods.

(n) Insufficiency of packing.

(o) Insufficiency or inadequacy of marks.

(p) Latent defects not discoverable by due diligence.

(q) Any other cause arising without the actual fault or privity of the carrier, or without the actual fault or neglect of the agents or servants of the carrier, but the burden of proof shall be on the person claiming the benefit of this exception to show that neither the actual fault or privity of the carrier nor the fault or neglect of the agents or servants of the carrier contributed to the loss or damage.

3. The shipper shall not be responsible for loss or damage sustained by the carrier or the ship arising or resulting from any cause without the act, fault or neglect of the shipper, his agents or his servants.

4. Any deviation in saving or attempting to save life or property at sea or any reasonable deviation shall not be deemed to be an infringement or breach of this Convention or of the contract of carriage, and the carrier shall not be liable for any loss or damage resulting therefrom.

5. Neither the carrier nor the ship shall in any event be or become liable for any loss or damage to or in connexion with goods in an amount exceeding 100 pounds sterling per package or unit, or the equivalent of that sum in other currency unless the nature and value of such goods have been declared by the shipper before shipment and inserted in the bill of lading.

This declaration if embodied in the bill of lading shall be prima facie evidence, but shall not be binding or conclusive on the carrier.

By agreement between the carrier, master or agent of the carrier and the shipper another maximum amount than that mentioned in this paragraph may be fixed, provided that such maximum shall not be less than the figure above named.

Neither the carrier nor the ship shall be responsible in any event for loss or damage to, or in connexion with, goods if the nature or value thereof has been knowingly misstated by the shipper in the bill of lading.

6. Goods of an inflammable, explosive or dangerous nature to the shipment whereof the carrier, master or agent of the carrier has not consented with knowledge of their nature and character, may at any time before discharge be landed at any place, or destroyed or rendered innocuous by the carrier without compensation and the shipper of such goods shall be liable for all damage and expenses directly or indirectly arising out of

or resulting from such shipment. If any such goods shipped with such knowledge and consent shall become a danger to the ship or cargo, they may in like manner be landed at any place, or destroyed or rendered innocuous by the carrier without liability on the part of the carrier except to general average, if any.

Article 5

A carrier shall be at liberty to surrender in whole or in part all or any of his rights and immunities or to increase any of his responsibilities and obligations under this Convention, provided such surrender or increase shall be embodied in the bill of lading issued to the shipper.

The provisions of this Convention shall not be applicable to charter parties, but if bills of lading are issued in the case of a ship under a charter party they shall comply with the terms of this Convention. Nothing in these rules shall be held to prevent the insertion in a bill of lading of any lawful provision regarding general average.

Article 6

Notwithstanding the provisions of the preceding Articles, a carrier, master or agent of the carrier and a shipper shall in regard to any particular goods be at liberty to enter into any agreement in any terms as to the responsibility and liability of the carrier for such goods, and as to the rights and immunities of the carrier in respect of such goods, or his obligation as to seaworthiness, so far as this stipulation is not contrary to public policy, or the care or diligence of his servants or agents in regard to the loading, handling, stowage, carriage, custody, care and discharge of the goods carried by sea, provided that in this case no bill of lading has been or shall be issued and that the terms agreed shall be embodied in a receipt which shall be a non-negotiable document and shall be marked as such.

Any agreement so entered into shall have full legal effect.

Provided that this Article shall not apply to ordinary commercial shipments made in the ordinary course of trade, but only to other shipments where the character or condition of the property to be carried or the circumstances, terms and conditions under which the carriage is to be performed are such as reasonably to justify a special agreement.

Article 7

Nothing herein contained shall prevent a carrier or a shipper from entering into any agreement, stipulation, condition, reservation or exemption as to the responsibility and liability of the carrier or the ship for the loss or damage to, or in connexion with, the custody and care and handling of goods prior to the loading on, and subsequent to, the discharge from the ship on which the goods are carried by sea.

Article 8

The provisions of this Convention shall not affect the rights and obligations of the carrier under any statute for the time being in force relating to the limitation of the liability of owners of sea-going vessels.

Article 9

The monetary units mentioned in this Convention are to be taken to be gold value.

Those contracting States in which the pound sterling is not a monetary unit reserve to themselves the right of translating the sums indicated in this Convention in terms of pound sterling into terms of their own monetary system in round figures.

The national laws may reserve to the debtor the right of discharging his debt in national currency according to the rate of exchange prevailing on the day of the arrival of the ship at the port of discharge of the goods concerned.

Article 10

The provisions of this Convention shall apply to all bills of lading issued in any of the contracting States.

Article 11

After an interval of not more than two years from the day on which the Convention is signed, the Belgian Government shall place itself in communication with the Governments of the High Contracting Parties which have declared themselves prepared to ratify the Convention, with a view to deciding whether it shall be put into force. The ratifications shall be deposited at Brussels at a date to be fixed by agreement among the said Governments. The first deposit of ratifications shall be recorded in a procès-verbal signed by the representatives of the Powers which take part therein and by the Belgian Minister of Foreign Affairs.

The subsequent deposit of ratifications shall be made by means of a written notification, addressed to the Belgian Government and accompanied by the instrument of ratification.

A duly certified copy of the procès-verbal relating to the first deposit of ratifications, of the notifications referred to in the previous paragraph, and also of the instruments of ratification accompanying them, shall be immediately sent by the Belgian Government through the diplomatic channel to the Powers who have signed this Convention or who have acceded to it. In the cases contemplated in the preceding paragraph, the said Government shall inform them at the same time of the date on which it received the notification.

Article 12

Non-signatory States may accede to the present Convention whether or not they have been represented at the International Conference at Brussels.

A State which desires to accede shall notify its intention in writing to the Belgian Government, forwarding to it the document of accession, which shall be deposited in the archives of the said Government.

The Belgian Government shall immediately forward to all the States which have signed or acceded to the Convention a duly certified copy of the notification and of the act of accession, mentioning the date on which it received the notification.

Article 13

The High Contracting Parties may at the time of signature, ratification or accession declare that their acceptance of the present Convention does not include any or all of the self-governing dominions, or of the colonies, overseas possessions, protectorates or territories under their sovereignty or authority, and they may subsequently accede separately on behalf of any self-governing dominion, colony, overseas possession, protectorate or territory excluded in their declaration. They may also denounce the Convention separately in accordance with its provisions in respect of any self-governing dominion, or any colony, overseas possession, protectorate or territory under their sovereignty or authority.

Article 14

The present Convention shall take effect, in the case of the States which have taken part in the first deposit of ratifications, one year after the date of the protocol recording such deposit.

As respects the States which ratify subsequently or which accede, and also in cases in which the Convention is subsequently put into effect in accordance with Article 13, it shall take effect six months after the notifications specified in paragraph 2 of Article 11 and paragraph 2 of Article 12 have been received by the Belgian Government.

Article 15

In the event of one of the contracting States wishing to denounce the present Convention, the denunciation shall be notified in writing to the Belgian Government, which shall immediately communicate a duly certified copy of the notification to all the other States, informing them of the date on which it was received.

The denunciation shall only operate in respect of the State which made the notification, and on the expiry of one year after the notification has reached the Belgian Government.

Article 16

Any one of the contracting States shall have the right to call for a fresh conference with a view to considering possible amendments.

A State which would exercise this right should notify its intention to the other States through the Belgian Government, which would make arrangements for convening the Conference.

DONE at Brussels, in a single copy, August 25th, 1924.

PROTOCOL OF SIGNATURE

At the time of signing the International Convention for the Unification of Certain Rules of Law relating to Bills of Lading the Plenipotentiaries whose signatures appear below have adopted this Protocol, which will have the same force and the same value as if its provisions were inserted in the text of the Convention to which it relates.

The High Contracting Parties may give effect to this Convention either by giving it the force of law or by including in their national legislation in a form appropriate to that legislation the rules adopted under this Convention.

They may reserve the right:

1. To prescribe that in the cases referred to in paragraph 2(c) to (p) of Article 4 the holder of a bill of lading shall be entitled to establish responsibility for loss or damage arising from the personal fault of the carrier or the fault of his servants which are not covered by paragraph (a).

2. To apply Article 6 in so far as the national coasting trade is concerned to all classes of goods without taking account of the restriction set out in the last paragraph of that Article.

DONE at Brussels, in single copy, August 25th, 1924.

부 록

2

The Hague-Visby Rules

The Hague Rules as Amended by the Brussels Protocol 1968

Article I

In these Rules the following words are employed, with the meanings set out below:

(a) 'Carrier' includes the owner or the charterer who enters into a contract of carriage with a shipper.

(b) 'Contract of carriage' applies only to contracts of carriage covered by a bill of lading or any similar document of title, in so far as such document relates to the carriage of goods by sea, including any bill of lading or any similar document as aforesaid issued under or pursuant to a charter party from the moment at which such bill of lading or similar document of title regulates the relations between a carrier and a holder of the same.

(c) 'Goods' includes goods, wares, merchandise, and articles of every kind whatsoever except live animals and cargo which by the contract of carriage is stated as being carried on deck and is so carried.

(d) 'Ship' means any vessel used for the carriage of goods by sea. (e) 'Carriage of goods' covers the period from the time when the goods are loaded on to the time they are discharged from the ship.

Article II

Subject to the provisions of Article VI, under every contract of carriage of goods by sea the carrier, in relation to the loading, handling, stowage, carriage, custody, care and discharge of such goods, shall be subject to the responsibilities and liabilities and entitled to the rights and immunities hereinafter set forth.

Article III

1 . The carrier shall be bound before and at the beginning of the voyage to exercise due diligence to:

(a) Make the ship seaworthy;
(b) Properly man, equip and supply the ship;
(c) Make the holds, refrigerating and cool chambers, and all other parts of the ship in which goods are carried, fit and safe for their reception, carriage and preservation.

2 . Subject to the provisions of Article IV, the carrier shall properly and carefully load, handle, stow, carry, keep, care for, and discharge the goods carried.

3 . After receiving the goods into his charge the carrier or the master or agent of the carrier shall, on demand of the shipper, issue to the shipper a bill of lading showing among other things:

(a) The leading marks necessary for identification of the goods as the same are furnished in writing by the shipper before the loading of such goods starts, provided such marks are stamped or otherwise shown clearly upon the goods if uncovered, or on the cases or coverings in which such goods are contained, in such a manner as should ordinarily remain legible until the end of the voyage.
(b) Either the number of packages or pieces, or the quantity, or weight, as the case may be, as furnished in writing by the shipper.
(c) The apparent order and condition of the goods.

Provided that no carrier, master or agent of the carrier shall be bound to state or show in the bill of lading any marks, number, quantity or weight which he has reasonable ground for suspecting not accurately to represent the goods actually received, or which he has had no reasonable means of checking.

4 . Such a bill of lading shall be prima facie evidence of the receipt by the carrier of the goods as therein described in accordance with paragraph 3 (a), (b) and (c). However, proof to the contrary shall not be admissible when the bill of lading has been transferred to a third party acting in good faith.

5 . The shipper shall be deemed to have guaranteed to the carrier the accuracy at the time of shipment of the marks, number, quantity and weight, as furnished by him, and the shipper shall indemnify the carrier against all loss, damages and expenses arising or resulting from inaccuracies in such particulars. The right of the carrier to such indemnity shall in no way limit his responsibility and liability under the contract of carriage to any person other than the shipper.

6 . Unless notice of loss or damage and the general nature of such loss or damage be given in writing to the carrier or his agent at the port of discharge before or at the time of the removal of the goods into the custody of the person entitled to delivery thereof under the contract of carriage, or, if the loss or damage be not apparent, within three days, such removal shall be prima facie evidence of the delivery by the carrier of the goods as described in the bill of lading.

The notice in writing need not be given if the state of the goods has, at the time of their receipt, been the subject of joint survey or inspection.

Subject to paragraph 6bis the carrier and the ship shall in any event be discharged from all liability whatsoever in respect of the goods, unless suit is brought within one year of their delivery or of the date when they should have been delivered. This period, may however, be extended if the parties so agree after the cause of action has arisen.

In the case of any actual or apprehended loss or damage the carrier and the receiver shall give all reasonable facilities to each other for inspecting and tallying the goods.

6 bis. An action for indemnity against a third person may be brought even after the expiration of the year provided for in the preceding paragraph if brought within the time allowed by the law of the Court seized of the case. However, the time allowed shall be not less than three months, commencing from the day when the person bringing such action for indemnity has settled the claim or has been served with process in the action against himself.

7. After the goods are loaded the bill of lading to be issued by the carrier, master, or agent of the carrier, to the shipper shall, if the shipper so demands be a 'shipped' bill of lading, provided that if the shipper shall have previously taken up any document of title to such goods, he shall surrender the same as against the issue of the 'shipped' bill of lading, but at the option of the carrier such document of title may be noted at the port of shipment by the carrier, master, or agent with the name or names of the ship or ships upon which the goods have been shipped and the date or dates of shipment, and when so noted, if it shows the particulars mentioned in paragraph 3 of Article III, shall for the purpose of this article be deemed to constitute a 'shipped' bill of lading.

8 . Any clause, covenant, or agreement in a contract of carriage relieving the carrier or the ship from liability for loss or damage to, or in connection with, goods arising from negligence, fault, or failure in the duties and obligations provided in this article or lessening such liability otherwise than as provided in these Rules, shall be null and void and of no effect. A benefit of insurance in favour of the carrier or similar clause shall be deemed to be a clause relieving the carrier from liability.

Article IV

1 . Neither the carrier nor the ship shall be liable for loss or damage arising or resulting from unseaworthiness unless caused by want of due diligence on the part of the carrier to make the ship seaworthy, and to secure that the ship is properly manned, equipped and supplied, and to make the holds, refrigerating and cool chambers and all other parts of the ship in which goods are carried fit and safe for their reception, carriage and preservation in accordance with the provisions of paragraph 1 of Article III. Whenever loss or damage has resulted from unseaworthiness the burden of proving the

exercise of due diligence shall be on the carrier or other person claiming exemption under this article.

2 . Neither the carrier nor the ship shall be responsible for loss or damage arising or resulting from:

(a) Act, neglect, or default of the master, mariner, pilot, or the servants of the carrier in the navigation or in the management of the ship.

(b) Fire, unless caused by the actual fault or privity of the carrier.

(c) Perils, dangers and accidents of the sea or other navigable waters.

(d) Act of God.

(e) Act of war.

(f) Act of public enemies.

(g) Arrest or restraint of princes, rulers or people, or seizure under legal process.

(h) Quarantine restrictions.

(i) Act or omission of the shipper or owner of the goods, his agent or representative.

(j) Strikes or lockouts or stoppage or restraint of labour from whatever cause, whether partial or general.

(k) Riots and civil commotions.

(l) Saving or attempting to save life or property at sea.

(m) Wastage in bulk of weight or any other loss or damage arising from inherent defect, quality or vice of the goods.

(n) Insufficiency of packing.

(o) Insufficiency or inadequacy of marks.

(p) Latent defects not discoverable by due diligence.

(q) Any other cause arising without the actual fault or privity of the carrier, or without the fault or neglect of the agents or servants of the carrier, but the burden of proof shall be on the person claiming the benefit of this exception to show that neither the actual fault or privity of the carrier nor the fault or neglect of the agents or servants of the carrier contributed to the loss or damage.

3 . The shipper shall not be responsible for loss or damage sustained by the carrier or the ship arising or resulting from any cause without the act, fault or neglect of the shipper, his agents or his servants.

4 . Any deviation in saving or attempting to save life or property at sea or any reasonable deviation shall not be deemed to be an infringement or breach of these Rules or of the contract of carriage, and the carrier shall not be liable for any loss or damage resulting therefrom.

5 (a) Unless the nature and value of such goods have been declared by the shipper before shipment and inserted in the bill of lading, neither the carrier nor the ship shall in any event be or become liable for any loss or damage to or in connection with the goods in an amount exceeding the equivalent of 666.67 units of account per package or unit or 2 units of account per kilo of gross weight of the goods lost or damaged, whichever is the higher.

(b) The total amount recoverable shall be calculated by reference to the value of such goods at the place and time at which the goods are discharged from the ship in accordance with the contract or should have been so discharged.

The value of the goods shall be fixed according to the commodity exchange price, or, if there be no such price, according to the current market price, or, if there be no commodity exchange price or current market price, by reference to the normal value of goods of the same kind and quality.

(c) Where a container, pallet or similar article of transport is used to consolidate goods, the number of packages or units enumerated in the bill of lading as packed in such article of transport shall be deemed the number of packages or units for the purpose of this paragraph as far as these packages or units are concerned. Except as aforesaid such article of transport shall be considered the package or unit.

(d) The unit of account mentioned in this Article is the special drawing right as defined by the International Monetary Fund. The amounts mentioned in subparagraph (a) of this paragraph shall be converted into national currency on the basis of the value of that currency on a date to be determined by the law of the Court seized of the case.

(e) Neither the carrier nor the ship shall be entitled to the benefit of the limitation of liability provided for in this paragraph if it is proved that the damage resulted from an act or omission of the carrier done with intent to cause damage, or recklessly and with knowledge that damage would probably result.

(f) The declaration mentioned in sub-paragraph (a) of this paragraph, if embodied in the bill of lading, shall be prima facie evidence, but shall not be binding or conclusive on the carrier.

(g) By agreement between the carrier, master or agent of the carrier and the shipper other maximum amounts than those mentioned in sub-paragraph (a) of this paragraph may be fixed, provided that no maximum amount so fixed shall be less than the appropriate maximum mentioned in that sub-paragraph.

(h) Neither the carrier nor the ship shall be responsible in any event for loss or damage to, or in connection with, goods if the nature or value thereof has been knowingly mis-stated by the shipper in the bill of lading.

6. Goods of an inflammable, explosive or dangerous nature to the shipment whereof the carrier, master or agent of the carrier has not consented with knowledge of their nature and character, may at any time before discharge be landed at any place, or destroyed or rendered innocuous by the carrier without compensation and the shipper of such goods shall be liable for all damages and expenses directly or indirectly arising out of or resulting from such shipment. If any such goods shipped with such knowledge and consent shall become a danger to the ship or cargo, they may in like manner be landed at any place, or destroyed or rendered innocuous by the carrier without liability on the part of the carrier except to general average, if any.

Article IV bis

1. The defences and limits of liability provided for in these Rules shall apply in any action against the carrier in respect of loss or damage to goods covered by a contract of carriage whether the action be founded in contract or in tort.

2 . If such an action is brought against a servant or agent of the carrier (such servant or agent not being an independent contractor), such servant or agent shall be entitled to avail himself of the defences and limits of liability which the carrier is entitled to invoke under these Rules.

3 . The aggregate of the amounts recoverable from the carrier, and such servants and agents, shall in no case exceed the limit provided for in these Rules.

4 . Nevertheless, a servant or agent of the carrier shall not be entitled to avail himself of the provisions of this article, if it is proved that the damage resulted from an act or omission of the servant or agent done with intent to cause damage or recklessly and with knowledge that damage would probably result.

Article V

A carrier shall be at liberty to surrender in whole or in part all or any of his rights and immunities or to increase any of his responsibilities and obligations under these Rules, provided such surrender or increase shall be embodied in the bill of lading issued to the shipper. The provisions of these Rules shall not be applicable to charter parties, but if bills of lading are issued in the case of a ship under a charter party they shall comply with the terms of these Rules. Nothing in these Rules shall be held to prevent the insertion in a bill of lading of any lawful provision regarding general average.

Article VI

Notwithstanding the provisions of the preceding articles, a carrier, master or agent of the carrier and a shipper shall in regard to any particular goods be at liberty to enter into any agreement in any terms as to the responsibility and liability of the carrier for such goods, and as to the rights and immunities of the carrier in respect of such goods, or his obligation as to seaworthiness, so far as this stipulation is not contrary to public policy, or the care or diligence of his servants or agents in regard to the loading, handling, stowage, carriage, custody, care and discharge of the goods carried by sea, provided that in this case no bill of lading has been or shall be issued and that the terms agreed shall be embodied in a receipt which shall be a non-negotiable document and shall be marked as such.

An agreement so entered into shall have full legal effect.

Provided that this article shall not apply to ordinary commercial shipments made in the ordinary course of trade, but only to other shipments where the character or condition of the property to be carried or the circumstances, terms and conditions under which the carriage is to be performed are such as reasonably to justify a special agreement.

Article VII

Nothing herein contained shall prevent a carrier or a shipper from entering into any agreement, stipulation, condition, reservation or exemption as to the responsibility and liability of the carrier or the ship for the loss or damage to, or in connection with, the custody and care and handling of goods prior to the loading on, and subsequent to the discharge from, the ship on which the goods are carried by sea.

Article VIII

The provisions of these Rules shall not affect the rights and obligations of the carrier under any statute for the time being in force relating to the limitation of the liability of owners of sea-going vessels.

Article IX

These Rules shall not affect the provisions of any international Convention or national law governing liability for nuclear damage.

Article X

The provisions of these Rules shall apply to every bill of lading relating to the carriage of goods between ports in two different States if

(a) the bill of lading is issued in a contracting State, or

(b) the carriage is from a port in a contracting State, or

(c) the contract contained in or evidenced by the bill of lading provides that these Rules or legislation of any State giving effect to them are to govern the contract;

whatever may be the nationality of the ship, the carrier, the shipper, the consignee, or any other interested person.

(The last two paragraphs of this Article are not reproduced. They require contracting States to apply the Rules to bills of lading mentioned in the Article and authorise them to apply the Rules to other bills of lading).

(Article 11 to 16 of the International Convention for the unification of certain rules of law relating to bills of lading signed at Brussels on August 25, 1974 are not reproduced. They deal with the coming into force of the Convention, procedure for ratification, accession and denunciation and the right to call for a fresh conference to consider amendments to the Rules contained in the Convention).

부 록 3

GENCON(1994)

1. Shipbroker	RECOMMENDED THE BALTIC AND INTERNATIONAL MARITIME COUNCIL UNIFORM GENERAL CHARTER (AS REVISED 1922, 1976 and 1994) (To be used for trades for which no specially approved form is in force) CODE NAME: "GENCON" Part I
	2. Place and date
3. Owners/Place of business (Cl. 1)	4. Charterers/Place of business (Cl. 1)
5. Vessel's name (Cl. 1)	6. GT/NT (Cl. 1)
7. DWT all told on summer load line in metric tons (abt.) (Cl. 1)	8. Present position (Cl. 1)
9. Expected ready to load (abt.) (Cl. 1)	
10. Loading port or place (Cl. 1)	11. Discharging port or place (Cl. 1)
12. Cargo (also state quantity and margin in Owners' option, if agreed; if full and complete cargo not agreed state "part cargo") (Cl. 1)	
13. Freight rate (also state whether freight prepaid or payable on delivery) (Cl. 4)	14. Freight payment (state currency and method of payment; also beneficiary and bank account) (Cl. 4)
15. State if vessel's cargo handling gear shall not be used (Cl. 5)	16. Laytime (if separate laytime for load. and disch. is agreed, fill in a) and b). If total laytime for load. and disch., fill in c) only) (Cl. 6)
17. Shippers/Place of business (Cl. 6)	a) Laytime for loading
18. Agents (loading) (Cl. 6)	b) Laytime for discharging
19. Agents (discharging) (Cl. 6)	c) Total laytime for loading and discharging
20. Demurrage rate and manner payable (loading and discharging) (Cl. 7)	21. Cancelling date (Cl. 9)
	22. General Average to be adjusted at (Cl. 12)
23. Freight Tax (state if for the Owners' account) (Cl. 13 (c))	24. Brokerage commission and to whom payable (Cl. 15)
25. Law and Arbitration (state 19 (a), 19 (b) or 19 (c) of Cl. 19; if 19 (c) agreed also state Place of Arbitration) (if not filled in 19 (a) shall apply) (Cl. 19)	
(a) State maximum amount for small claims/shortened arbitration (Cl. 19)	26. Additional clauses covering special provisions, if agreed

It is mutually agreed that this Contract shall be performed subject to the conditions contained in this Charter Party which shall include Part I as well as Part II. In the event of a conflict of conditions, the provisions of Part I shall prevail over those of Part II to the extent of such conflict.

Signature (Owners)	Signature (Charterers)

Printed by The BIMCO Charter Party Editor

PART II

"Gencon" Charter (As Revised 1922, 1976 and 1994)

1. It is agreed between the party mentioned in Box 3 as the Owners of the Vessel named in Box 5, of the GT/NT indicated in Box 6 and carrying about the number of metric tons of deadweight capacity all told on summer loadline stated in Box 7, now in position as stated in Box 8 and expected ready to load under this Charter Party about the date indicated in Box 9, and the party mentioned as the Charterers in Box 4 that:
The said Vessel shall, as soon as her prior commitments have been completed, proceed to the loading port(s) or place(s) stated in Box 10 or so near thereto as she may safely get and lie always afloat, and there load a full and complete cargo (if shipment of deck cargo agreed same to be at the Charterers' risk and responsibility) as stated in Box 12, which the Charterers bind themselves to ship, and being so loaded the Vessel shall proceed to the discharging port(s) or place(s) stated in Box 11 as ordered on signing Bills of Lading, or so near thereto as she may safely get and lie always afloat, and there deliver the cargo.

2. Owners' Responsibility Clause
The Owners are to be responsible for loss of or damage to the goods or for delay in delivery of the goods only in case the loss, damage or delay has been caused by personal want of due diligence on the part of the Owners or their Manager to make the Vessel in all respects seaworthy and to secure that she is properly manned, equipped and supplied, or by the personal act or default of the Owners or their Manager.
And the Owners are not responsible for loss, damage or delay arising from any other cause whatsoever, even from the neglect or default of the Master or crew or some other person employed by the Owners on board or ashore for whose acts they would, but for this Clause, be responsible, or from unseaworthiness of the Vessel on loading or commencement of the voyage or at any time whatsoever.

3. Deviation Clause
The Vessel has liberty to call at any port or ports in any order, for any purpose, to sail without pilots, to tow and/or assist Vessels in all situations, and also to deviate for the purpose of saving life and/or property.

4. Payment of Freight
(a) The freight at the rate stated in Box 13 shall be paid in cash calculated on the intaken quantity of cargo.
(b) _Prepaid._ If according to Box 13 freight is to be paid on shipment, it shall be deemed earned and non-returnable, Vessel and/or cargo lost or not lost.
Neither the Owners nor their agents shall be required to sign or endorse bills of lading showing freight prepaid unless the freight due to the Owners has actually been paid.
(c) _On delivery._ If according to Box 13 freight, or part thereof, is payable at destination it shall not be deemed earned until the cargo is thus delivered. Notwithstanding the provisions under (a), if freight or part thereof is payable on delivery of the cargo the Charterers shall have the option of paying the freight on delivered weight/quantity provided such option is declared before breaking bulk and the weight/quantity can be ascertained by official weighing machine, joint draft survey or tally.
Cash for Vessel's ordinary disbursements at the port of loading to be advanced by the Charterers, if required, at highest current rate of exchange, subject to two (2) per cent to cover insurance and other expenses.

5. Loading/Discharging
(a) Costs/Risks
The cargo shall be brought into the holds, loaded, stowed and/or trimmed, tallied, lashed and/or secured and taken from the holds and discharged by the Charterers, free of any risk, liability and expense whatsoever to the Owners. The Charterers shall provide and lay all dunnage material as required for the proper stowage and protection of the cargo on board, the Owners allowing the use of all dunnage available on board. The Charterers shall be responsible for and pay the cost of removing their dunnage after discharge of the cargo under this Charter Party and time to count until dunnage has been removed.
(b) Cargo Handling Gear
Unless the Vessel is gearless or unless it has been agreed between the parties that the Vessel's gear shall not be used and stated as such in Box 15, the Owners shall throughout the duration of loading/discharging give free use of the Vessel's cargo handling gear and of sufficient motive power to operate all such cargo handling gear. All such equipment to be in good working order. Unless caused by negligence of the stevedores, time lost by breakdown of the Vessel's cargo handling gear or motive power - pro rata the total number of cranes/winches required at that time for the loading/discharging of cargo under this Charter Party - shall not count as laytime or time on demurrage. On request the Owners shall provide free of charge cranemen/winchmen from the crew to operate the Vessel's cargo handling gear, unless local regulations prohibit this, in which latter event shore labourers shall be for the account of the Charterers. Cranemen/winchmen shall be under the Charterers' risk and responsibility and as stevedores to be deemed as their servants but shall always work under the supervision of the Master.
(c) Stevedore Damage
The Charterers shall be responsible for damage (beyond ordinary wear and tear) to any part of the Vessel caused by Stevedores. Such damage shall be notified as soon as reasonably possible by the Master to the Charterers or their agents and to their Stevedores, failing which the Charterers shall not be held responsible. The Master shall endeavour to obtain the Stevedores' written acknowledgement of liability.
The Charterers are obliged to repair any stevedore damage prior to completion of the voyage, but must repair stevedore damage affecting the Vessel's seaworthiness or class before the Vessel sails from the port where such damage was caused or found. All additional expenses incurred shall be for the account of the Charterers and any time lost shall be for the account of and shall be paid to the Owners by the Charterers at the demurrage rate.

6. Laytime
* *(a) Separate laytime for loading and discharging*
The cargo shall be loaded within the number of running days/hours as indicated in Box 16, weather permitting, Sundays and holidays excepted, unless used, in which event time used shall count.
The cargo shall be discharged within the number of running days/hours as indicated in Box 16, weather permitting, Sundays and holidays excepted, unless used, in which event time used shall count.
* *(b) Total laytime for loading and discharging*
The cargo shall be loaded and discharged within the number of total running days/hours as indicated in Box 16, weather permitting, Sundays and holidays excepted, unless used, in which event time used shall count.
(c) Commencement of laytime (loading and discharging)
Laytime for loading and discharging shall commence at 13.00 hours, if notice of readiness is given up to and including 12.00 hours, and at 06.00 hours next working day if notice given during office hours after 12.00 hours. Notice of readiness at loading port to be given to the Shippers named in Box 17 or if not named, to the Charterers or their agents named in Box 18. Notice of readiness at the discharging port to be given to the Receivers or, if not known, to the Charterers or their agents named in Box 19.
If the loading/discharging berth is not available on the Vessel's arrival at or off the port of loading/discharging, the Vessel shall be entitled to give notice of readiness within ordinary office hours on arrival there, whether in free pratique or not, whether customs cleared or not. Laytime or time on demurrage shall then count as if she were in berth and in all respects ready for loading/discharging provided that the Master warrants that she is in fact ready in all respects. Time used in moving from the place of waiting to the loading/discharging berth shall not count as laytime.
If, after inspection, the Vessel is found not to be ready in all respects to load/discharge time lost after the discovery thereof until the Vessel is again ready to load/discharge shall not count as laytime.
Time used before commencement of laytime shall count.
* *Indicate alternative (a) or (b) as agreed, in Box 16.*

7. Demurrage
Demurrage at the loading and discharging port is payable by the Charterers at the rate stated in Box 20 in the manner stated in Box 20 per day or pro rata for any part of a day. Demurrage shall fall due day by day and shall be payable upon receipt of the Owners' invoice.
In the event the demurrage is not paid in accordance with the above, the Owners shall give the Charterers 96 running hours written notice to rectify the failure. If the demurrage is not paid at the expiration of this time limit and if the vessel is in or at the loading port, the Owners are entitled at any time to terminate the Charter Party and claim damages for any losses caused thereby.

8. Lien Clause
The Owners shall have a lien on the cargo and on all sub-freights payable in respect of the cargo, for freight, deadfreight, demurrage, claims for damages and for all other amounts due under this Charter Party including costs of recovering same.

9. Cancelling Clause
(a) Should the Vessel not be ready to load (whether in berth or not) on the cancelling date indicated in Box 21, the Charterers shall have the option of cancelling this Charter Party.
(b) Should the Owners anticipate that, despite the exercise of due diligence, the Vessel will not be ready to load by the cancelling date, they shall notify the Charterers thereof without delay stating the expected date of the Vessel's readiness to load and asking whether the Charterers will exercise their option of cancelling the Charter Party, or agree to a new cancelling date.
Such option must be declared by the Charterers within 48 running hours after the receipt of the Owners' notice. If the Charterers do not exercise their option of cancelling, then this Charter Party shall be deemed to be amended such that

PART II

"Gencon" Charter (As Revised 1922, 1976 and 1994)

the seventh day after the new readiness date stated in the Owners' notification to the Charterers shall be the new cancelling date.
The provisions of sub-clause (b) of this Clause shall operate only once, and in case of the Vessel's further delay, the Charterers shall have the option of cancelling the Charter Party as per sub-clause (a) of this Clause.

10. Bills of Lading

Bills of Lading shall be presented and signed by the Master as per the "Congenbill" Bill of Lading form, Edition 1994, without prejudice to this Charter Party, or by the Owners' agents provided written authority has been given by Owners to the agents, a copy of which is to be furnished to the Charterers. The Charterers shall indemnify the Owners against all consequences or liabilities that may arise from the signing of bills of lading as presented to the extent that the terms or contents of such bills of lading impose or result in the imposition of more onerous liabilities upon the Owners than those assumed by the Owners under this Charter Party.

11. Both-to-Blame Collision Clause

If the Vessel comes into collision with another vessel as a result of the negligence of the other vessel and any act, neglect or default of the Master, Mariner, Pilot or the servants of the Owners in the navigation or in the management of the Vessel, the owners of the cargo carried hereunder will indemnify the Owners against all loss or liability to the other or non-carrying vessel or her owners in so far as such loss or liability represents loss of, or damage to, or any claim whatsoever of the owners of said cargo, paid or payable by the other or non-carrying vessel or her owners to the owners of said cargo and set-off, recouped or recovered by the other or non-carrying vessel or her owners as part of their claim against the carrying Vessel or the Owners.
The foregoing provisions shall also apply where the owners, operators or those in charge of any vessel or vessels or objects other than, or in addition to, the colliding vessels or objects are at fault in respect of a collision or contact.

12. General Average and New Jason Clause

General Average shall be adjusted in London unless otherwise agreed in Box 22 according to York-Antwerp Rules 1994 and any subsequent modification thereof. Proprietors of cargo to pay the cargo's share in the general expenses even if same have been necessitated through neglect or default of the Owners' servants (see Clause 2).
If General Average is to be adjusted in accordance with the law and practice of the United States of America, the following Clause shall apply: "In the event of accident, danger, damage or disaster before or after the commencement of the voyage, resulting from any cause whatsoever, whether due to negligence or not, for which, or for the consequence of which, the Owners are not responsible, by statute, contract or otherwise, the cargo shippers, consignees or the owners of the cargo shall contribute with the Owners in General Average to the payment of any sacrifices, losses or expenses of a General Average nature that may be made or incurred and shall pay salvage and special charges incurred in respect of the cargo. If a salving vessel is owned or operated by the Owners, salvage shall be paid for as fully as if the said salving vessel or vessels belonged to strangers. Such deposit as the Owners, or their agents, may deem sufficient to cover the estimated contribution of the goods and any salvage and special charges thereon shall, if required, be made by the cargo, shippers, consignees or owners of the goods to the Owners before delivery.".

13. Taxes and Dues Clause

(a) *On Vessel* -The Owners shall pay all dues, charges and taxes customarily levied on the Vessel, howsoever the amount thereof may be assessed.
(b) *On cargo* -The Charterers shall pay all dues, charges, duties and taxes customarily levied on the cargo, howsoever the amount thereof may be assessed.
(c) *On freight* -Unless otherwise agreed in Box 23, taxes levied on the freight shall be for the Charterers' account.

14. Agency

In every case the Owners shall appoint their own Agent both at the port of loading and the port of discharge.

15. Brokerage

A brokerage commission at the rate stated in Box 24 on the freight, dead-freight and demurrage earned is due to the party mentioned in Box 24.
In case of non-execution 1/3 of the brokerage on the estimated amount of freight to be paid by the party responsible for such non-execution to the Brokers as indemnity for the latter's expenses and work. In case of more voyages the amount of indemnity to be agreed.

16. General Strike Clause

(a) If there is a strike or lock-out affecting or preventing the actual loading of the cargo, or any part of it, when the Vessel is ready to proceed from her last port or at any time during the voyage to the port or ports of loading or after her arrival there, the Master or the Owners may ask the Charterers to declare, that they agree to reckon the laydays as if there were no strike or lock-out. Unless the Charterers have given such declaration in writing (by telegram, if necessary) within 24 hours, the Owners shall have the option of canceling this Charter Party. If part cargo has already been loaded, the Owners must proceed with same, (freight payable on loaded quantity only) having liberty to complete with other cargo on the way for their own account.
(b) If there is a strike or lock-out affecting or preventing the actual discharging of the cargo on or after the Vessel's arrival at or off port of discharge and same has not been settled within 48 hours, the Charterers shall have the option of keeping the Vessel waiting until such strike or lock-out is at an end against paying half demurrage after expiration of the time provided for discharging until the strike or lock-out terminates and thereafter full demurrage shall be payable until the completion of discharging, or of ordering the Vessel to a safe port where she can safely discharge without risk of being detained by strike or lock-out. Such orders to be given within 48 hours after the Master or the Owners have given notice to the Charterers of the strike or lock-out affecting the discharge. On delivery of the cargo at such port, all conditions of this Charter Party and of the Bill of Lading shall apply and the Vessel shall receive the same freight as if she had discharged at the original port of destination, except that if the distance to the substituted port exceeds 100 nautical miles, the freight on the cargo delivered at the substituted port to be increased in proportion.
(c) Except for the obligations described above, neither the Charterers nor the Owners shall be responsible for the consequences of any strikes or lock-outs preventing or affecting the actual loading or discharging of the cargo.

17. War Risks ("Voywar 1993")

(1) For the purpose of this Clause, the words:
(a) The "Owners" shall include the shipowners, bareboat charterers, disponent owners, managers or other operators who are charged with the management of the Vessel, and the Master; and
(b) "War Risks" shall include any war (whether actual or threatened), act of war, civil war, hostilities, revolution, rebellion, civil commotion, warlike operations, the laying of mines (whether actual or reported), acts of piracy, acts of terrorists, acts of hostility or malicious damage, blockades (whether imposed against all Vessels or imposed selectively against Vessels of certain flags or ownership, or against certain cargoes or crews or otherwise howsoever), by any person, body, terrorist or political group, or the Government of any state whatsoever, which, in the reasonable judgement of the Master and/or the Owners, may be dangerous or are likely to be or to become dangerous to the Vessel, her cargo, crew or other persons on board the Vessel.

(2) If at any time before the Vessel commences loading, it appears that, in the reasonable judgement of the Master and/or the Owners, performance of the Contract of Carriage, or any part of it, may expose, or is likely to expose, the Vessel, her cargo, crew or other persons on board the Vessel to War Risks, the Owners may give notice to the Charterers cancelling this Contract of Carriage, or may refuse to perform such part of it as may expose, or may be likely to expose, the Vessel, her cargo, crew or other persons on board the Vessel to War Risks; provided always that if this Contract of Carriage provides that loading or discharging is to take place within a range of ports, and at the port or ports nominated by the Charterers the Vessel, her cargo, crew, or other persons onboard the Vessel may be exposed, or may be likely to be exposed, to War Risks, the Owners shall first require the Charterers to nominate any other safe port which lies within the range for loading or discharging, and may only cancel this Contract of Carriage if the Charterers shall not have nominated such safe port or ports within 48 hours of receipt of notice of such requirement.

(3) The Owners shall not be required to continue to load cargo for any voyage, or to sign Bills of Lading for any port or place, or to proceed or continue on any voyage, or on any part thereof, or to proceed through any canal or waterway, or to proceed to or remain at any port or place whatsoever, where it appears, either after the loading of the cargo commences, or at any stage of the voyage thereafter before the discharge of the cargo is completed, that, in the reasonable judgement of the Master and/or the Owners, the Vessel, her cargo (or any part thereof), crew or other persons on board the Vessel (or any one or more of them) may be, or are likely to be, exposed to War Risks. If it should so appear, the Owners may by notice request the Charterers to nominate a safe port for the discharge of the cargo or any part thereof, and if within 48 hours of the receipt of such notice, the Charterers shall not have nominated such a port, the Owners may discharge the cargo at any safe port of their choice (including the port of loading) in complete fulfilment of the Contract of Carriage. The Owners shall be entitled to recover from the Charterers the extra expenses of such discharge and, if the discharge takes place at any port other than the loading port, to receive the full freight as though the cargo had been

PART II

"Gencon" Charter (As Revised 1922, 1976 and 1994)

carried to the discharging port and if the extra distance exceeds 100 miles, to additional freight which shall be the same percentage of the freight contracted for as the percentage which the extra distance represents to the distance of the normal and customary route, the Owners having a lien on the cargo for such expenses and freight.

(4) If at any stage of the voyage after the loading of the cargo commences, it appears that, in the reasonable judgement of the Master and/or the Owners, the Vessel, her cargo, crew or other persons on board the Vessel may be, or are likely to be, exposed to War Risks on any part of the route (including any canal or waterway) which is normally and customarily used in a voyage of the nature contracted for, and there is another longer route to the discharging port, the Owners shall give notice to the Charterers that this route will be taken. In this event the Owners shall be entitled, if the total extra distance exceeds 100 miles, to additional freight which shall be the same percentage of the freight contracted for as the percentage which the extra distance represents to the distance of the normal and customary route.

(5) The Vessel shall have liberty:-

(a) to comply with all orders, directions, recommendations or advice as to departure, arrival, routes, sailing in convoy, ports of call, stoppages, destinations, discharge of cargo, delivery or in any way whatsoever which are given by the Government of the Nation under whose flag the Vessel sails, or other Government to whose laws the Owners are subject, or any other Government which so requires, or any body or group acting with the power to compel compliance with their orders or directions;

(b) to comply with the orders, directions or recommendations of any war risks underwriters who have the authority to give the same under the terms of the war risks insurance;

(c) to comply with the terms of any resolution of the Security Council of the United Nations, any directives of the European Community, the effective orders of any other Supranational body which has the right to issue and give the same, and with national laws aimed at enforcing the same to which the Owners are subject, and to obey the orders and directions of those who are charged with their enforcement;

(d) to discharge at any other port any cargo or part thereof which may render the Vessel liable to confiscation as a contraband carrier;

(e) to call at any other port to change the crew or any part thereof or other persons on board the Vessel when there is reason to believe that they may be subject to internment, imprisonment or other sanctions;

(f) where cargo has not been loaded or has been discharged by the Owners under any provisions of this Clause, to load other cargo for the Owners' own benefit and carry it to any other port or ports whatsoever, whether backwards or forwards or in a contrary direction to the ordinary or customary route.

(6) If in compliance with any of the provisions of sub-clauses (2) to (5) of this Clause anything is done or not done, such shall not be deemed to be a deviation, but shall be considered as due fulfilment of the Contract of Carriage.

18. General Ice Clause

Port of loading

(a) In the event of the loading port being inaccessible by reason of ice when the Vessel is ready to proceed from her last port or at any time during the voyage or on the Vessel's arrival or in case frost sets in after the Vessel's arrival, the Master for fear of being frozen in is at liberty to leave without cargo, and this Charter Party shall be null and void.

(b) If during loading the Master, for fear of the Vessel being frozen in, deems it advisable to leave, he has liberty to do so with what cargo he has on board and to proceed to any other port or ports with option of completing cargo for the Owners' benefit for any port or ports including port of discharge. Any part cargo thus loaded under this Charter Party to be forwarded to destination at the Vessel's expense but against payment of freight, provided that no extra expenses be thereby caused to the Charterers, freight being paid on quantity delivered (in proportion if lumpsum), all other conditions as per this Charter Party.

(c) In case of more than one loading port, and if one or more of the ports are closed by ice, the Master or the Owners to be at liberty either to load the part cargo at the open port and fill up elsewhere for their own account as under section (b) or to declare the Charter Party null and void unless the Charterers agree to load full cargo at the open port.

Port of discharge

(a) Should ice prevent the Vessel from reaching port of discharge the Charterers shall have the option of keeping the Vessel waiting until the re-opening of navigation and paying demurrage or of ordering the Vessel to a safe and immediately accessible port where she can safely discharge without risk of detention by ice. Such orders to be given within 48 hours after the Master or the Owners have given notice to the Charterers of the impossibility of reaching port of destination.

(b) If during discharging the Master for fear of the Vessel being frozen in deems it advisable to leave, he has liberty to do so with what cargo he has on board and to proceed to the nearest accessible port where she can safely discharge.

(c) On delivery of the cargo at such port, all conditions of the Bill of Lading shall apply and the Vessel shall receive the same freight as if she had discharged at the original port of destination, except that if the distance of the substituted port exceeds 100 nautical miles, the freight on the cargo delivered at the substituted port to be increased in proportion.

19. Law and Arbitration

* (a) This Charter Party shall be governed by and construed in accordance with English law and any dispute arising out of this Charter Party shall be referred to arbitration in London in accordance with the Arbitration Acts 1950 and 1979 or any statutory modification or re-enactment thereof for the time being in force. Unless the parties agree upon a sole arbitrator, one arbitrator shall be appointed by each party and the arbitrators so appointed shall appoint a third arbitrator, the decision of the three-man tribunal thus constituted or any two of them, shall be final. On the receipt by one party of the nomination in writing of the other party's arbitrator, that party shall appoint their arbitrator within fourteen days, failing which the decision of the single arbitrator appointed shall be final.

For disputes where the total amount claimed by either party does not exceed the amount stated in Box 25** the arbitration shall be conducted in accordance with the Small Claims Procedure of the London Maritime Arbitrators Association.

* (b) This Charter Party shall be governed by and construed in accordance with Title 9 of the United States Code and the Maritime Law of the United States and should any dispute arise out of this Charter Party, the matter in dispute shall be referred to three persons at New York, one to be appointed by each of the parties hereto, and the third by the two so chosen; their decision or that of any two of them shall be final, and for purpose of enforcing any award, this agreement may be made a rule of the Court. The proceedings shall be conducted in accordance with the rules of the Society of Maritime Arbitrators, Inc..

For disputes where the total amount claimed by either party does not exceed the amount stated in Box 25** the arbitration shall be conducted in accordance with the Shortened Arbitration Procedure of the Society of Maritime Arbitrators, Inc..

* (c) Any dispute arising out of this Charter Party shall be referred to arbitration at the place indicated in Box 25, subject to the procedures applicable there. The laws of the place indicated in Box 25 shall govern this Charter Party.

(d) If Box 25 in Part 1 is not filled in, sub-clause (a) of this Clause shall apply.

* *(a), (b) and (c) are alternatives; indicate alternative agreed in Box 25.*

** *Where no figure is supplied in Box 25 in Part 1, this provision only shall be void but the other provisions of this Clause shall have full force and remain in effect.*

부 록 4

NYPE(1993)

Code Name: **"NYPE 93"**

Recommended by:
The Baltic and International Maritime Council (BIMCO)
The Federation of National Associations of
Ship Brokers and Agents (FONASBA)

TIME CHARTER©

New York Produce Exchange Form
Issued by the Association of Ship Brokers and Agents (U.S.A.), Inc.

November 6th, 1913 - Amended October 20th, 1921; August 6th, 1931; October 3rd, 1946;
Revised June 12th, 1981; September 14th 1993.

THIS CHARTER PARTY, made and concluded in
this day of 19

Between

Owners of the Vessel described below, and

Charterers.

Description of Vessel

Name Flag Built (year).
Port and number of Registry
Classed in
Deadweight long*/metric* tons (cargo and bunkers, including freshwater and stores not exceeding long*/metric* tons) on a salt water draft of on summer freeboard.

Capacity cubic feet grain cubic feet bale space.
Tonnage GT/GRT.
Speed about knots, fully laden, in good weather conditions up to and including maximum Force on the Beaufort wind scale, on a consumption of about long*/metric* tons of

** Delete as appropriate.*
For further description see Appendix "A" (if applicable)

1. **Duration**

The Owners agree to let and the Charterers agree to hire the Vessel from the time of delivery for a period of

within below mentioned trading limits.

2. **Delivery**

The Vessel shall be placed at the disposal of the Charterers at

The Vessel on her delivery shall be ready to receive cargo with clean-swept holds and tight, staunch, strong and in every way fitted for ordinary cargo service, having water ballast and with sufficient power to operate all cargo-handling gear simultaneously.

The Owners shall give the Charterers not less than days notice of expected date of delivery.

3. On-Off Hire Survey

Prior to delivery and redelivery the parties shall, unless otherwise agreed, each appoint surveyors, for their respective accounts, who shall not later than at first loading port/last discharging port respectively, conduct joint on-hire/off-hire surveys, for the purpose of ascertaining quantity of bunkers on board and the condition of the Vessel. A single report shall be prepared on each occasion and signed by each surveyor, without prejudice to his right to file a separate report setting forth items upon which the surveyors cannot agree.
If either party fails to have a representative attend the survey and sign the joint survey report, such party shall nevertheless be bound for all purposes by the findings in any report prepared by the other party.
On-hire survey shall be on Charterers' time and off-hire survey on Owners' time.

4. Dangerous Cargo/Cargo Exclusions

(a) The Vessel shall be employed in carrying lawful merchandise excluding any goods of a dangerous, injurious, flammable or corrosive nature unless carried in accordance with the requirements or recommendations of the competent authorities of the country of the Vessel's registry and of ports of shipment and discharge and of any intermediate countries or ports through whose waters the Vessel must pass. Without prejudice to the generality of the foregoing, in addition the following are specifically excluded: livestock of any description, arms, ammunition, explosives, nuclear and radioactive materials,

(b) If IMO-classified cargo is agreed to be carried, the amount of such cargo shall be limited to tons and the Charterers shall provide the Master with any evidence he may reasonably require to show that the cargo is packaged, labelled, loaded and stowed in accordance with IMO regulations, failing which the Master is entitled to refuse such cargo or, if already loaded, to unload it at the Charterers' risk and expense.

5. Trading Limits

The Vessel shall be employed in such lawful trades between safe ports and safe places within

excluding

as the Charterers shall direct.

6. Owners to Provide

The Owners shall provide and pay for the insurance of the Vessel, except as otherwise provided, and for all provisions, cabin, deck, engine-room and other necessary stores, including boiler water; shall pay for wages, consular shipping and discharging fees of the crew and charges for port services pertaining to the crew; shall maintain the Vessel's class and keep her in a thoroughly efficient state in hull, machinery and equipment for and during the service, and have a full complement of officers and crew.

7. Charterers to Provide

The Charterers, while the Vessel is on hire, shall provide and pay for all the bunkers except as otherwise agreed; shall pay for port charges (including compulsory watchmen and cargo watchmen and compulsory garbage disposal), all communication expenses pertaining to the Charterers' business at cost, pilotages, towages, agencies, commissions, consular charges (except those pertaining to individual crew members or flag of the Vessel), and all other usual expenses except those stated in Clause 6, but when the Vessel puts into a port for causes for which the Vessel is responsible (other than by stress of weather), then all such charges incurred shall be paid by the Owners. Fumigations ordered because of illness of the crew shall be for the Owners' account. Fumigations ordered because of cargoes carried or ports visited while the Vessel is employed under this Charter Party shall be for the Charterers' account. All other fumigations shall be for the Charterers' account after the Vessel has been on charter for a continuous period of six months or more.

The Charterers shall provide and pay for necessary dunnage and also any extra fittings requisite for a special trade or unusual cargo, but the Owners shall allow them the use of any dunnage already aboard the Vessel. Prior to redelivery the Charterers shall remove their dunnage and fittings at their cost and in their time.

8. Performance of Voyages

(a) The Master shall perform the voyages with due despatch, and shall render all customary assistance with the Vessel's crew. The Master shall be conversant with the English language and (although appointed by the Owners) shall be under the orders and directions of the Charterers as regards employment and agency; and the Charterers shall perform all cargo handling, including but not limited to loading, stowing, trimming, lashing, securing, dunnaging, unlashing, discharging, and tallying, at their risk and expense, under the supervision of the Master.

(b) If the Charterers shall have reasonable cause to be dissatisfied with the conduct of the Master or officers, the Owners shall, on receiving particulars of the complaint, investigate the same, and, if necessary, make a change in the appointments.

9. Bunkers

(a) The Charterers on delivery, and the Owners on redelivery, shall take over and pay for all fuel and diesel oil remaining on board the Vessel as hereunder. The Vessel shall be delivered with: long*/metric* tons of fuel oil at the price of per ton; tons of diesel oil at the price of per ton. The vessel shall be redelivered with: tons of fuel oil at the price of per ton; tons of diesel oil at the price of per ton.

** Same tons apply throughout this clause.*

(b) The Charterers shall supply bunkers of a quality suitable for burning in the Vessel's engines and auxiliaries and which conform to the specification(s) as set out in Appendix A.

The Owners reserve their right to make a claim against the Charterers for any damage to the main engines or the auxiliaries caused by the use of unsuitable fuels or fuels not complying with the agreed specification(s). Additionally, if bunker fuels supplied do not conform with the mutually agreed specification(s) or otherwise prove unsuitable for burning in the Vessel's engines or auxiliaries, the Owners shall not be held responsible for any reduction in the Vessel's speed performance and/or increased bunker consumption, nor for any time lost and any other consequences.

10. Rate of Hire/Redelivery Areas and Notices

The Charterers shall pay for the use and hire of the said Vessel at the rate of $ U.S. currency, daily, or $ U.S. currency per ton on the Vessel's total deadweight carrying capacity, including bunkers and stores, on summer freeboard, per 30 days, commencing on and from the day of her delivery, as aforesaid, and at and after the same rate for any part of a month; hire shall continue until the hour of the day of her redelivery in like good order and condition, ordinary wear and tear excepted, to the Owners (unless Vessel lost) at

unless otherwise mutually agreed.

The Charterers shall give the Owners not less than days notice of the Vessel's expected date and probable port of redelivery.

For the purpose of hire calculations, the times of delivery, redelivery or termination of charter shall be adjusted to GMT.

11. **Hire Payment**

(a) *Payment*

Payment of Hire shall be made so as to be received by the Owners or their designated payee in , viz

in

currency, or in United States Currency, in funds available to the Owners on the due date, 15 days in advance, and for the last month or part of same the approximate amount of hire, and should same not cover the actual time, hire shall be paid for the balance day by day as it becomes due, if so required by the Owners. Failing the punctual and regular payment of the hire, or on any fundamental breach whatsoever of this Charter Party, the Owners shall be at liberty to withdraw the Vessel from the service of the Charterers without prejudice to any claims they (the Owners) may otherwise have on the Charterers.

At any time after the expiry of the grace period provided in Sub-clause 11 (b) hereunder and while the hire is outstanding, the Owners shall, without prejudice to the liberty to withdraw, be entitled to withhold the performance of any and all of their obligations hereunder and shall have no responsibility whatsoever for any consequences thereof, in respect of which the Charterers hereby indemnify the Owners, and hire shall continue to accrue and any extra expenses resulting from such withholding shall be for the Charterers' account.

(b) *Grace Period*

Where there is failure to make punctual and regular payment of hire due to oversight, negligence, errors or omissions on the part of the Charterers or their bankers, the Charterers shall be given by the Owners clear banking days (as recognized at the agreed place of payment) written notice to rectify the failure, and when so rectified within those days following the Owners' notice, the payment shall stand as regular and punctual.

Failure by the Charterers to pay the hire within days of their receiving the Owners' notice as provided herein, shall entitle the Owners to withdraw as set forth in Sub-clause 11 (a) above.

(c) *Last Hire Payment*

Should the Vessel be on her voyage towards port of redelivery at the time the last and/or the penultimate payment of hire is/are due, said payment(s) is/are to be made for such length of time as the Owners and the Charterers may agree upon as being the estimated time necessary to complete the voyage, and taking into account bunkers actually on board, to be taken over by the Owners and estimated disbursements for the Owners' account before redelivery. Should same not cover the actual time, hire is to be paid for the balance, day by day, as it becomes due. When the Vessel has been redelivered, any difference is to be refunded by the Owners or paid by the Charterers, as the case may be.

(d) *Cash Advances*

Cash for the Vessel's ordinary disbursements at any port may be advanced by the Charterers, as required by the Owners, subject to 2½ percent commission and such advances shall be deducted from the hire. The Charterers, however, shall in no way be responsible for the application of such advances.

12. **Berths**

The Vessel shall be loaded and discharged in any safe dock or at any safe berth or safe place that Charterers or their agents may direct, provided the Vessel can safely enter, lie and depart always afloat at any time of tide.

13. **Spaces Available**

(a) The whole reach of the Vessel's holds, decks, and other cargo spaces (not more than she can reasonably and safely stow and carry), also accommodations for supercargo, if carried, shall be at the Charterers' disposal, reserving only proper and sufficient space for the Vessel's officers, crew, tackle, apparel, furniture, provisions, stores and fuel.

(b) In the event of deck cargo being carried, the Owners are to be and are hereby indemnified by the Charterers for any loss and/or damage and/or liability of whatsoever nature caused to the Vessel as a result of the carriage of deck cargo and which would not have arisen had deck cargo not been loaded.

14. **Supercargo and Meals**

The Charterers are entitled to appoint a supercargo, who shall accompany the Vessel at the Charterers' risk and see that voyages are performed with due despatch. He is to be furnished with free accommodation and same fare as provided for the Master's table, the Charterers paying at the rate of per day. The Owners shall victual pilots and customs officers, and also, when authorized by the Charterers or their agents, shall victual tally clerks, stevedore's foreman, etc., Charterers paying at the rate of per meal for all such victualling.

15. **Sailing Orders and Logs**

The Charterers shall furnish the Master from time to time with all requisite instructions and sailing directions, in writing, in the English language, and the Master shall keep full and correct deck and engine logs of the voyage or voyages, which are to be patent to the Charterers or their agents, and furnish the Charterers, their agents or supercargo, when required, with a true copy of such deck and engine logs, showing the course of the Vessel, distance run and the consumption of bunkers. Any log extracts required by the Charterers shall be in the English language.

16. **Delivery/Cancelling**

If required by the Charterers, time shall not commence before and should the Vessel not be ready for delivery on or before but not later than hours, the Charterers shall have the option of cancelling this Charter Party.

Extension of Cancelling

If the Owners warrant that, despite the exercise of due diligence by them, the Vessel will not be ready for delivery by the cancelling date, and provided the Owners are able to state with reasonable certainty the date on which the Vessel will be ready, they may, at the earliest seven days before the Vessel is expected to sail for the port or place of delivery, require the Charterers to declare whether or not they will cancel the Charter Party. Should the Charterers elect not to cancel, or should they fail to reply within two days or by the cancelling date, whichever shall first occur, then the seventh day after the expected date of readiness for delivery as notified by the Owners shall replace the original cancelling date. Should the Vessel be further delayed, the Owners shall be entitled to require further declarations of the Charterers in accordance with this Clause.

17. **Off Hire**

In the event of loss of time from deficiency and/or default and/or strike of officers or crew, or deficiency of stores, fire, breakdown of, or damages to hull, machinery or equipment, grounding, detention by the arrest of the Vessel, (unless such arrest is caused by events for which the Charterers, their servants, agents or subcontractors are responsible), or detention by average accidents to the Vessel or cargo unless resulting from inherent vice, quality or defect of the cargo, drydocking for the purpose of examination or painting bottom, or by any other similar cause preventing the full working of the Vessel, the payment of hire and overtime, if any, shall cease for the time thereby lost. Should the Vessel deviate or put back during a voyage, contrary to the orders or directions of the Charterers, for any reason other than accident to the cargo or where permitted in lines 257 to 258 hereunder, the hire is to be suspended from the time of her deviating or putting back until she is again in the same or equidistant position from the destination and the voyage resumed therefrom. All bunkers used by the Vessel while off hire shall be for the Owners' account. In the event of the Vessel being driven into port or to anchorage through stress of weather, trading to shallow harbors or to rivers or ports with bars, any detention of the Vessel and/or expenses resulting from such detention shall be for the Charterers' account. If upon the voyage the speed be reduced by defect in, or breakdown of, any part of her hull, machinery or equipment, the time so lost, and the cost of any extra bunkers consumed in consequence thereof, and all extra proven expenses may be deducted from the hire.

18. **Sublet**

Unless otherwise agreed, the Charterers shall have the liberty to sublet the Vessel for all or any part of the time covered by this Charter Party, but the Charterers remain responsible for the fulfillment of this Charter Party.

19. **Drydocking**

The Vessel was last drydocked

*(a) The Owners shall have the option to place the Vessel in drydock during the currency of this Charter at a convenient time and place, to be mutually agreed upon between the Owners and the Charterers, for bottom cleaning and painting and/or repair as required by class or dictated by circumstances.

*(b) Except in case of emergency no drydocking shall take place during the currency of this Charter Party.

** Delete as appropriate*

20. **Total Loss**

Should the Vessel be lost, money paid in advance and not earned (reckoning from the date of loss or being last heard of) shall be returned to the Charterers at once.

21. **Exceptions**

The act of God, enemies, fire, restraint of princes, rulers and people, and all dangers and accidents of the seas, rivers, machinery, boilers, and navigation, and errors of navigation throughout this Charter, always mutually excepted.

22. **Liberties**

The Vessel shall have the liberty to sail with or without pilots, to tow and to be towed, to assist vessels in distress, and to deviate for the purpose of saving life and property.

23. **Liens**

The Owners shall have a lien upon all cargoes and all sub-freights and/or sub-hire for any amounts due under this Charter Party, including general average contributions, and the Charterers shall have a lien on the Vessel for all monies paid in advance and not earned, and any overpaid hire or excess deposit to be returned at once.

The Charterers will not directly or indirectly suffer, nor permit to be continued, any lien or encumbrance, which might have priority over the title and interest of the Owners in the Vessel. The Charterers undertake that during the period of this Charter Party, they will not procure any supplies or necessaries or services, including any port expenses and bunkers, on the credit of the Owners or in the Owners' time.

24. **Salvage**

All derelicts and salvage shall be for the Owners' and the Charterers' equal benefit after deducting Owners' and Charterers' expenses and crew's proportion.

25. **General Average**

General average shall be adjusted according to York-Antwerp Rules 1974, as amended 1990, or any subsequent modification thereof, in   and settled in
currency.

The Charterers shall procure that all bills of lading issued during the currency of the Charter Party will contain a provision to the effect that general average shall be adjusted according to York-Antwerp Rules 1974, as amended 1990, or any subsequent modification thereof and will include the "New Jason Clause" as per Clause 31.

Time charter hire shall not contribute to general average.

26. **Navigation**

Nothing herein stated is to be construed as a demise of the Vessel to the Time Charterers. The Owners shall remain responsible for the navigation of the Vessel, acts of pilots and tug boats, insurance, crew, and all other matters, same as when trading for their own account.

27. **Cargo Claims**

Cargo claims as between the Owners and the Charterers shall be settled in accordance with the Inter-Club New York Produce Exchange Agreement of February 1970, as amended May, 1984, or any subsequent modification or replacement thereof.

28. **Cargo Gear and Lights**

The Owners shall maintain the cargo handling gear of the Vessel which is as follows:

providing gear (for all derricks or cranes) capable of lifting capacity as described. The Owners shall also provide on the Vessel for night work lights as on board, but all additional lights over those on board shall be at the Charterers' expense. The Charterers shall have the use of any gear on board the Vessel. If required by the Charterers, the Vessel shall work night and day and all cargo handling gear shall be at the Charterers' disposal during loading and discharging. In the event of disabled cargo handling gear, or insufficient power to operate the same, the Vessel is to be considered to be off hire to the extent that time is actually lost to the Charterers and the Owners to pay stevedore stand-by charges occasioned thereby, unless such disablement or insufficiency of power is caused by the Charterers' stevedores. If required by the Charterers, the Owners shall bear the cost of hiring shore gear in lieu thereof, in which case the Vessel shall remain on hire.

29. **Crew Overtime**

In lieu of any overtime payments to officers and crew for work ordered by the Charterers or their agents, the Charterers shall pay the Owners, concurrently with the hire   per month or pro rata.

30. **Bills of Lading**

(a) The Master shall sign the bills of lading or waybills for cargo as presented in conformity with mates or tally clerk's receipts. However, the Charterers may sign bills of lading or waybills on behalf of the Master, with the Owner's prior written authority, always in conformity with mates or tally clerk's receipts.

(b) All bills of lading or waybills shall be without prejudice to this Charter Party and the Charterers shall indemnify the Owners against all consequences or liabilities which may arise from any inconsistency between this Charter Party and any bills of lading or waybills signed by the Charterers or by the Master at their request.

(c) Bills of lading covering deck cargo shall be claused: "Shipped on deck at Charterers', Shippers' and Receivers' risk, expense and responsibility, without liability on the part of the Vessel, or her Owners for any loss, damage, expense or delay howsoever caused."

31. **Protective Clauses**

This Charter Party is subject to the following clauses all of which are also to be included in all bills of lading or waybills issued hereunder:

(a) CLAUSE PARAMOUNT
"This bill of lading shall have effect subject to the provisions of the Carriage of Goods by Sea Act of the United States, the Hague Rules, or the Hague-Visby Rules, as applicable, or such other similar national legislation as may mandatorily apply by virtue of origin or destination of the bills of lading, which shall be deemed to be incorporated herein and nothing herein contained shall be deemed a surrender by the carrier of any of its rights or immunities or an increase of any of its responsibilities or liabilities under said applicable Act. If any term of this bill of lading be repugnant to said applicable Act to any extent, such term shall be void to that extent, but no further."

and

(b) BOTH-TO-BLAME COLLISION CLAUSE
"If the ship comes into collision with another ship as a result of the negligence of the other ship and any act, neglect or default of the master, mariner, pilot or the servants of the carrier in the navigation or in the management of the ship, the owners of the goods carried hereunder will indemnify the carrier against all loss or liability to the other or non-carrying ship or her owners insofar as such loss or liability represents loss of, or damage to, or any claim whatsoever of the owners of said goods, paid or payable by the other or non-carrying ship or her owners to the owners of said goods and set off, recouped or recovered by the other or non-carrying ship or her owners as part of their claim against the carrying ship or carrier.

The foregoing provisions shall also apply where the owners, operators or those in charge of any ships or objects other than, or in addition to, the colliding ships or objects are at fault in respect to a collision or contact."

and

(c) NEW JASON CLAUSE
"In the event of accident, danger, damage or disaster before or after the commencement of the voyage resulting from any cause whatsoever, whether due to negligence or not, for which, or for the consequences of which, the carrier is not responsible, by statute, contract, or otherwise, the goods, shippers, consignees, or owners of the goods shall contribute with the carrier in general average to the payment of any sacrifices, losses, or expenses of a general average nature that may be made or incurred, and shall pay salvage and special charges incurred in respect of the goods.

If a salving ship is owned or operated by the carrier, salvage shall be paid for as fully as if salving ship or ships belonged to strangers. Such deposit as the carrier or his agents may deem sufficient to cover the estimated contribution of the goods and any salvage and special charges thereon shall, if required, be made by the goods, shippers, consignees or owners of the goods to the carrier before delivery."

and

(d) U.S. TRADE - DRUG CLAUSE
"In pursuance of the provisions of the U.S. Anti Drug Abuse Act 1986 or any re-enactment thereof, the Charterers warrant to exercise the highest degree of care and diligence in preventing unmanifested narcotic drugs and marijuana to be loaded or concealed on board the Vessel.

Non-compliance with the provisions of this clause shall amount to breach of warranty for consequences of which the Charterers shall be liable and shall hold the Owners, the Master and the crew of the Vessel harmless and shall keep them indemnified against all claims whatsoever which may arise and be made against them individually or jointly. Furthermore, all time lost and all expenses incurred, including fines, as a result of the Charterers' breach of the provisions of this clause shall be for the Charterer's account and the Vessel shall remain on hire.

Should the Vessel be arrested as a result of the Charterers' non-compliance with the provisions of this clause, the Charterers shall at their expense take all reasonable steps to secure that within a reasonable time the Vessel is released and at their expense put up the bails to secure release of the Vessel.

The Owners shall remain responsible for all time lost and all expenses incurred, including fines, in the event that unmanifested narcotic drugs and marijuana are found in the possession or effects of the Vessel's personnel."

and

(e) WAR CLAUSES

"(i) No contraband of war shall be shipped. The Vessel shall not be required, without the consent of the Owners, which shall not be unreasonably withheld, to enter any port or zone which is involved in a state of war, warlike operations, or hostilities, civil strife, insurrection or piracy whether there be a declaration of war or not, where the Vessel, cargo or crew might reasonably be expected to be subject to capture, seizure or arrest, or to a hostile act by a belligerent power (the term "power" meaning any de jure or de facto authority or any purported governmental organization maintaining naval, military or air forces).

(ii) If such consent is given by the Owners, the Charterers will pay the provable additional cost of insuring the Vessel against hull war risks in an amount equal to the value under her ordinary hull policy but not exceeding a valuation of   In addition, the Owners may purchase and the Charterers will pay for war risk insurance on ancillary risks such as loss of hire, freight disbursements, total loss, blocking and trapping, etc. If such insurance is not obtainable commercially or through a government program, the Vessel shall not be required to enter or remain at any such port or zone.

(iii) In the event of the existence of the conditions described in (i) subsequent to the date of this Charter, or while the Vessel is on hire under this Charter, the Charterers shall, in respect of voyages to any such port or zone assume the provable additional cost of wages and insurance properly incurred in connection with master, officers and crew as a consequence of such war, warlike operations or hostilities.

(iv) Any war bonus to officers and crew due to the Vessel's trading or cargo carried shall be for the Charterers' account."

32. **War Cancellation**

In the event of the outbreak of war (whether there be a declaration of war or not) between any two or more of the following countries:

either the Owners or the Charterers may cancel this Charter Party. Whereupon, the Charterers shall redeliver the Vessel to the Owners in accordance with Clause 10; if she has cargo on board, after discharge thereof at destination, or, if debarred under this Clause from reaching or entering it, at a near open and safe port as directed by the Owners; or, if she has no cargo on board, at the port at which she then is; or, if at sea, at a near open and safe port as directed by the Owners. In all cases hire shall continue to be paid in accordance with Clause 11 and except as aforesaid all other provisions of this Charter Party shall apply until redelivery.

33. **Ice**

The Vessel shall not be required to enter or remain in any icebound port or area, nor any port or area where lights or lightships have been or are about to be withdrawn by reason of ice, nor where there is risk that in the ordinary course of things the Vessel will not be able on account of ice to safely enter and remain in the port or area or to get out after having completed loading or discharging. Subject to the Owners' prior approval the Vessel is to follow ice-breakers when reasonably required with regard to her size, construction and ice class.

34. **Requisition**

Should the Vessel be requisitioned by the government of the Vessel's flag during the period of this Charter Party, the Vessel shall be deemed to be off hire during the period of such requisition, and any hire paid by the said government in respect of such requisition period shall be retained by the Owners. The period during which the Vessel is on requisition to the said government shall count as part of the period provided for in this Charter Party.
If the period of requisition exceeds   months, either party shall have the option of cancelling this Charter Party and no consequential claim may be made by either party.

35. **Stevedore Damage**

Notwithstanding anything contained herein to the contrary, the Charterers shall pay for any and all damage to the Vessel caused by stevedores provided the Master has notified the Charterers and/or their agents in writing as soon as practical but not later than 48 hours after any damage is discovered. Such notice to specify the damage in detail and to invite Charterers to appoint a surveyor to assess the extent of such damage.

(a) In case of any and all damage(s) affecting the Vessel's seaworthiness and/or the safety of the crew and/or affecting the trading capabilities of the Vessel, the Charterers shall immediately arrange for repairs of such damage(s) at their expense and the Vessel is to remain on hire until such repairs are completed and if required passed by the Vessel's classification society.

(b) Any and all damage(s) not described under point (a) above shall be repaired at the Charterers' option, before or after redelivery concurrently with the Owners' work. In such case no hire and/or expenses will be paid to the Owners except and insofar as the time and/or the expenses required for the repairs for which the Charterers are responsible, exceed the time and/or expenses necessary to carry out the Owners' work.

36. **Cleaning of Holds**

The Charterers shall provide and pay extra for sweeping and/or washing and/or cleaning of holds between voyages and/or between cargoes provided such work can be undertaken by the crew and is permitted by local regulations, at the rate of   per hold.

In connection with any such operation, the Owners shall not be responsible if the Vessel's holds are not accepted or passed by the port or any other authority. The Charterers shall have the option to re-deliver the Vessel with unclean/upswept holds against a lumpsum payment of   in lieu of cleaning.

37. **Taxes**

Charterers to pay all local, State, National taxes and/or dues assessed on the Vessel or the Owners resulting from the Charterers' orders herein, whether assessed during or after the currency of this Charter Party including any taxes and/or dues on cargo and/or freights and/or sub-freights and/or hire (excluding taxes levied by the country of the flag of the Vessel or the Owners).

38. **Charterers' Colors**

The Charterers shall have the privilege of flying their own house flag and painting the Vessel with their own markings. The Vessel shall be repainted in the Owners' colors before termination of the Charter Party. Cost and time of painting, maintaining and repainting those changes effected by the Charterers shall be for the Charterers' account.

39. **Laid up Returns**

The Charterers shall have the benefit of any return insurance premium receivable by the Owners from their underwriters as and when received from underwriters by reason of the Vessel being in port for a minimum period of 30 days if on full hire for this period or pro rata for the time actually on hire.

40. **Documentation**

The Owners shall provide any documentation relating to the Vessel that may be required to permit the Vessel to trade within the agreed trade limits, including, but not limited to certificates of financial responsibility for oil pollution, provided such oil pollution certificates are obtainable from the Owners' P & I club, valid international tonnage certificate, Suez and Panama tonnage certificates, valid certificate of registry and certificates relating to the strength and/or serviceability of the Vessel's gear.

41. **Stowaways**

(a) (i) The Charterers warrant to exercise due care and diligence in preventing stowaways in gaining access to the Vessel by means of secreting away in the goods and/or containers shipped by the Charterers.

(ii) If, despite the exercise of due care and diligence by the Charterers, stowaways have gained access to the Vessel by means of secreting away in the goods and/or containers shipped by the Charterers, this shall amount to breach of charter for the consequences of which the Charterers shall be liable and shall hold the Owners harmless and shall keep them indemnified against all claims whatsoever which may arise and be made against them. Furthermore, all time lost and all expenses whatsoever and howsoever incurred, including fines, shall be for the Charterers' account and the Vessel shall remain on hire.

(iii) Should the Vessel be arrested as a result of the Charterers' breach of charter according to sub-clause (a)(ii) above, the Charterers shall take all reasonable steps to secure that, within a reasonable time, the Vessel is released and at their expense put up bail to secure release of the Vessel.

(b) (i) If, despite the exercise of due care and diligence by the Owners, stowaways have gained access to the Vessel by means other than secreting away in the goods and/or containers shipped by the Charterers, all time lost and all expenses whatsoever and howsoever incurred, including fines, shall be for the Owners' account and the Vessel shall be off hire.

(ii) Should the Vessel be arrested as a result of stowaways having gained access to the Vessel by means other than secreting away in the goods and/or containers shipped by the Charterers, the Owners shall take all reasonable steps to secure that, within a reasonable time, the Vessel is released and at their expense put up bail to secure release of the Vessel.

42. **Smuggling**

In the event of smuggling by the Master, Officers and/or crew, the Owners shall bear the cost of any fines, taxes, or imposts levied and the Vessel shall be off hire for any time lost as a result thereof.

43. **Commissions**

A commission of percent is payable by the Vessel and the Owners to

on hire earned and paid under this Charter, and also upon any continuation or extension of this Charter.

44. **Address Commission**

An address commission of percent is payable to

on hire earned and paid under this Charter.

45. **Arbitration**

(a) NEW YORK
All disputes arising out of this contract shall be arbitrated at New York in the following manner, and subject to U.S. Law:

One Arbitrator is to be appointed by each of the parties hereto and a third by the two so chosen. Their decision or that of any two of them shall be final, and for the purpose of enforcing any award, this agreement may be made a rule of the court. The Arbitrators shall be commercial men, conversant with shipping matters. Such Arbitration is to be conducted in accordance with the rules of the Society of Maritime Arbitrators Inc.

For disputes where the total amount claimed by either party does not exceed US $ ** the arbitration shall be conducted in accordance with the Shortened Arbitration Procedure of the Society of Maritime Arbitrators Inc.

(b) LONDON
All disputes arising out of this contract shall be arbitrated at London and, unless the parties agree forthwith on a single Arbitrator, be referred to the final arbitrament of two Arbitrators carrying on business in London who shall be members of the Baltic Mercantile & Shipping Exchange and engaged in Shipping, one to be appointed by each of the parties, with power to such Arbitrators to appoint an Umpire. No award shall be questioned or invalidated on the ground that any of the Arbitrators is not qualified as above, unless objection to his action be taken before the award is made. Any dispute arising hereunder shall be governed by English Law.

For disputes where the total amount claimed by either party does not exceed US $ ** the arbitration shall be conducted in accordance with the Small Claims Procedure of the London Maritime Arbitrators Association.

**Delete para (a) or (b) as appropriate*

*** Where no figure is supplied in the blank space this provision only shall be void but the other provisions of this clause shall have full force and remain in effect.*

If mutually agreed, clauses to , both inclusive, as attached hereto are fully incorporated in this Charter Party.

APPENDIX "A"

To Charter Party dated
Between Owners
and Charterers

Further details of the Vessel:

부 록 5

BALTIME(2001)

1. Shipbroker	BIMCO UNIFORM TIME-CHARTER (AS REVISED 2001) CODE NAME: "BALTIME 1939" PART I 2. Place and Date of Charter
3. Owners/Place of business	4. Charterers/Place of business
5. Vessel's Name	6. GT/NT
7. Class	8. Indicated brake horse power (bhp)
9. Total tons d.w. (abt.) on summer freeboard	10. Cubic feet grain/bale capacity
11. Permanent bunkers (abt.)	12. Speed capability in knots (abt.) on a consumption in tons (abt.) of
13. Present position	14. Period of hire (Cl. 1)
15. Port of delivery (Cl. 1)	16. Time of delivery (Cl. 1)
17. (a) Trade limits (Cl. 2) (b) Cargo exclusions specially agreed	
18. Bunkers on re-delivery (state min. and max. quantity)(Cl. 5)	19. Charter hire (Cl. 6)
20. Hire payment (state currency, method and place of payment; also beneficiary and bank account) (Cl. 6)	
21. Place or range of re-delivery (Cl. 7)	22. Cancelling date (Cl. 21)
23. Dispute resolution (state 22(A), 22(B) or 22(C); if 22(C) agreed Place of Arbitration must be stated) (Cl. 22)	24. Brokerage commission and to whom payable (Cl. 24)
25. Numbers of additional clauses covering special provisions, if agreed	

It is mutually agreed that this Contract shall be performed subject to the conditions contained in this Charter which shall include PART I as well as PART II. In the event of a conflict of conditions, the provisions of PART I shall prevail over those of PART II to the extent of such conflict.

Signature (Owners)	Signature (Charterers)

Printed and sold by Fr. G. Knudtzons Bogtrykkeri A/S, Vallensbaekvej 61, DK-2625 Vallensbaek, Fax: +45 4366 0701

Issued 1909; Amended 1911; 1912; 1920; 1920; 1939; 1950; 1974; and 2001

PART II

"BALTIME 1939" Uniform Time-Charter (as revised 2001)

It is agreed between the party mentioned in Box 3 as Owners of the Vessel named in Box 5 of the gross/net tonnage indicated in Box 6, classed as stated in Box 7 and of indicated brake horse power (bhp) as stated in Box 8, carrying about the number of tons deadweight indicated in Box 9 on summer freeboard inclusive of bunkers, stores and provisions, having as per builder's plan a cubic-feet grain/bale capacity as stated in Box 10, exclusive of permanent bunkers, which contain about the number of tons stated in Box 11, and fully loaded capable of steaming about the number of knots indicated in Box 12 in good weather and smooth water on a consumption of about the number of tons fuel oil stated in Box 12, now in position as stated in Box 13 and the party mentioned as Charterers in Box 4, as follows:

1. Period/Port of Delivery/Time of Delivery

The Owners let, and the Charterers hire the Vessel for a period of the number of calendar months indicated in Box 14 from the time (not a Sunday or a legal Holiday unless taken over) the Vessel is delivered and placed at the disposal of the Charterers between 9 a.m. and 6 p.m., or between 9 a.m. and 2 p.m. if on Saturday, at the port stated in Box 15 in such available berth where she can safely lie always afloat, as the Charterers may direct, the Vessel being in every way fitted for ordinary cargo service. The Vessel shall be delivered at the time indicated in Box 16.

2. Trade

The Vessel shall be employed in lawful trades for the carriage of lawful merchandise only between safe ports or places where the Vessel can safely lie always afloat within the limits stated in Box 17. No live stock nor injurious, inflammable or dangerous goods (such as acids, explosives, calcium carbide, ferro silicon, naphtha, motor spirit, tar, or any of their products) shall be shipped.

3. Owners' Obligations

The Owners shall provide and pay for all provisions and wages, for insurance of the Vessel, for all deck and engine-room stores and maintain her in a thoroughly efficient state in hull and machinery during service. The Owners shall provide winchmen from the crew to operate the Vessel's cargo handling gear, unless the crew's employment conditions or local union or port regulations prohibit this, in which case qualified shore-winchmen shall be provided and paid for by the Charterers.

4. Charterers' Obligations

The Charterers shall provide and pay for all fuel oil, port charges, pilotages (whether compulsory or not), canal steersmen, boatage, lights, tug-assistance, consular charges (except those pertaining to the Master, officers and crew), canal, dock and other dues and charges, including any foreign general municipality or state taxes, also all dock, harbour and tonnage dues at the ports of delivery and re-delivery (unless incurred through cargo carried before delivery or after re-delivery), agencies, commissions, also shall arrange and pay for loading, trimming, stowing (including dunnage and shifting boards, excepting any already on board), unloading, weighing, tallying and delivery of cargoes, surveys on hatches, meals supplied to officials and men in their service and all other charges and expenses whatsoever including detention and expenses through quarantine (including cost of fumigation and disinfection). All ropes, slings and special runners actually used for loading and discharging and any special gear, including special ropes and chains required by the custom of the port for mooring shall be for the Charterers' account. The Vessel shall be fitted with winches, derricks, wheels and ordinary runners capable of handling lifts up to 2 tons.

5. Bunkers

The Charterers at port of delivery and the Owners at port of re-delivery shall take over and pay for all fuel oil remaining in the Vessel's bunkers at current price at the respective ports. The Vessel shall be re-delivered with not less than the number of tons and not exceeding the number of tons of fuel oil in the Vessel's bunkers stated in Box 18.

6. Hire

The Charterers shall pay as hire the rate stated in Box 19 per 30 days, commencing in accordance with Clause 1 until her re-delivery to the Owners.

Payment of hire shall be made in cash, in the currency stated in Box 20, without discount, every 30 days, in advance, and in the manner prescribed in Box 20. In default of payment the Owners shall have the right of withdrawing the Vessel from the service of the Charterers, without noting any protest and without interference by any court or any other formality whatsoever and without prejudice to any claim the Owners may otherwise have on the Charterers under the Charter.

7. Re-delivery

The Vessel shall be re-delivered on the expiration of the Charter in the same good order as when delivered to the Charterers (fair wear and tear excepted) at an ice-free port in the Charterers' option at the place or within the range stated in Box 21, between 9 a.m. and 6 p.m., and 9 a.m. and 2 p.m. on Saturday, but the day of re-delivery shall not be a Sunday or legal Holiday.

The Charterers shall give the Owners not less than ten days' notice at which port and on about which day the Vessel will be re-delivered. Should the Vessel be ordered on a voyage by which the Charter period will be exceeded the Charterers shall have the use of the Vessel to enable them to complete the voyage, provided it could be reasonably calculated that the voyage would allow redelivery about the time fixed for the termination of the Charter, but for any time exceeding the termination date the Charterers shall pay the market rate if higher than the rate stipulated herein.

8. Cargo Space

The whole reach and burthen of the Vessel, including lawful deck-capacity shall be at the Charterers' disposal, reserving proper and sufficient space for the Vessel's Master, officers, crew, tackle, apparel, furniture, provisions and stores.

9. Master

The Master shall prosecute all voyages with the utmost despatch and shall render customary assistance with the Vessel's crew. The Master shall be under the orders of the Charterers as regards employment, agency, or other arrangements. The Charterers shall indemnify the Owners against all consequences or liabilities arising from the Master, officers or Agents signing Bills of Lading or other documents or otherwise complying with such orders, as well as from any irregularity in the Vessel's papers or for overcarrying goods. The Owners shall not be responsible for shortage, mixture, marks, nor for number of pieces or packages, nor for damage to or claims on cargo caused by bad stowage or otherwise. If

PART II
"BALTIME 1939" Uniform Time-Charter (as revised 2001)

the Charterers have reason to be dissatisfied with the conduct of the Master or any officer, the Owners, on receiving particulars of the complaint, promptly to investigate the matter, and, if necessary and practicable, to make a change in the appointments.

10. Directions and Logs
The Charterers shall furnish the Master with all instructions and sailing directions and the Master shall keep full and correct logs accessible to the Charterers or their Agents.

11. Suspension of Hire etc.
(A) In the event of drydocking or other necessary measures to maintain the efficiency of the Vessel, deficiency of men or Owners' stores, breakdown of machinery, damage to hull or other accident, either hindering or preventing the working of the Vessel and continuing for more than twenty-four consecutive hours, no hire shall be paid in respect of any time lost thereby during the period in which the Vessel is unable to perform the service immediately required. Any hire paid in advance shall be adjusted accordingly.
(B) In the event of the Vessel being driven into port or to anchorage through stress of weather, trading to shallow harbours or to rivers or ports with bars or suffering an accident to her cargo, any detention of the Vessel and/or expenses resulting from such detention shall be for the Charterers' account even if such detention and/or expenses, or the cause by reason of which either is incurred, be due to, or be contributed to by, the negligence of the Owners' servants.

12. Responsibility and Exemption
The Owners only shall be responsible for delay in delivery of the Vessel or for delay during the currency of the Charter and for loss or damage to goods onboard, if such delay or loss has been caused by want of due diligence on the part of the Owners or their Manager in making the Vessel seaworthy and fitted for the voyage or any other personal act or omission or default of the Owners or their Manager. The Owners shall not be responsible in any other case nor for damage or delay whatsoever and howsoever caused even if caused by the neglect or default of their servants. The Owners shall not be liable for loss or damage arising or resulting from strikes, lock-outs or stoppage or restraint of labour (including the Master, officers or crew) whether partial or general. The Charterers shall be responsible for loss or damage caused to the Vessel or to the Owners by goods being loaded contrary to the terms of the Charter or by improper or careless bunkering or loading, stowing or discharging of goods or any other improper or negligent act on their part or that of their servants.

13. Advances
The Charterers or their Agents shall advance to the Master, if required, necessary funds for ordinary disbursements for the Vessel's account at any port charging only interest at 6 per cent. p.a., such advances shall be deducted from hire.

14. Excluded Ports
The Vessel shall not be ordered to nor bound to enter:
(A) any place where fever or epidemics are prevalent or to which the Master, officers and crew by law are not bound to follow the Vessel;
(B) any ice-bound place or any place where lights, lightships, marks and buoys are or are likely to be withdrawn by reason of ice on the Vessel's arrival or where there is risk that ordinarily the Vessel will not be able on account of ice to reach the place or to get out after having completed loading or discharging. The Vessel shall not be obliged to force ice. If on account of ice the Master considers it dangerous to remain at the loading or discharging place for fear of the Vessel being frozen in and/or damaged, he has liberty to sail to a convenient open place and await the Charterers' fresh instructions. Unforeseen detention through any of above causes shall be for the Charterers' account.

15. Loss of Vessel
Should the Vessel be lost or missing, hire shall cease from the date when she was lost. If the date of loss cannot be ascertained half hire shall be paid from the date the Vessel was last reported until the calculated date of arrival at the destination. Any hire paid in advance shall be adjusted accordingly.

16. Overtime
The Vessel shall work day and night if required. The Charterers shall refund the Owners their outlays for all overtime paid to officers and crew according to the hours and rates stated in the Vessel's articles.

17. Lien
The Owners shall have a lien upon all cargoes and sub-freights belonging to the Time-Charterers and any Bill of Lading freight for all claims under this Charter, and the Charterers shall have a lien on the Vessel for all moneys paid in advance and not earned.

18. Salvage
All salvage and assistance to other vessels shall be for the Owners' and the Charterers' equal benefit after deducting the Master's, officers' and crew's proportion and all legal and other expenses including hire paid under the charter for time lost in the salvage, also repairs of damage and fuel oil consumed. The Charterers shall be bound by all measures taken by the Owners in order to secure payment of salvage and to fix its amount.

19. Sublet
The Charterers shall have the option of subletting the Vessel, giving due notice to the Owners, but the original Charterers shall always remain responsible to the Owners for due performance of the Charter.

20. War ("Conwartime 1993")
(A) For the purpose of this Clause, the words:
(i) "Owners" shall include the shipowners, bareboat charterers, disponent owners, managers or other operators who are charged with the management of the Vessel, and the Master; and
(ii) "War Risks" shall include any war (whether actual or threatened), act of war, civil war, hostilities, revolution, rebellion, civil commotion, warlike operations, the laying of mines (whether actual or reported), acts of piracy, acts of terrorists, acts of hostility or malicious damage, blockades (whether imposed against all vessels or imposed selectively against vessels of certain flags or ownership, or against certain cargoes or crews or otherwise howsoever), by any person, body, terrorist or political group, or the Government of any state whatsoever, which, in the reasonable judgement of the Master and/or the Owners, may be dangerous or are likely to be or to become dangerous to the Vessel, her cargo, crew or other persons on board the Vessel.
(B) The Vessel, unless the written consent of the Owners be first obtained, shall not be ordered to or required to continue to or through, any port, place, area or zone (whether of land or sea), or any waterway or canal, where

PART II
"BALTIME 1939" Uniform Time-Charter (as revised 2001)

it appears that the Vessel, her cargo, crew or other persons on board the Vessel, in the reasonable judgement of the Master and/or the Owners, may be, or are likely to be, exposed to War Risks. Should the Vessel be within any such place as aforesaid, which only becomes dangerous, or is likely to be or to become dangerous, after her entry into it, she shall be at liberty to leave it.

(C) The Vessel shall not be required to load contraband cargo, or to pass through any blockade, whether such blockade be imposed on all vessels, or is imposed selectively in any way whatsoever against vessels of certain flags or ownership, or against certain cargoes or crews or otherwise howsoever, or to proceed to an area where she shall be subject, or is likely to be subject to a belligerent's right of search and/or confiscation.

(D) (i) The Owners may effect war risks insurance in respect of the Hull and Machinery of the Vessel and their other interests (including, but not limited to, loss of earnings and detention, the crew and their Protection and Indemnity Risks), and the premiums and/or calls therefor shall be for their account.

(ii) If the Underwriters of such insurance should require payment of premiums and/or calls because, pursuant to the Charterers' orders, the Vessel is within, or is due to enter and remain within, any area or areas which are specified by such Underwriters as being subject to additional premiums because of War Risks, then such premiums and/or calls shall be reimbursed by the Charterers to the Owners at the same time as the next payment of hire is due.

(E) If the Owners become liable under the terms of employment to pay to the crew any bonus or additional wages in respect of sailing into an area which is dangerous in the manner defined by the said terms, then such bonus or additional wages shall be reimbursed to the Owners by the Charterers at the same time as the next payment of hire is due.

(F) The Vessel shall have liberty:-

(i) to comply with all orders, directions, recommendations or advice as to departure, arrival, routes, sailing in convoy, ports of call, stoppages, destinations, discharge of cargo, delivery, or in any other way whatsoever, which are given by the Government of the Nation under whose flag the Vessel sails, or other Government to whose laws the Owners are subject, or any other Government, body or group whatsoever acting with the power to compel compliance with their orders or directions;

(ii) to comply with the order, directions or recommendations of any war risks underwriters who have the authority to give the same under the terms of the war risks insurance;

(iii) to comply with the terms of any resolution of the Security Council of the United Nations, any directives of the European Community, the effective orders of any other Supranational body which has the right to issue and give the same, and with national laws aimed at enforcing the same to which the Owners are subject, and to obey the orders and directions of those who are charged with their enforcement;

(iv) to divert and discharge at any other port any cargo or part thereof which may render the Vessel liable to confiscation as a contraband carrier;

(v) to divert and call at any other port to change the crew or any part thereof or other persons on board the Vessel when there is reason to believe that they may be subject to internment, imprisonment or other sanctions.

(G) If in accordance with their rights under the foregoing provisions of this Clause, the Owners shall refuse to proceed to the loading or discharging ports, or any one or more of them, they shall immediately inform the Charterers. No cargo shall be discharged at any alternative port without first giving the Charterers notice of the Owners' intention to do so and requesting them to nominate a safe port for such discharge. Failing such nomination by the Charterers within 48 hours of the receipt of such notice and request, the Owners may discharge the cargo at any safe port of their own choice.

(H) If in compliance with any of the provisions of sub-clauses (B) to (G) of this Clause anything is done or not done, such shall not be deemed a deviation, but shall be considered as due fulfilment of this Charter.

21. Cancelling

Should the Vessel not be delivered by the date indicated in Box 22, the Charterers shall have the option of cancelling. If the Vessel cannot be delivered by the cancelling date, the Charterers, if required, shall declare within 48 hours after receiving notice thereof whether they cancel or will take delivery of the Vessel.

22. Dispute Resolution

*) **(A)** This Charter shall be governed by and construed in accordance with English law and any dispute arising out of or in connection with this Charter shall be referred to arbitration in London in accordance with the Arbitration Act 1996 or any statutory modification or re-enactment thereof save to the extent necessary to give effect to the provisions of this Clause.

The arbitration shall be conducted in accordance with the London Maritime Arbitrators Association (LMAA) Terms current at the time when the arbitration proceedings are commenced.

The reference shall be to three arbitrators. A party wishing to refer a dispute to arbitration shall appoint its arbitrator and send notice of such appointment in writing to the other party requiring the other party to appoint its own arbitrator within 14 calendar days of that notice and stating that it will appoint its arbitrator as sole arbitrator unless the other party appoints its own arbitrator and gives notice that it has done so within the 14 days specified. If the other party does not appoint its own arbitrator and give notice that it has done so within the 14 days specified, the party referring a dispute to arbitration may, without the requirement of any further prior notice to the other party, appoint its arbitrator as sole arbitrator and shall advise the other party accordingly. The award of a sole arbitrator shall be binding on both parties as if he had been appointed by agreement.

Nothing herein shall prevent the parties agreeing in writing to vary these provisions to provide for the appointment of a sole arbitrator.

In cases where neither the claim nor any counterclaim exceeds the sum of US$50,000 (or such other sum as the parties may agree) the arbitration shall be conducted in accordance with the LMAA Small Claims Procedure current at the time when the arbitration proceedings are commenced.

*) **(B)** This Charter shall be governed by and construed in accordance with Title 9 of the United States Code and the Maritime Law of the United States and any dispute arising out of or in connection with this Contract shall be referred to three persons at New York, one to be appointed by each of the parties hereto, and the third by the two so chosen; their decision or that of any two of them shall be final, and for the purposes of enforcing any award, judgement may be entered on an award by any court of competent jurisdiction. The proceedings shall be conducted in accordance with the rules of the Society of Maritime Arbitrators, Inc.

DRAFT COPY

PART II
"BALTIME 1939" Uniform Time-Charter (as revised 2001)

In cases where neither the claim nor any counterclaim exceeds the sum of US$50,000 (or such other sum as the parties may agree) the arbitration shall be conducted in accordance with the Shortened Arbitration Procedure of the Society of Maritime Arbitrators, Inc. current at the time when the arbitration proceedings are commenced.

*) **(C)** This Charter shall be governed by and construed in accordance with the laws of the place mutually agreed by the parties and any dispute arising out of or in connection with this Charter shall be referred to arbitration at a mutually agreed place, subject to the procedures applicable there.

(D) Notwithstanding (A), (B) or (C) above, the parties may agree at any time to refer to mediation any difference and/or dispute arising out of or in connection with this Charter.

In the case of a dispute in respect of which arbitration has been commenced under (A), (B) or (C) above, the following shall apply:-

(i) Either party may at any time and from time to time elect to refer the dispute or part of the dispute to mediation by service on the other party of a written notice (the "Mediation Notice") calling on the other party to agree to mediation.

(ii) The other party shall thereupon within 14 calendar days of receipt of the Mediation Notice confirm that they agree to mediation, in which case the parties shall thereafter agree a mediator within a further 14 calendar days, failing which on the application of either party a mediator will be appointed promptly by the Arbitration Tribunal ("the Tribunal") or such person as the Tribunal may designate for that purpose. The mediation shall be conducted in such place and in accordance with such procedure and on such terms as the parties may agree or, in the event of disagreement, as may be set by the mediator.

(iii) If the other party does not agree to mediate, that fact may be brought to the attention of the Tribunal and may be taken into account by the Tribunal when allocating the costs of the arbitration as between the parties.

(iv) The mediation shall not affect the right of either party to seek such relief or take such steps as it considers necessary to protect its interest.

(v) Either party may advise the Tribunal that they have agreed to mediation. The arbitration procedure shall continue during the conduct of the mediation but the Tribunal may take the mediation timetable into account when setting the timetable for steps in the arbitration.

(vi) Unless otherwise agreed or specified in the mediation terms, each party shall bear its own costs incurred in the mediation and the parties shall share equally the mediator's costs and expenses.

(vii) The mediation process shall be without prejudice and confidential and no information or documents disclosed during it shall be revealed to the Tribunal except to the extent that they are disclosable under the law and procedure governing the arbitration.

(Note: The parties should be aware that the mediation process may not necessarily interrupt time limits.)

(E) If Box 23 in Part I is not appropriately filled in, sub-clause (A) of this Clause shall apply. Sub-clause (D) shall apply in all cases.

*) *(A), (B) and (C) are alternatives; indicate alternative agreed in Box 23.*

23. General Average

General Average shall be settled according to York/Antwerp Rules, 1994 and any subsequent modification thereof. Hire shall not contribute to General Average.

24. Commission

The Owners shall pay a commission at the rate stated in Box 24 to the party mentioned in Box 24 on any hire paid under the Charter, but in no case less than is necessary to cover the actual expenses of the Brokers and a reasonable fee for their work. If the full hire is not paid owing to breach of Charter by either of the parties the party liable therefor shall indemnify the Brokers against their loss of commission. Should the parties agree to cancel the Charter, the Owners shall indemnify the Brokers against any loss of commission but in such case the commission not to exceed the brokerage on one year's hire.

부 록 6

CONGENBILL(1994)

CODE NAME: "CONGENBILL". EDITION 1994

BILL OF LADING B/L No. Page 2

TO BE USED WITH CHARTER-PARTIES

Reference No.

Shipper

Consignee

Notify address

Vessel Port of loading

Port of discharge

Shipper's description of goods Gross weight

(of which on deck at Shipper's risk; the Carrier not being responsible for loss or damage howsoever arising)

Freight payable as per CHARTER-PARTY dated

FREIGHT ADVANCE.
Received on account of freight:

Time used for loading days hours.

SHIPPED at the Port of Loading in apparent good order and condition on board the Vessel for carriage to the Port of Discharge or so near thereto as she may safely get the goods specified above.

Weight, measure, quality, quantity, condition, contents and value unknown.

IN WITNESS whereof the Master or Agent of the said Vessel has signed the number of Bills of Lading indicated below all of this tenor and date, any one of which being accomplished the others shall be void.

FOR CONDITIONS OF CARRIAGE SEE OVERLEAF

Freight payable at	Place and date of issue
Number of original Bs/L	Signature

Printed by the BIMCO Charter Party Editor

BILL OF LADING

TO BE USED WITH CHARTER-PARTIES
CODE NAME: "CONGENBILL"
EDITION 1994
ADOPTED BY
THE BALTIC AND INTERNATIONAL MARITIME COUNCIL (BIMCO)

Conditions of Carriage

(1) All terms and conditions, liberties and exceptions of the Charter Party, dated as overleaf, including the Law and Arbitration Clause, are herewith incorporated.

(2) **General Paramount Clause.**

(a) The Hague Rules contained in the International Convention for the Unification of certain rules relating to Bills of Lading, dated Brussels the 25th August 1924 as enacted in the country of shipment, shall apply to this Bill of Lading. When no such enactment is in force in the country of shipment, the corresponding legislation of the country of destination shall apply, but in respect of shipments to which no such enactments are compulsorily applicable, the terms of the said Convention shall apply.

(b) Trades where Hague-Visby Rules apply.
In trades where the International Brussels Convention 1924 as amended by the Protocol signed at Brussels on February 23rd 1968 - the Hague-Visby Rules - apply compulsorily, the provisions of the respective legislation shall apply to this Bill of Lading.

(c) The Carrier shall in no case be responsible for loss of or damage to the cargo, howsoever arising prior to loading into and after discharge from the Vessel or while the cargo is in the charge of another Carrier, nor in respect of deck cargo or live animals.

(3) **General Average.**
General Average shall be adjusted, stated and settled according to York-Antwerp Rules 1994, or any subsequent modification thereof, in London unless another place is agreed in the Charter Party.
Cargo's contribution to General Average shall be paid to the Carrier even when such average is the result of a fault, neglect or error of the Master, Pilot or Crew. The Charterers, Shippers and Consignees expressly renounce the Belgian Commercial Code, Part II, Art. 148.

(4) **New Jason Clause.**
In the event of accident, danger, damage or disaster before or after the commencement of the voyage, resulting from any cause whatsoever, whether due to negligence or not, for which, or for the consequence of which, the Carrier is not responsible, by statute, contract or otherwise, the cargo, shippers, consignees or the owners of the cargo shall contribute with the Carrier in General Average to the payment of any sacrifices, losses or expenses of a General Average nature that may be made or incurred and shall pay salvage and special charges incurred in respect of the cargo. If a salving vessel is owned or operated by the Carrier, salvage shall be paid for as fully as if the said salving vessel or vessels belonged to strangers. Such deposit as the Carrier, or his agents, may deem sufficient to cover the estimated contribution of the goods and any salvage and special charges thereon shall, if required, be made by the cargo, shippers, consignees or owners of the goods to the Carrier before delivery.

(5) **Both-to-Blame Collision Clause.**
If the Vessel comes into collision with another vessel as a result of the negligence of the other vessel and any act, neglect or default of the Master, Mariner, Pilot or the servants of the Carrier in the navigation or in the management of the Vessel, the owners of the cargo carried hereunder will indemnify the Carrier against all loss or liability to the other or non-carrying vessel or her owners in so far as such loss or liability represents loss of, or damage to, or any claim whatsoever of the owners of said cargo, paid or payable by the other or non-carrying vessel or her owners to the owners of said cargo and set-off, recouped or recovered by the other or non-carrying vessel or her owners as part of their claim against the carrying Vessel or the Carrier.
The foregoing provisions shall also apply where the owners, operators or those in charge of any vessel or vessels or objects other than, or in addition to, the colliding vessels or objects are at fault in respect of a collision or contact.

For particulars of cargo, freight, destination, etc., see overleaf.

부 록 7

CONGENBILL(2007)

BIMCO

CONGENBILL 2007
BILL OF LADING
To be used with charter parties
Page I

Shipper	Bill of Lading No.	Reference No.
Consignee	Vessel	
Notify address	Port of loading	
	Port of discharge	
Shipper's description of goods		Gross weight
(of which on deck at shipper's risk; the Carrier not being responsible for loss or damange howsoever arising)		

Freight payable as per CHARTER PARTY dated:	**SHIPPED** at the Port of Loading in apparent good order and condition on the Vessel for carriage to the Port of Discharge or so near thereto as the Vessel may safely get the goods specified above. Weight, measure, quality, quantity, condition, contents and value unknown. IN WITNESS whereof the Master or Agent of the said vessel has signed the number of Bills of Lading indicated below all of this tenor and date, any one of which being accomplished the others shall be void. FOR CONDITIONS OF CARRIAGE SEE OVERLEAF.	
FREIGHT ADVANCE Received on account of freight:	Place and date of issue	Number of original Bills of Lading
Carrier's name/principal place of business:	Signature: ....Carrier Or, for the Carrier ....as Master (Master's name/signature) ....as Agent (Agent's name/signature)	

Printed and sold by Fr. G. Knudtzons Bogtrykkeri A/S, Vallensbaekvej 61, DK-2625 Vallensbaek. Fax: +45 4366 0708

CONGENBILL 2007

BILL OF LADING
To be used with charter parties
Page 2

Conditions of Carriage

(1) All terms and conditions, liberties and exceptions of the Charter Party, dated as overleaf, including the Law and Arbitration Clause/Dispute Resolution Clause, are herewith incorporated.

(2) **General Paramount Clause**
The International Convention for the Unification of Certain Rules of Law relating to Bills of Lading signed at Brussels on 25 August 1924 ("the Hague Rules") as amended by the Protocol signed at Brussels on 23 February 1968 ("the Hague-Visby Rules") and as enacted in the country of shipment shall apply to this Contract. When the Hague-Visby Rules are not enacted in the country of shipment, the corresponding legislation of the country of destination shall apply, irrespective of whether such legislation may only regulate outbound shipments.

When there is no enactment of the Hague-Visby Rules in either the country of shipment or in the country of destination, the Hague-Visby Rules shall apply to this Contract save where the Hague Rules as enacted in the country of shipment or if no such enactment is in place, the Hague Rules as enacted in the country of destination apply compulsorily to this Contract.

The Protocol signed at Brussels on 21 December 1979 ("the SDR Protocol 1979") shall apply where the Hague-Visby Rules apply, whether mandatorily or by this Contract.
The Carrier shall in no case be responsible for loss of or damage to cargo arising prior to loading, after discharging, or while the cargo is in the charge of another carrier, or with respect to deck cargo and live animals.

(3) **General Aveage**
General Average shall be adjusted, stated and settled according to York-Antwerp Rules 1994 in London unless another place is agreed in the Charter Party.
Cargo's contribution to General Average shall be paid to the Carrier even when such average is the result of a fault, neglect or error of the Master, Pilot or Crew.

(4) **New Jason Clause**
In the event of accident, danger, damage or disaster before or after the commencement of the voyage, resulting from any cause whatsoever, whether due to negligence or not, for which, or for the consequence of which, the Carrier is not responsible, by statute, contract or otherwise, the cargo, shippers, consignees or the owners of the cargo shall contribute with the Carrier in General Average to the payment of any sacrifices, losses or expenses of a General Average nature that may be made or incurred and shall pay salvage and special charges incurred in respect of the cargo. If a salving vessel is owned or operated by the Carrier, salvage shall be paid for as fully as if the said salving vessel or vessels belonged to strangers. Such deposit as the Carrier, or his agents, may deem sufficient to cover the estimated contribution of the goods and any salvage and special charges thereon shall, if required, be made by the cargo, shippers, consignees or owners of the goods to the Carrier before delivery.

(5) **Both-to-Blame Collision Clause**
If the Vessel comes into collision with another vessel as a result of the negligence of the other vessel and any act, neglect or default of the Master, Mariner, Pilot or the servants of the Carrier in the navigation or in the management of the Vessel, the owners of the cargo carried hereunder will indemnify the Carrier against all loss or liability to the other or non-carrying vessel or her owners in so far as such loss or liability represents loss of, or damage to, or any claim whatsoever of the owners of said cargo, paid or payable by the other or non-carrying vessel or her owners to the owners of said cargo and set-off, recouped or recovered by the other or non-carrying vessel or her owners as part of their claim against the carrying Vessel or the Carrier.
The foregoing provisions shall also apply where the owners, operators or those in charge of any vessel or vessels or objects other than, or in addition to, the colliding vessels or objects are at fault in respect of a collision or contact.

For particulars of cargo, freight,
Destination, etc., see overleaf.

부　　록 8

BARECON(2001)

First issued by
The Baltic and International Maritime Council (BIMCO), Copenhagen, in 1974
as "Barecon A" and "Barecon B". Revised and amalgamated 1989. Revised 2001

BIMCO STANDARD BAREBOAT CHARTER
CODE NAME: "BARECON 2001"

PART I

1. Shipbroker	2. Place and date	
3. Owners/Place of business (Cl. 1)	4. Bareboat Charterers/Place of business (Cl. 1)	
5. Vessel's name, call sign and flag (Cl. 1 and 3)		
6. Type of Vessel	7. GT/NT	
8. When/Where built	9. Total DWT (abt.) in metric tons on summer freeboard	
10. Classification Society (Cl. 3)	11. Date of last special survey by the Vessel's classification society	
12. Further particulars of Vessel (also indicate minimum number of months' validity of class certificates agreed acc. to Cl. 3)		
13. Port or Place of delivery (Cl. 3)	14. Time for delivery (Cl. 4)	15. Cancelling date (Cl. 5)
16. Port or Place of redelivery (Cl. 15)	17. No. of months' validity of trading and class certificates upon redelivery (Cl. 15)	
18. Running days' notice if other than stated in Cl. 4	19. Frequency of dry-docking (Cl. 10(g))	
20. Trading limits (Cl. 6)		
21. Charter period (Cl. 2)	22. Charter hire (Cl. 11)	
23. New class and other safety requirements (state percentage of Vessel's insurance value acc. to Box 29)(Cl. 10(a)(ii))		
24. Rate of interest payable acc. to Cl. 11(f) and, if applicable, acc. to PART IV	25. Currency and method of payment (Cl. 11)	

Printed and sold by Fr. G. Knudtzons Bogtrykkeri A/S,
Vallensbaekvej 61, DK-2625 Vallensbaek, Fax: +45 4366 0701

continued

(continued) "BARECON 2001" STANDARD BAREBOAT CHARTER PART I

26. Place of payment; also state beneficiary and bank account (Cl. 11)	27. Bank guarantee/bond (sum and place)(Cl. 24)(optional)
28. Mortgage(s), if any (state whether 12(a) or (b) applies; if 12(b) applies state date of Financial Instrument and name of Mortgagee(s)/Place of business)(Cl. 12)	29. Insurance (hull and machinery and war risks)(state value acc. to Cl. 13(f) or, if applicable, acc. to Cl. 14(k))(also state if Cl. 14 applies)
30. Additional insurance cover, if any, for Owners' account limited to (Cl. 13(b) or, if applicable, Cl. 14(g))	31. Additional insurance cover, if any, for Charterers' account limited to (Cl. 13(b) or, if applicable, Cl. 14(g))
32. Latent defects (only to be filled in if period other than stated in Cl. 3)	33. Brokerage commission and to whom payable (Cl. 27)
34. Grace period (state number of clear banking days)(Cl. 28)	35. Dispute Resolution (state 30(a), 30(b) or 30(c); if 30(c) agreed Place of Arbitration must be stated (Cl. 30)
36. War cancellation (indicate countries agreed)(Cl. 26(f))	
37. Newbuilding Vessel (indicate with "yes" or "no" whether PART III applies)(optional)	38. Name and place of Builders (only to be filled in if PART III applies)
39. Vessel's Yard Building No. (only to be filled in if PART III applies)	40. Date of Building Contract (only to be filled in if PART III applies)
41. Liquidated damages and costs shall accrue to (state party acc. to Cl. 1) a) b) c)	
42. Hire/Purchase agreement (indicate with "yes" or "no" whether PART IV applies)(optional)	43. Bareboat Charter Registry (indicate "yes" or "no" whether PART V applies)(optional)
44. Flag and Country of the Bareboat Charter Registry (only to be filled in if PART V applies)	45. Country of the Underlying Registry (only to be filled in if PART V applies)

PREAMBLE - It is mutually agreed that this Contract shall be performed subject to the conditions contained in this Charter which shall include PART I and PART II. In the event of a conflict of conditions, the provisions of PART I shall prevail over those of PART II to the extent of such conflict but no further. It is further mutually agreed that PART III and/or PART IV and/or PART V shall only apply and only form part of this Charter if expressly agreed and stated in the Boxes 37, 42 and 43. If PART III and/or PART IV and/or PART V apply, it is further agreed that in the event of a conflict of conditions, the provisions of PART I and PART II shall prevail over those of PART III and/or PART IV and/or PART V to the extent of such conflict but no further.

Signature (Owners)	Signature (Charterers)

PART II
"BARECON 2001" Standard Bareboat Charter

1. Definitions

In this Charter, the following terms shall have the meanings hereby assigned to them:

"*The Owners*" shall mean the party identified in Box 3;

"*The Charterers*" shall mean the party identified in Box 4;

"*The Vessel*" shall mean the vessel named in Box 5 and with particulars as stated in Boxes 6 to 12.

"*Financial Instrument*" means the mortgage, deed of covenant or other such financial security instrument as annexed to this Charter and stated in Box 28.

2. Charter Period

In consideration of the hire detailed in Box 22, the Owners have agreed to let and the Charterers have agreed to hire the Vessel for the period stated in Box 21 ("The Charter Period").

3. Delivery

(not applicable when Part III applies, as indicated in Box 37)

(a) The Owners shall before and at the time of delivery exercise due diligence to make the Vessel seaworthy and in every respect ready in hull, machinery and equipment for service under this Charter.

The Vessel shall be delivered by the Owners and taken over by the Charterers at the port or place indicated in Box 13 in such ready safe berth as the Charterers may direct.

(b) The Vessel shall be properly documented on delivery in accordance with the laws of the flag State indicated in Box 5 and the requirements of the classification society stated in Box 10. The Vessel upon delivery shall have her survey cycles up to date and trading and class certificates valid for at least the number of months agreed in Box 12.

(c) The delivery of the Vessel by the Owners and the taking over of the Vessel by the Charterers shall constitute a full performance by the Owners of all the Owners' obligations under this Clause 3, and thereafter the Charterers shall not be entitled to make or assert any claim against the Owners on account of any conditions, representations or warranties expressed or implied with respect to the Vessel but the Owners shall be liable for the cost of but not the time for repairs or renewals occasioned by latent defects in the Vessel, her machinery or appurtenances, existing at the time of delivery under this Charter, provided such defects have manifested themselves within twelve (12) months after delivery unless otherwise provided in Box 32.

4. Time for Delivery

(not applicable when Part III applies, as indicated in Box 37)

The Vessel shall not be delivered before the date indicated in Box 14 without the Charterers' consent and the Owners shall exercise due diligence to deliver the Vessel not later than the date indicated in Box 15.

Unless otherwise agreed in Box 18, the Owners shall give the Charterers not less than thirty (30) running days' preliminary and not less than fourteen (14) running days' definite notice of the date on which the Vessel is expected to be ready for delivery.

The Owners shall keep the Charterers closely advised of possible changes in the Vessel's position.

5. Cancelling

(not applicable when Part III applies, as indicated in Box 37)

(a) Should the Vessel not be delivered latest by the cancelling date indicated in Box 15, the Charterers shall have the option of cancelling this Charter by giving the Owners notice of cancellation within thirty-six (36) running hours after the cancelling date stated in Box 15, failing which this Charter shall remain in full force and effect.

(b) If it appears that the Vessel will be delayed beyond the cancelling date, the Owners may, as soon as they are in a position to state with reasonable certainty the day on which the Vessel should be ready, give notice thereof to the Charterers asking whether they will exercise their option of cancelling, and the option must then be declared within one hundred and sixty-eight (168) running hours of the receipt by the Charterers of such notice or within thirty-six (36) running hours after the cancelling date, whichever is the earlier. If the Charterers do not then exercise their option of cancelling, the seventh day after the readiness date stated in the Owners' notice shall be substituted for the cancelling date indicated in Box 15 for the purpose of this Clause 5.

(c) Cancellation under this Clause 5 shall be without prejudice to any claim the Charterers may otherwise have on the Owners under this Charter.

6. Trading Restrictions

The Vessel shall be employed in lawful trades for the carriage of suitable lawful merchandise within the trading limits indicated in Box 20.

The Charterers undertake not to employ the Vessel or suffer the Vessel to be employed otherwise than in conformity with the terms of the contracts of insurance (including any warranties expressed or implied therein) without first obtaining the consent of the insurers to such employment and complying with such requirements as to extra premium or otherwise as the insurers may prescribe.

The Charterers also undertake not to employ the Vessel or suffer her employment in any trade or business which is forbidden by the law of any country to which the Vessel may sail or is otherwise illicit or in carrying illicit or prohibited goods or in any manner whatsoever which may render her liable to condemnation, destruction, seizure or confiscation.

Notwithstanding any other provisions contained in this Charter it is agreed that nuclear fuels or radioactive products or waste are specifically excluded from the cargo permitted to be loaded or carried under this Charter. This exclusion does not apply to radio-isotopes used or intended to be used for any industrial, commercial, agricultural, medical or scientific purposes provided the Owners' prior approval has been obtained to loading thereof.

7. Surveys on Delivery and Redelivery

(not applicable when Part III applies, as indicated in Box 37)

The Owners and Charterers shall each appoint surveyors for the purpose of determining and agreeing in writing the condition of the Vessel at the time of delivery and redelivery hereunder. The Owners shall bear all expenses of the On-hire Survey including loss of time, if any, and the Charterers shall bear all expenses of the Off-hire Survey including loss of time, if any, at the daily equivalent to the rate of hire or pro rata thereof.

8. Inspection

The Owners shall have the right at any time after giving reasonable notice to the Charterers to inspect or survey the Vessel or instruct a duly authorised surveyor to carry out such survey on their behalf:-

(a) to ascertain the condition of the Vessel and satisfy

PART II
"BARECON 2001" Standard Bareboat Charter

themselves that the Vessel is being properly repaired and maintained. The costs and fees for such inspection or survey shall be paid by the Owners unless the Vessel is found to require repairs or maintenance in order to achieve the condition so provided;
(b) in dry-dock if the Charterers have not dry-docked her in accordance with Clause 10(g). The costs and fees for such inspection or survey shall be paid by the Charterers; and
(c) for any other commercial reason they consider necessary (provided it does not unduly interfere with the commercial operation of the Vessel). The costs and fees for such inspection and survey shall be paid by the Owners.
All time used in respect of inspection, survey or repairs shall be for the Charterers' account and form part of the Charter Period.
The Charterers shall also permit the Owners to inspect the Vessel's log books whenever requested and shall whenever required by the Owners furnish them with full information regarding any casualties or other accidents or damage to the Vessel.

9. **Inventories, Oil and Stores**
A complete inventory of the Vessel's entire equipment, outfit including spare parts, appliances and of all consumable stores on board the Vessel shall be made by the Charterers in conjunction with the Owners on delivery and again on redelivery of the Vessel. The Charterers and the Owners, respectively, shall at the time of delivery and redelivery take over and pay for all bunkers, lubricating oil, unbroached provisions, paints, ropes and other consumable stores (excluding spare parts) in the said Vessel at the then current market prices at the ports of delivery and redelivery, respectively. The Charterers shall ensure that all spare parts listed in the inventory and used during the Charter Period are replaced at their expense prior to redelivery of the Vessel.

10. **Maintenance and Operation**
(a)(i) Maintenance and Repairs - During the Charter Period the Vessel shall be in the full possession and at the absolute disposal for all purposes of the Charterers and under their complete control in every respect. The Charterers shall maintain the Vessel, her machinery, boilers, appurtenances and spare parts in a good state of repair, in efficient operating condition and in accordance with good commercial maintenance practice and, except as provided for in Clause 14(l), if applicable, at their own expense they shall at all times keep the Vessel's Class fully up to date with the Classification Society indicated in Box 10 and maintain all other necessary certificates in force at all times.
(ii) New Class and Other Safety Requirements - In the event of any improvement, structural changes or new equipment becoming necessary for the continued operation of the Vessel by reason of new class requirements or by compulsory legislation costing (excluding the Charterers' loss of time) more than the percentage stated in Box 23, or if Box 23 is left blank, 5 per cent. of the Vessel's insurance value as stated in Box 29, then the extent, if any, to which the rate of hire shall be varied and the ratio in which the cost of compliance shall be shared between the parties concerned in order to achieve a reasonable distribution thereof as between the Owners and the Charterers having regard, inter alia, to the length of the period remaining under this Charter shall, in the absence of agreement, be referred to the dispute resolution method agreed in Clause 30.
(iii) Financial Security - The Charterers shall maintain financial security or responsibility in respect of third party liabilities as required by any government, including federal, state or municipal or other division or authority thereof, to enable the Vessel, without penalty or charge, lawfully to enter, remain at, or leave any port, place, territorial or contiguous waters of any country, state or municipality in performance of this Charter without any delay. This obligation shall apply whether or not such requirements have been lawfully imposed by such government or division or authority thereof.
The Charterers shall make and maintain all arrangements by bond or otherwise as may be necessary to satisfy such requirements at the Charterers' sole expense and the Charterers shall indemnify the Owners against all consequences whatsoever (including loss of time) for any failure or inability to do so.
(b) Operation of the Vessel - The Charterers shall at their own expense and by their own procurement man, victual, navigate, operate, supply, fuel and, whenever required, repair the Vessel during the Charter Period and they shall pay all charges and expenses of every kind and nature whatsoever incidental to their use and operation of the Vessel under this Charter, including annual flag State fees and any foreign general municipality and/or state taxes. The Master, officers and crew of the Vessel shall be the servants of the Charterers for all purposes whatsoever, even if for any reason appointed by the Owners.
Charterers shall comply with the regulations regarding officers and crew in force in the country of the Vessel's flag or any other applicable law.
(c) The Charterers shall keep the Owners and the mortgagee(s) advised of the intended employment, planned dry-docking and major repairs of the Vessel, as reasonably required.
(d) Flag and Name of Vessel - During the Charter Period, the Charterers shall have the liberty to paint the Vessel in their own colours, install and display their funnel insignia and fly their own house flag. The Charterers shall also have the liberty, with the Owners' consent, which shall not be unreasonably withheld, to change the flag and/or the name of the Vessel during the Charter Period. Painting and re-painting, instalment and re-instalment, registration and re-registration, if required by the Owners, shall be at the Charterers' expense and time.
(e) Changes to the Vessel – Subject to Clause 10(a)(ii), the Charterers shall make no structural changes in the Vessel or changes in the machinery, boilers, appurtenances or spare parts thereof without in each instance first securing the Owners' approval thereof. If the Owners so agree, the Charterers shall, if the Owners so require, restore the Vessel to its former condition before the termination of this Charter.
(f) Use of the Vessel's Outfit, Equipment and Appliances - The Charterers shall have the use of all outfit, equipment, and appliances on board the Vessel at the time of delivery, provided the same or their substantial equivalent shall be returned to the Owners on redelivery in the same good order and condition as when received, ordinary wear and tear excepted. The

PART II
"BARECON 2001" Standard Bareboat Charter

Charterers shall from time to time during the Charter Period replace such items of equipment as shall be so damaged or worn as to be unfit for use. The Charterers are to procure that all repairs to or replacement of any damaged, worn or lost parts or equipment be effected in such manner (both as regards workmanship and quality of materials) as not to diminish the value of the Vessel. The Charterers have the right to fit additional equipment at their expense and risk but the Charterers shall remove such equipment at the end of the period if requested by the Owners. Any equipment including radio equipment on hire on the Vessel at time of delivery shall be kept and maintained by the Charterers and the Charterers shall assume the obligations and liabilities of the Owners under any lease contracts in connection therewith and shall reimburse the Owners for all expenses incurred in connection therewith, also for any new equipment required in order to comply with radio regulations.

(g) Periodical Dry-Docking - The Charterers shall dry-dock the Vessel and clean and paint her underwater parts whenever the same may be necessary, but not less than once during the period stated in Box 19 or, if Box 19 has been left blank, every sixty (60) calendar months after delivery or such other period as may be required by the Classification Society or flag State.

11. Hire

(a) The Charterers shall pay hire due to the Owners punctually in accordance with the terms of this Charter in respect of which time shall be of the essence.

(b) The Charterers shall pay to the Owners for the hire of the Vessel a lump sum in the amount indicated in Box 22 which shall be payable not later than every thirty (30) running days in advance, the first lump sum being payable on the date and hour of the Vessel's delivery to the Charterers. Hire shall be paid continuously throughout the Charter Period.

(c) Payment of hire shall be made in cash without discount in the currency and in the manner indicated in Box 25 and at the place mentioned in Box 26.

(d) Final payment of hire, if for a period of less than thirty (30) running days, shall be calculated proportionally according to the number of days and hours remaining before redelivery and advance payment to be effected accordingly.

(e) Should the Vessel be lost or missing, hire shall cease from the date and time when she was lost or last heard of. The date upon which the Vessel is to be treated as lost or missing shall be ten (10) days after the Vessel was last reported or when the Vessel is posted as missing by Lloyd's, whichever occurs first. Any hire paid in advance to be adjusted accordingly.

(f) Any delay in payment of hire shall entitle the Owners to interest at the rate per annum as agreed in Box 24. If Box 24 has not been filled in, the three months interbank offered rate in London (LIBOR or its successor) for the currency stated in Box 25, as quoted by the British Bankers' Association (BBA) on the date when the hire fell due, increased by 2 per cent., shall apply.

(g) Payment of interest due under sub-clause 11(f) shall be made within seven (7) running days of the date of the Owners' invoice specifying the amount payable or, in the absence of an invoice, at the time of the next hire payment date.

12. Mortgage

(only to apply if Box 28 has been appropriately filled in)

*) (a) The Owners warrant that they have not effected any mortgage(s) of the Vessel and that they shall not effect any mortgage(s) without the prior consent of the Charterers, which shall not be unreasonably withheld.

*) (b) The Vessel chartered under this Charter is financed by a mortgage according to the Financial Instrument. The Charterers undertake to comply, and provide such information and documents to enable the Owners to comply, with all such instructions or directions in regard to the employment, insurances, operation, repairs and maintenance of the Vessel as laid down in the Financial Instrument or as may be directed from time to time during the currency of the Charter by the mortgagee(s) in conformity with the Financial Instrument. The Charterers confirm that, for this purpose, they have acquainted themselves with all relevant terms, conditions and provisions of the Financial Instrument and agree to acknowledge this in writing in any form that may be required by the mortgagee(s). The Owners warrant that they have not effected any mortgage(s) other than stated in Box 28 and that they shall not agree to any amendment of the mortgage(s) referred to in Box 28 or effect any other mortgage(s) without the prior consent of the Charterers, which shall not be unreasonably withheld.

*) *(Optional, Clauses 12(a) and 12(b) are alternatives; indicate alternative agreed in Box 28).*

13. Insurance and Repairs

(a) During the Charter Period the Vessel shall be kept insured by the Charterers at their expense against hull and machinery, war and Protection and Indemnity risks (and any risks against which it is compulsory to insure for the operation of the Vessel, including maintaining financial security in accordance with sub-clause 10(a)(iii)) in such form as the Owners shall in writing approve, which approval shall not be un-reasonably withheld. Such insurances shall be arranged by the Charterers to protect the interests of both the Owners and the Charterers and the mortgagee(s) (if any), and the Charterers shall be at liberty to protect under such insurances the interests of any managers they may appoint. Insurance policies shall cover the Owners and the Charterers according to their respective interests. Subject to the provisions of the Financial Instrument, if any, and the approval of the Owners and the insurers, the Charterers shall effect all insured repairs and shall undertake settlement and reimbursement from the insurers of all costs in connection with such repairs as well as insured charges, expenses and liabilities to the extent of coverage under the insurances herein provided for.

The Charterers also to remain responsible for and to effect repairs and settlement of costs and expenses incurred thereby in respect of all other repairs not covered by the insurances and/or not exceeding any possible franchise(s) or deductibles provided for in the insurances.

All time used for repairs under the provisions of sub-clause 13(a) and for repairs of latent defects according to Clause 3(c) above, including any deviation, shall be for the Charterers' account.

(b) If the conditions of the above insurances permit additional insurance to be placed by the parties, such cover shall be limited to the amount for each party set out in Box 30 and Box 31, respectively. The Owners or the Charterers as the case may be shall immediately furnish the other party with particulars of any additional

PART II
"BARECON 2001" Standard Bareboat Charter

insurance effected, including copies of any cover notes or policies and the written consent of the insurers of any such required insurance in any case where the consent of such insurers is necessary.

(c) The Charterers shall upon the request of the Owners, provide information and promptly execute such documents as may be required to enable the Owners to comply with the insurance provisions of the Financial Instrument.

(d) Subject to the provisions of the Financial Instrument, if any, should the Vessel become an actual, constructive, compromised or agreed total loss under the insurances required under sub-clause 13(a), all insurance payments for such loss shall be paid to the Owners who shall distribute the moneys between the Owners and the Charterers according to their respective interests. The Charterers undertake to notify the Owners and the mortgagee(s), if any, of any occurrences in consequence of which the Vessel is likely to become a total loss as defined in this Clause.

(e) The Owners shall upon the request of the Charterers, promptly execute such documents as may be required to enable the Charterers to abandon the Vessel to insurers and claim a constructive total loss.

(f) For the purpose of insurance coverage against hull and machinery and war risks under the provisions of sub-clause 13(a), the value of the Vessel is the sum indicated in Box 29.

14. Insurance, Repairs and Classification

(Optional, only to apply if expressly agreed and stated in Box 29, in which event Clause 13 shall be considered deleted).

(a) During the Charter Period the Vessel shall be kept insured by the Owners at their expense against hull and machinery and war risks under the form of policy or policies attached hereto. The Owners and/or insurers shall not have any right of recovery or subrogation against the Charterers on account of loss of or any damage to the Vessel or her machinery or appurtenances covered by such insurance, or on account of payments made to discharge claims against or liabilities of the Vessel or the Owners covered by such insurance. Insurance policies shall cover the Owners and the Charterers according to their respective interests.

(b) During the Charter Period the Vessel shall be kept insured by the Charterers at their expense against Protection and Indemnity risks (and any risks against which it is compulsory to insure for the operation of the Vessel, including maintaining financial security in accordance with sub-clause 10(a)(iii)) in such form as the Owners shall in writing approve which approval shall not be unreasonably withheld.

(c) In the event that any act or negligence of the Charterers shall vitiate any of the insurance herein provided, the Charterers shall pay to the Owners all losses and indemnify the Owners against all claims and demands which would otherwise have been covered by such insurance.

(d) The Charterers shall, subject to the approval of the Owners or Owners' Underwriters, effect all insured repairs, and the Charterers shall undertake settlement of all miscellaneous expenses in connection with such repairs as well as all insured charges, expenses and liabilities, to the extent of coverage under the insurances provided for under the provisions of sub-clause 14(a). The Charterers to be secured reimbursement through the Owners' Underwriters for such expenditures upon presentation of accounts.

(e) The Charterers to remain responsible for and to effect repairs and settlement of costs and expenses incurred thereby in respect of all other repairs not covered by the insurances and/or not exceeding any possible franchise(s) or deductibles provided for in the insurances.

(f) All time used for repairs under the provisions of sub-clauses 14(d) and 14(e) and for repairs of latent defects according to Clause 3 above, including any deviation, shall be for the Charterers' account and shall form part of the Charter Period.

The Owners shall not be responsible for any expenses as are incident to the use and operation of the Vessel for such time as may be required to make such repairs.

(g) If the conditions of the above insurances permit additional insurance to be placed by the parties such cover shall be limited to the amount for each party set out in Box 30 and Box 31, respectively. The Owners or the Charterers as the case may be shall immediately furnish the other party with particulars of any additional insurance effected, including copies of any cover notes or policies and the written consent of the insurers of any such required insurance in any case where the consent of such insurers is necessary.

(h) Should the Vessel become an actual, constructive, compromised or agreed total loss under the insurances required under sub-clause 14(a), all insurance payments for such loss shall be paid to the Owners, who shall distribute the moneys between themselves and the Charterers according to their respective interests.

(i) If the Vessel becomes an actual, constructive, compromised or agreed total loss under the insurances arranged by the Owners in accordance with sub-clause 14(a), this Charter shall terminate as of the date of such loss.

(j) The Charterers shall upon the request of the Owners, promptly execute such documents as may be required to enable the Owners to abandon the Vessel to the insurers and claim a constructive total loss.

(k) For the purpose of insurance coverage against hull and machinery and war risks under the provisions of sub-clause 14(a), the value of the Vessel is the sum indicated in Box 29.

(l) Notwithstanding anything contained in sub-clause 10(a), it is agreed that under the provisions of Clause 14, if applicable, the Owners shall keep the Vessel's Class fully up to date with the Classification Society indicated in Box 10 and maintain all other necessary certificates in force at all times.

15. Redelivery

At the expiration of the Charter Period the Vessel shall be redelivered by the Charterers to the Owners at a safe and ice-free port or place as indicated in Box 16, in such ready safe berth as the Owners may direct. The Charterers shall give the Owners not less than thirty (30) running days' preliminary notice of expected date, range of ports of redelivery or port or place of redelivery and not less than fourteen (14) running days' definite notice of expected date and port or place of redelivery. Any changes thereafter in the Vessel's position shall be notified immediately to the Owners.

The Charterers warrant that they will not permit the Vessel to commence a voyage (including any preceding ballast voyage) which cannot reasonably be expected to be completed in time to allow redelivery of the Vessel within the Charter Period. Notwithstanding the above,

PART II
"BARECON 2001" Standard Bareboat Charter

should the Charterers fail to redeliver the Vessel within the Charter Period, the Charterers shall pay the daily equivalent to the rate of hire stated in Box 22 plus 10 per cent. or to the market rate, whichever is the higher, for the number of days by which the Charter Period is exceeded. All other terms, conditions and provisions of this Charter shall continue to apply.

Subject to the provisions of Clause 10, the Vessel shall be redelivered to the Owners in the same or as good structure, state, condition and class as that in which she was delivered, fair wear and tear not affecting class excepted.

The Vessel upon redelivery shall have her survey cycles up to date and trading and class certificates valid for at least the number of months agreed in Box 17.

16. Non-Lien

The Charterers will not suffer, nor permit to be continued, any lien or encumbrance incurred by them or their agents, which might have priority over the title and interest of the Owners in the Vessel. The Charterers further agree to fasten to the Vessel in a conspicuous place and to keep so fastened during the Charter Period a notice reading as follows:

"This Vessel is the property of (name of Owners). It is under charter to (name of Charterers) and by the terms of the Charter Party neither the Charterers nor the Master have any right, power or authority to create, incur or permit to be imposed on the Vessel any lien whatsoever."

17. Indemnity

(a) The Charterers shall indemnify the Owners against any loss, damage or expense incurred by the Owners arising out of or in relation to the operation of the Vessel by the Charterers, and against any lien of whatsoever nature arising out of an event occurring during the Charter Period. If the Vessel be arrested or otherwise detained by reason of claims or liens arising out of her operation hereunder by the Charterers, the Charterers shall at their own expense take all reasonable steps to secure that within a reasonable time the Vessel is released, including the provision of bail.

Without prejudice to the generality of the foregoing, the Charterers agree to indemnify the Owners against all consequences or liabilities arising from the Master, officers or agents signing Bills of Lading or other documents.

(b) If the Vessel be arrested or otherwise detained by reason of a claim or claims against the Owners, the Owners shall at their own expense take all reasonable steps to secure that within a reasonable time the Vessel is released, including the provision of bail.

In such circumstances the Owners shall indemnify the Charterers against any loss, damage or expense incurred by the Charterers (including hire paid under this Charter) as a direct consequence of such arrest or detention.

18. Lien

The Owners to have a lien upon all cargoes, sub-hires and sub-freights belonging or due to the Charterers or any sub-charterers and any Bill of Lading freight for all claims under this Charter, and the Charterers to have a lien on the Vessel for all moneys paid in advance and not earned.

19. Salvage

All salvage and towage performed by the Vessel shall be for the Charterers' benefit and the cost of repairing damage occasioned thereby shall be borne by the Charterers.

20. Wreck Removal

In the event of the Vessel becoming a wreck or obstruction to navigation the Charterers shall indemnify the Owners against any sums whatsoever which the Owners shall become liable to pay and shall pay in consequence of the Vessel becoming a wreck or obstruction to navigation.

21. General Average

The Owners shall not contribute to General Average.

22. Assignment, Sub-Charter and Sale

(a) The Charterers shall not assign this Charter nor sub-charter the Vessel on a bareboat basis except with the prior consent in writing of the Owners, which shall not be unreasonably withheld, and subject to such terms and conditions as the Owners shall approve.

(b) The Owners shall not sell the Vessel during the currency of this Charter except with the prior written consent of the Charterers, which shall not be unreasonably withheld, and subject to the buyer accepting an assignment of this Charter.

23. Contracts of Carriage

*) **(a)** The Charterers are to procure that all documents issued during the Charter Period evidencing the terms and conditions agreed in respect of carriage of goods shall contain a paramount clause incorporating any legislation relating to carrier's liability for cargo compulsorily applicable in the trade; if no such legislation exists, the documents shall incorporate the Hague-Visby Rules. The documents shall also contain the New Jason Clause and the Both-to-Blame Collision Clause.

*) **(b)** The Charterers are to procure that all passenger tickets issued during the Charter Period for the carriage of passengers and their luggage under this Charter shall contain a paramount clause incorporating any legislation relating to carrier's liability for passengers and their luggage compulsorily applicable in the trade; if no such legislation exists, the passenger tickets shall incorporate the Athens Convention Relating to the Carriage of Passengers and their Luggage by Sea, 1974, and any protocol thereto.

*) *Delete as applicable.*

24. Bank Guarantee

(Optional, only to apply if Box 27 filled in)

The Charterers undertake to furnish, before delivery of the Vessel, a first class bank guarantee or bond in the sum and at the place as indicated in Box 27 as guarantee for full performance of their obligations under this Charter.

25. Requisition/Acquisition

(a) In the event of the Requisition for Hire of the Vessel by any governmental or other competent authority (hereinafter referred to as "Requisition for Hire") irrespective of the date during the Charter Period when "Requisition for Hire" may occur and irrespective of the length thereof and whether or not it be for an indefinite

PART II
"BARECON 2001" Standard Bareboat Charter

or a limited period of time, and irrespective of whether it may or will remain in force for the remainder of the Charter Period, this Charter shall not be deemed thereby or thereupon to be frustrated or otherwise terminated and the Charterers shall continue to pay the stipulated hire in the manner provided by this Charter until the time when the Charter would have terminated pursuant to any of the provisions hereof always provided however that in the event of "Requisition for Hire" any Requisition Hire or compensation received or receivable by the Owners shall be payable to the Charterers during the remainder of the Charter Period or the period of the "Requisition for Hire" whichever be the shorter.

(b) In the event of the Owners being deprived of their ownership in the Vessel by any Compulsory Acquisition of the Vessel or requisition for title by any governmental or other competent authority (hereinafter referred to as "Compulsory Acquisition"), then, irrespective of the date during the Charter Period when "Compulsory Acquisition" may occur, this Charter shall be deemed terminated as of the date of such "Compulsory Acquisition". In such event Charter Hire to be considered as earned and to be paid up to the date and time of such "Compulsory Acquisition".

26. War

(a) For the purpose of this Clause, the words "War Risks" shall include any war (whether actual or threatened), act of war, civil war, hostilities, revolution, rebellion, civil commotion, warlike operations, the laying of mines (whether actual or reported), acts of piracy, acts of terrorists, acts of hostility or malicious damage, blockades (whether imposed against all vessels or imposed selectively against vessels of certain flags or ownership, or against certain cargoes or crews or otherwise howsoever), by any person, body, terrorist or political group, or the Government of any state whatsoever, which may be dangerous or are likely to be or to become dangerous to the Vessel, her cargo, crew or other persons on board the Vessel.

(b) The Vessel, unless the written consent of the Owners be first obtained, shall not continue to or go through any port, place, area or zone (whether of land or sea), or any waterway or canal, where it reasonably appears that the Vessel, her cargo, crew or other persons on board the Vessel, in the reasonable judgement of the Owners, may be, or are likely to be, exposed to War Risks. Should the Vessel be within any such place as aforesaid, which only becomes dangerous, or is likely to be or to become dangerous, after her entry into it, the Owners shall have the right to require the Vessel to leave such area.

(c) The Vessel shall not load contraband cargo, or to pass through any blockade, whether such blockade be imposed on all vessels, or is imposed selectively in any way whatsoever against vessels of certain flags or ownership, or against certain cargoes or crews or otherwise howsoever, or to proceed to an area where she shall be subject, or is likely to be subject to a belligerent's right of search and/or confiscation.

(d) If the insurers of the war risks insurance, when Clause 14 is applicable, should require payment of premiums and/or calls because, pursuant to the Charterers' orders, the Vessel is within, or is due to enter and remain within, any area or areas which are specified by such insurers as being subject to additional premiums because of War Risks, then such premiums and/or calls shall be reimbursed by the Charterers to the Owners at the same time as the next payment of hire is due.

(e) The Charterers shall have the liberty:

(i) to comply with all orders, directions, recommendations or advice as to departure, arrival, routes, sailing in convoy, ports of call, stoppages, destinations, discharge of cargo, delivery, or in any other way whatsoever, which are given by the Government of the Nation under whose flag the Vessel sails, or any other Government, body or group whatsoever acting with the power to compel compliance with their orders or directions;

(ii) to comply with the orders, directions or recommendations of any war risks underwriters who have the authority to give the same under the terms of the war risks insurance;

(iii) to comply with the terms of any resolution of the Security Council of the United Nations, any directives of the European Community, the effective orders of any other Supranational body which has the right to issue and give the same, and with national laws aimed at enforcing the same to which the Owners are subject, and to obey the orders and directions of those who are charged with their enforcement.

(f) In the event of outbreak of war (whether there be a declaration of war or not) (i) between any two or more of the following countries: the United States of America; Russia; the United Kingdom; France; and the People's Republic of China, (ii) between any two or more of the countries stated in Box 36, both the Owners and the Charterers shall have the right to cancel this Charter, whereupon the Charterers shall redeliver the Vessel to the Owners in accordance with Clause 15, if the Vessel has cargo on board after discharge thereof at destination, or if debarred under this Clause from reaching or entering it at a near, open and safe port as directed by the Owners, or if the Vessel has no cargo on board, at the port at which the Vessel then is or if at sea at a near, open and safe port as directed by the Owners. In all cases hire shall continue to be paid in accordance with Clause 11 and except as aforesaid all other provisions of this Charter shall apply until redelivery.

27. Commission

The Owners to pay a commission at the rate indicated in Box 33 to the Brokers named in Box 33 on any hire paid under the Charter. If no rate is indicated in Box 33, the commission to be paid by the Owners shall cover the actual expenses of the Brokers and a reasonable fee for their work.

If the full hire is not paid owing to breach of the Charter by either of the parties the party liable therefor shall indemnify the Brokers against their loss of commission. Should the parties agree to cancel the Charter, the Owners shall indemnify the Brokers against any loss of commission but in such case the commission shall not exceed the brokerage on one year's hire.

28. Termination

(a) Charterers' Default

The Owners shall be entitled to withdraw the Vessel from the service of the Charterers and terminate the Charter with immediate effect by written notice to the Charterers if:

(i) the Charterers fail to pay hire in accordance with Clause 11. However, where there is a failure to make punctual payment of hire due to oversight, negligence, errors or omissions on the part of the

PART II
"BARECON 2001" Standard Bareboat Charter

Charterers or their bankers, the Owners shall give the Charterers written notice of the number of clear banking days stated in Box 34 (as recognised at the agreed place of payment) in which to rectify the failure, and when so rectified within such number of days following the Owners' notice, the payment shall stand as regular and punctual. Failure by the Charterers to pay hire within the number of days stated in Box 34 of their receiving the Owners' notice as provided herein, shall entitle the Owners to withdraw the Vessel from the service of the Charterers and terminate the Charter without further notice;

(ii) the Charterers fail to comply with the requirements of:
(1) Clause 6 (Trading Restrictions)
(2) Clause 13(a) (Insurance and Repairs)
provided that the Owners shall have the option, by written notice to the Charterers, to give the Charterers a specified number of days grace within which to rectify the failure without prejudice to the Owners' right to withdraw and terminate under this Clause if the Charterers fail to comply with such notice;

(iii) the Charterers fail to rectify any failure to comply with the requirements of sub-clause 10(a)(i) (Maintenance and Repairs) as soon as practically possible after the Owners have requested them in writing so to do and in any event so that the Vessel's insurance cover is not prejudiced.

(b) Owners' Default
If the Owners shall by any act or omission be in breach of their obligations under this Charter to the extent that the Charterers are deprived of the use of the Vessel and such breach continues for a period of fourteen (14) running days after written notice thereof has been given by the Charterers to the Owners, the Charterers shall be entitled to terminate this Charter with immediate effect by written notice to the Owners.

(c) Loss of Vessel
This Charter shall be deemed to be terminated if the Vessel becomes a total loss or is declared as a constructive or compromised or arranged total loss. For the purpose of this sub-clause, the Vessel shall not be deemed to be lost unless she has either become an actual total loss or agreement has been reached with her underwriters in respect of her constructive, compromised or arranged total loss or if such agreement with her underwriters is not reached it is adjudged by a competent tribunal that a constructive loss of the Vessel has occurred.

(d) Either party shall be entitled to terminate this Charter with immediate effect by written notice to the other party in the event of an order being made or resolution passed for the winding up, dissolution, liquidation or bankruptcy of the other party (otherwise than for the purpose of reconstruction or amalgamation) or if a receiver is appointed, or if it suspends payment, ceases to carry on business or makes any special arrangement or composition with its creditors.

(e) The termination of this Charter shall be without prejudice to all rights accrued due between the parties prior to the date of termination and to any claim that either party might have.

29. Repossession

In the event of the termination of this Charter in accordance with the applicable provisions of Clause 28, the Owners shall have the right to repossess the Vessel from the Charterers at her current or next port of call, or at a port or place convenient to them without hindrance or interference by the Charterers, courts or local authorities. Pending physical repossession of the Vessel in accordance with this Clause 29, the Charterers shall hold the Vessel as gratuitous bailee only to the Owners. The Owners shall arrange for an authorised representative to board the Vessel as soon as reasonably practicable following the termination of the Charter. The Vessel shall be deemed to be repossessed by the Owners from the Charterers upon the boarding of the Vessel by the Owners' representative. All arrangements and expenses relating to the settling of wages, disembarkation and repatriation of the Charterers' Master, officers and crew shall be the sole responsibility of the Charterers.

30. Dispute Resolution

*) (a) This Contract shall be governed by and construed in accordance with English law and any dispute arising out of or in connection with this Contract shall be referred to arbitration in London in accordance with the Arbitration Act 1996 or any statutory modification or re-enactment thereof save to the extent necessary to give effect to the provisions of this Clause.

The arbitration shall be conducted in accordance with the London Maritime Arbitrators Association (LMAA) Terms current at the time when the arbitration proceedings are commenced.

The reference shall be to three arbitrators. A party wishing to refer a dispute to arbitration shall appoint its arbitrator and send notice of such appointment in writing to the other party requiring the other party to appoint its own arbitrator within 14 calendar days of that notice and stating that it will appoint its arbitrator as sole arbitrator unless the other party appoints its own arbitrator and gives notice that it has done so within the 14 days specified. If the other party does not appoint its own arbitrator and give notice that it has done so within the 14 days specified, the party referring a dispute to arbitration may, without the requirement of any further prior notice to the other party, appoint its arbitrator as sole arbitrator and shall advise the other party accordingly. The award of a sole arbitrator shall be binding on both parties as if he had been appointed by agreement.

Nothing herein shall prevent the parties agreeing in writing to vary these provisions to provide for the appointment of a sole arbitrator.

In cases where neither the claim nor any counterclaim exceeds the sum of US$50,000 (or such other sum as the parties may agree) the arbitration shall be conducted in accordance with the LMAA Small Claims Procedure current at the time when the arbitration proceedings are commenced.

*) (b) This Contract shall be governed by and construed in accordance with Title 9 of the United States Code and the Maritime Law of the United States and any dispute arising out of or in connection with this Contract shall be referred to three persons at New York, one to be appointed by each of the parties hereto, and the third by the two so chosen; their decision or that of any two of them shall be final, and for the purposes of enforcing any award, judgement may be entered on an award by any court of competent jurisdiction. The proceedings shall be conducted in accordance with the rules of the Society of Maritime Arbitrators, Inc.

In cases where neither the claim nor any counterclaim

PART II
"BARECON 2001" Standard Bareboat Charter

exceeds the sum of US$50,000 (or such other sum as the parties may agree) the arbitration shall be conducted in accordance with the Shortened Arbitration Procedure of the Society of Maritime Arbitrators, Inc. current at the time when the arbitration proceedings are commenced.

*) (c) This Contract shall be governed by and construed in accordance with the laws of the place mutually agreed by the parties and any dispute arising out of or in connection with this Contract shall be referred to arbitration at a mutually agreed place, subject to the procedures applicable there.

(d) Notwithstanding (a), (b) or (c) above, the parties may agree at any time to refer to mediation any difference and/or dispute arising out of or in connection with this Contract.

In the case of a dispute in respect of which arbitration has been commenced under (a), (b) or (c) above, the following shall apply:-

(i) Either party may at any time and from time to time elect to refer the dispute or part of the dispute to mediation by service on the other party of a written notice (the "Mediation Notice") calling on the other party to agree to mediation.

(ii) The other party shall thereupon within 14 calendar days of receipt of the Mediation Notice confirm that they agree to mediation, in which case the parties shall thereafter agree a mediator within a further 14 calendar days, failing which on the application of either party a mediator will be appointed promptly by the Arbitration Tribunal ("the Tribunal") or such person as the Tribunal may designate for that purpose. The mediation shall be conducted in such place and in accordance with such procedure and on such terms as the parties may agree or, in the event of disagreement, as may be set by the mediator.

(iii) If the other party does not agree to mediate, that fact may be brought to the attention of the Tribunal and may be taken into account by the Tribunal when allocating the costs of the arbitration as between the parties.

(iv) The mediation shall not affect the right of either party to seek such relief or take such steps as it considers necessary to protect its interest.

(v) Either party may advise the Tribunal that they have agreed to mediation. The arbitration procedure shall continue during the conduct of the mediation but the Tribunal may take the mediation timetable into account when setting the timetable for steps in the arbitration.

(vi) Unless otherwise agreed or specified in the mediation terms, each party shall bear its own costs incurred in the mediation and the parties shall share equally the mediator's costs and expenses.

(vii) The mediation process shall be without prejudice and confidential and no information or documents disclosed during it shall be revealed to the Tribunal except to the extent that they are disclosable under the law and procedure governing the arbitration.

(Note: The parties should be aware that the mediation process may not necessarily interrupt time limits.)

(e) If Box 35 in Part I is not appropriately filled in, sub-clause 30(a) of this Clause shall apply. Sub-clause 30(d) shall apply in all cases.

*) *Sub-clauses 30(a), 30(b) and 30(c) are alternatives; indicate alternative agreed in Box 35.*

31. Notices

(a) Any notice to be given by either party to the other party shall be in writing and may be sent by fax, telex, registered or recorded mail or by personal service.

(b) The address of the Parties for service of such communication shall be as stated in Boxes 3 and 4 respectively.

"BARECON 2001" Standard Bareboat Charter

OPTIONAL PART

PART III
PROVISIONS TO APPLY FOR NEWBUILDING VESSELS ONLY
(Optional, only to apply if expressly agreed and stated in Box 37)

1. **Specifications and Building Contract**
(a) The Vessel shall be constructed in accordance with the Building Contract (hereafter called "the Building Contract") as annexed to this Charter, made between the Builders and the Owners and in accordance with the specifications and plans annexed thereto, such Building Contract, specifications and plans having been countersigned as approved by the Charterers.
(b) No change shall be made in the Building Contract or in the specifications or plans of the Vessel as approved by the Charterers as aforesaid, without the Charterers' consent.
(c) The Charterers shall have the right to send their representative to the Builders' Yard to inspect the Vessel during the course of her construction to satisfy themselves that construction is in accordance with such approved specifications and plans as referred to under sub-clause (a) of this Clause.
(d) The Vessel shall be built in accordance with the Building Contract and shall be of the description set out therein. Subject to the provisions of sub-clause 2(c)(ii) hereunder, the Charterers shall be bound to accept the Vessel from the Owners, completed and constructed in accordance with the Building Contract, on the date of delivery by the Builders. The Charterers undertake that having accepted the Vessel they will not thereafter raise any claims against the Owners in respect of the Vessel's performance or specification or defects, if any. Nevertheless, in respect of any repairs, replacements or defects which appear within the first 12 months from delivery by the Builders, the Owners shall endeavour to compel the Builders to repair, replace or remedy any defects or to recover from the Builders any expenditure incurred in carrying out such repairs, replacements or remedies. However, the Owners' liability to the Charterers shall be limited to the extent the Owners have a valid claim against the Builders under the guarantee clause of the Building Contract (a copy whereof has been supplied to the Charterers). The Charterers shall be bound to accept such sums as the Owners are reasonably able to recover under this Clause and shall make no further claim on the Owners for the difference between the amount(s) so recovered and the actual expenditure on repairs, replacement or remedying defects or for any loss of time incurred.
Any liquidated damages for physical defects or deficiencies shall accrue to the account of the party stated in Box 41(a) or if not filled in shall be shared equally between the parties. The costs of pursuing a claim or claims against the Builders under this Clause (including any liability to the Builders) shall be borne by the party stated in Box 41(b) or if not filled in shall be shared equally between the parties.

2. **Time and Place of Delivery**
(a) Subject to the Vessel having completed her acceptance trials including trials of cargo equipment in accordance with the Building Contract and specifications to the satisfaction of the Charterers, the Owners shall give and the Charterers shall take delivery of the Vessel afloat when ready for delivery and properly documented at the Builders' Yard or some other safe and readily accessible dock, wharf or place as may be agreed between the parties hereto and the Builders. Under the Building Contract the Builders have estimated that the Vessel will be ready for delivery to the Owners as therein provided but the delivery date for the purpose of this Charter shall be the date when the Vessel is in fact ready for delivery by the Builders after completion of trials whether that be before or after as indicated in the Building Contract. The Charterers shall not be entitled to refuse acceptance of delivery of the Vessel and upon and after such acceptance, subject to Clause 1(d), the Charterers shall not be entitled to make any claim against the Owners in respect of any conditions, representations or warranties, whether express or implied, as to the seaworthiness of the Vessel or in respect of delay in delivery.
(b) If for any reason other than a default by the Owners under the Building Contract, the Builders become entitled under that Contract not to deliver the Vessel to the Owners, the Owners shall upon giving to the Charterers written notice of Builders becoming so entitled, be excused from giving delivery of the Vessel to the Charterers and upon receipt of such notice by the Charterers this Charter shall cease to have effect.
(c) If for any reason the Owners become entitled under the Building Contract to reject the Vessel the Owners shall, before exercising such right of rejection, consult the Charterers and thereupon
(i) if the Charterers do not wish to take delivery of the Vessel they shall inform the Owners within seven (7) running days by notice in writing and upon receipt by the Owners of such notice this Charter shall cease to have effect; or
(ii) if the Charterers wish to take delivery of the Vessel they may by notice in writing within seven (7) running days require the Owners to negotiate with the Builders as to the terms on which delivery should be taken and/or refrain from exercising their right to rejection and upon receipt of such notice the Owners shall commence such negotiations and/or take delivery of the Vessel from the Builders and deliver her to the Charterers;
(iii) in no circumstances shall the Charterers be entitled to reject the Vessel unless the Owners are able to reject the Vessel from the Builders;
(iv) if this Charter terminates under sub-clause (b) or (c) of this Clause, the Owners shall thereafter not be liable to the Charterers for any claim under or arising out of this Charter or its termination.
(d) Any liquidated damages for delay in delivery under the Building Contract and any costs incurred in pursuing a claim therefor shall accrue to the account of the party stated in Box 41(c) or if not filled in shall be shared equally between the parties.

3. **Guarantee Works**
If not otherwise agreed, the Owners authorise the Charterers to arrange for the guarantee works to be performed in accordance with the building contract terms, and hire to continue during the period of guarantee works. The Charterers have to advise the Owners about the performance to the extent the Owners may request.

4. **Name of Vessel**
The name of the Vessel shall be mutually agreed between the Owners and the Charterers and the Vessel shall be painted in the colours, display the funnel insignia and fly the house flag as required by the Charterers.

5. **Survey on Redelivery**
The Owners and the Charterers shall appoint surveyors for the purpose of determining and agreeing in writing the condition of the Vessel at the time of re-delivery.
Without prejudice to Clause 15 (Part II), the Charterers shall bear all survey expenses and all other costs, if any, including the cost of docking and undocking, if required, as well as all repair costs incurred. The Charterers shall also bear all loss of time spent in connection with any docking and undocking as well as repairs, which shall be paid at the rate of hire per day or pro rata.

"BARECON 2001" Standard Bareboat Charter

OPTIONAL PART

PART IV
HIRE/PURCHASE AGREEMENT
(Optional, only to apply if expressly agreed and stated in Box 42)

On expiration of this Charter and provided the Charterers have fulfilled their obligations according to Part I and II as well as Part III, if applicable, it is agreed, that on payment of the final payment of hire as per Clause 11 the Charterers have purchased the Vessel with everything belonging to her and the Vessel is fully paid for.

In the following paragraphs the Owners are referred to as the Sellers and the Charterers as the Buyers.

The Vessel shall be delivered by the Sellers and taken over by the Buyers on expiration of the Charter.

The Sellers guarantee that the Vessel, at the time of delivery, is free from all encumbrances and maritime liens or any debts whatsoever other than those arising from anything done or not done by the Buyers or any existing mortgage agreed not to be paid off by the time of delivery. Should any claims, which have been incurred prior to the time of delivery be made against the Vessel, the Sellers hereby undertake to indemnify the Buyers against all consequences of such claims to the extent it can be proved that the Sellers are responsible for such claims. Any taxes, notarial, consular and other charges and expenses connected with the purchase and registration under Buyers' flag, shall be for Buyers' account. Any taxes, consular and other charges and expenses connected with closing of the Sellers' register, shall be for Sellers' account.

In exchange for payment of the last month's hire instalment the Sellers shall furnish the Buyers with a Bill of Sale duly attested and legalized, together with a certificate setting out the registered encumbrances, if any. On delivery of the Vessel the Sellers shall provide for deletion of the Vessel from the Ship's Register and deliver a certificate of deletion to the Buyers.
The Sellers shall, at the time of delivery, hand to the Buyers all classification certificates (for hull, engines, anchors, chains, etc.), as well as all plans which may be in Sellers' possession.

The Wireless Installation and Nautical Instruments, unless on hire, shall be included in the sale without any extra payment.

The Vessel with everything belonging to her shall be at Sellers' risk and expense until she is delivered to the Buyers, subject to the conditions of this Contract and the Vessel with everything belonging to her shall be delivered and taken over as she is at the time of delivery, after which the Sellers shall have no responsibility for possible faults or deficiencies of any description.

The Buyers undertake to pay for the repatriation of the Master, officers and other personnel if appointed by the Sellers to the port where the Vessel entered the Bareboat Charter as per Clause 3 (Part II) or to pay the equivalent cost for their journey to any other place.

PART V
PROVISIONS TO APPLY FOR VESSELS REGISTERED IN A BAREBOAT CHARTER REGISTRY
(Optional, only to apply if expressly agreed and stated in Box 43)

1. Definitions
For the purpose of this PART V, the following terms shall have the meanings hereby assigned to them:
"The Bareboat Charter Registry" shall mean the registry of the State whose flag the Vessel will fly and in which the Charterers are registered as the bareboat charterers during the period of the Bareboat Charter.
"The Underlying Registry" shall mean the registry of the State in which the Owners of the Vessel are registered as Owners and to which jurisdiction and control of the Vessel will revert upon termination of the Bareboat Charter Registration.

2. Mortgage
The Vessel chartered under this Charter is financed by a mortgage and the provisions of Clause 12(b) (Part II) shall apply.

3. Termination of Charter by Default
If the Vessel chartered under this Charter is registered in a Bareboat Charter Registry as stated in Box 44, and if the Owners shall default in the payment of any amounts due under the mortgage(s) specified in Box 28, the Charterers shall, if so required by the mortgagee, direct the Owners to re-register the Vessel in the Underlying Registry as shown in Box 45.
In the event of the Vessel being deleted from the Bareboat Charter Registry as stated in Box 44, due to a default by the Owners in the payment of any amounts due under the mortgage(s), the Charterers shall have the right to terminate this Charter forthwith and without prejudice to any other claim they may have against the Owners under this Charter.

찾아보기

■ 공저자 소개 ■

이 광 희

서울대학교 사범대 역사과 졸업(문학사)
연세대학교 대학원 경제학과 졸업(경제학석사)
한국해양대 대학원 수료(경영학박사)
대한해운공사 전용선 부장
한진해운 벌크총괄 전무, 한진해운 기획보험총괄 전무
거양해운 사장(겸임), 조강해운 사장
서강대 · 중앙대 겸임교수, 이양해운 회장
현, 대한상사중재원 중재인

이 원 정

명지대학교 무역학과 졸업(무역학사)
한국외국어대학교 경영대학원 해운경영학과 수료(경영학석사)
중앙대학교 일반대학원 무역학과 수료(경영학박사)
두양상선 및 두양리미티드 기획실장
중앙대 · 덕성여대 강사
현, 덕성여대 경상학부 국제통상학전공 교수

연구논문

영국법상 선하증권에 편입된 용선계약의 특정, 전자서신에 의한 중재통지의 효력
항해용선계약상 F.I.O.조건 판결사례연구, 세부사항 합의조건부 용선계약의 효력
해상적하보험에서 소급약관의 효력
A comparative analysis on the identification of the bill of lading carrier
영국해상보험법 제39조 5항과 제17조의 해석에 관한 The Star Sea사건 판례연구
해상보험계약상 입증책임의 문제점과 대안
정기용선계약상 항로지시에 관한 판례연구 외 다수

용선계약실무

2009년 2월 25일 초판발행
2024년 9월 1일 중판발행

공저자 이광희 · 이원정
발행인 안종만 · 안상준
발행처 (주)박영사
서울특별시 금천구 가산디지털로 53, 210호(가산동, 한라시그마밸리)
전화 (733) 6771 FAX (736) 4818
등록 1959. 3. 11. 제300-1959-1호(倫)

www.pybook.co.kr e-mail: pys@pybook.co.kr

정 가 28,000원 ISBN 978-89-7189-700-3